Das erziehende Gesetz

Abhandlungen der Akademie der Wissenschaften zu Göttingen

Neue Folge, Band 30

De Gruyter

Das erziehende Gesetz

16. Symposion der Kommission
„Die Funktion des Gesetzes
in Geschichte und Gegenwart“

Herausgegeben von
Eva Schumann

De Gruyter

Vorgestellt von Eva Schumann durch Rundschreiben vom 9. Juli 2013

ISBN 978-3-11-027728-9
e-ISBN 978-3-11-027741-8
ISSN 0930-4304

Library of Congress Cataloging-in-Publication Data:
A CIP catalog record for this book has been applied for at the Library of Congress

Bibliografische Information der Deutschen Nationalbibliothek
Die Deutsche Nationalbibliothek verzeichnet diese Publikation
in der Deutschen Nationalbibliografie; detaillierte bibliografische Daten
sind im Internet über http://dnb.dnb.de abrufbar.

Satz: Michael Peschke, Berlin
Druck: Hubert & Co. GmbH & Co. KG, Göttingen
⊗ Gedruckt auf säurefreiem Papier

Printed in Germany

www.degruyter.com

Vorwort der Herausgeberin

Der vorliegende Band veröffentlicht die Ergebnisse des 16. Symposions der Akademie-Kommission „Die Funktion des Gesetzes in Geschichte und Gegenwart", das am 20. und 21. Januar 2011 unter dem Titel des Tagungsbandes in Göttingen stattgefunden hat. Ausgangspunkt war die Überlegung, in welchen Feldern und mit welchen Mitteln der Staat auf seine Bürger erzieherisch einwirkt. Der in der Vortragsform deutlich kürzere Einführungsbeitrag der Herausgeberin (EVA SCHUMANN, „Edukatorisches Staatshandeln am Beispiel der Etablierung eines neuen Familienleitbildes", S. 1 ff.) wurde für den Tagungsband (auf Anregung aus dem Kreis der Teilnehmer) deutlich ausgebaut. Über die dort vorgenommene Begriffsbestimmung edukatorischer Gesetzgebung – auch in Abgrenzung zur paternalistischen Gesetzgebung – konnte im Laufe der Tagung weitgehende Einigkeit erreicht werden: Mit THOMAS SIMON („Der Erziehungsgedanke in den frühneuzeitlichen Polizeiordnungen", S. 59 ff.) ist der zentrale Aspekt edukatorischer Gesetzgebung, dass die Normadressaten so beeinflusst werden, dass sie auch wollen, was sie sollen (S. 69; zustimmend JESTAEDT, S. 166). Es geht also nicht um eine bloße Verhaltenssteuerung, sondern um die Herbeiführung eines Bewusstseinswandels bzw. einer Einstellungsänderung, d.h. um die Auslösung und Verstärkung von Lernprozessen, die zu einer Verinnerlichung der vorgegebenen Werte führen, wobei der Zugriff auf das Wertbewusstsein der Bürger mit der edukatorischen Maßnahme auch intendiert sein muss. Nach CHRISTIANE WENDEHORST („Regulierungsprivatrecht – Verhaltenssteuerung durch Privatrecht am Beispiel des europäischen Verbrauchervertragsrechts", S. 113 ff.) ist der edukatorische Charakter eines Gesetzes dann anzunehmen, wenn dieser gegenüber anderen Zwecken überwiegt (so etwa wenn im Privatrecht der Zweck des Interessenausgleichs zwischen den am Rechtsverhältnis beteiligten Personen hinter dem Erziehungszweck zurücktritt, S. 117 f.). Insgesamt bestand Einigkeit, dass der Erziehungszweck eine wesentliche Rolle spielen müsse, damit von edukatorischem Staatshandeln bzw. von einem erziehenden Gesetz gesprochen werden könne.

Als wesentlicher Unterschied zwischen Erziehung und Paternalismus wurde herausgearbeitet, dass Letzterer als echte Bevormundung nicht auf die Auslösung eines Lernprozesses ausgerichtet ist, sondern zum Schutz des Einzelnen diesem ein bestimmtes Verhalten ver- bzw. gebietet und diesem damit eine eigene Entscheidung gerade abnehmen will (SCHUMANN, S. 5 ff.; WENDEHORST, S. 119). Dennoch gibt es Gemeinsamkeiten im Hinblick auf die Legitimation paternalistischen bzw. edukatorischen Handelns des Staates: Beides setzt nämlich im Ausgangspunkt voraus, dass der Staat sich kraft überlegenen Wissens berechtigt sieht, den Bürger entweder zu bevormunden oder zur Änderung seiner Werteeinstellungen zu erziehen, um auf diese Weise Defizite des Bürgers in Bezug auf die Rationalität oder die moralische Werthaftigkeit seiner Entscheidung auszugleichen. Edukatorisches Staatshandeln beruht somit ebenso wie staatlicher Paternalismus auf Unfähigkeitszuschreibungen von Seiten des Staates.

STEFAN HUSTER („Grundfragen staatlicher Erziehungsambitionen", S. 193 ff.) hat das daraus resultierende Dilemma sehr anschaulich am Beispiel des Gesundheits- und Ernährungsverhaltens aufgezeigt: Wenn in bestimmten Milieus von klein auf ein „falsches" Ernährungs-, Bewegungs- und Gesundheitsverhalten eingeübt wird, dann könne eine staatliche Erziehung zum „richtigen" Verhalten autonomiefördernd sein. Der Grat bleibt freilich schmal, denn einerseits folge „aus der Anerkennung der Wirkungsmächtigkeit sozialer Faktoren [...] nicht, dass die individuellen Entscheidungen nicht respektiert werden" müssten, andererseits sollten aber „politische Interventionen umso eher möglich [sein], je stärker der Verdacht ist, dass sich in einem gesundheitsriskanten Verhalten nicht das wohlverstandene Interesse des Individuums, sondern die sozialen Hintergrundfaktoren Bahn brechen" (S. 223 ff.). Auch in der anschließenden Diskussion wurde darauf hingewiesen, dass Erziehung in diesem Sinne der Förderung bzw. der Herstellung von Autonomie dienen könne und dass der Staat im Rahmen der sozialen Fürsorge sogar verpflichtet sei, schichtspezifisch bedingte ungleiche Ausgangsbedingungen mit allen ihm zur Verfügung stehenden Mitteln auszugleichen. Freilich stellt sich schon im Ausgangspunkt die Frage, ob der Staat tatsächlich weiß, was für jeden Einzelnen das Richtige ist, auf welcher Grundlage eigentlich das vermeintlich überlegene Wissen gebildet wird und ob die „Besserung" des Individuums durch einen permanent pädagogisierend handelnden Staat im liberalen Rechtsstaat überhaupt ein zulässiges politisches Ziel sein darf.

Bereits diese Ausführungen zeigen, dass die Kommission mit dem Thema ihres 16. Symposions etliche neue Fragen aufgeworfen hat. Dementsprechend behandeln die Beiträge und Diskussionen in diesem Tagungsband nicht nur verschiedene, unterschiedlich stark ausgeprägte Felder edukatorischen Staatshandelns in Geschichte und Gegenwart, sondern beschäftigen sich auch themenübergreifend mit Motiven, Zielen, Instrumenten, Erfolgen und Grenzen staatlicher Erziehung. Auf diese Weise konnten auch Bereiche, denen kein eigener Vortrag gewidmet war (etwa die staatliche Erziehung im Bereich der Abfalltrennung oder des Ernährungsverhaltens der Bürger, die Resozialisierungsidee im Strafvollzug und der Erziehungsimpetus der Antidiskriminierungsrichtlinie) einbezogen werden. Dabei ergaben sich einige grundlegede Aspekte, die typischerweise im Zusammenhang mit edukatorischem Staatshandeln und der Pädagogisierung des Rechts auftreten, und erste Schlussfolgerungen zur Zwecksetzung bzw. Zielrichtung, zu den eingesetzten Instrumenten und zur (verfassungsrechtlichen) Einordnung staatlicher Erziehung erlauben.

Im Hinblick auf den Zweck der (vermeintlichen) „Besserung" des Individuums eröffneten sich überraschende Parallelen zwischen den rechtshistorischen und den geltendrechtlichen Beiträgen. Es hat sich nämlich gezeigt, dass edukatorisches Staatshandeln zwar beim einzelnen Bürger ansetzt, dies jedoch regelmäßig aus Gemeinwohlinteressen heraus geschieht. Dieser Aspekt scheint, wie etwa der Beitrag von FRIEDRICH-CHRISTIAN SCHROEDER („Der Erziehungsgedanke im Recht der sozialistischen Staaten", S. 89 ff.) nahe legt, weitgehend unabhängig von den Inhalten der jeweils mittels staatlicher Edukation durchzusetzenden Ideologie zu sein. Noch deutlicher arbeitet THOMAS SIMON (S. 62 ff., 70 f.) für die Frühe Neuzeit heraus, dass die bewusstseinsbildenden Maßnahmen der Sitten- und Religionspolicey keineswegs primär darauf abzielten, das Seelenheil des Einzelnen zu retten, vielmehr ging es in erster Linie um die „Verbesserung" der Gemeinschaft als Ganzes. Entsprechend beruht auch die gegenwärtige Politik der Aktivierung zur Steigerung der individuellen Leistungsfähigkeit im Sinne des „Forderns und Förderns" nicht auf einem Interesse am Wohlbefinden des Individuums, sondern ist primär volkswirtschaftlich motiviert. Freilich ist auch die ökonomisch motivierte Edukation des Einzelnen zur Förderung des gesellschaftlichen Wohlstands keine neue Erscheinung, denn sie begegnet uns schon im 18. Jahrhundert (SIMON, S. 68 ff.).

Bei den Instrumenten fällt zunächst auf, dass staatliche Edukation regelmäßig nicht mit Hilfe *eines* Gesetzes verwirklicht wird, sondern die erziehende, bewusstseinsbildende Kraft mit Hilfe eines Bündels von Edukationseffekten in mehreren Gesetzen im Verbund mit weiteren (informellen) staatlichen Maßnahmen erzeugt wird (SCHUMANN, S. 2 ff., 8 ff.). Die einzelnen, aufeinander abgestimmten Maßnahmen edukatorischen Staatshandelns führen dann, wie dies am Beispiel der Etablierung eines neuen Familienleitbilds gezeigt werden konnte (SCHUMANN, S. 36 ff.), zu einer Verstärkung der staatlichen Edukation, der sich der Bürger kaum noch entziehen kann. Eine entsprechende Entwicklung konstatiert MATTHIAS JESTAEDT („Legaledukation – Erzieherische Intentionen des Gesetzes im Kindesschutzrecht", S. 159 ff.) für den Bereich des Kinderschutzrechts, das sich nicht mehr auf die Abwendung von Gefahren für das Kind durch seine Eltern beschränkt, sondern in zunehmendem Maße auf Eltern im Vorfeld einer Kindeswohlgefährdung einwirkt, um diese zu möglichst „guten" Eltern zu erziehen. Auch JESTAEDT hebt die Summations- und Synergieeffekte mehrerer Gesetze (S. 170, 174) besonders hervor und weist darauf hin, dass das Additive und Trendverstärkende dieser Effekte bislang weder als Problem erkannt, geschweige denn rechtlich erfasst werde. Letzteres mag auch daran liegen, dass (typische?) Begleiterscheinungen edukatorischen Staatshandelns das Verschwimmen der Grenzen zwischen Privatrecht und öffentlichem Recht (WENDEHORST, S. 136) und zwischen Leistung und Eingriff (JESTAEDT, S. 167, 176 f.) zu sein scheinen. Aber auch der Umstand, dass inzwischen in etlichen Lebensbereichen durch die Erzeugung sozialkonformen Verhaltens eine Werterziehung etabliert wurde und die allmähliche Aufhebung der Trennung von Recht und Moral kaum noch als solche empfunden wird, scheint die rechtliche Erfassung des Phänomens eher zu erschweren.

Im Hinblick auf die Folgen edukatorischen Staatshandelns erfolgte in der Diskussion der Hinweis auf das BÖCKENFÖRDE-Diktum, dass der Staat von Voraussetzungen lebt, die er selbst nicht schaffen kann – und man muss wohl ergänzen: auch nicht schaffen darf. Denn anderenfalls bestünde die Gefahr, dass der bewusstseinsbildend auf seine Bürger einwirkende (von der „Richtigkeit" der vorgegebenen Werte überzeugte) Staat sich auf diesem Wege seine Voraussetzungen selbst schafft. Dies wiederum führte bei den Teilnehmern des Symposions zu der Erkenntnis, dass ein erziehendes Gesetz nicht in den demokratischen Verfassungsstaat gehört.

Inhalt

Edukatorisches Staatshandeln am Beispiel der Etablierung eines neuen Familienleitbildes*

Eva Schumann

In diesem den Tagungsband einleitenden Beitrag soll in drei Schritten zunächst edukatorisches Staatshandeln definiert, sodann eine verfassungsrechtliche Einordnung vorgenommen und schließlich ein aktuelles Beispiel vorgestellt werden.

I. Begriffsbestimmungen

Obwohl sich erzieherische Tendenzen in verschiedenen Feldern des Rechts identifizieren lassen, beschränken sich einschlägige Beiträge häufig auf die bloße Benennung des Phänomens; rechtstheoretische und insbesondere verfassungsrechtliche Überlegungen zu diesem Thema bleiben ebenso wie Ausführungen zur historischen oder rechtsvergleichenden Perspektive vereinzelt.[1] Im Fol-

---

* Ich danke meinem wiss. Mitarbeiter Carsten Fitting für vielfache Hilfe. Der vorliegende Beitrag ist eine erweiterte und aktualisierte Fassung des Einführungsvortrags auf dem Symposion „Das erziehende Gesetz" vom 20. Januar 2011. Die in diesem Beitrag angegebenen URL-Adressen wurden zuletzt am 9. August 2013 aufgerufen.

1 Zu nennen sind insbesondere zwei Dissertationen zum Umweltrecht: Jörn Lüdemann, Edukatorisches Staatshandeln, Steuerungstheorie und Verfassungsrecht am Beispiel der

genden soll daher der Versuch unternommen werden, eine Definition edukatorischen Staatshandelns auch anhand einer Abgrenzung von anderen Formen staatlicher Einflussnahme auf den freien Willen der Bürger, namentlich vom staatlichen Paternalismus, zu entwickeln.

Erziehung meint eine stetige geistige Einwirkung auf Personen mit dem Ziel, diese so zu prägen, dass sie kraft innerer Überzeugung ihr Verhalten der gewünschten Ideologie anpassen.[2] Sie soll bewirken, dass Personen auf Dauer nicht mehr aufgrund staatlichen Zwangs oder gesetzter Anreize, sondern aufgrund eines durch Erziehung herbeigeführten Bewusstseinswandels ihr Verhalten an der Zielvorgabe ausrichten.[3] Bei der Frage, ob staatliches Handeln (insbesondere in Form eines Gesetzes) erzieherischen Charakter hat, wird es freilich nicht genügen, nach einzelnen erzieherischen Elementen zu suchen, vielmehr muss der Erziehungszweck eine wesentliche Rolle spielen, wenngleich er nicht den alleinigen oder überwiegenden Zweck des Staatshandelns darstellen muss.[4]

---

staatlichen Förderung von Abfallmoral, 2004; HANS-PETER VIERHAUS, Umweltbewußtsein von oben, Zum Verfassungsgebot demokratischer Willensbildung, 1994. Vgl. weiter zur historischen Perspektive CHRISTIAN HILLGRUBER, Der Schutz des Menschen vor sich selbst, 1992, S. 5-61 (der Schwerpunkt liegt hier auf Staatslehren mit edukatorischen Zielsetzungen); THOMAS SIMON, Was ist und wozu dient Gesetzgebung?, Kodifikation und Steuerungsgesetzgebung: Zwei Grundfunktionen legislativer Normsetzung, in: Gerald Kohl/Christian Neschwara/Thomas Simon (Hrsg.), Rechtsgeschichte mit internationaler Perspektive, Festschrift für Wilhelm Brauneder, 2008, S. 635 ff. (insbesondere zur Abgrenzung von Steuerungsgesetzgebung und Kodifikationsgesetzgebung).

2 So insbesondere auch VIERHAUS (Anm. 1), S. 205: „das Einwirken ‚auf die Bewußtseinsbildung‘ des Bürgers dient der Einsicht und Verinnerlichung eines ‚*wertmäßigen* Vorrangs‘ des empfohlenen Verhaltens, kurz: es werden ‚sozialmoralische Verhaltensstandards‘ gesetzt.“

3 Unter edukatorisches Staatshandeln fallen daher nicht einzelne Maßnahmen gesetzgeberischer Lenkung, mit denen zwar auch ein konkretes Ziel verwirklicht werden soll, eine dauerhafte Bewusstseinsänderung bei den Personen, die aus rationalen Gründen ihr Verhalten in der konkreten Situation an der Zielvorgabe ausrichten, aber nicht intendiert ist. Entscheidend ist für den Staat hier der (gegenwärtige) Erfolg der Maßnahme, während er der Motivation des Bürgers neutral gegenübersteht und auch keine zukunftsbezogene Erwartungshaltung im Hinblick auf eine Verhaltensänderung seiner Bürger hat. Auch CHRISTOF GRAMM, Aufklärung durch staatliche Publikumsinformationen, Staatshandeln als Aufklärung?, Der Staat 30 (1991), S. 51, 65 stellt auf die mit der staatlichen Maßnahme verfolgte Absicht ab: „Der Staat begnügt sich also nicht nur mit dem äußeren Gehorsam, sondern er will mehr als dies: die innere Zustimmung.“ Vgl. weiter VIERHAUS (Anm. 1), S. 428 ff. (zu verschiedenen Fallgruppen staatlicher Erziehung der Bürger) und kritisch S. 447 ff.

4 So aber CHRISTIANE WENDEHORST, in diesem Band, S. 118, die erst bei einer „bestimmten Dominanz“ des edukatorischen Charakters eines Gesetzes von edukatorischer Gesetzgebung sprechen will, nämlich dann, wenn der bewusstseinsbildende Zweck eines Gesetzes gegenüber anderen Zwecken überwiegt.

Edukatorisches Staatshandeln tritt zudem typischerweise in einer Kombination von Gesetzgebung, sog. Informationsinterventionismus (Aufklärungskampagnen, Informationssteuerung, moralische Appelle, Empfehlungen, Warnungen usw.)[5] und weiterer Lenkungsmaßnahmen[6] auf, wobei die Kombination verschiedener staatlicher Maßnahmen und Instrumente die rechtsstaatliche Kontrolle der Erziehung der Bürger erschwert.[7] Ein wesentlicher Vorteil dieses Vorgehens liegt für den Staat darin, dass der durch den Bewusstseinswandel in der Gesellschaft hervorgerufene Erwartungsdruck und die damit einhergehende Kontrolle des sozialen Umfelds die Veränderung von individuellen Einstellungen zusätzlich beeinflusst.[8] Im Erfolgsfall kann daher aufgrund der bewusstseinsbildenden Kraft der inneren Überzeugung großer Teile der Bevölkerung und dem damit verbundenen sozialen Druck eine stärke „Nachhaltigkeit" erzeugt werden als mit der alleinigen Steuerung durch Normen (und diese sogar langfristig entbehrlich machen).[9]

So waren beispielsweise im Bereich der *Abfalltrennung in privaten Haushalten* die Bemühungen des Staates, seine Bürger zur Sozialmoral zu erziehen, ausgesprochen erfolgreich,[10] denn die deutschen Bürger, die als „Weltmeister" im Sortieren von Abfall gelten, tun dies heute nicht, weil es vorgeschrieben ist (wer kennt schon die einschlägigen Regelungen?), sondern weil sie (und zwar 94 %) kraft innerer Überzeugung die Abfalltrennung für eine gute Sache halten.[11] Ganz abgesehen davon, dass sich die Frage, ob der Staat überhaupt ein Mandat zur Er-

5 Dazu Michael Sachs, Informationsinterventionismus und Verfassungsrecht, in: Lerke Osterloh/Karsten Schmidt/Hermann Weber (Hrsg.), Staat, Wirtschaft, Finanzverfassung, Festschrift für Peter Selmer, 2004, S. 209 ff.; Vierhaus (Anm. 1), S. 209 ff., 214 ff. (zur historischen Entwicklung), S. 223 ff. (zu verfassungsrechtlichen Aspekten).

6 Vierhaus (Anm. 1) zeigt ein ganzes Bündel weiterer Maßnahmen für den Bereich des Umweltschutzes auf: Prägung von (Leit-)Begriffen (S. 147 ff.), Einflussnahme auf die Presse (S. 151 ff.), Steuerung durch gezielte Forschungsförderung (S. 163 ff.), administrative Lenkung und finanzielle Unterstützung von Verbänden (S. 166 ff.).

7 So Wolfram Höfling, Rechtliche Mittel, Maßstäbe und Schranken der staatlichen Beeinflussung des Ernährungsverhaltens, ZLR 2006, S. 121, 123. Vgl. weiter Michael Kloepfer, Umweltrecht, 3. Aufl. 2004, § 5 Rn. 173 ff., 391 ff.

8 So Lüdemann (Anm. 1), S. 105.

9 Zumal nach Thomas Raiser, Rechtsgefühl, Rechtsbewußtsein, Rechtskenntnis, Rechtsakzeptanz, Einige begriffliche und methodische Bemerkungen zu den Grundlagen der Akzeptanzforschung, in: Johannes W. Pichler (Hrsg.), Rechtsakzeptanz und Handlungsorientierung, 1998, S. 109, 119 „das sich überwiegend aus anderen Quellen speisende Rechtsbewußtsein einen wesentlichen größeren Einfluss auf die Akzeptanz [hat] als die Rechtskenntnisse, über die jemand verfügt".

10 Umfassend zum edukatorischen Staatshandeln im Bereich des Umweltschutzes seit den 1970er Jahren Vierhaus (Anm. 1), S. 33 ff., 123 ff., 139 ff., 147 ff., 180 ff.

11 So Lüdemann (Anm. 1), S. 51 f.; Joachim Jahn, Rezension zu Jörn Lüdemann, Edukatorisches Staatshandeln (2004), FAZ vom 6. März 2006, S. 14.

ziehung seiner Bürger hat,[12] auch hier aufdrängt, können wir uns angesichts des „fragliche[n] Nutzen[s] für die Ökobilanz“[13] auch keineswegs sicher sein, ob es sich um eine gute Sache handelt, ob also die Moral das hält, was sich der Staat von ihr verspricht.[14]

Eine ähnliche Entwicklung zeichnet sich bei der staatlichen *Beeinflussung des Ernährungsverhaltens der Bürger* ab. Die edukatorischen Intentionen des einschlägigen europäischen Gemeinschaftsrechts führen in Kombination mit nationalen Maßnahmen zu einem umfangreichen „regulatorischen Instrumentenmix“, der von Verboten im Lebensmittelrecht über das staatliche „Bio-Siegel“ bis hin zu Ratschlägen über gesunde Ernährung reicht.[15] Auch hier verfügt der Staat mangels gesicherter Wissensbasis nicht über ein überlegenes Wissen, das ihn in die

---

12 Eine Empfehlung an den Staat, seine Bürger zur Umweltverantwortung zu erziehen, hatte der Rat von Sachverständigen für Umweltfragen bereits in seinem ersten Umweltgutachten von 1974 erteilt (Umweltgutachten 1974 vom 14. November 1974, BT-Drucks. 7/2802, S. VIII): „Die Wirksamkeit des Umweltschutzes hängt vom Verantwortungsbewußtsein des Einzelnen ab. Deshalb ist die Wandlung der Einstellung des Bürgers von der Gleichgültigkeit zur Verantwortung gegenüber der Umwelt von entscheidender Bedeutung. Der Rat empfiehlt daher, die Aufklärung der Öffentlichkeit auf allen Gebieten des Umweltschutzes zu verstärken.“

13 Jahn (Anm. 11), FAZ vom 6. März 2006, S. 14: „Doch ohne sozialen Druck und zusätzliche moralische Appelle auch von staatlicher Seite wäre es kaum gelungen, die Deutschen zum Weltmeister beim Sortieren von leeren Joghurtbechern und beim Füllen ‚gelber Säcke‘ mit Verpackungsschachteln, die den ‚grünen Punkt‘ tragen, zu machen – mit durchaus fraglichem Nutzen für die Ökobilanz.“ Vgl. weiter Jan Fleischhauer/Guido Kleinhubbert/Alexander Neubacher, Die Öko-Falle, Der Spiegel 2011/11, S. 36 ff.

14 So Lüdemann (Anm. 1), S. 18 (ähnlich auch die Verlagsankündigung).

15 Höfling (Anm. 7), ZLR 2006, S. 121, 122 ff. Vgl. weiter Sandra Heck, Paradigmenwechsel im Lebensmittelrecht: Vom speziellen Verbot zu Kontrollzwecken zum generellen Verbot mit edukatorischer Intention?, Rechtmäßigkeit der Verordnung (EG) Nr. 1924/2006 über nährwert- und gesundheitsbezogene Angaben über Lebensmittel, 2010 (insbesondere S. 257 ff. zur Erziehung der Bürger durch hoheitliche Informationstätigkeit); Steffen Augsberg, Der Staat als Informationsmittler, Robin Hood oder Parasit der Wissensgesellschaft?, DVBl 2007, S. 733, 735 (zum Verbraucherschutz im Lebensmittelrecht: „Vielmehr lassen sich diesseits der Risikovorsorge Ansätze eines paternalistisch-edukatorischen Staatshandelns ausmachen, wenn unter Inanspruchnahme staatlicher Autorität und/oder öffentlicher Finanzmittel als besonders zweckmäßig oder ideologisch-moralisch für vorzugswürdig erachtete Produkte empfohlen werden oder gar für bestimmte Lebensbilder geworben wird.“). Ein weiteres Beispiel ist die Regulierungsgesetzgebung/-verwaltung in bestimmten Bereichen der Wirtschaft; dazu Frank Schorkopf, Regulierung nach den Grundsätzen des Rechtsstaates, Zielvorstellungen guter Ordnung im neueren Verwaltungsrecht, JZ 2008, S. 20 ff.

Lage versetzen könnte, für jeden Bürger das jeweils richtige Ernährungsverhalten verbindlich vorzugeben.[16]

Bei diesem zweiten Beispiel, bei dem nicht nur Gemeinwohlaspekte (Reduzierung der Kosten der Sozialsysteme, Schutz der „Volksgesundheit") als Gründe für die Erziehung der Bürger angeführt werden,[17] sondern es auch um die Gesundheit des Einzelnen geht, drängt sich die Frage auf, wie sich edukatorisches Staatshandeln von paternalistischer Gesetzgebung abgrenzen lässt. Obwohl es reichlich Literatur zum Thema **Paternalismus** gibt[18] (auf die hier im Einzelnen nicht eingegangen werden kann), gibt es nur selten Überlegungen zur Abgrenzung zwischen paternalistischem und edukatorischem Staatshandeln. Dies mag auch daran liegen, dass beide Begriffe gelegentlich undifferenziert für dieselben Sachverhalte verwendet oder sogar bewusst gleichgesetzt werden.[19]

---

16 Kritisch daher Höfling (Anm. 7), ZLR 2006, S. 121, 131 ff. Vgl. weiter Heck (Anm. 15), S. 264 f. zur EG-Verordnung über nährwert- und gesundheitsbezogene Angaben über Lebensmittel: Die den Großteil ausmachenden „‚allgemeinen' gesundheitsbezogenen Angaben und die nährwertbezogenen Angaben [...] üben hingegen keinen Einfluss auf die Gesundheit aus. [...] Zudem widerspricht es dem Gedanken des Verbraucherschutzes, wenn der Verbraucher den hoheitlichen Schutz seiner Gesundheit und seiner wirtschaftlichen Entscheidungsfreiheit mit Freiheitseinbußen bezahlen muss, die zu dem erreichten Schutzniveau in keinem Verhältnis stehen. [...] Wird der Verbraucher aus jeglicher Verantwortung für sein eigenes Leben befreit, [...] entsteht jedoch ein Teufelskreis aus abnehmender Verantwortung und abnehmender Fähigkeiten zum Selbstschutz."

17 Kritisch zu dieser Argumentation (und zum Begriff der „Volksgesundheit") Stefan Huster in diesem Band, S. 221 f.; Hillgruber (Anm. 1), S. 163; Kai Fischer, Die Zulässigkeit aufgedrängten staatlichen Schutzes vor Selbstschädigung, 1997, S. 170 f., 274 f. Zum Einsatz des Begriffes der „Volksgesundheit" bzw. der „Gesundheit der Bevölkerung" in der Rechtsprechung des BVerfG vgl. Eike Michael Frenzel, Die „Volksgesundheit" in der Grundrechtsdogmatik – Schlaglicht auf einen aufhaltbaren Aufstieg, DÖV 2007, S. 243, 244 ff.

18 Innerhalb der Paternalismusdebatte wird zwischen verschiedenen Formen differenziert: zwischen „Paternalismus im weiteren und im engeren Sinne", zwischen „direktem und indirektem Paternalismus, zwischen „reinem und gemischtem", „echtem und unechtem" sowie „weichem und hartem Paternalismus" usw. Vgl. nur Wolfgang Enderlein, Rechtspaternalismus und Vertragsrecht, 1996, S. 15 ff.; Kai Möller, Paternalismus und Persönlichkeitsrecht, 2005, S. 15 ff.; Anne van Aaken, Begrenzte Rationalität und Paternalismusgefahr: Das Prinzip des schonendsten Paternalismus, in: Michael Anderheiden/Peter Bürkli/Hans Michael Heinig/Stephan Kirste/Kurt Seelmann (Hrsg.), Paternalismus und Recht, 2006, S. 109, 122 ff. Zur historischen Dimension vgl. Thomas Gutmann, Paternalismus – eine Tradition deutschen Rechtsdenkens?, ZRG-GA 122 (2005), S. 150 ff.

19 Vgl. zu den Schwierigkeiten einer Abgrenzung von Paternalismus und edukatorischem Staatshandeln zum Schutz „überragend wichtiger Gemeinwohlbelange" (BVerfG NJW 2008, S. 2409, 2413: Schutz vor Gesundheitsgefährdungen durch Passivrauchen; kritisch zu diesem Urteil Rolf Gröschner, Vom Ersatzgesetzgeber zum Ersatzerzieher, Warum das Bundesverfassungsgericht zu einem „absoluten Rauchverbot" besser geschwiegen hätte, ZG 2008, S. 400 ff., 405 ff.) etwa die abweichende Meinung des BVerfG-Richters

Ein Wesensmerkmal staatlichen Paternalismus liegt darin, dass entscheidungsfähige erwachsene Bürger vor sich selbst und den Folgen ihrer Entscheidung geschützt werden sollen.[20] Typische Beispiele paternalistischer Gesetzgebung sind etwa die Gurtanlegepflicht in Fahrzeugen, die Schutzhelmpflicht für Kraftradfahrer oder das Verbot von Drogenkonsum, wenngleich es in diesen Fällen regelmäßig nicht nur darum geht, den Bürger zum eigenen Wohl vor sich selbst,[21] sondern auch die Gesellschaft vor den Kosten des selbstschädigenden Verhaltens des Einzelnen zu schützen.[22] Die Verknüpfung von Selbstschutz und

---

JOHANNES MASING, NJW 2008, S. 2421, 2422 zur „Radikallösung eines absoluten gaststättenrechtlichen Rauchverbots": „Mit ihr wird vielmehr ein Weg *edukatorischer Bevormundung* vorgezeichnet, der sich auf weitere Bereiche ausdehnen könnte und dann erstickend wirkt." Auf S. 2421 spricht MASING hingegen von der „Gefahr *paternalistischer Bevormundung*" [Hervorhebungen durch Verf.]. Auch in der Literatur wird teilweise nicht klar zwischen Erziehung und Paternalismus differenziert, vgl. etwa ALDO LEGNARO, Disziplin und Kontrolle als Parameter von Drogenpolitik: Das Beispiel des *New Paternalism*, Krim Journal 2007, S. 5, 10; PAUL KEVENHÖRSTER/ADRIENNE WINDHOFF-HÉRITIER, Öffentliche Erziehung zwischen Sozialstaatspostulat und Freiheitsgebot, ZfP 1981, S. 239, 247, die von „erzieherischem Paternalismus" sprechen.

20 So die Definition von GUTMANN (Anm. 18), ZRG-GA 122 (2005), S. 150, Fn. 1. Ähnlich MÖLLER (Anm. 18), S. 219: „Unter staatlichem Paternalismus versteht man ein Verhalten des Staates, das den Zweck hat, dem Einzelnen Schutz aufzuzwingen, und zwar unabhängig davon, ob dieser Schutz erwünscht ist oder nicht." Vgl. weiter FRANK GRUNERT, Paternalismus in der politischen Theorie der deutschen Aufklärung, Das Beispiel Christian Wolff, in: Michael Anderheiden/Peter Bürkli/Hans Michael Heinig/Stephan Kirste/Kurt Seelmann (Hrsg.), Paternalismus und Recht, 2006, S. 9. Vgl. auch VAN AAKEN (Anm. 18), S. 109, 110.

21 Zu Gesetzen, die ausschließlich den Schutz des Individuums vor sich selbst bezwecken, BVerfG NJW 1982, S. 691 (Unterbringung eines Geisteskranken aus fürsorgerischen Gründen ist verfassungsgemäß); BVerfG NJW 1982, S. 2061 (starre Altersgrenze für Personenstandsänderung bei Transsexuellen ist nicht verfassungsgemäß). Kritisch dazu INGO VON MÜNCH, Grundrechtsschutz gegen sich selbst?, in: Rolf Stödter/Werner Thieme (Hrsg.), Hamburg, Deutschland, Europa, Beiträge zum deutschen und europäischen Verfassungs-, Verwaltungs- und Wirtschaftsrecht, Festschrift für Hans Peter Ipsen zum siebzigsten Geburtstag, 1977, S. 113, 114 ff. (VON MÜNCH kommt zu dem Ergebnis, dass man einen Grundrechtsschutz gegen sich selbst nicht anerkennen könne, denn dies wäre eine „Umkehrung der Grundrechtsidee", die dazu führe, dass das Grundrecht „dem Grundrechtsträger nicht dient, sondern über ihn herrscht"). So (mit ausführlicher Begründung) auch HILLGRUBER (Anm. 1), S. 126 ff.

22 So etwa BVerfG NJW 1994, S. 1577, 1578 (unerlaubter Umgang mit Cannabisprodukten): „Die Freiheit der Person, die das Grundgesetz als ‚unverletzlich' bezeichnet, ist ein so hohes Rechtsgut, daß in sie aufgrund des Gesetzesvorbehalts des Art. 2 II 3 GG nur aus besonders gewichtigen Gründen eingegriffen werden darf. Unbeschadet dessen, daß solche Eingriffe unter bestimmten Voraussetzungen auch in Betracht kommen mögen, wenn sie den Betroffenen daran hindern sollen, sich selbst einen größeren persönlichen Schaden zuzufügen [...], sind sie im allgemeinen nur zulässig, wenn der Schutz anderer oder der Allgemeinheit dies unter Berücksichtigung des Verhältnismäßigkeitsgrundsatzes erfordert." Ähnlich BVerfG NJW 1982, S. 1276 (Schutzhelmpflicht): „Die ange-

Gemeinwohlbelangen hat das BVerfG inzwischen mit der Formel zementiert, dass „es grundsätzlich ein legitimes Gemeinwohlanliegen [sei], Menschen davor zu bewahren, sich selbst leichtfertig einen größeren persönlichen Schaden zuzufügen“.[23]

Während Paternalismus als echte Bevormundung keinen Lernprozess beim Bürger auslösen möchte, sondern davon ausgeht, dass dieser in bestimmten Konstellationen zu seinem Wohle gezwungen werden muss, gegen seinen Willen zu handeln,[24] will **Erziehung** überzeugen, d.h. der Erzogene soll sein Verhalten an den Grundeinstellungen und Wertungen des Erziehenden **kraft innerer Überzeugung** ausrichten. Daher tritt staatlicher Paternalismus typischerweise in Form von gesetzlichen Geboten oder Verboten auf, während im Rahmen edukatorischen Staatshandelns regelmäßig eine ganze Palette an staatlichen Maßnahmen zur Überzeugungsbildung eingesetzt wird.

Die eingesetzten Mittel und die zu erreichenden Ziele unterscheiden sich somit, wenngleich auch beim edukatorischen Staatshandeln die Zwecksetzung (ebenso wie beim staatlichen Paternalismus) darin bestehen kann, dass der Einzelne vor sich selbst geschützt wird und gleichzeitig wichtige Gemeinwohlziele verfolgt werden. Allerdings steht beim Paternalismus regelmäßig der Selbstschutz

---

griffene Vorschrift stellt auch keine unzulässige Bevormundung des Bürgers dar. Nach dem Grundgesetz muß der einzelne sich diejenigen Schranken seiner Handlungsfreiheit gefallen lassen, die der Gesetzgeber zur Pflege und Förderung des sozialen Zusammenlebens in den Grenzen des bei dem gegebenen Sachverhalt allgemein Zumutbaren zieht, vorausgesetzt, daß dabei die Eigenständigkeit der Person gewahrt bleibt [...]. Ein Kraftradfahrer, der ohne Schutzhelm fährt und deshalb bei einem Unfall eine schwere Kopfverletzung davonträgt, schadet keineswegs nur sich selbst. [...] Daß Unfälle mit schweren Kopfverletzungen weitreichende Folgen für die Allgemeinheit haben (z.B. durch Einsatz der Rettungsdienste, ärztliche Versorgung, Rehabilitationsmaßnahmen, Versorgung von Invaliden), steht außer Frage.“ Vgl. weiter BVerfG NJW 1987, S. 180 (Gurtanlegepflicht); BVerfG NJW 1967, S. 1795, 1800 (zwangsweise Anstalts-/Heimunterbringung eines Erwachsenen). Dazu auch Hillgruber (Anm. 1), S. 97 ff., 158 ff. (kritisch zur Sozialpflichtigkeit des Einzelnen als Kehrseite sozialstaatlicher Daseinsvorsorge); von Münch (Anm. 21), S. 113, 115 ff.; van Aaken (Anm. 18), S. 109, 125; Hans Michael Heinig, Paternalismus im Sozialstaat, Nutzen und Grenzen des Paternalismusdiskurses für eine Verfassungstheorie des Sozialstaates, in: Michael Anderheiden/Peter Bürkli/Hans Michael Heinig/Stephan Kirste/Kurt Seelmann (Hrsg.), Paternalismus und Recht, 2006, S. 157, 175 ff.

23 BVerfG NJW 2012, S. 1062, 1063 (gesetzliches Sonnenstudioverbot für Minderjährige), wobei das BVerfG vor allem mit dem Jugendschutz (Schutz der Minderjährigen aufgrund ihrer mangelnden Einsichtsfähigkeit und Reife) argumentierte (S. 1064). Vgl. aber auch BVerfG NJW 1999, S. 3399, 3403 zum Verbot einer fremdgerichteten altruistischen Lebendorganspende bei Erwachsenen. Kritisch dazu Thomas Gutmann, Gesetzgeberischer Paternalismus ohne Grenzen? Zum Beschluss des Bundesverfassungsgerichts zur Lebendspende von Organen, NJW 1999, S. 3387, 3388.

24 Ähnlich Christiane Wendehorst, in diesem Band, S. 117 ff.

des Individuums im Vordergrund, während beim edukatorischen Staatshandeln tendenziell die Verbesserung der Gesellschaft,[25] insbesondere die Verfolgung wichtiger Gemeinwohlbelange wie z.B. der Umwelt- oder Gesundheitsschutz, als Gründe für die Erziehung der Bürger überwiegen.[26] Anhand dieser Kriterien (Mittel, Ziele, betroffene Schutzgüter) lassen sich Schutzhelm- und Gurtanlegepflicht oder das Verbot einer fremdgerichteten altruistischen Lebendorganspende der paternalistischen Gesetzgebung zuordnen, während die staatliche Einflussnahme in den Bereichen der Abfalltrennung oder des Ernährungsverhaltens als edukatorisches Staatshandeln einzuordnen ist.

II. Voraussetzungen und Grenzen edukatorischen Staatshandelns

Edukatorisches Staatshandeln bedarf wie jede staatliche Maßnahme, die in eine grundrechtlich geschützte Position eingreift, einer verfassungsrechtlichen Rechtfertigung. Wie bereits erwähnt tritt edukatorische Gesetzgebung typischerweise in Kombination mit staatlicher Informationstätigkeit auf, die sich als „entformalisiertes staatliches Handeln" nur schwer rechtlich fassen lässt.[27] Informales Staatshandeln durch staatliche Information der Öffentlichkeit hat – worauf Friedrich Schoch zu Recht hinweist – „im Zeitalter der sogenannten Informationsgesellschaft signifikant zugenommen".[28] Dieses Handlungsinstrument ermöglicht es heute dem Staat, mit geringem (steuerfinanziertem) Auf-

25 Zu diesem Ziel kann es auch gehören, den Einzelnen zu bessern. Hierzu hat das BVerfG früh festgestellt, dass Eingriffe in die Freiheit des Einzelnen zwar zu dessen Schutz, nicht aber zur Erziehung bzw. Besserung des Einzelnen zulässig sind (BVerfGE 22, S. 180, 219 f.). Dazu auch Hillgruber (Anm. 1), S. 64 f., 69 ff.

26 Thomas Simon (in diesem Band, S. 70 f.) differenziert hingegen innerhalb der erzieherischen Gesetzgebung zwischen solcher, „die primär der Verbesserung der Gesellschaft dienen soll, und einer solchen, die ausschließlich auf den Schutz des Individuums vor selbstschädigendem Verhalten ausgerichtet ist," wobei er die frühneuzeitliche Polizeigesetzgebung der erstgenannten Kategorie zuordnet.

27 Dazu umfassend Friedrich Schoch, § 37 Entformalisierung staatlichen Handelns, in: Josef Isensee/Paul Kirchhof (Hrsg.), Handbuch des Staatsrechts der Bundesrepublik Deutschland, Bd. 3, 3. Aufl. 2005, der konstatiert (Rn. 23), dass die „Schwierigkeiten der rechtlichen Erfassung [...] dadurch noch gesteigert [werden], daß informales Staatshandeln rechtswissenschaftlich nur punktuell erforscht ist und daher über keine verläßliche Dogmatik verfügt."

28 Schoch (Anm. 27), § 37 Rn. 53. So auch schon Gramm (Anm. 3), Der Staat 30 (1991), S. 51 zur Herrschaftsausübung in Form geistiger Einflussnahme: „Tatsächlich ist der Staat der Bundesrepublik als informierender Staat nahezu omnipräsenter Diskursteilnehmer in der modernen, mediengeprägten Lebenswelt."

wand erhebliche verhaltenssteuernde Wirkungen zu erzielen[29] und hat aus der Perspektive des handelnden Staates zudem den Vorteil, dass das BVerfG bei der verfassungsrechtlichen Kontrolle zurückhaltend ist.[30] Dies mag auch damit zusammenhängen, dass sich der „ohne Befehl und Zwang arbeitende Staat […] als der freundschaftliche, partnerschaftliche und kooperative Staat [geriert], der für die Einhaltung von sozialmoralischen Verhaltensstandards wirbt", wobei dies für den Bürger zur Folge hat, dass „die weitgehend auf den ordnungsrechtlichen Zwang zugeschnittenen Rechtsschutzverfahren faktisch zurückgedrängt" werden.[31]

29 Beispiele aus den Bereichen des Lebensmittel-, Arzneimittel-, Gesundheits-, Verbraucherschutz- und Umweltrechts sowie auf dem Gebiet der Religion finden sich bei Schoch (Anm. 27), § 37 Rn. 58 ff. Vgl. weiter zur staatlichen Aids-Aufklärungskampagne Christoph Gramm, Rechtsfragen der staatlichen Aids-Aufklärung, NJW 1989, S. 2917 ff. Vgl. aber auch Vierhaus (Anm. 1), S. 418 ff.

30 So auch Schoch (Anm. 27), § 37 Rn. 56: „Allerdings stellt die mit dem Einsatz staatlicher Autorität verbundene staatliche Informationstätigkeit, die eines gewissen Vertrauensvorschusses des Publikums gewiß sein darf, staatliche Herrschaftsausübung dar. Es ist deshalb rechtstatsächlich und rechtsnormativ verfehlt, wenn das Bundesverfassungsgericht – eine Ebene der Gleichordnung zwischen den Teilnehmern am öffentlichen Diskurs suggerierend – die ‚staatliche Teilhabe an öffentlicher Kommunikation' von den wesentlichen verfassungsrechtlichen Bindungen des Staatshandelns freistellt." Vgl. weiter Rn. 97: „Hinzu kommt, daß das Bundesverfassungsgericht die Informationstätigkeit der Regierung entgegen Art. 20 Abs. 3 GG weitgehend von den Bindungen der Rechtsordnung freigestellt hat, worin das Regierungshandeln durch Information auch einen taktischen Vorteil zu erblicken vermag." Kritisch auch schon Udo di Fabio, Grundrechte im präzeptoralen Staat am Beispiel hoheitlicher Informationstätigkeit, JZ 1993, S. 689, 691, der folgende Wesensmerkmale des präzeptoralen Staates nennt: „neue mit Wissen und Information arbeitende staatliche Steuerungsmittel sowie neue vorsorgende und umsorgende Zwecksetzungen – Staat als besorgter, ermahnender und erziehender pater familias". Abschließend (S. 697) fordert Di Fabio, dass die „Grundrechtsdogmatik […] auf Möglichkeiten und Gefahren präzeptoraler Staatstätigkeit eingestellt werden" müsse.

31 Michael Kloepfer, Staatliche Information als Lenkungsmittel, dargestellt insbesondere am Problem behördlicher Warnungen und Empfehlungen im Umweltrecht, 1998, S. 18, 19, der zu Recht darauf hinweist (S. 19 f.), dass diese Folge „nicht nur die (unbeabsichtigte) Nebenfolge einer mit ‚freiwilligen' Entscheidungen der Bürger arbeitenden informationellen Steuerung [sein muss], sondern […] sehr wohl auch deren funktionale Intention sein" kann. Und weiter: „Dem sanft vorgehenden Staat kann sich der Bürger nicht selten schwerer entziehen als gegenüber dem imperativen Staat, insbesondere wenn das der indirekten Verhaltenssteuerung immanente Element der Freiwilligkeit durch Markt, Politik und öffentliche Meinung zum ‚freiwilligen Zwang' denaturiert. Das moderne Verwaltungs- und Verwaltungsprozeßrecht (einschließlich) der verfassungsrechtlichen Grundrechtsordnung haben mit staatlichem Zwang umzugehen […] gelernt, kaum aber mit den motivierenden Steuerungsmitteln des ‚sanften' Staates. Hier ist das Öffentliche Recht eher noch am Anfang."

Eine besondere Form öffentlichkeitsbezogener Informationstätigkeit[32] ist das **staatliche Berichtswesen**. Dieses zeichnet sich dadurch aus, dass der Staat (meist die Bundesregierung oder ein Bundesministerium) entweder auf gesetzlicher Grundlage[33] oder kraft Auftrags des Bundestags[34] in regelmäßigen Abständen zu gesellschaftlich relevanten Bereichen Berichte vorlegt,[35] die mehrere Aufgaben erfüllen können: Sie geben einen Überblick über die bisherige Tätigkeit des Staates in dem jeweiligen Bereich, sie können die Grundlage für Reformen und Verwaltungshandeln sein und sie versorgen die Bevölkerung mit Informationen,[36] wobei Letzteres den Effekt einer verhaltensbeeinflussenden Wirkung haben kann und wohl auch regelmäßig haben soll.

Weiterhin sind hier alle im Rahmen **staatlicher Informationstätigkeit als Regierungsaufgabe** ergehenden Verlautbarungen zu nennen, unabhängig davon, in welcher Form sie auftreten (Aufklärung, Auskunft, Empfehlung, Hinweis, Warnung, Appell, Information usw.). Das BVerfG geht davon aus, dass die allgemeine Information der Öffentlichkeit als Annex zur Regierungstätigkeit erlaubt sei und verlangt daher selbst bei grundrechtsrelevanten Maßnahmen keine gesetzliche Ermächtigungsgrundlage.[37] Dies ist in der Literatur zu

---

32 Zu verschiedenen Formen öffentlichkeitsbezogener Informationstätigkeit wie Berichterstattung, Öffentlichkeitsarbeit oder informationelle Steuerung vgl. Kloepfer (Anm. 31), S. 12 ff. Vierhaus (Anm. 1), S. 202 ff. unterscheidet zwischen selbstdarstellerischer und edukatorischer Öffentlichkeitsarbeit.

33 So etwa § 84 SGB VIII für die von der Bundesregierung vorzulegenden Jugendberichte. Vgl. weiter die jährlichen Berichte der Bundesregierung zur Evaluation des Kinderförderungsgesetzes nach § 24a Abs. 5 SGB VIII.

34 So bei den Familienberichten aufgrund eines Bundestags-Beschlusses von 1965, siehe Anm. 93.

35 Beispiele und weitere Nachweise bei Schoch (Anm. 27), § 37 Rn. 65 ff.

36 So Schoch (Anm. 27), § 37 Rn. 67, der kritisch hervorhebt, dass angesichts „der politischen und gesellschaftlichen Breitenwirkung des staatlichen Berichtswesens […] das dazu bestehende rechtswissenschaftliche Forschungsdefizit erstaunlich" sei.

37 BVerfGE 105, S. 252, 269 f. (Glykol): „So gehört es in einer Demokratie zur Aufgabe der Regierung, die Öffentlichkeit über wichtige Vorgänge auch außerhalb oder weit im Vorfeld ihrer eigenen gestaltenden politischen Tätigkeit zu unterrichten. In einer auf ein hohes Maß an Selbstverantwortung der Bürger bei der Lösung gesellschaftlicher Probleme ausgerichteten politischen Ordnung ist von der Regierungsaufgabe auch die Verbreitung von Informationen erfasst, welche die Bürger zur eigenverantwortlichen Mitwirkung an der Problembewältigung befähigen. Dementsprechend erwarten die Bürger für ihre persönliche Meinungsbildung und Orientierung von der Regierung Informationen, wenn diese andernfalls nicht verfügbar wären. Dies kann insbesondere Bereiche betreffen, in denen die Informationsversorgung der Bevölkerung auf interessengeleiteten, mit dem Risiko der Einseitigkeit verbundenen Informationen beruht und die gesellschaftlichen Kräfte nicht ausreichen, um ein hinreichendes Informationsgleichgewicht herzustellen. Von der Staatsleitung in diesem Sinne wird nicht nur die Aufgabe erfasst, durch rechtzeitige öffentliche Information die Bewältigung von Konflikten in

Recht kritisiert worden,[38] denn Information kann auch „als staatliches Mittel zur Verhaltensbeeinflussung“[39] und damit „als Instrument der ‚weichen‘ Verhaltensbeeinflussung im Sinne eines Mittels zur Erfüllung einer Sachaufgabe“ eingesetzt werden. SCHOCH folgend ist daher zu differenzieren zwischen „Information ‚über‘ Staatstätigkeit“ einerseits und „Wahrnehmung von Staatsaufgaben ‚durch‘ Information“ andererseits.[40] In der zweiten Fallgruppe liegt immer dann ein Grundrechtseingriff vor, wenn aufgrund des staatlichen Informationshandelns faktisch „ein grundrechtlich geschütztes Verhalten unmöglich gemacht wird oder wesentlich erschwert wird“.[41]

Die Frage, wann die Schwelle eines Grundrechtseingriffs bei faktischen Beeinträchtigungen durch staatliches Handeln erreicht ist, ist zwar in Rechtspre-

---

Staat und Gesellschaft zu erleichtern, sondern auch, auf diese Weise neuen, oft kurzfristig auftretenden Herausforderungen entgegenzutreten, auf Krisen schnell und sachgerecht zu reagieren sowie den Bürgern zu Orientierungen zu verhelfen. Aktuelle Krisen im Agrar- und Lebensmittelbereich haben beispielhaft gezeigt, wie wichtig öffentlich zugängliche, mit der Autorität der Regierung versehene Informationen sind, um solche spannungsgeladenen Situationen angemessen meistern zu können. Würde die Regierung sich in solchen Lagen der Aufgabe entziehen, den Bürgern durch Aufklärung, Beratung und Verhaltensempfehlungen Orientierung zu geben, und sich stattdessen auf Gesetzesinitiativen beschränken oder auf administrative Maßnahmen anderer Staatsorgane warten, würde ein wichtiges Element schneller, wirkungsvoller und auf möglichst geringe Beeinträchtigungen Dritter gerichteter Krisenbewältigung fehlen.“ Entsprechend BVerfGE 105, S. 279, 300 ff.

38 Kritisch SCHOCH (Anm. 27), § 37 Rn. 72 ff., 111 ff., 114 ff., 134; DERS., Die Schwierigkeiten des BVerfG mit der Bewältigung staatlichen Informationshandelns, NVwZ 2011, S. 193 ff.; DIETRICH MURSWIEK, Das Bundesverfassungsgericht und die Dogmatik mittelbarer Grundrechtseingriffe, Zu der Glykol- und der Osho-Entscheidung vom 26.6.2002, NVwZ 2003, S. 1, 3 ff.

39 So SCHOCH (Anm. 27), § 37 Rn. 74, der „zwischen staatlichen Informationshandlungen, die der individuellen Verhaltenslenkung dienen und final auf die Freiheitsausübung einwirken (z.B. konkrete Warnungen oder Empfehlungen), und einem auf andere Ziele gerichteten staatlichen Informationsverhalten (z.B. staatliche Öffentlichkeitsarbeit, staatliche Unterrichtung der Öffentlichkeit)“ differenziert. Dazu auch Rn. 76 ff.

40 SCHOCH (Anm. 27), § 37 Rn. 79.

41 SCHOCH (Anm. 27), § 37 Rn. 165 m.w.N. und mit Hinweis darauf, dass dies in der Schweiz bereits so praktiziert werde und auch die Rechtsprechung des EuGH (sog. Dassonville-Formel, EuGH Rs. 8/74, Slg. 1974, S. 837) zur Bestimmung von „Maßnahmen gleicher Wirkung“ im Bereich der Warenverkehrsfreiheit in diese Richtung weise: In der Schweiz werde geprüft, „ob der infolge staatlicher Wissenserklärung bewirkte tatsächliche Erfolg grundrechtliche Freiheit durch den Einsatz staatlicher Autorität verkürz[e]“, während der EuGH deutlich mache, dass „die Grundfreiheit nicht nur durch staatliche Rechtsvorschriften beeinträchtigt wird, sondern auch durch staatliche Verwaltungspraktiken, Empfehlungen und sonstige Informationsmaßnahmen, die von einer staatlichen Stelle ausgehen und in ihrer freiheitsverkürzenden Wirkung Rechtsakten vergleichbar“ seien.

chung und Literatur im Einzelnen umstritten,[42] Einigkeit besteht aber insoweit, dass eine eingriffsgleiche Beeinträchtigung jedenfalls dann vorliegt, wenn es sich um eine zielgerichtete staatliche Maßnahme mit einer gewissen Intensität handelt, die mit den Worten des BVerfG „in der Zielsetzung und in ihren Wirkungen Eingriffen gleichkomm[t]".[43] Sobald der Staat zielgerichtet durch Information steuert, um auf diese Weise einen bestimmten Erfolg herbeizuführen, und dabei Grundrechtspositionen beeinträchtigt, ist somit ein Grundrechtseingriff anzunehmen.[44] Dabei kann es nicht darauf ankommen, dass sich sämtli-

---

42 Schoch (Anm. 27), § 37 Rn. 87 ff. kritisiert diese unbefriedigende Rechtslage. Denn nach seiner Ansicht dürften die „Folgen des ‚weichen' Informationshandelns des Staates nicht unterschätzt werden", weil mit diesem „durch einen bestimmten Informations- und Wissenstransfer dergestalt auf die Individuen [eingewirkt werde], daß diese aus eigenem Willensentschluß ihr Verhalten so einrichten und gegebenenfalls ändern, daß staatlicherseits erwünschte gesellschaftliche Effekte erzielt" würden (Rn. 91). Hinzu komme, dass die „Praxis des informalen staatlichen Handelns [...] sich ständig fort[entwickle], die positive Rechtsordnung [...] hierauf nur punktuell [reagiere] und die Rechtsprechung [...] keine Hilfe bei der Problembewältigung" verspreche. „Der inzwischen eingetretene Rechtszustand [sei] teilweise bereits durchaus alarmierend, weil in immer mehr Bereichen die eingetretene Faktizität die durch die Rechtsordnung gestiftete Normativität zu ersticken [drohe]. Vor diesem Hintergrund [sei] die Rechtswissenschaft [...] aufgefordert, Konzepte zur rechtsstaatlich (noch) verantwortbaren und dennoch legitimen praktischen Bedürfnissen Rechnung tragenden Domestizierung entformalisierten staatlichen Handelns zu entwickeln" (Rn. 119 f.).

43 BVerfGE 116, S. 202, 222: „Der Grundrechtsschutz ist nicht auf Eingriffe im herkömmlichen Sinne beschränkt (zu diesem Eingriffsbegriff vgl. BVerfGE 105, 279 [300]). Vielmehr kann der Abwehrgehalt der Grundrechte auch bei faktischen oder mittelbaren Beeinträchtigungen betroffen sein, wenn diese in der Zielsetzung und in ihren Wirkungen Eingriffen gleichkommen (vgl. BVerfGE 105, 279 [303]; 110, 177 [191]; 113, 63 [76]). Durch die Wahl eines solchen funktionalen Äquivalents eines Eingriffs entfällt die Grundrechtsbindung nicht (vgl. BVerfGE 105, 252 [273])." Vgl. auch Kloepfer (Anm. 31), S. 27 ff., insb. S. 29 f.: „Gezielte Grundrechtseingriffe tatsächlicher Art müssen insoweit imperativen Eingriffen regelnder Art grundsätzlich gleichgestellt werden. [...] Staatliche Informationen sind demnach als Eingriff zu qualifizieren, wenn sie final auf die Verwirklichung eines Verhaltenserfolges im Schutzbereich eines Freiheitsrechts gerichtet sind. [...] Die gezielte Vereitelung oder Erschwerung der Verwirklichung von grundrechtlich geschützten Interaktionschancen ist regelmäßig als Eingriff zu werten." Vgl. weiter Schoch (Anm. 38), NVwZ 2011, S. 193, 195; Sophie-Charlotte Lenski, Staatliches Informationshandeln als Grundrechtseingriff, Zur Anwendung der Osho-Rechtsprechung in der verwaltungsgerichtlichen Praxis, ZJS 2008, S. 13, 14 ff.; Tobias Leidinger, Hoheitliche Warnungen, Empfehlungen und Hinweise im Spektrum staatlichen Informationshandelns – Zum aktuellen Stand der Diskussion in Rechtsprechung und Literatur, DÖV 1993, S. 925, 928 ff. Das BVerwG NJW 1997, S. 1996, 1998 bejaht einen Eingriff, wenn durch eine staatliche Stellungnahme ein erheblicher faktischer oder moralischer Druck ausgeübt wird.

44 Vgl. etwa Paul Kirchhof, § 99 Mittel staatlichen Handelns, in: Josef Isensee/Paul Kirchhof (Hrsg.), Handbuch des Staatsrechts der Bundesrepublik Deutschland, Bd. 5, 3. Aufl. 2007, Rn. 214: „Wenn der informierende Staat mit seiner verfassungsstaatlichen Au-

che Adressaten der Steuerungswirkung nicht mehr entziehen können, vielmehr muss es genügen, wenn die intendierte Wirkung darauf abzielt, einen möglichst großen Teil der Adressaten durch die Information zu einem bestimmten Verhalten zu veranlassen. Insbesondere steht der Erhalt des Letztentscheidungsrechts auf Seiten des Adressaten dann der Annahme einer eingriffsgleichen Wirkung nicht entgegen, wenn die Nichtbefolgung der empfohlenen Verhaltensweise zu einer Stigmatisierung oder einem Gewissenszwang führt.[45]

---

torität vor Jugendsekten, vor dem Verzehr eines Weines oder vor Meditationsvereinen warnt, so ist dieses ein Informationseingriff in den Schutzbereich von Grundrechten, nicht bloße Verbreitung von Allgemeinwissen. Die Information ist eine Handlungsform des Staates, die wie alle anderen den Bindungen des Verfassungsstaates unterliegt." Vgl. auch DIETRICH MURSWIEK, Staatliche Warnungen, Wertungen, Kritik als Grundrechtseingriffe – Zur Wirtschafts- und Meinungslenkung durch staatliches Informationshandeln, DVBl 1997, S. 1021, 1022 f.: „Auch diese gezielte Einwirkung auf die Entschließungsfreiheit ist eine Freiheitseinschränkung." Soweit Verhaltenssteuerungsmaßnahmen „den Betroffenen weniger stark in seiner Freiheit einschränken als Ge- oder Verbote, wirkt sich das nicht auf die Frage aus, ob ein Grundrechtseingriff vorliegt; vielmehr kann dies erst eine Rolle spielen im Zusammenhang mit der Rechtfertigung des Eingriffs am Maßstab des Verhältnismäßigkeitsprinzips." Vgl. weiter WIEBKE SPAETH, Grundrechtseingriff durch Information, Zur Verfassungsmäßigkeit von verhaltenssteuernden Warnungen und Empfehlungen der Bundesregierung, 1995, S. 79, 81 f.

45 Insoweit liegt ein Rückgriff auf die Rechtsprechung des BGH zum Aufopferungsanspruch bei Impfschäden nahe; BGHZ 24, S. 45 f.: „Ein Aufopferungsanspruch bei einem Impfschaden kann auch dann gegeben sein, wenn der Staat, um eine allgemeine Schutzimpfung herbeizuführen, nicht einen gesetzlichen Zwang, wohl aber (durch entsprechende Merkblätter) auf die Eltern der zu impfenden Kinder einen Gewissenszwang ausübt, der ihnen eine eigene Entschließung über die Impfung ihrer Kinder nur noch der Form nach zugesteht." Erweitert durch BGHZ 31, S. 187, 190 f. (Annahme einer zur Entschädigung verpflichtenden Aufopferungslage bei Durchführung einer empfohlenen Schutzimpfung ohne gesetzlichen Zwang): „Das entspricht der Entwicklung, die der moderne Staat und das moderne Leben genommen haben. Das staatliche hoheitliche Handeln beschränkt sich nicht mehr wie ehedem im wesentlichen auf die Geltendmachung obrigkeitlichen Zwanges, auf den Erlaß von Geboten und Verboten, sondern tritt in besonderem Ausmaß in Planung, Vorsorge und Fürsorge in Erscheinung. [...] Hinzu kommt: Im demokratischen und sozialen Rechtsstaat erfährt das Verhältnis des Bürgers zu seinem Staat eine besondere Färbung: Wo es um politische Entwicklungen und politische Macht geht, mag Wachsamkeit, wo es um obrigkeitliches Handeln geht, mag mutiges Bestehen auf dem Recht am Platze sein; diesem Staat gegenüber ist aber im Bereich des Fürsorgerischen nicht Skepsis und Ressentiment am Platze, sondern Vertrauen und Bereitschaft zur freiwilligen und verantwortungsvollen Einordnung. Das bedeutet, daß man davon auszugehen hat, der Bürger dieses Staates wird, wenn ihm die zuständigen, für das Gemeinwohl verantwortlichen, sachkundigen Stellen in Rücksicht auf die öffentliche Wohlfahrt – beispielsweise aus Gründen der Sozialhygiene – einen Rat geben, den sie für ungefährlich halten, ihm folgen. [...] Das bedeutet: Der Staat hat in dem Bewußtsein, daß der Bürger sich unter den obwaltenden Umständen dem Merkblatt füge und sein Kind der [...] Impfung zuführen werde, einem Kinde, das durch die Impfung eine schwere Gesundheitsschädigung davontrug, zwar nicht durch Ausübung

Darüber hinaus wird in der Literatur eine eingriffsgleiche Beeinträchtigung auch dann angenommen, wenn mit einer gezielten Desinformation durch den Staat („Manipulation durch Auswahl und Inhalt" der Information) eine Verhaltensänderung der Bürger erreicht werden soll.[46] Wenn der Staat „Grundlagen des Wissens vermittel[e], müss[t]en diese als Befähigung zur Freiheit, nicht als Bevormundung zum Irrtum angelegt sein".[47] Man mag die Verhaltenssteuerung durch gezielte Manipulation bereits als **Propaganda** bezeichnen, wenngleich die Formel, die „Verbreitung von Wahrheiten" als Erziehung und die „Verbreitung von Unwahrheiten" als Propaganda zu begreifen, nicht unbestritten ist.[48] In jedem Fall ist eine staatliche „Verhaltenslenkung durch bewusste Fehlinformation als schlechthin unzulässig" einzuordnen.[49]

Nach der Rechtsprechung des BVerfG müssen staatliche Informationen sachlich und objektiv (bezogen auf Werturteile) sowie richtig und vollständig (im Hinblick auf den Inhalt) sein.[50] Bei der Einhaltung dieser Kriterien sind hohe Standards zu verlangen, weil eine Bewusstseinsänderung (bei Teilen) der Bevölkerung aufgrund staatlicher Informationen nicht bzw. nur schwer rever-

---

eines gesetzlichen Impfzwanges, wohl aber vermittels eines psychologischen Abforderns der Impfung von den für das Kind handelnden Eltern ein besonders Opfer auferlegt."

46 Dazu Lüdemann (Anm. 1), S. 106 ff., insb. S. 113 ff.

47 So Kirchhof (Anm. 44), § 99 Rn. 215.

48 So insbesondere Peter Robert Hofstätter, Einführung in die Sozialpsychologie, 5. Aufl. 1973, S. 280. Nach Hofstätter (S. 283) gehe es bei Propaganda vielmehr „stets um den Versuch [...], ein bereits erziehungsmäßig fixiertes normatives Equilibrium zu verschieben". Gemeinsam sei aber beiden (S. 284), „daß sie die Uniformität der Individuen in einer Kultur vergrößern" und „dem Individuum die Gewinnung einer zweckentsprechenden Haltung zu den Geschehnissen in der Welt nur in sehr begrenztem Umfange aus eigenem [Wissen] möglich" sei. Vgl. auch Gertrude Lübbe-Wolf, Rechtsprobleme der behördlichen Umweltberatung, NJW 1987, S. 2705, 2711 (Fn. 35), die Propaganda als eine „nicht sach-, sondern rein darstellungsorientiert[e] und primär auf andere Mittel als das der rationalen Überzeugung setzend[e]" Bewusstseinsbeeinflussung definiert. Vierhaus (Anm. 1), S. 374 spricht von „inszenierter Information", wenn die lenkende Wirkung vor allem auf der „*inhaltlichen* Gestaltung der Information" beruht, wozu er insbesondere die „unvollständige, unrichtige, tendenziöse Information" rechnet.

49 Sachs (Anm. 5), S. 220. So auch Imke Schneider, Staatliche Informationstätigkeit als Steuerungsmittel im Umweltrecht, 2012, S. 79.

50 BVerfGE 105, S. 252, 272 ff.; BVerfGE 105, S. 279, 305 ff. Dazu Schoch (Anm. 27), § 37 Rn. 143 f.; Bardo Fassbender, § 76 Wissen als Grundlage staatlichen Handelns, in: Josef Isensee/Paul Kirchhof (Hrsg.), Handbuch des Staatsrechts der Bundesrepublik Deutschland, Bd. 4, 3. Aufl. 2006, Rn. 72; Kirchhof (Anm. 44), § 99 Rn. 215 („Das Rechtsstaatsprinzip und das in den Grundrechten angelegte Freiheitsprinzip verpflichten staatliches Informieren, Beraten und Appellieren zu Wahrheit, Objektivität, zu Neutralität und Sachkundigkeit.").

sibel ist.[51] Neben dem **Grundsatz staatlicher Neutralität**[52] gilt es zudem das **Übermaßverbot** auch für informelles Staatshandeln zu beachten, d.h. die staatliche Informationstätigkeit muss „zur Verfolgung eines (verfassungs)legitimen Ziels geeignet, erforderlich und verhältnismäßig sein".[53] Auch dies ist ein wichtiger Aspekt, denn gerade weil sich staatliches Informationshandeln so schwer mit dem Recht einfangen lässt und häufig unter dem Deckmantel „bloßer" (Sozial-)„Moral" daherkommt, bedarf es klarer (verfassungsrechtlicher) Grenzen, um staatlicher Edukation entgegenzuwirken.[54] Denn: „Jede Information trägt ihre Botschaft in sich"[55] – und damit die Gefahr einer Beeinträchtigung der staatsfreien Meinungsbildung (zu diesem Aspekt siehe unten S. 20 f.).

Sofern edukatorisches Staatshandeln (auch in Form einer Informationssteuerung) einen **Grundrechtseingriff** begründet, stellt sich die Frage, ob und gegebenenfalls wie ein solcher Eingriff (Beeinflussung der Überzeugungen der Bürger mit dem Ziel einer Veränderung ihrer Einstellungen) gerechtfertigt werden kann.[56] Hier könnte sich ein Rückgriff auf die breit geführte **Paternalismusdebatte** anbieten: Ein Teil der Befürworter eines begrenzten Paternalismus hält der Idee vom selbstbestimmt und rational handelnden Menschen entgegen, dass die Verhaltensökonomik und die Psychologie zeigten, dass „in vielen Lebensbereichen [...] den Menschen klare und wohlgeordnete Präferenzen [fehlten, weil ihre] Wahlhandlungen [von] dem Fluss der Informationsgenerierung"

51 Zur Problematik auch SCHOCH (Anm. 27), § 37 Rn. 107.

52 Zum Neutralitätsgebot gehört auch das Verbot staatlicher Identifikation; dazu GRAMM (Anm. 3), Der Staat 30 (1991), S. 51, 75.

53 FRIEDRICH SCHOCH, Information und Kommunikation im Lebensmittelrecht: Europarechtliche und verfassungsrechtliche Grundlagen staatlichen Informationshandelns und privater Informationspflichten, ZLR 2010, S. 121, 137 m.w.N.

54 In diesem Sinne auch kritisch MURSWIEK (Anm. 44), DVBl 1997, S. 1021 f.: „Der mit rechtlich unverbindlichen Warnungen und Empfehlungen agierende Staat mag als der freundliche, kooperative, dienstleistende Staat in Erscheinung treten und sich – als Gegenbild des obrigkeitlich-imperativ agierenden Staates – als bürgernah und partnerschaftlich empfehlen. Aber solche Selbstempfehlungen können trügerisch sein. [...] Der ‚präzeptorale Staat', der mit den Mitteln seines ‚weichen', aber schwer greifbaren ‚Informationshandelns' dem Bürger das erwünschte Verhalten auf allen möglichen Gebieten aufzudrängen sucht, kann unter Umständen weit weniger freiheitlich sein, als ein verbindlich regelnd und insofern ‚obrigkeitlich' auftretender Staat, der sich auf die Wahrnehmung notwendiger Aufgaben beschränkt und in die Freiheit der Bürger nur in berechenbarer und kontrollierbarer Weise eingreift."

55 GRAMM (Anm. 3), Der Staat 30 (1991), S. 51, 60 zerlegt daher die staatliche Information in fünf Teile: „a) Sachlicher Informationsgehalt; b) Verhaltenssteuerung; c) Die Wertebene; d) Psychologische Ebene; e) Die eigentlich rechtliche Intention."

56 Bislang gibt es nur wenig Literatur zu den verfassungsrechtlichen Rahmenbedingungen für edukatorisches Staatshandeln; vgl. LÜDEMANN (Anm. 1), S. 102 ff.; VIERHAUS (Anm. 1), S. 359 ff., 447 ff.

abhingen.[57] Die Vertreter dieses Ansatzes folgern somit aus einer begrenzten Rationalität des Individuums (Rationalitätsdefizit im Entscheidungsverhalten) die Legitimität eines begrenzten Paternalismus des Staates, d.h. für die verbindliche Vorgabe der (vermeintlich) rationalen Entscheidung. Der staatliche Paternalismus wird hier damit gerechtfertigt, dass die Intervention nicht als Bevormundung, sondern aufgrund des irrationalen Verhaltens des Einzelnen als Autonomieförderung zu bewerten sei.[58] Denn die mangelnde Rationalität bei der Entscheidung belege, dass das Individuum nicht in der Lage sei, eine selbstbestimmte (von der Verfassung geschützte) Entscheidung zu treffen.[59]

Dieser Ansatz kann auch bei edukatorischem Staatshandeln eine Rolle spielen, beispielsweise als Bestandteil der seit den 1990er Jahren zunächst in den USA und dann auch in Deutschland verfolgten sozialstaatlichen Konzeption im Umgang mit Erwerbslosen, die den Blickwinkel auf die Unterschichten „von der sozialen Einbettung zum individuellen Verhalten, von der ökonomischen Ungleichheit zur persönlichen Inkompetenz" verschiebt.[60] Im Mittelpunkt dieses Ansatzes steht eine „moralisierende Delegitimierung nichterwerbstätiger Lebensformen";[61] als Mittel zur Behebung der bei den Unterschichten angeblich vorhandenen Defizite dienen u.a. „fürsorglich gemeint[e]

57 van Aaken (Anm. 18), S. 109, 114 (auf S. 115 ff. führt van Aaken Beispiele von kognitiver Schwäche und von Willensschwäche an).

58 Dazu van Aaken (Anm. 18), S. 109, 140; Enderlein (Anm. 18), S. 52 ff., 68 ff., 241 ff. Vgl. aber auch Heinig (Anm. 22), S. 157, 167 ff.

59 Dazu Stephan Kirste, Harter und weicher Rechtspaternalismus, Unter besonderer Berücksichtigung der Medizinethik, JZ 2011, S. 805, 806. Kirste, S. 813 hält dem zu Recht entgegen, dass eine autonome Entscheidung nur die Fähigkeit zur Selbstbestimmung, nicht hingegen „voll rationale Begründbarkeit und [...] moralische Werthaftigkeit" voraussetze. Entsprechende Begründungsmuster finden sich auch beim weichen bzw. liberalen Paternalismus, vgl. Jan Schnellenbach, Wohlwollendes Anschubsen: Was ist mit liberalem Paternalismus zu erreichen und was sind seine Nebenwirkungen?, Perspektiven der Wirtschaftspolitik 12 (2011), S. 445, 447 (liberaler Paternalismus unternehme „den Versuch, Entscheidungssituationen bewusst zu gestalten und so Individuen in ihrem Handeln zu lenken", wobei „aber die Freiheit erhalten bleib[e], bewusst eine abweichende Entscheidung zu treffen"). Kritisch auch Gramm (Anm. 3), Der Staat 30 (1991), S. 51, 72 f. m.w.N.

60 Legnaro (Anm. 19), Krim. Journal 2007, S. 5, 7. Vgl. aber auch schon Kevenhörster/Windhoff-Héritier (Anm. 19), ZfP 1981, S. 239, 245, 247 (als spezifische Schwachstellen einer Erziehung durch den Staat identifizieren die Verfasser nicht nur die Einschränkung individueller Freiheit, sondern auch die „Stigmatisierung" der Adressaten staatlicher Erziehungs-/Dienstleistungsprogramme).

61 Stephan Lessenich, Der Arme in der Aktivgesellschaft – zum sozialen Sinn des „Förderns und Forderns", WSI-Mitteilungen 2003, S. 214, 218. Dies zeigt sich auch in der politischen Debatte um das Betreuungsgeld (von führenden Politikern der Opposition auch als „Herdprämie" bezeichnet), bei der die Kritik an dieser Leistung im Wesentlichen in einer Delegitimation des Wertes von Familienarbeit besteht. Dazu unten S. 56 f.

Erziehungsprogramm[e]" und insgesamt „eine Politik der Aktivierung".[62] Dabei liegt die Annahme nicht fern, dass sich mit dem Übergang vom protektiv-paternalistisch handelnden Staat zum aktivierenden Staat[63] auch ein Übergang von einer Bevormundung hin zur Erziehung des Bürgers vollzogen hat.[64]

Neben dem offen formulierten Motiv des Ausgleichs von Rationalitätsdefiziten wird das „klassische" Motiv für paternalistisches Staatshandeln heute weniger stark gemacht, nämlich dass individuelle Präferenzen, die „Werten widersprechen, von deren universeller Geltung der paternalistisch Intervenierende überzeugt ist", eingeschränkt werden, um den objektiven Gehalt dieser Werte zu erhalten.[65] Dass auch diese Argumentation als Rechtfertigung für edukatorisches Staatshandeln dienen könnte, liegt bei den bislang genannten Beispielen der Einflussnahme im Bereich der Abfallentsorgung (Umweltschutz) oder der Beeinflussung des Ernährungsverhaltens der Bürger (Gesundheitsschutz) nicht fern – die hohe „Wertigkeit" des angestrebten Ziels bei gleichzeitig geringer Intensität der staatlichen Maßnahme spräche dann für die Zulässigkeit der staatlichen Edukation.[66]

Einer solchen Sichtweise, bei der der Hinweis auf das (vermeintlich) „gute" oder „richtige" Ziel, das mit einem (scheinbar) relativ milden Instrument verwirklicht wird,[67] als Rechtfertigung für die Einschränkung verfassungsrechtlich

---

62 Legnaro (Anm. 19), Krim. Journal 2007, S. 5, 7, der jedoch unter Berufung auf Lawrence M. Mead, The Rise of Paternalism, in: ders. (Hrsg.), The New Paternalism, Supervisory Approaches to Poverty, 1997, S. 1, 6 („Paternalism is an effort to control the lifestyle of the poor."), die sozialstaatlichen Maßnahmen als Paternalismus und nicht als Edukation einordnet.

63 Dazu etwa Horst Bossong, Suchtpolitik im paternalistischen, aktivierenden oder ermöglichenden Staat: Versuch einer Entwirrung, ORDO 62 (2011), S. 177 ff. (S. 182 ff. mit Kritik an den Mitteln und Zielen der aktivierenden Suchthilfepolitik).

64 Nach Bossong (Anm. 63), ORDO 62 (2011), S. 177, 186 ziele der aktivierende Staat auf „die Erzeugung und Beförderung der ‚richtigen' Einstellung und des ‚richtigen' Verhaltens" und damit letztlich auf „die Formung des ‚neuen Menschen'" ab.

65 Gleichwohl ist dieses Motiv nach wie vor vorhanden, vgl. Kirste (Anm. 59), JZ 2011, S. 805, 806; Horst Eidenmüller, Liberaler Paternalismus, JZ 2011, S. 814, 815. Kritisch zur Diskussion um die aus der Verfassung abgeleitete objektive Wertordnung auch Hillgruber (Anm. 1), S. 126 ff., 134, 158 ff., 162 ff., 165 ff.

66 Nach Schorkopf (Anm. 15), JZ 2008, S. 20, 25 ff. lässt sich eine vergleichbare Zielsetzung auch bei der sog. Regulierungsverwaltung nachweisen. Mit dem dahinter stehenden Konzept setzt er sich kritisch auseinander und weist zu Recht darauf hin, dass diesem „Regulierungskonzept [...] die Differenz von Staat und Gesellschaft [...], die als gedankliche Trennung die Freiheitssphäre des Bürgers ermöglicht", fern sei (S. 26), und dass sich der „berechtigte Wohlfahrtszweck des Staates [...] nicht gegen, sondern nur mit dem Rechtsstaat verwirklichen" lasse (S. 28).

67 Dazu Lüdemann (Anm. 1), S. 104 f.

gewährleisteter Freiheiten genügen soll,[68] ist jedoch im Rechtsstaat eine klare Absage zu erteilen.[69] Ungeachtet dessen, dass schon die zugrundeliegende Annahme, die jeweilige Regierung wäre nach fachkundiger Beratung und aufgrund der Abwägung sämtlicher relevanter Informationen kraft überlegenen Wissens in der Lage, jedem Bürger die „richtigen" Vorgaben für eine rationale (d.h. meist für eine ökonomisch sinnvolle) Entscheidung machen zu können, höchst fragwürdig ist,[70] entspricht auch die Vorstellung eines ohne staatliche Hilfestel-

---

68 Diese Sichtweise lässt sich zunehmend beobachten: So wird mit der Zielsetzung eines (präventiven) Kinderschutzes zunehmend im Vorfeld einer Kindeswohlgefährdung in das verfassungsrechtlich geschützte Elternrecht eingegriffen, wobei die Vorverlagerung der Eingriffsschwelle damit gerechtfertigt wird, dass es sich um einen niedrigschwelligen Eingriff handele. Ein Beispiel hierfür ist das richterliche („Erziehungs"-)Gespräch nach § 157 FamFG, mit dem ausweislich der Drucksachen im Vorfeld einer Kindeswohlgefährdung auf die Eltern eingewirkt werden soll; Entwurf eines Gesetzes zur Erleichterung familiengerichtlicher Maßnahmen bei Gefährdung des Kindeswohls vom 24. Oktober 2007, BT-Drucks. 16/6815, S. 17: „Dem Familiengericht steht damit – bereits *im Vorfeld* und unabhängig von Maßnahmen nach den §§ 1666, 1666a BGB – ein wirksames Instrument zur Verfügung, um auf die Eltern und die Kinder einzuwirken." Vgl. weiter S. 1: „Insbesondere sollen Möglichkeiten geschaffen werden, *frühzeitiger* und stärker *auf die Eltern einzuwirken*, um diese anzuhalten, notwendige öffentliche Hilfen zur Wiederherstellung ihrer Elternkompetenz in Anspruch zu nehmen. In diesem Sinne sieht der Entwurf verschiedene Änderungen vor, die eine *frühzeitige Anrufung des Familiengerichts* und ein *frühes, aber ggf. niedrigschwelliges Eingreifen* durch das Familiengericht födern sollen." [Hervorhebungen durch Verf.] Dazu Eva Schumann, in: Thomas Rauscher (Hrsg.), Münchener Kommentar zum FamFG, 2. Aufl. 2013, § 157 FamFG Rn. 2, 4 f. m.w.N. Vgl. weiter Matthias Jestaedt, in diesem Band, S. 165 ff.

69 So auch Höfling (Anm. 7), ZLR 2006, S. 121, 131. Vgl. auch Thomas Simon, in diesem Band, S. 73.

70 Abgesehen davon, dass der Staat nicht die Deutungshoheit über das, was für den Einzelnen (unter Heranziehung einer Vielzahl von Kriterien und Präferenzen) rational ist, beanspruchen kann, ist „Rationalität" auch nicht der einzige (bzw. oberste) Zweck, an dem menschliches Verhalten ausgerichtet werden kann und sollte (zu nennen sind etwa die dem religiösen Bereich zugeschriebenen Motive menschlichen Verhaltens wie das Handeln aus Nächstenliebe, Barmherzigkeit, Mitgefühl oder die den familiären Solidarleistungen zugrundeliegenden Motive wie Liebe, Zuneigung, Fürsorge, Verantwortung). Fraglich ist zudem, ob der paternalistisch handelnde Staat überhaupt die nötigen Kompetenzen hat, um entscheiden zu können, „welches Element einer widersprüchlichen Präferenzordnung unvernünftig und welches vernünftig ist"; so Schnellenbach (Anm. 59), Perspektiven der Wirtschaftspolitik 12 (2011), S. 445, 450. Schnellenbach (S. 451 ff., 455 f.) legt dar, dass das von paternalistischer Seite zugrunde gelegte (vernünftige) Verhaltensmuster häufig nur dem allgemeinen Zeitgeist folge und zu Standardisierungen neige, wobei die normative Basis der „richtigen" Vorgaben ausgesprochen schwach sei. Zudem bestehe „auf der gesellschaftlichen Ebene [...] die Gefahr, dass das Lernen aus Versuch und Irrtum behindert und verlangsamt" werde. Schließlich werde die in der psychologischen Literatur gut dokumentierte Tatsache vernachlässigt, „dass Autonomie und individuelle Handlungskompetenz eine wichtige Quelle von Lebenszufriedenheit sind". Vgl. weiter Heck (Anm. 15), S. 265.

lung nicht selbständig handlungsfähigen Bürgers nicht dem **Menschenbild des Grundgesetzes.**[71] Dieses setzt vielmehr die Garantie auf den je eigenen Lebensentwurf voraus,[72] mit der Folge, dass Entscheidungen für das Unvernünftige und das Unnütze vom Staat – solange das friedliche Zusammenleben und die Werteordnung der Verfassung nicht gefährdet sind – genauso zu respektieren sind wie die für das Individuum vernünftigste und für das Gemeinwohl nützlichste Entscheidung.[73] Das Menschenbild des Grundgesetzes setzt staatliche Neutralität voraus, mit der Folge, dass sich der Staat bei der Bewertung der Konzeptionen des für den Einzelnen oder das Gemeinwohl „Guten“ oder „Richtigen“ weitgehend zurückzuhalten hat;[74] jede staatliche Präferenzbeeinflussung muss daher rechtsstaatlichen Grundsätzen genügen[75] und die Freiheit des Einzelnen achten.[76]

---

71 Vgl. dazu auch VIERHAUS (Anm. 1), S. 381 ff.

72 Dazu etwa BVerfG NJW 1976, S. 947, 948: „Der ‚ethische Standard‘ des Grundgesetzes ist vielmehr die Offenheit gegenüber dem Pluralismus weltanschaulich-religiöser Anschauungen angesichts eines Menschenbildes, das von der Würde des Menschen und der freien Entfaltung der Persönlichkeit in Selbstbestimmung und Eigenverantwortung bestimmt ist. In dieser Offenheit bewahrt der freiheitliche Staat des Grundgesetzes seine religiöse und weltanschauliche Neutralität.“ Vgl. auch BVerfG NJW 2003, S. 3111, 3113; WOLFRAM HÖFLING, in: Michael Sachs (Hrsg.), Grundgesetz, 6. Aufl. 2011, Art. 1 GG Rn. 36 f.; DERS. (Anm. 7), ZLR 2006, S. 121, 131 f.; PETER HÄBERLE, Das Menschenbild im Verfassungsstaat, 4. Aufl. 2008, S. 63 ff.

73 Anderenfalls wäre, so GUTMANN (Anm. 18), ZRG-GA 122 (2005), S. 150, 192, „Schutzgut des Rechts [...] nur noch ‚der noumenale, vernünftige Wille‘ der Individuen, und nicht mehr die freiheitsgeschützte individuelle Entscheidungsmacht, die diesseits der Fremdschädigung oder -gefährdung das Recht umfassen muß, ‚nicht ganz rational zu sein‘ [...].“ Zudem verlören „subjektive Freiheitsrechte ihren Sinn und [...] das Recht [wäre] nicht nur erlaubterweise, sondern notwendigerweise ein paternalistisches.“

74 Nach STEFAN HUSTER, Die ethische Neutralität des Staates, Eine liberale Interpretation der Verfassung, 2002, S. 12 verlangt die staatliche Neutralität, dass der Staat auf eine Bewertung der Konzeptionen des für den Einzelnen oder das Gemeinwohl „Guten“ oder „Richtigen“ grundsätzlich verzichtet und sich darauf beschränkt, lediglich eine Ordnung für das friedliche und gerechte Zusammenleben der unterschiedlichen Überzeugungen und Lebensformen zu gewährleisten. Vgl. weiter HILLGRUBER (Anm. 1), S. 119 f.; VIERHAUS (Anm. 1), S. 464 ff.

75 So auch SCHOCH (Anm. 27), § 37 Rn. 114 f.: „Der Verfassungsstaat neuzeitlicher Prägung ist in seinem Kern ein Rechtsstaat. Verfassungsstaatlichkeit bedeutet demnach im wesentlichen Rechtstaatlichkeit. Dies impliziert die Rechtsbindung einer jeden Form der Ausübung von Staatsgewalt. Die Rechtsbindung gilt folglich auch für informales Staatshandeln [...]. Art. 20 Abs. 3 GG verfügt für die vollziehende Gewalt – wozu [...] auch die Regierung gehört – und die Rechtsprechung die Bindung an Gesetz und Recht. Folglich ist informales Staatshandeln nach geltendem Verfassungsrecht kein rechtsfreies Handeln – auch wenn den zur Informalität neigenden Akteuren damit gewisse Schwierigkeiten gemacht werden (müssen).“

76 Dabei ist nicht zu verkennen, dass der Sozialstaat (insbesondere eine staatliche Fürsorge nach dem Prinzip „Fördern und Fordern“) die Gefahr eines Rückfalls in frühneuzeitliche Strukturen der „Guten Policey“ unter Rückgriff auf kameralistische Ordnungs-

Entscheidend ist somit allein, ob staatliche Erziehung durch Gesetz und/ oder durch Information mit dem Grundgesetz, insbesondere mit der Verfassungsgarantie einer freien Entfaltung der Persönlichkeit (Art. 2 Abs. 1 GG i.V.m. Art. 1 Abs. 1 GG), aber auch mit anderen Garantien,[77] vereinbar ist. Da staatliche Erziehung im Erfolgsfalle (Erzielung einer Bewusstseinsänderung bei Teilen der Bevölkerung) auch massiv die öffentliche Meinungsbildung beeinflussen kann, wäre zudem zu prüfen, ob eine nicht gerechtfertigte **Einwirkung auf den staatsfreien Meinungsbildungsprozess** als ein konstituierendes Element

---

ziele in sich trägt. Vgl. etwa zur kameralistischen Staatslehre nach JOHANN HEINRICH GOTTLIEB VON JUSTI (und der Verbindung von „individueller Glückserwartung" und „Wohlsein des Staates") HILLGRUBER (Anm. 1), S. 32 f.: „Es versteht sich daher von selbst, daß Verschwendung, Arbeitsscheu und Müßiggang als Pflichtvergessenheit nach *v. Justi* staatlicherseits nicht geduldet werden können, sondern mit polizeilichem Zwang zu bekämpfen sind. [...] Soll der Staat als ‚Vereinigung der Willen und Kräfte' seiner Bürger öffentliche Wohlfahrt befördern, so muß jedes Mitglied des Gemeinwesens nach Maßgabe seiner Fähigkeiten zur Prosperität des Staates beitragen. Die individuelle Arbeitsmoral und die Ethik der Ökonomie erhalten auf diese Weise einen Gemeinschaftsbezug mit der Folge einer Grenzverschiebung zwischen Moral und Recht: ‚Bürgerliche' Tugenden werden zur Rechtspflichten gegenüber der staatlichen Gemeinschaft." Zu den gegenläufigen Prinzipien von Rechts- und Sozialstaat, ebd., S. 46 f., 53 ff. (zu Recht weist HILLGRUBER, S. 48 auch darauf hin, dass der Vorrang des Gemeinwohls zu einer grenzenlosen Einschränkung der Freiheit des Einzelnen führen kann, weil „im Grunde sämtliche Verhaltensweisen des Menschen von irgendeiner Relevanz für das zu befördernde gemeine Wohl sind".). Vgl. auch THOMAS SIMON, „Gute Policey", Ordnungsleitbilder und Zielvorstellungen politischen Handelns in der Frühen Neuzeit, 2004, S. 426 ff., 455 ff., 488 ff. (mit Hinweis auf S. 546 ff., 553 ff., dass die kameralistischen Ordnungsziele, insbesondere die Wohlstandsmaximierung und die Steigerung der Produktivität, typischerweise durch eine „Vervielfältigung der Steuerungsinstrumente", einschließlich der Setzung positiver Anreize sowie der Beeinflussung von Motivation und Willen, verwirklicht wurden). Zur aktuellen Entwicklung vgl. REINHOLD ZIPPELIUS, Verhaltenssteuerung durch Recht und kulturelle Leitideen, 2004, S. 111 f.: „Das Ausufern der Sozial- und Wohlfahrtsstaatlichkeit macht den Staat fortschreitend wieder, wie einst den Polizeistaat des achtzehnten Jahrhunderts, zum Vormund seiner Bürger. Gewiß steckt hinter den vielfältigen Reglementierungen des Sozial-, Wohlfahrt- und Umweltschutzstaates oft die Absicht, die Bürger vernünftig zu ihrem Besten zu leiten. [...] Man beginnt zu begreifen, daß nicht nur der autoritäre Staat, sondern auch der Rechtsstaat totalitäre Züge annehmen kann, wenn er sich anschickt, das Leben einer Gemeinschaft umfassend in seine Regie zu nehmen. Wieviel Freiheit der Einzelne im Staate hat, bemißt sich auch danach, in welchem Maße die sozialen Lebensprozesse überhaupt einer staatlichen Regulierung unterworfen werden oder aber einer Selbstregulierung durch Privatautonomie überlassen bleiben." Vgl. weiter HEINZ HOLZHAUER, Aktuelles Familienrecht vor rechtsgeschichtlichem Hintergrund, JZ 2000, S. 1076, 1077 f.

77 Vgl. etwa zu den Anforderungen an eine marktbezogene Information des Staates, die für betroffene Unternehmen zu einer Existenzgefährdung führt, BVerfGE 105, S. 252 ff. (Glykol); SCHOCH (Anm. 27), § 37 Rn. 85 ff. Vgl. weiter KIRCHHOF (Anm. 44), § 99 Rn. 214.

der Demokratie vorliegt.[78] Die Gefahr einer Einwirkung liegt auch deshalb nahe, weil der Staat in der Mediengesellschaft „kein Diskursteilnehmer wie jeder andere" ist, sondern ihm seine staatliche Autorität einen „Vertrauensvorschuß [verleiht], was den sachlichen Wahrheitsgehalt" der Information angeht,[79] wobei dieser noch gesteigert wird, wenn der Staat die Information als wissenschaftlich fundierte Expertise ausgibt.[80]

Im Folgenden sollen ein weiteres Feld edukatorischen Staatshandelns aus der aktuellen *Familienpolitik* vorgestellt und die Voraussetzungen und Grenzen staatlicher Edukation am konkreten Beispiel ausgelotet werden.

III. Etablierung eines neuen Familienleitbildes

1. Die Zwei-Erwerbstätigen-Familie als Leitbild

Nachdem das Familienleitbild der Bundesrepublik jahrzehntelang vom Ernährer-Modell mit traditioneller Rollenverteilung (Hausfrauenehe) geprägt war,[81]

78 Dazu LÜDEMANN (Anm. 1), S. 131 ff. Zum Staatsfreiheitsprinzip öffentlicher Meinungsbildung BVerfGE 20, S. 56, 99 f.: „In einer Demokratie muß sich diese Willensbildung aber vom Volk zu den Staatsorganen, nicht umgekehrt von den Staatsorganen zum Volk hin, vollziehen. Die Staatsorgane werden durch den Prozeß der politischen Willensbildung des Volkes, der in die Wahlen einmündet, erst hervorgebracht (Art. 20 Abs. 2 GG). Das bedeutet, daß es den Staatsorganen grundsätzlich verwehrt ist, sich in bezug auf den Prozeß der Meinungs- und Willensbildung des Volkes zu betätigen, daß dieser Prozeß also grundsätzlich ‚staatsfrei' bleiben muß." Vgl. weiter VIERHAUS (Anm. 1), S. 236 ff., 291 ff., 311 ff., 359 ff.

79 GRAMM (Anm. 3), Der Staat 30 (1991), S. 51, 52. Vgl. auch DERS. (Anm. 29), NJW 1989, S. 2917, 2925; SCHOCH (Anm. 27), § 37 Rn. 56; VIERHAUS (Anm. 1), S. 378 f. („erhöhter Wirkungsgrad staatlich-autorisierter Information"). Hinzu kommt der Vorteil, zur Finanzierung der Informationskampagnen auf Steuermittel zurückgreifen zu können, sodass die Kampagnen besonders breit angelegt werden können (dazu unten S. 36 f., 39 f.).

80 Dazu insgesamt auch ANKE ENGELBERT/MARTIN KUTSCHA, Staatliche Öffentlichkeitsarbeit und Demokratieprinzip, NJW 1993, S. 1233, 1235 ff., insb. S. 1236 f.: „Regierungsamtliche Öffentlichkeitsarbeit wird sich stets der Versuchung erwehren müssen, nicht nur parteipolitisch neutrale sachbezogene Aufklärung der Bevölkerung [...] zu betreiben, sondern ihre Amtsautorität und ihre sächlichen Mittel auch dazu einzusetzen, die politischen Anschauungen der die Regierung tragenden Mehrheitsparteien zu propagieren. Indem Öffentlichkeitsarbeit diese [...] Grenze überschreitet, verstößt sie gegen das demokratische Prinzip des Grundgesetzes, wonach die politische Willensbildung sich grundsätzlich vom Staatsvolk zu den Staatsorganen vollziehen muß."

81 Die Förderung des Ein-Ernährer-Modells schloss die Übernahme der Familienarbeit durch den Vater zwar nicht aus, in der Praxis übernahmen jedoch ganz überwiegend Frauen diese Rolle (so wurden noch im Jahr 2003 ca. 97 % der Anträge auf Erziehungsgeld von Müttern gestellt, dazu KIRSTEN SCHEIWE/CHRISTINE FUCHSLOCH, Rechtspo-

haben die Regierungen in den letzten zehn Jahren einen Politikwechsel hin zur Zwei-Erwerbstätigen-Familie (adult worker model) vollzogen.[82] Dieser Wandel darf als Reaktion auf folgende Faktoren betrachtet werden: (1) auf die immer dringender werdende Aufgabe, sich den Problemen des demographischen Wandels zu stellen, wobei ein zentraler Bestandteil aller Konzepte die Steigerung der Geburtenrate ist; (2) auf die durch sozialwissenschaftliche Studien nahegelegte Annahme eines positiven Zusammenhangs zwischen einer hohen Müttererwerbsbeteiligung und der Fertilität in anderen europäischen Ländern; (3) auf die Notwendigkeit des Einsatzes aller gut ausgebildeten Arbeitskräfte (insbesondere auch von Müttern) für den Erhalt der Wirtschaftskraft in Deutschland; (4) auf die als Folge des PISA-Schocks entstandene Idee einer stärkeren frühkindlichen Bildung und Sozialisation von Kindern außerhalb der Familie; (5) auf die Zielsetzung der Verwirklichung der ökonomischen Gleichstellung von Mann und Frau durch Sicherstellung der Vollerwerbstätigkeit von Frauen und insbesondere auch von Müttern.[83]

---

litische Ziele und rechtliche Gestaltungsmöglichkeiten eines Elterngeldes, ZRP 2006, S. 37, 38). Im Vorfeld der Einführung des Erziehungsgeldes im Jahre 1986 wurde vor allem die Notwendigkeit der Betreuung des Kindes durch einen Elternteil als Motiv für die Stützung dieses Modells stark gemacht (BR-Drucks. 350/85, S. 13): „Das Erziehungsgeld fördert die Betreuung und Erziehung eines Kindes in der ersten Lebensphase. Seit Jahren ist anerkannt, wie sehr die ganze spätere Entwicklung eines Kindes von der ersten Lebensphase abhängt und wie wichtig es ist, daß die Mutter oder der Vater in dieser Zeit für das Kind da sein können. Erziehungsgeld ermöglicht oder erleichtert es, daß […] die Mutter oder der Vater ganz oder teilweise […] auf eine Erwerbstätigkeit verzichten können. Dadurch kann die Mutter weiterhin vorrangig zu Hause bleiben, um sich neben der Betreuung des Kindes gesundheitlich zu regenerieren."

82 Kritisch dazu Thorsten Kingreen, Rezension zu Frauke Brosius-Gersdorf, Demografischer Wandel und Familienförderung (2011), JZ 2012, S. 39 f.: „Das neue Leitbild ist die Doppelverdienerfamilie; die nicht berufstätige Mutter verblasst zum ‚Heimchen am Herd' – eine wohl unvermeidliche Gegenbewegung zu den konservativen Leitbildern der Vergangenheit und gleichwohl hoffentlich nur eine Zwischenstation zu einer Familienpolitik, die sich als Sozialpolitik begreift und auf überschießende Zwecksetzungen verzichtet."

83 Dazu umfassend Eva Schumann, Die Ökonomisierung der Familie, Jahrbuch der Akademie der Wissenschaften zu Göttingen 2011, 2012, S. 444, 447 f. m.w.N. Im Folgenden wird auf den pronatalistischen Aspekt dieser Politik (Ziff. 1 im Text: Steigerung der Geburten) nicht näher eingegangen (dazu Schumann, S. 454 f.), es soll aber darauf hingewiesen werden, dass die familienpolitischen Maßnahmen der letzten zehn Jahre nicht zu einer Steigerung der Geburtenrate geführt haben (die Fertilitätsrate bleibt in Deutschland seit Jahren konstant unter 1,4 Geburten pro Frau). Der Vergleich zwischen Ost- und Westdeutschland deutet zudem darauf hin, dass die Vereinbarkeit von Familie und Beruf höchst unterschiedlich gelöst wird, was erklären könnte, warum die einseitige Förderung bestimmter Familientypen nicht zu einer Steigerung der Geburtenrate führt: In ostdeutschen Familien herrscht nämlich die Zwei-Erwerbstätigen-Familie mit ein bis zwei Kindern vor, während in Westdeutschland berufsorientierte Frauen häufiger keine

Der mit dem **Siebten Familienbericht der Bundesregierung** von 2006[84] verbundene Politikwechsel sowie die Ziele und Handlungslogiken der neuen Familienpolitik können hier nicht im Einzelnen dargestellt werden, vielmehr muss der Hinweis genügen, dass die genannten bevölkerungs-, arbeitsmarkt-, bildungs- und gleichstellungspolitisch motivierten Interessen des Staates an der Familie mit dem neuen Leitbild der Zwei-Erwerbstätigen-Familie passgenau umgesetzt werden können.[85] Hier soll es vielmehr darum gehen, mit welchen Maßnahmen und Strategien der Staat die Bürger zur Verinnerlichung dieses Leitbildes bewegt.

Die Herausforderung für den Staat bei der Durchsetzung des neuen Familienleitbildes bestand zunächst darin, dass die Mehrzahl der Eltern in Deutschland auch noch zu Beginn des 21. Jahrhunderts die traditionelle Rollenverteilung der Zwei-Erwerbstätigen-Familie in den ersten Jahren nach der Geburt eines Kindes vorzog. Für das Jahr 2005 stellte das Statistische Bundesamt fest, dass in Familien mit Kindern unter 3 Jahren „die ‚traditionelle' Rollenverteilung, in der ausschließlich der Vater erwerbstätig ist, […] die von den Eltern am häufigsten gewählte Form der Balance von Familie und Beruf" sei.[86] Statt sich mit den hinter diesem gesellschaftlich noch immer bevorzugten Modell stehenden Gründen auseinanderzusetzen, hat die Bundesregierung (beraten von Experten aus den Bereichen der Wirtschafts-, Arbeitsmarkt-, Berufs- und Geschlechterforschung)[87] eine arbeitsmarktorientierte Neujustierung der Fami-

---

Kinder haben und die von Eltern überwiegend praktizierte traditionelle Rollenverteilung zu mehr Familien mit zwei und mehr Kindern führt. Dazu NORBERT F. SCHNEIDER/ JÜRGEN DORBRITZ, Wo bleiben die Kinder? Der niedrigen Geburtenrate auf der Spur, Aus Politik und Zeitgeschichte 10-11/2011, S. 26, 30 ff., die zu dem Ergebnis kommen, dass das Geburtenniveau nur durch eine bessere Gewährleistung der Wahlfreiheit der Lebensführung angehoben werden könne (S. 34). Kritik an der pronatalistischen Familienpolitik übt auch DIANA AUTH, Pronatalistischer Aktionismus: von der bevölkerungspolitischen Instrumentalisierung und Ökonomisierung der Familienpolitik in Deutschland, in: dies./Barbara Holland-Cunz (Hrsg.), Grenzen der Bevölkerungspolitik, Strategien und Diskurse demographischer Steuerung, 2007, S. 81, 92 ff.

84 Siebter Familienbericht „Familie zwischen Flexibilität und Verlässlichkeit – Perspektiven für eine lebenslaufbezogene Familienpolitik" und Stellungnahme der Bundesregierung vom 26. April 2006, BT-Drucks. 16/1360.

85 Dazu umfassend SCHUMANN (Anm. 83), S. 444, 446 ff. Zum Politikwechsel vgl. auch ILONA OSTNER, „Auf den Anfang kommt es an" – Anmerkungen zur „Europäisierung" des Aufwachsens kleiner Kinder, RdJB 2009, S. 44, 57 ff.

86 STATISTISCHES BUNDESAMT (Hrsg.), Leben und Arbeiten in Deutschland, Sonderheft 2: Vereinbarkeit von Familie und Beruf, Ergebnisse des Mikrozensus 2005, 2006, S. 17. Vgl. auch SCHEIWE/FUCHSLOCH (Anm. 81), ZRP 2006, S. 37, 38.

87 Dazu unten Anm. 96.

lienpolitik vorgenommen.[88] Im Koalitionsvertrag vom 18. November 2005 wird dieser Paradigmenwechsel auf die Formel gebracht: „Kinder dürfen nicht länger ein Hindernis für Beruf und Karriere sein.“[89]

2. Maßnahmen und Strategien zur Durchsetzung des neuen Familienleitbildes

Es wurde schon darauf hingewiesen, dass bei edukatorischem Staatshandeln typischerweise die (erziehende) Gesetzgebung durch Informationsinterventionismus begleitet wird. Höfling spricht bezogen auf das Regulierungssystem im Lebensmittelrecht von „wechselbezüglichen Verstärkungstendenzen“ und weist auf die Gefahr hin, dass die „vielschichtige[n] Kombinationen zwischen Zwekken und Instrumenten die rechtsstaatliche Kontrolle“ erschwerten.[90] Der von Höfling für die staatliche Beeinflussung des Ernährungsverhaltens entwickelte Ansatz lässt sich auch für die vorliegende Fragestellung fruchtbar machen; die staatlichen Maßnahmen zur Beeinflussung von Eltern mit Kleinkindern bei der Entscheidung über die Aufteilung von Familien- und Erwerbstätigkeit stellen sich dann folgendermaßen dar:

88 In ihrer Stellungnahme zum Siebten Familienbericht 2006 hat sich die Bundesregierung der Empfehlung, „dass ein Familienmodell, das die ökonomische Verantwortung für die Familie allein beim Mann als Haupternährer sieht und die Erziehungsleistungen der Familie im Wesentlichen auf die Frau konzentriert, einer nachhaltigen Familienpolitik nicht entspricht“, angeschlossen (Siebter Familienbericht, BT-Drucks. 16/1360, S. 246).

89 Koalitionsvertrag zwischen CDU, CSU und SPD „Gemeinsam für Deutschland. Mit Mut und Menschlichkeit“ vom 18. November 2005, S. 112 (http://www.cducsu.de/upload/koavertrag0509.pdf). Diese Aussage ist auch deshalb bemerkenswert, weil der besondere staatliche Schutz der Familie in Art. 6 Abs. 1 GG die umgekehrte Zielvorgabe nahelegen müsste, nämlich dass die Rahmenbedingungen für erwerbstätige Eltern so ausgestaltet werden müssten, dass sie kein Hindernis für die Gründung einer Familie und für die – innerhalb eines Erwerbslebens zeitlich begrenzte – Wahrnehmung der damit verbundenen Aufgaben darstellen. Kritisch daher auch Dieter Schwab, Familie und Staat, FamRZ 2007, S. 1, 6.

90 Höfling (Anm. 7), ZLR 2006, S. 121, 123.

Edukatorisches Staatshandeln zur Etablierung der Zwei-Erwerbstätigen-Familie

Rechtliche Formen staatlichen Handelns		**Informelles Staatshandeln**
Steuerung durch verbindliches Recht	***Steuerung durch Setzung finanzieller Anreize***	***Informationssteuerung durch Berichte, Aufklärung, Appelle***
	seit 2005: ***subventionierter Ausbau der Kleinkindbetreuung*** (seit 2008: Verdreifachung der Plätze als Ergebnis des „Krippengipfels")	seit 2003: ***Informations-/Werbekampagnen der Bundesregierung/des BMFSFJ*** - Werbemaßnahmen im Vorfeld und begleitend zur Gesetzgebung - gezielte Desinformation
	seit 2006: ***Berücksichtigung der Betreuungskosten*** als Sonderausgaben nach § 10 Abs. 1 Nr. 5 EStG	seit 2005/2006: Leitbilder des ***Siebten Familienberichts*** (und des *12. Kinder- und Jugendberichts*) - frühkindliche Bildung in der Krippe - finanzielle Absicherung von Müttern durch kurze Erwerbsunterbrechung
seit 2008: ***Begrenzung des Betreuungsunterhalts*** bis zum 3. Lebensjahr des Kindes nach § 1570 Abs. 1 BGB als gesetzlicher Regelfall	seit 2007: ***Elterngeld als Einkommensersatzleistung*** für erwerbstätige Eltern nach § 1 Abs. 1 Nr. 4 BEEG und zusätzliche ***Vätermonate*** nach § 4 Abs. 3 BEEG	
seit August 2013: ***Erwerbsobliegenheit*** eines erwerbsfähigen Hilfebedürftigen trotz Erziehung eines Kindes unter drei Jahren (§ 10 Abs. 1 Nr. 3 SGB II i.V.m. § 24 Abs. 3 S. 1 Nr. 2c und Abs. 2 S. 1 SGB VIII)	seit August 2013: ***Anspruch auf frühkindliche Förderung*** nach § 24 Abs. 2 S. 1 SGB VIII	

Soweit sich der Staat bei den genannten Maßnahmen als leistender und nicht als lenkender Staat präsentiert, liegen zwar Eingriffe in Art. 2 Abs. 1 i.V.m. Art. 1 Abs. 1 GG nicht nahe, jedoch könnte die durch Art. 6 Abs. 1 und 2 GG i.V.m. dem allgemeinen Gleichheitssatz gewährleistete Wahlfreiheit der Eltern bezüglich der Ausgestaltung des Familienlebens (freie Entscheidung über die Aufteilung von Familien- und Erwerbsarbeit) verletzt sein. Das BVerfG hat schon sehr früh die Grenzen edukatorisch motivierter Gesetzgebung im Wirkungsbereich des Art. 6

Abs. 1 GG klar abgesteckt und den durch *eine* gesetzgeberische Maßnahme erzeugten **Edukationseffekt** (erhöhte steuerrechtliche Belastung, um die Ehefrau und Mutter im Haus zu halten) für verfassungswidrig erklärt.[91] Heute müssen wir fragen, ob der Staat, wenn er durch eine ganze Reihe von Gesetzen den umgekehrten Effekt einer (Voll-)Erwerbstätigkeit beider Eltern zu erzielen sucht, ebenfalls in verfassungswidriger Weise in die Gestaltungsfreiheit der Familie eingreift.

Da es in dem hier zu untersuchenden Feld zudem nicht nur um *einen* Edukationseffekt geht, sondern eine **Effektverstärkung durch das Zusammenwirken zahlreicher staatlicher Maßnahmen** erzeugt wird, liegt es nahe, bei der verfassungsrechtlichen Bewertung in Anlehnung an die Figur des additiven Grundrechtseingriffs[92] die Maßnahmen nicht nur einzeln zu betrachten, sondern

---

91 BVerfGE 6, S. 55, 80 ff. zur Zusammenveranlagung der Ehegatten nach dem EStG 1951: „Dem Ziel, ‚die Ehefrau ins Haus zurückzuführen', dem sogenannten Edukationseffekt, soll die Zusammenveranlagung dadurch dienen, daß die damit verknüpfte erhöhte steuerliche Belastung die Ehefrau von der Berufstätigkeit zurückhält [...]. An sich bestehen keine verfassungsrechtlichen Bedenken, mit einer Steuer außer der Erzielung von Einkünften auch andere Zwecke mit zu verfolgen. [...] Im Fall der Zusammenveranlagung von Ehegatten [...] betrifft der Erziehungszweck selbst ein Gebiet, das bereits durch verfassungsgesetzliche Entscheidung umgrenzt ist, auf dem also der einfache Gesetzgeber nicht mehr völlig frei Wertentscheidungen treffen kann: Das ergibt sich sowohl aus Art. 6 Abs. 1 GG selbst wie auch aus Art. 3 Abs. 2 und 3 GG. Wie bereits oben dargelegt, ist Art. 6 Abs. 1 GG im Sinne der klassischen Grundrechte ein Bekenntnis zur Freiheit der spezifischen Privatsphäre für Ehe und Familie; es entspricht damit einer Leitidee unserer Verfassung, nämlich der grundsätzlichen Begrenztheit aller öffentlichen Gewalt in ihrer Einwirkungsmöglichkeit auf das freie Individuum. Aus diesem Gedanken folgt allgemein die Anerkennung einer Sphäre privater Lebensgestaltung, die staatlicher Einwirkung entzogen ist [...]. Das zur Rechtfertigung der Zusammenveranlagung angeführte Ziel, die erwerbstätige Ehefrau ‚ins Haus zurückzuführen', entspricht einer bestimmten Vorstellung von der besten Art der Ehegestaltung. Das Gebot des Schutzes von Ehe und Familie in Art. 6 Abs. 1 GG aber bezieht sich auf jede Ehe und Familie [...]. Der Gesetzgeber dürfte daher eine bestimmte Gestaltung der privaten Sphäre der Ehe nicht unmittelbar erzwingen. Ist aber ein solcher unmittelbarer Zwang verfassungswidrig, so kann dasselbe Ziel auch nicht geeignet sein, eine Maßnahme zu legitimieren, die, wie die Zusammenveranlagung, mittelbar diesem Ziel dienen soll." Dazu auch Huster (Anm. 74), S. 530 f.; Anne Röthel, Institution und Intimität: Die Ehe, ihre Leitbilder und ihr Recht, in: dies./Martin Löhnig/Tobias Helms (Hrsg.), Ehe, Familie, Abstammung – Blicke in die Zukunft, Schriften zum deutschen und ausländischen Familien- und Erbrecht, Bd. 1, 2010, S. 9, 18.

92 Dazu Jörg Lücke, Der additive Grundrechtseingriff sowie das Verbot der übermäßigen Gesamtbelastung des Bürgers, DVBl 2001, S. 1469 ff. Das BVerfG verwendet die Figur des „additiven Grundrechtseingriffs" bislang sehr zurückhaltend; BVerfGE 112, S. 304, 319 f.; BVerfGE 114, S. 196, 247. Vgl. weiter Jan Hendrik Klement, Die Kumulation von Grundrechtseingriffen im Umweltrecht, AöR 134 (2009), S. 35, 41 f., der anstelle des additiven Grundrechtseingriffs von einer „Kumulation von Grundrechtseingriffen" bzw. von einer „Belastungskumulation" sprechen möchte. Nach Klement, S. 54 f. ist die „gewollte Belastungskumulation [...] das Kind einer weit greifenden Veränderung

eine Gesamtbetrachtung vorzunehmen (dazu unten Ziff. 3). Denn die Edukationseffekte, die von mehreren Einzelmaßnahmen ausgehen, können erhebliche Wirkung haben, insbesondere im Falle der Prägung von edukativen Leitbildern, die auf die innere Überzeugung der Bürger einwirken, was wiederum eine hohe Normkonformität verspricht. Aus verfassungsrechtlich noch zulässigen erzieherischen Tendenzen einzelner Gesetze auf einem bestimmten Gebiet kann so in der Summe eine verfassungsrechtlich unzulässige Erziehung des Bürgers durch den Staat werden. Doch zunächst gilt es, die Edukationseffekte der einzelnen Maßnahmen und als deren Grundlage den Siebten Familienbericht darzustellen.

a) Das Beispiel des Siebten Familienberichts

Die Familienberichte, die aus einem Bericht einer vom Bundesministerium für Familie, Senioren, Frauen und Jugend beauftragten Sachverständigenkommission zur aktuellen Lage der Familien in Deutschland sowie einer Stellungnahme der Bundesregierung zu diesem Bericht bestehen, werden aufgrund einer Entschließung des Deutschen Bundestags aus dem Jahre 1965[93] in regelmäßigen Abständen vorgelegt. Der Siebte Familienbericht „Familie zwischen Flexibilität und Verlässlichkeit – Perspektiven für eine lebenslaufbezogene Familienpolitik" von 2006 war der letzte von insgesamt vier der inzwischen acht vorgelegten Familienberichte, der sich umfassend mit der Situation der Familien in Deutschland auseinandersetzen sollte.[94] In dem rund 350 Seiten umfassenden Siebten Familienbericht wurden fast 80 weitere Gutachten verarbeitet; zudem entstehen typischerweise im Umfeld der Familienberichte weitere, auf den jeweiligen Familienbericht bezogene Expertisen, die vom Familienministerium in Auftrag gegeben und anschließend verbreitet werden. Die insoweit generierte wissenschaftliche Expertise wird dann zur Grundlage der Familienpolitik gemacht, wobei sich die Argumentationsmuster aus dem Familienbericht und den

---

im Verhältnis von Staat und Gesellschaft. Der Wohlfahrts- und Umweltstaat beschränkt sich nicht darauf, in Einzelfällen und in präzise vorherbestimmtem Maß grundrechtliche Freiheit zu beschneiden. Will er den selbst definierten Erwartungen gerecht werden, muss er das Verhalten der Privaten mit komplexen Arrangements aus materiellen und verfahrensbezogenen Regeln beeinflussen."

93 Die Entschließung des Bundestags von 1965 (BT-Drucks. IV/3474, S. 1 f.) wurde seitdem mehrfach ergänzt und präzisiert (BT-Drucks. VI/834, S. 1 f.; BT-Drucks. 9/1286, S. 1 ff.; BT-Drucks. 12/5811, S. 1 ff.).

94 Umfassend in diesem Sinne waren auch der Erste, Dritte und Fünfte Familienbericht, während der Zweite, Vierte, Sechste und der seit 2012 vorliegende Achte Familienbericht sich mit spezifischen Fragen zur Familie beschäftigt haben.

sonstigen Gutachten in den Gesetzesmaterialien, aber auch in den staatlichen Informationskampagnen wiederfinden.[95]

Der Gesetzgeber erweckt auf diese Weise erstens den Eindruck, dass er nicht (allein) aufgrund parteipolitischer Entscheidungsprozesse, sondern gestützt auf die eingeholte Expertise wissenschaftlich basiert und damit „sachlich" geleitet agiert. Zweitens macht sich die Bundesregierung diese Expertise durch die Stellungnahme zum Familienbericht zu Eigen und stellt sie mittels breit angelegter Werbekampagnen als sachliche, objektive, richtige und vollständige Information den Bürgern zur Verfügung, sodass auch außerhalb einzelner Gesetze, die sich auf den Familienbericht stützen, dessen Inhalt Bestandteil staatlicher Informationstätigkeit ist.

Die Annahme, dass der Siebte Familienbericht unabhängige Expertisen abbildet, ist jedoch insoweit verfehlt, als die von der Politik gewünschten Ergebnisse durch den konkreten Auftrag an die Kommission und die Auswahl der Experten vorgezeichnet waren;[96] der Siebte Familienbericht sollte den geplanten Politikwechsel lediglich legitimieren.[97]

Wie die Bundesregierung die „Expertisen" des Familienberichts und der darauf bezogenen Gutachten für die Stützung gesetzgeberischer Maßnahmen und darüber hinaus für die Verbreitung unvollständiger und damit einseitiger Informationen nutzt, wird im Folgenden zu zeigen sein.

---

95 Dazu umfassend Schumann (Anm. 83), S. 444, 446 f., 448 ff. (mit zahlreichen Beispielen).

96 Die am Siebten Familienbericht beteiligten Sachverständigen kamen überwiegend aus den Bereichen der Wirtschafts-, Arbeitsmarkt-, Berufs- und Geschlechterforschung. Dazu Bundesministerium für Familie, Senioren, Frauen und Jugend (Hrsg.), Zukunft: Familie, Ergebnisse aus dem 7. Familienbericht, 2005, S. 16 ff. (Besetzung der Sachverständigenkommission und Auflistung der eingeholten Expertisen). Zudem wurde der Sachverständigenkommission – entgegen dem Ziel des Berichts, umfassend zur Lage der Familien in Deutschland Stellung zu nehmen – der Auftrag erteilt, Empfehlungen „zur demografischen Entwicklung, zu den Veränderungen von Arbeitswelt und Wirtschaft, den Geschlechterrollen und auch zum Zusammenhalt der Gesellschaft" vorzulegen (Siebter Familienbericht, BT-Drucks. 16/1360, S. XXIII). Kritisch dazu Schumann (Anm. 83), S. 444, 446 f. Vgl. auch Achter Familienbericht „Zeit für Familie, Familienzeitpolitik als Chance einer nachhaltigen Familienpolitik" und Stellungnahme der Bundesregierung vom 15. März 2012, BT-Drucks. 17/9000, S. 1 (auch hier war unter den acht Sachverständigen, die überwiegend den Bereichen der Arbeitsmarkt- und Bildungspolitik, Personalentwicklung und Berufsforschung zuzuordnen sind, nur eine Sachverständige aus dem Bereich der Frühpädagogik).

97 So auch Ilona Ostner, Sozialwissenschaftliche Expertise und Politik, Das Beispiel des Siebten Familienberichts, ZfS 2007, S. 385 ff.

b) Einkommensabhängiges Elterngeld und „Vätermonate“

Mit der Ablösung des Erziehungsgeldes durch das **Elterngeld** zum 1.1.2007[98] verkürzte sich die bezahlte Elternzeit von 24 Monaten nach der Geburt des Kindes auf zwölf Monate. Mit dieser Verkürzung der Bezugsdauer bei gleichzeitiger Anhebung der Höhe der Leistung für erwerbstätige Eltern (67 % des im Jahr vor der Geburt des Kindes erzielten Einkommens, mindestens 300 Euro und maximal 1.800 Euro, § 2 Abs. 1 S. 1, Abs. 4 S. 1 BEEG)[99] sollten zwei Effekte erreicht werden: So sollten einerseits die finanziellen Risiken für Eltern, die ihre Erwerbstätigkeit nach der Geburt des Kindes unterbrechen, gemindert und damit die Entscheidung für ein Kind erleichtert werden. Andererseits sollte die Kürzung der Unterstützung auf ein Jahr eine frühere Rückkehr vor allem von Müttern in den Beruf bewirken.[100] Im Gegensatz zum Erziehungsgeld soll mit dem Elterngeld somit nicht primär die Betreuung des Kindes als Leistung für die Gesellschaft honoriert bzw. ein Ausgleich für Erziehungsarbeit geleistet

98 Gesetz zur Einführung des Elterngeldes vom 5. Dezember 2006, BGBl. I, S. 2748.

99 Das Elterngeld stellt eine Kombination von Einkommensersatzleistung für erwerbstätige Eltern und Sozialleistung für nicht erwerbstätige Eltern dar, die aber in beiden Fällen aus Steuern finanziert wird. Die Gesetzgebungskompetenz des Bundes aus Art. 74 Abs. 1 Nr. 7 GG (konkurrierende Gesetzgebungskompetenz des Bundes auf dem Gebiet der „öffentlichen Fürsorge“) erscheint daher fraglich. Zwar wird der Begriff der „öffentlichen Fürsorge“ weit verstanden (BVerfGE 97, S. 332, 341; BVerfGE 106, S. 62, 94 ff., insb. S. 100; BVerfGE 108, S. 186, 213 f.), jedoch lässt sich die Auszahlung einer am früheren Erwerbseinkommen orientierten „Lohnersatzleistung“ kaum noch dem Bereich der Fürsorge zuordnen. Vgl. dazu Schumann (Anm. 83), S. 444, 475 ff. m.w.N. Zweifel an der Gesetzgebungskompetenz äußern auch Christian Seiler, Das Elterngeld im Lichte des Grundgesetzes, NVwZ 2007, S. 129, 130 f.; Dagmar Felix, Das neue Elterngeld – ein probates Mittel im Kampf gegen den demografischen Wandel?, RdJB 2008, S. 165, 172 f.

100 Entwurf eines Gesetzes zur Einführung des Elterngeldes vom 20. Juni 2006, BT-Drucks. 16/1889, S. 2 und weiter S. 18: Das Elterngeld diene der „Verbesserung der finanziellen Situation von Familien“ und solle „als Teil des insgesamt 25 Mrd. Euro umfassenden Programms der Bundesregierung zur Stärkung von Innovation, Investition, Wachstum und Beschäftigung Wachstumsimpulse“ geben. Zum frühzeitigen Einstieg von Müttern in den Beruf heißt es: „Eine steigende Erwerbsbeteiligung von Frauen hilft, ein ansonsten aufgrund der demographischen Veränderungen sinkendes Angebot insbesondere von Fachkräften auf dem Arbeitsmarkt auszugleichen.“ Dazu ausführlich und kritisch Schumann (Anm. 83), S. 444, 449 ff., 456 ff. m.w.N. Kritik äußert auch Seiler (Anm. 99), NVwZ 2007, S. 129, 132: „Art. 6 I GG verbürgt ein subjektives Abwehrrecht, welches das Familieninternum gegen staatliche Einflussnahmen abschirmt. Insbesondere ist der Staat zur Neutralität gegenüber der innerfamiliären Aufteilung von Familien- und Erwerbsarbeit verpflichtet, auf die er weder unmittelbar noch mittelbar Einfluss nehmen dürfte. Folglich darf ein Elterngeld lediglich als unterstützendes Angebot ausgestaltet werden, die Freiheitsberechtigten aber nicht zu einer bestimmten Freiheitswahrung drängen. Vor diesem Hintergrund ist der verhaltensbezogene Ansatz des Elterngeldes zu untersuchen […].“

werden, vielmehr geht es primär um die Förderung von Eltern, die ein bestimmtes Familienmodell, nämlich das der Doppelverdienerfamilie, praktizieren. Hingegen werden Familien, die das traditionelle Modell bevorzugen oder auf einen ausschließlich in der Familie tätigen Elternteil nicht verzichten können (etwa kinderreiche Familien oder Familien, in denen zusätzlich die Pflege von Angehörigen geleistet wird), benachteiligt.[101]

Auch wenn die gesetzliche Elternzeit von drei Jahren nach der Geburt eines Kindes (§ 15 Abs. 2 S. 1 BEEG) nach wie vor besteht,[102] bedeutet die Einführung des Elterngeldes im Verhältnis zum Erziehungsgeld vor allem eine Halbierung der Anspruchsdauer auf ein Jahr und setzt damit einen Anreiz, die Elternzeit nicht voll auszuschöpfen, sondern bereits nach Auslaufen des Elterngeldes die Erwerbstätigkeit wieder aufzunehmen.[103] Dieser Edukationseffekt der gesetzlichen Regelung wird dabei durch eine staatliche Werbekampagne zum Elterngeld geschickt verstärkt (siehe unten S. 39 f.). So verheißt beispielsweise das Bundesfamilienministerium den Müttern, dass der schnelle Wiedereinstieg in die Erwerbstätigkeit zu einer *Belohnung von durchschnittlich 40.000 Euro* führe,[104] während ein Wiedereinstieg nach erst drei Jahren nicht nur zu wirt-

101 Solche Familien erhalten ein pauschaliertes Elterngeld, dessen Bezugsdauer sich im Verhältnis zum Erziehungsgeld halbiert hat. Kritisch daher SEILER (Anm. 99), NVwZ 2007, S. 129, 131; FELIX (Anm. 99), RdJB 2008, S. 165, 168 ff., insb. S. 170 f.

102 Es dürfte kaum überraschen, dass im Achten Familienbericht, BT-Drucks. 17/9000, S. 126 angeregt wird, die Elternzeit zu verkürzen, wobei auch hier allein auf die Interessen der Wirtschaft abgestellt wird: „Insgesamt fragwürdig ist die gesetzliche Dauer der Elternzeit von 3 Jahren. Sie bedeutet nicht selten eine große organisatorische und finanzielle Belastung für die Unternehmen. [...] Zu erwägen ist daher eine Verkürzung der Elternzeit auf zwei Jahre."

103 So die Begründung zum Elterngeldgesetz, BT-Drucks. 16/1889, S. 23: „Damit wird erreicht, dass jede anspruchsberechtigte Person nur für einen auf zwölf Monate begrenzten Zeitraum das Elterngeld erhält. Insoweit ergibt sich eine Anreizwirkung, sich bis zu diesem Zeitpunkt um die Aufnahme einer Erwerbstätigkeit für eine eigenständige Sicherung der Lebensgrundlage zu bemühen."

104 Vgl. nur BUNDESMINISTERIUM FÜR FAMILIE, SENIOREN, FRAUEN UND JUGEND (Hrsg.), Familienreport 2010, Leistungen, Wirkungen, Trends, 2010, S. 99 zu den Einkommenseinbußen durch Erwerbsunterbrechungen von Müttern: „Zu den direkten Lohnverlusten während des Erwerbsausstiegs und der Teilzeitphase [...] treten weitere Lohnverluste nach der Rückkehr auf Vollzeitarbeit aufgrund von fehlender Arbeitserfahrung und mangelnder Humankapitalentwicklung hinzu. Insgesamt hat eine Frau mittleren Bildungsniveaus mit nur einjähriger Erwerbsunterbrechung und anschließender Teilzeitphase bis zum sechsten Lebensjahr des Kindes etwa 40.000 Euro weniger Einkommenseinbußen als eine Frau mit dreijähriger Erwerbsunterbrechung und anschließender Teilzeitphase. Hier zeigen sich die positiven Effekte des Elterngeldes, das einen frühen beruflichen Wiedereinstieg *belohnt.*" Vgl. auch S. 96: „Das Elterngeld basiert auf dem Erwerbseinkommen vor der Geburt des Kindes und ‚*belohnt*' diejenigen, die ein eigenes Erwerbseinkommen erzielen." [Hervorhebungen durch Verf.]

schaftlichen Nachteilen führe, sondern darüber hinaus auch eine „Entwertung von Humankapital“ bedeute.[105]

Auch mit der Einführung der sog. **Vätermonate** verbindet der Gesetzgeber einen Edukationseffekt: Denn nur das nach seiner Ansicht „richtige“ Familienleben (Beteiligung des Vaters an der Betreuung des Kindes durch Unterbrechung/Herabsetzung der Erwerbstätigkeit für einen Zeitraum von zwei Monaten) wird zusätzlich prämiert (§ 4 Abs. 2, 3 BEEG).[106] Nach Auffassung des Landessozialgerichts Niedersachsen-Bremen ist die Regelung zu den Partnermonaten verfassungswidrig,[107] weil der Staat „die ihm durch Art. 6 Abs. 1 und 2 GG auferlegte Verpflichtung [missachte], die Familiengemeinschaft sowohl im immateriell-persönlichen als auch im materiell-wirtschaftlichen Bereich in ihrer jeweiligen eigenständigen und selbstverantwortlichen Ausgestaltung zu respektieren, wenn er (bezogen auf den Regelfall) einen Anspruch auf Elterngeld für den 13. und 14. Bezugsmonat von einer spezifischen Ausgestaltung der innerfamiliären

105 Vgl. nur die vom Bundesministerium für Familie, Senioren, Frauen und Jugend initiierte und als Broschüre herausgegebene Studie von Bert Rürup/Sandra Gruescu, Nachhaltige Familienpolitik im Interesse einer aktiven Bevölkerungsentwicklung, 2003, S. 52 (die Studie wurde auch für den Siebten Familienbericht verwendet): „Einer Entwertung von Humankapital aufgrund der Unterbrechung der Erwerbstätigkeit kann entgegengewirkt werden, wenn diese Unterbrechung möglichst kurz gehalten wird. Das Humankapital einer Mutter, die nach einigen Monaten wieder in ihren Beruf zurückkehrt, bleibt eher erhalten. Bei einem Fernbleiben von 3 Jahren bzw., wenn ein zweites Kind geboren wird, bis zu 6 Jahren dürfte das Wissen zu einem höheren Prozentsatz abgeschrieben sein.“ Auf S. 53 des Gutachtens heißt es weiter, dass Mütter, die eine ihrer Qualifikation nicht entsprechende Teilzeittätigkeit annehmen, um mehr Zeit mit ihren Kindern verbringen zu können, einen „Teil [ihres] Humankapitals […] verschwende[n].“ Dazu insgesamt kritisch Schumann (Anm. 83), S. 444, 448 ff. m.w.N.

106 Auch Seiler (Anm. 99), NVwZ 2007, S. 129, 132 f. kritisiert diesen „sozialinterventionistischen Ansatz“ des Elterngeldes; dieses erweise sich „als Prämie für ein dem Leitbild des Gesetzgebers entsprechendes ‚richtiges‘ Familienleben“. Kritisch auch Ralf Müller-Terpitz, Vätermonate und Kindergartenpflicht – wie viel Staat verträgt die Familie?, JZ 2006, S. 991 ff.; Felix (Anm. 99), RdJB 2008, S. 165, 174. Vgl. weiter Scheiwe/Fuchsloch (Anm. 81), ZRP 2006, S. 37, 39 m.w.N.

107 Insgesamt wurden erhebliche verfassungsrechtliche Bedenken gegen zahlreiche Einzelregelungen des Elterngeldes geltend gemacht; vgl. nur Müller-Terpitz (Anm. 106), JZ 2006, S. 991, 994; Felix (Anm. 99), RdJB 2008, S. 165, 172 ff.; Seiler (Anm. 99), NVwZ 2007, S. 129 ff.; Stefanie Salaw-Hanslmaier, Diskriminiert das Elterngeld die Mehrkindfamilie?, ZRP 2008, S. 140 ff.; Katarina Weilert, Verfassungsrechtliche Überlegungen zur Berechnung des Elterngeldes, DVBl 2010, S. 164 ff.; Entschließungsantrag der FDP zum Entwurf eines Gesetzes zur Einführung des Elterngeldes, BT-Drucks. 16/2809. Das BVerfG hat bislang sämtliche geltend gemachten Verfassungsbeschwerden nicht zur Entscheidung angenommen und sämtliche Normenkontrollanträge als unzulässig abgewiesen: BVerfG NJW 2012, S. 214; BVerfG NJW 2012, S. 216; BVerfG FamRZ 2012, S. 188; BVerfG FamRZ 2011, S. 959; BVerfG NJW 2011, S. 2869; BVerfG FamRZ 2011, S. 1645; BVerfG ArbuR 2011, S. 268.

Aufgabenverteilung im Sinne der Inanspruchnahme sog. Partner- bzw. Partnerinnenmonate abhängig mach[e]".[108] Auch wenn der Normenkontrollantrag des Landessozialgerichts Niedersachsen-Bremen vom Bundesverfassungsgericht als unzulässig abgewiesen wurde (der Vorlagebeschluss habe den Anforderungen an das Begründungserfordernis nach § 80 Abs. 2 S. 1 BVerfGG nicht genügt), so nimmt auch das BVerfG an, dass der Gesetzgeber mit Hilfe der Partnermonate die „überkommene Rollenverteilung" in der Familie überwinden und „zu einer partnerschaftlicheren Rollenverteilung" beitragen wolle[109] und insoweit auch einen Bewusstseinswandel bei Eltern herbeiführen könnte; ein möglicher Eingriff in Art. 6 Abs. 1 GG könnte dabei durch den Auftrag in Art. 3 Abs. 2 S. 2 GG gerechtfertigt sein (dazu unten S. 50 ff.).[110]

c) Regelungen und Anreize zur Nutzung der Angebote frühkindlicher Fremdbetreuung

Impulse für eine möglichst frühe Aufnahme der Erwerbstätigkeit nach der Geburt eines Kindes setzt auch die *Unterhaltsrechtsreform von 2008*: Die deutliche **Kürzung des Anspruchs auf nachehelichen Betreuungsunterhalt** (der Anspruch besteht seit der Reform im Regelfall nur noch bis zum 3. Lebensjahr des Kindes, § 1570 Abs. 1 S. 1 BGB) wurde u.a. damit gerechtfertigt, dass ein Rechtsanspruch auf einen Kindergartenplatz ab diesem Zeitpunkt bestehe.[111]

108 LSG Niedersachsen-Bremen BeckRS 2011, 73185, Leitsatz 1.

109 Zur Erzeugung eines Bewusstseinswandels durch die Einführung von zwei Partnermonaten heißt es in BT-Drucks. 16/1889, S. 23: „Zugleich erleichtert diese Regelung eine partnerschaftliche Teilung von Erwerbs- und Familienarbeit. Denn sie schafft einen Anreiz, nicht allein einem Elternteil die Erwerbsarbeit und dem anderen Teil die Betreuungsarbeit zu übertragen. [...] Ziel der Regelung ist es, die einseitige Zuweisung der Betreuungsarbeit an die Frauen mit den diskriminierenden Folgen auf dem Arbeitsmarkt aufzubrechen. Damit entspricht sie dem Auftrag zur Förderung der Gleichberechtigung aus Artikel 3 Abs. 2 Satz 2 GG." Bei dieser Argumentation wird übersehen, dass ein frühzeitiger Wiedereinstieg in die Erwerbstätigkeit nicht die Diskriminierung von teilzeittätigen bzw. länger die Erwerbstätigkeit unterbrechenden Eltern im Hinblick auf die berufliche Karriere „aufbricht", sondern diese Nachteile für Eltern mit kurzer Babypause gar nicht erst entstehen, für alle anderen Eltern aber fortbestehen.

110 BVerfG FamRZ 2011, S. 1645, 1646 ff.

111 Entwurf eines Gesetzes zur Änderung des Unterhaltsrechts vom 15. Juni 2006, BT-Drucks. 16/1830, S. 18. Die Reform wurde mit einem (nicht näher dargelegten) gesellschaftlichen Wandel begründet (S. 17): „Die Möglichkeiten der Fremdbetreuung von Kindern haben [...] insgesamt stark zugenommen; die Ausübung insbesondere einer Teilzeittätigkeit neben der Kindererziehung ist heute vielfach Realität." Daher müsse das Unterhaltsrecht an die „veränderten gesellschaftlichen Verhältniss[e] angepasst" werden (Beschlussempfehlung und Bericht des Rechtsausschusses zum Entwurf eines Gesetzes zur Änderung des Unterhaltsrechts vom 7. November 2007, BT-Drucks. 16/6980, S. 1). Vgl. dazu Birgit Grundmann, Die Reform des Unterhaltsrechts kommt, FF 2005,

Die Effekte liegen auch hier auf der Hand: Wenn Mütter damit rechnen müssen, dass sie im Falle einer Trennung vom Vater Betreuungsunterhalt nur bis zum 3. Lebensjahr des jüngsten Kindes erhalten, wird dies ihre Bereitschaft erhöhen, auch schon während intakter Partnerschaft ihr Kind rechtzeitig vor Ablauf der Elternzeit in einer Einrichtung einzugewöhnen. Zudem wird die Kürzung des Betreuungsunterhalts in den Gesetzesmaterialien euphemistisch als Stärkung der (nachehelichen) Eigenverantwortung (in erster Linie von Frauen) gefeiert[112] und so bei Müttern mit Kleinkindern das Bewusstsein erzeugt, dass sie das „Richtige" tun, wenn sie möglichst schnell der ökonomischen Abhängigkeit vom (Ehe-)Mann durch eigene Erwerbstätigkeit entkommen.

Darüber hinaus steht zu erwarten, dass die seit 2004 an den Rechtsanspruch auf einen Betreuungsplatz für Kinder ab drei Jahren gekoppelte **Erwerbsobliegenheit eines erwerbsfähigen Hilfebedürftigen** nach § 10 Abs. 1 Nr. 3 SGB II[113] mit der Verwirklichung eines Rechtsanspruchs auf frühkindliche Förderung dahingehend verschärft wird, dass diese Obliegenheit auch für erwerbslose Eltern mit Kindern unter drei Jahren besteht bzw. dass die Norm ab August 2013 so interpretiert werden wird.[114] Jedenfalls legt die seit 1. August 2013 geltende Neuregelung des § 24 Abs. 2 S. 1 SGB VIII dies nahe, denn dort wird der Rechtsanspruch auf frühkindliche Förderung ab dem ersten Lebensjahr garantiert, wobei Erziehungsberechtigte, die Leistungen zur Eingliederung in Arbeit im Sinne des SGB II erhalten (§ 24 Abs. 1 S. 1 Nr. 2c SGB VIII), auch schon vor Vollendung des ersten Lebensjahres des Kindes auf eine Fremdbetreuung verwiesen werden können.[115] In der Literatur finden sich bereits erste Stimmen, die

---

S. 213 f., 216 f. Kritisch Eva Schumann, Einführende Überlegungen zur Unterhaltsrechtsreform, in: Volker Lipp/Eva Schumann/Barbara Veit (Hrsg.), Reform des Unterhaltsrechts, 2007, S. 1, 2 (Fn. 4); Anne Röthel, JZ 2009, S. 914, 916 (Anmerkung zur Grundsatzentscheidung des BGH zum Altersphasenmodell): „Man mag bezweifeln, ob sich die gesellschaftlichen Verhältnisse im Hinblick auf die persönliche Betreuung des Kindes derart einschneidend verändert haben – fest steht, dass sie sich infolge der Neuregelung verändern werden."

112 BT-Drucks. 16/1830, S. 16 f. Kritisch dazu Lore Maria Peschel-Gutzeit, Kritische Überlegungen zur geplanten Reform des Unterhaltsrechts, ZRP 2005, S. 177, 179.

113 Nach § 10 Abs. 1 Nr. 3 SGB II ist die Aufnahme einer Beschäftigung in der Regel zumutbar, wenn die Fremdbetreuung des Kindes sichergestellt ist (BT-Drucks. 15/1728, S. 5). Vgl. dazu auch Ostner (Anm. 85), RdJB 2009, S. 44, 56 f.

114 Zu der bis Juli 2013 geltenden Regelung Schumann (Anm. 83), S. 444, 465 f.

115 Seit 1. August 2013 haben § 24 Abs. 1 S. 1 Nr. 2 c und Abs. 2 S. 1 SGB VIII folgenden Wortlaut: „Ein Kind, das das erste Lebensjahr noch nicht vollendet hat, ist in einer Einrichtung oder in Kindertagespflege zu fördern, wenn […] die Erziehungsberechtigten […] Leistungen zur Eingliederung in Arbeit im Sinne des Zweiten Buches erhalten. […] Ein Kind, das das erste Lebensjahr vollendet hat, hat bis zur Vollendung des dritten Lebensjahres Anspruch auf frühkindliche Förderung in einer Tageseinrichtung oder in Kindertagespflege." Dazu BT-Drucks. 16/9299, S. 15: „Für Kinder, die das erste Le-

auf die Möglichkeit einer Neuinterpretation der Zumutbarkeit einer Erwerbstätigkeit des betreuenden Elternteils eines unter dreijährigen Kindes gemäß § 10 Abs. 1 Nr. 3 SGB II ab August 2013 hinweisen.[116]

Beeindruckend ist aber vor allem der finanzielle Umfang der neu geschaffenen Anreizstrukturen für erwerbstätige Eltern mit Kleinkindern: Den geringsten Posten macht dabei die Neuregelung zur **Abzugsfähigkeit von Kinderbetreuungskosten** nach § 10 Abs. 1 Nr. 5 EStG aus.[117] Für den **Wechsel vom Erziehungs- zum Elterngeld** war ursprünglich eine jährliche Erhöhung der Ausgaben von einer Mrd. Euro eingeplant (das Erziehungsgeld kostete drei Mrd. jährlich, das Elterngeld sollte ca. vier Mrd. kosten);[118] im Jahr 2011 beliefen sich die jährlichen Kosten für das Elterngeld auf 4,7 Mrd. und seit 2012 wird mit jährlichen Kosten von fast fünf Mrd. gerechnet.[119] Es steht somit zu erwarten, dass das Elterngeld jährlich zwei Mrd. mehr als das Erziehungsgeld kostet, wobei hier aufgrund der umgekehrt sozial gestaffelten Leistung (im Verhältnis zur Rechtslage bis 2007) eine Subventionierung der Besserverdienenden durch eine mit dem Sozialstaatsprinzip kaum zu vereinbarende Umverteilung von unten nach oben stattfindet.[120]

Geradezu gigantisch sind aber die Kosten, die der Staat in den **Ausbau der Tagesbetreuung für Kinder unter drei Jahren** steckt – und zwar sowohl im Hinblick auf die einmaligen Kosten für den Ausbau selbst als auch bezogen auf die laufenden Betriebskosten. Der verstärkte Ausbau der Tagesbetreuung für Kinder unter drei Jahren begann zwar schon 2005,[121] entscheidend war

---

bensjahr noch nicht vollendet haben, bleibt es bei einer objektiv-rechtlichen Verpflichtung zur Vorhaltung von Plätzen. Diese wird jedoch an erweiterte Kriterien geknüpft (Absatz 1)." Vgl. weiter BT-Drucks. 16/10173, S. 10, 16.

116 Wolfgang Spellbrink, in: Ralf Kreikebohm/Wolfgang Spellbrink/Raimund Waltermann (Hrsg.), Kommentar zum Sozialrecht, 2. Aufl. 2011, § 10 SGB II Rn. 6, 8. A.A. Christoph Kapp, in: Christian Rolfs/Richard Giesen/Ralf Kreikebohm/Peter Udsching (Hrsg.), Beck'scher Online-Kommentar zum Sozialrecht, 30. Edition, Stand 01.03.2013, § 10 SGB II Rn. 44 ff.

117 Eingeführt mit dem Gesetz zur steuerlichen Förderung von Wachstum und Beschäftigung vom 26. April 2006 (BGBl. I, S. 1091). Die steuerliche Berücksichtigung von Kinderbetreuungskosten war zunächst in § 4f EStG (bis 31. August 2009), danach in § 9c EStG (bis 31. Dezember 2011) und ist jetzt in § 10 Abs. 1 Nr. 5 EStG geregelt.

118 BT-Drucks. 16/1889, S. 17; Bundesministerium für Familie, Senioren, Frauen und Jugend (Hrsg.), Dossier Elterngeld als Teil nachhaltiger Familienpolitik, 3. Auflage 2008, S. 13.

119 Bericht des Haushaltsausschusses vom 18. November 2011, BT-Drucks. 17/7125, S. 42; Gesetz über die Feststellung des Bundeshaushaltsplans für das Haushaltsjahr 2013 vom 20. Dezember 2012 (BGBl. I, S. 2757), Einzelplan 17, Titel 68102 Elterngeld.

120 Dazu umfassend und kritisch Schumann (Anm. 83), S. 444, 475 ff.

121 Tagesbetreuungsausbaugesetz vom 27. Dezember 2004 (BGBl. I, S. 3852). Ausweislich der Gesetzesbegründung vom 6. September 2004 (BT-Drucks. 15/3676, S. 1 f., 21 ff.)

aber die auf dem „Krippengipfel" am 2. April 2007 zwischen Bund, Ländern und Gemeinden getroffene Vereinbarung, die Zahl der Krippenplätze bis 2013 zu verdreifachen, um für ein Drittel der unter dreijährigen Kinder Plätze zur Verfügung zu stellen.[122] Dies entspricht 750.000 Plätzen bundesweit, wobei ca. 500.000 Plätze in Kindertagesstätten und ca. 250.000 Plätze über die Tagespflege bei einer Tagesmutter zur Verfügung gestellt werden sollten (zur nunmehrigen Aufstockung dieser Plätze siehe unten S. 38). Die staatlichen Subventionen für diese Maßnahme belaufen sich auf mindestens 6 Mrd. Euro jährlich an reinen Betriebskosten;[123] hinzu kommen die Kosten für den Ausbau der Tagesbetreuung seit 2008 (12,6 Mrd. Euro finanziert von Bund und Ländern).[124] Insgesamt beläuft sich die staatliche Förderung des Doppelverdienermodells (und erwerbstätiger Alleinerziehender) unter Berücksichtigung der Zahlung eines Betreuungsgeldes seit August 2013 an Eltern, die keine subventionierte Fremdbetreuung in den ersten drei Jahren nach der Geburt ihres Kindes in Anspruch nehmen,[125] auf das Drei- bis Vierfache pro Kind, wobei die finanziellen Vorteile aufgrund der Berücksichtigung der Betreuungskosten bis zur Höhe von 4.000 Euro pro

---

werden mit dem Ausbau der Kindertagesbetreuung in erster Linie bildungspolitische (notwendige frühe Förderung und Sozialisation von Kindern außerhalb der Familie zur Verwirklichung der Chancengleichheit), gleichstellungspolitische (mehr Geschlechtergerechtigkeit) sowie demographische Ziele (Erleichterung der Entscheidung für Kinder, um auch der Gesellschaft bessere Entwicklungschancen zu geben) verfolgt.

122 Umgesetzt wurde diese Vereinbarung mit dem Gesetz zur Förderung von Kindern unter drei Jahren in Tageseinrichtungen und in Kindertagespflege vom 10. Dezember 2008 (BGBl. I, S. 2403); BT-Drucks. 16/10173, S. 1.

123 Zur Berechnung der Kosten vgl. SCHUMANN (Anm. 83), S. 444, 482 ff. (insb. Fn. 163-165). Im letzten Jahr hat die Bundesregierung die Kosten im Bereich der Kindertagespflege weiter nach oben korrigiert; Entwurf eines Gesetzes zur Einführung eines Betreuungsgeldes vom 12. Juni 2012, BT-Drucks. 17/9917, S. 7: „Für die öffentliche Förderung in Tageseinrichtungen sind im Kinderförderungsgesetz jährliche Bruttobetriebskosten von 12 000 Euro pro Platz in Ansatz gebracht worden; für einen Platz in der Kindertagespflege sind dies 9 450 Euro (Bundestagsdrucksache 16/9299 S. 22). Diese Förderung erhalten alle Eltern unabhängig von ihrer finanziellen Situation, da die Beiträge der Eltern nicht kostendeckend sind."

124 Entwurf eines Gesetzes zur Förderung von Kindern unter drei Jahren in Tageseinrichtungen und in der Kindertagespflege, BT-Drucks. 16/9299, S. 4; Pressemitteilung des Bundesministeriums für Familie, Senioren, Frauen und Jugend vom 20. August 2012, Gesetzliche Grundlagen für den Ausbau der Kinderbetreuung (http://www.bmfsfj.de/BMFSFJ/kinder-und-jugend,did=118992.html).

125 Seit 1. August 2013 wird ein Betreuungsgeld von zunächst 100 Euro pro Monat und ab 2014 von 150 Euro pro Monat im Anschluss an das Elterngeld bis zum dritten Lebensjahr des Kindes gewährt; Gesetz zur Einführung eines Betreuungsgeldes vom 15. Februar 2013 (BGBl. I, S. 254). Nach der neuen Eltern-Studie „Wenn Eltern die Wahl haben" vom 9. April 2013 befürworten 54 % aller Befragten eine Verlängerung des Betreuungsgeldes bis zum dritten Geburtstag des Kindes (forsa, Familie und Wahl, Ergebnisbericht, 2013, S. 9; http://www.eltern.de/c/images/pdf/forsa_ergebnisbericht%202013.pdf).

Jahr als Sonderausgaben im Rahmen der Einkommensteuer noch hinzuzurechnen sind (ganz abgesehen davon, dass Doppelverdienerfamilien durch das zweite Einkommen finanziell ohnehin deutlich besser gestellt sind als Familien mit nur einem Einkommen).[126] Zu Recht wird daher gefragt, ob dies noch sozial gerecht sei,[127] denn das Sozialstaatsprinzip (Art. 20 Abs. 1 GG) scheint hier ins Gegenteil verkehrt zu werden.[128]

3. Verstärkung von Edukationseffekten durch wechselbezügliche Gesetzgebung, begleitende Werbekampagnen und gezielte Desinformation

Die seit dem Jahr 2005 in kurzer Folge erlassenen Gesetze (subventionierter Ausbau der Betreuungsplätze für Kleinkinder; Berücksichtigung von Kinderbetreuungskosten im EStG; Umstieg vom Erziehungsgeld auf das Elterngeld durch das BEEG; zeitliche Begrenzung des nachehelichen Betreuungsunterhalts bis zum dritten Lebensjahr des Kindes im BGB) fördern unter Einsatz immenser Mittel aus Steuern ausschließlich *ein* Modell der Vereinbarkeit von Familie und Beruf, nämlich den möglichst frühzeitigen Wiedereinstieg des betreuenden Elternteils in den Beruf nach einer kurzen Babypause verbunden mit einer frühzeitigen Fremdbetreuung des Kleinkindes.[129]

Unterstützt wird diese Gesetzgebung seit gut zehn Jahren durch (steuerfinanzierte) Werbekampagnen,[130] deren wesentliche Inhalte *bezogen auf die Mutter* darin bestehen, die volle Ausschöpfung der gesetzlichen Elternzeit von drei Jahren nach der Geburt des Kindes als Verschwendung von Humankapital verbunden mit erheblichen finanziellen Verlusten, als Risiko für die Karriere und

126 Dazu SCHUMANN (Anm. 83), S. 444, 483 f.

127 AUTH (Anm. 83), S. 81, 96 f.; FELIX (Anm. 99), RdJB 2008, S. 165, 170 ff., 173 ff. Vgl. dazu auch SCHUMANN (Anm. 83), S. 444, 477 f.

128 Das Sozialstaatsprinzip, das die verfassungsrechtliche Legitimation für steuerfinanzierte Sozialleistungen darstellt, untersagt erstens dem Staat, Steuergelder ohne Anknüpfung an persönliche Lebensumstände oder gesellschaftliche Benachteiligung und ohne sachliche Differenzierung zu verteilen, und verpflichtet zweitens den Gesetzgeber dazu, für einen Ausgleich der sozialen Gegensätze zu sorgen und die Idee der materiellen Gerechtigkeit zu beachten; so BVerfGE 100, S. 271, 284; BVerfGE 102, S. 254, 298 f.

129 Das seit 1. August 2013 auszuzahlende Betreuungsgeld ist die erste gesetzgeberische Maßnahme nach acht Jahren, mit der auch andere Familienmodelle gefördert werden. Zur Diskussion um die Einführung eines Betreuungsgeldes vgl. SCHUMANN (Anm. 83), S. 444, 460 ff. m.w.N.

130 Hierbei handelt es sich keineswegs um eine neue Entwicklung; auch andere Gesetze (im Bereich des Umweltschutzes oder im Zusammenhang mit der Wiedervereinigung) wurden von (kostspieligen) Werbekampagnen begleitet; dazu VIERHAUS (Anm. 1), S. 224 ff., 232 f.

als Indikator für Altersarmut sowie als Verfestigung der überkommenen Rollenverteilung und der ökonomischen Abhängigkeit der Frau vom Mann zu qualifizieren.[131] Gleichzeitig werden *in Bezug auf das Kleinkind* unter drei Jahren die Ausschöpfung der Elternzeit und die damit verbundene Betreuung des Kindes durch einen Elternteil als „bildungspolitische Katastrophe" (so u.a. die ehemalige Bundesfamilienministerin URSULA VON DER LEYEN) bezeichnet[132] und den Eltern wird suggeriert, dass ein Verzicht auf Fremdbetreuung eines unter drei Jahre alten Kindes eine Vorenthaltung frühkindlicher Förderung und Bildung bedeute, wobei insbesondere für Kinder aus bildungsfernen Elternhäusern eine frühkindliche Fremdbetreuung zum Ausgleich unterstellter Defizite der Eltern für notwendig erachtet wird, um Chancengleichheit herzustellen.[133]

Beruhen diese durch den Siebten Familienbericht und weitere Berichte sowie durch die Aufklärungskampagnen der Bundesregierung und des Bundesfamilienministeriums verbreiteten Empfehlungen, Warnungen und Appelle auf sachlich, objektiv, richtig und vollständig dargestellten Informationen?

Beginnen wir mit den Daten: Im Jahr 2004/2005 betrug der ermittelte Betreuungsbedarf für Kinder unter drei Jahren 35 %; inzwischen ist dieser Anteil – möglicherweise bereits aufgrund eines durch die Edukationseffekte ausgelösten Bewusstseinswandels in der Bevölkerung[134] – auf 39 % gestiegen (dieser Bedarf ist allerdings seit drei Jahren konstant).[135] Als Reaktion darauf wurde die auf dem „Krippengipfel" 2007 vereinbarte finanzielle Förderung von 750.000 Betreu-

131 Nachweise bei SCHUMANN (Anm. 83), S. 444, 449 ff., 467 f.

132 Von der Leyen gibt nach, Süddeutsche.de vom 17. Mai 2010 (http://www.sueddeutsche.de/politik/betreuungsgeld-von-der-leyen-gibt-nach-1.348863). Vgl. weiter SEBASTIAN FISCHER, Betreuungsgeld, Spiegel Online vom 24. November 2009 (http://www.spiegel.de/politik/deutschland/betreuungsgeld-csu-giftet-gegen-gutschein-loesung-a-663201.html); Bundestag beschließt umstrittenes Betreuungsgeld, Zeit Online vom 9. November 2012 (http://www.zeit.de/politik/deutschland/2012-11/steinbrueck-betreuungsgeld-bundestag).

133 Nachweise bei SCHUMANN (Anm. 83), S. 444, 462 f., 465 ff., 470 ff.

134 In welchem Umfang die Steigerung der bundesweiten Inanspruchnahme von Betreuungsplätzen für unter Dreijährige (inkl. Tagespflege) von 2006 um 304.314 Kinder (120 %) auf 558.208 Kinder in 2012 die Folge eines von staatlicher Seite ausgelösten Bewusstseinswandels bzw. nur Folge der Behebung eines erheblichen Unterangebots an Betreuungsplätzen ist, muss hier offen bleiben. Zu den Zahlen THOMAS RAUSCHENBACH/MATTHIAS SCHILLING/EVA STRUNZ, Der U3-Ausbau im Endspurt – und danach, Kommentierte Daten der Kinder- und Jugendhilfe 2012, Heft 3, S. 1; THOMAS RAUSCHENBACH/MATTHIAS SCHILLING, Die Trägerstruktur der Arbeitgeber in der Kinder- und Jugendhilfe – ein wenig beachtetes Thema, Kommentierte Daten der Kinder und Jugendhilfe 2012, Heft 2, S. 1, 3.

135 Bericht der Bundesregierung über den Stand des Ausbaus für ein bedarfsgerechtes Angebot an Kindertagesbetreuung für Kinder unter drei Jahren für das Berichtsjahr 2011 (Dritter Zwischenbericht zur Evaluation des Kinderförderungsgesetzes) vom 31. Mai 2012, BT-Drucks. 17/9850, S. 4, 15.

ungsplätzen durch Bund und Länder im Jahr 2012 um weitere 30.000 Plätze auf 780.000 Betreuungsplätze für unter Dreijährige aufgestockt (der Bund stellt hierfür nochmals 580,5 Mio. Euro zur Verfügung).[136] Da in den Jahren 2009 bis 2011 in Deutschland durchschnittlich 668.586 Kinder pro Jahr und insgesamt 2.005.758 Kinder geboren wurden,[137] scheint das Angebot auch dem tatsächlichen Bedarf von 39 % zu entsprechen.

Die Bedarfsberechnung geht jedoch von einer Ganztagsbetreuung der Kinder aus, tatsächlich wünschen sich aber nur 11 % der Eltern eine Ganztagsbetreuung, 25 % der Eltern bevorzugen Betreuungszeiten von 25 bis 35 Stunden und fast zwei Drittel der Eltern (64 %) wollen eine Betreuung von weniger als 25 Stunden für ihr Kind in Anspruch nehmen.[138] Bei einer stärkeren Berücksichtigung der gewünschten Betreuungszeiten unter Nutzung der vorhandenen Ressourcen, insbesondere einer stärkeren Vergabe von Halbtagsplätzen, könnte der Bedarf mit dem vorgesehenen Angebot problemlos gedeckt werden.[139]

Als nächstes ist zu fragen, ob sich die behaupteten positiven Effekte außerfamiliärer Betreuung unter Dreijähriger auf deren Bildung und soziale Entwicklung nachweisen lassen, weil diese Information für viele Eltern bei der Entscheidung für eine Fremdbetreuung eine nicht unwesentliche Rolle spielen dürfte. Denn wer möchte seinen Kindern spätere Bildungserfolge und eine gute Sozialisation vorenthalten? Im Siebten Familienbericht heißt es dazu mit Bezug auf die PISA-Studie, dass „in keinem anderen der untersuchten Länder die Schichtzugehörigkeit der Eltern für die Kompetenzen von Jugendlichen so ent-

136 Pressemitteilung des Bundesministeriums für Familie, Senioren, Frauen und Jugend vom 16. August 2012 (http://www.bmfsfj.de/BMFSFJ/kinder-und-jugend,did=187954.html).

137 Statistisches Bundesamt, Destatis, Bevölkerung Deutschland, Geburten 2009-2011 (http://www.destatis.de/DE/ZahlenFakten/Indikatoren/LangeReihen/Bevoelkerung//Irbev04.html).

138 Dritter Zwischenbericht zur Evaluation des Kinderförderungsgesetzes, BT-Drucks. 17/9850, S. 15 ff.

139 Dennoch wird ein weiterer Ausbau der Kindertagespflege gefordert. So wird die Ablehnung des Betreuungsgeldes durch die SPD-Fraktion im Antrag „Frühkindliche Bildung und Betreuung verbessern – Für Chancengleichheit und Inklusion von Anfang an" vom 9. Juni 2010 damit begründet, dass mögliche negative bildungs- und gleichstellungspolitische Auswirkungen nicht auszuschließen seien, und die Mehrausgaben für das Betreuungsgeld (1,4 - 1,9 Mrd. Euro pro Jahr) stattdessen in den Ausbau der frühkindlichen Infrastruktur investiert werden sollten (BT-Drucks. 17/1973, S. 5): „Eine gute und bedarfsgerechte Infrastruktur der frühkindlichen Bildung und Betreuung [sei] eine wichtige Voraussetzung, um Kindern ein gelingendes Aufwachsen [...] zu ermöglichen." (S. 1). Vgl. zuletzt die Stellungnahme von Kanzlerkandidat Peer Steinbrück (Steinbrück warnt SPD vor falschen Versprechen, Zeit Online vom 6. Dezember 2011; http://www.zeit.de/politik/deutschland/2011-12/steinbrueck-spd-rede): Das Betreuungsgeld sei eine „dämliche und skandalöse Fernhalteprämie".

scheidend [sei] wie in Deutschland" und daher „gerade Kinder bildungsferner Eltern zukünftig bereits in der frühkindlichen Entwicklung wesentlich besser zu fördern [seien] als bisher", um „ausgesprochen negative Folgen [...] für Chancengerechtigkeit und (für die persönliche, soziale und wirtschaftliche Entwicklung dringend benötigt[e]) Kompetenzen" zu vermeiden.[140] An anderer Stelle des Berichts zeigt sich, dass sich diese Schlussfolgerung keineswegs auf wissenschaftliche Erkenntnisse stützen kann, sondern auf bloßen Vermutungen beruht:

> „Da es v.a. Kinder mit Migrationshintergrund oder aus sozial benachteiligten Familien sind, die vorschulische Einrichtungen seltener besuchen, scheint es [sic!], als ob der Grundstein für die ebenso in der PISA Studie nachgewiesene starke Abhängigkeit des Bildungserfolges von der sozialen Herkunft schon im vorschulischen Alter angelegt wird."[141]

Auch im Zwölften Kinder- und Jugendbericht von 2005 wird ohne empirische Nachweise behauptet, dass heute die große Mehrheit der Kinder von ihren Familien nicht mehr mit den nötigen Ressourcen ausgestattet werde, um später den gesellschaftlichen Anforderungen gewachsen zu sein.[142] Die Bundesregierung hat sich die Empfehlungen der Sachverständigen des Zwölften Kinder- und Jugendberichts zu Eigen gemacht, einen erheblichen Handlungsbedarf im Bereich der frühen Förderung, Bildung und Erziehung der unter Dreijährigen anerkannt und damals angekündigt, nicht nur „den Rechtsanspruch auf eine öffentlich verantwortete Kindertagesbetreuung auf Kinder unter drei Jahren auszudehnen", sondern den Ausbau der Kindertagesbetreuung für unter Dreijährige auch durch eine (noch unter Bundesfamilienministerin Renate Schmidt gestartete) „bundesweite Informationskampagne" mit dem Titel „KINDER KRIEGEN mehr ...!" zu begleiten.[143] Noch breiter angelegt war die 2006 durchgeführte Werbekampagne „Vorteil Familie" unter Bundesfamilienministerin Ursula von der Leyen, mit

---

140 Siebter Familienbericht, BT-Drucks. 16/1360, S. 157.

141 Siebter Familienbericht, BT-Drucks. 16/1360, S. 95 (Fn. 55).

142 Bericht über die Lebenssituation junger Menschen und die Leistungen der Kinder- und Jugendhilfe in Deutschland (Zwölfter Kinder- und Jugendbericht) und Stellungnahme der Bundesregierung vom 10. Oktober 2005, BT-Drucks. 15/6014, S. 89 f.: „Kinder werden in Familien und den Herkunftsmilieus nicht mehr in der Selbstverständlichkeit mit den Ressourcen ausgestattet – jedenfalls im Schnitt gesprochen bzw. für die große Mehrheit der Kinder und Jugendlichen –, die moderne Gesellschaften benötigen, um den Anforderungen an die individuelle Selbstregulierung durchschnittlich gerecht werden zu können." Kritisch dazu auch Ostner (Anm. 85), RdJB 2009, S. 44, 50 ff.

143 Zwölfter Kinder- und Jugendbericht, BT-Drucks. 15/6014, S. 9 ff. (Zitat auf S. 10). Auf S. 10 heißt es weiter: Die Bundesregierung „wird den Ausbau im Rahmen ihrer Möglichkeiten durch Informationsmaßnahmen unterstützen. Durch die bundesweite Informationskampagne ‚KINDER KRIEGEN mehr ...!' sollen Eltern über die Möglichkeiten für eine gute Betreuung und frühe Förderung informiert [...] werden." Die breit angelegte Informationskampagne startete im Jahr 2005.

der mehr als 55 Mio. Menschen über das Elterngeld informiert wurden: Neben Anzeigen, Fernsehspots und Plakaten (mit dem Titel „Krabbeln lerne ich bei Mama, laufen dann bei Papa“) „hat das Ministerium die Einführung des Elterngelds auch mit sendefertigen Radiobeiträgen und druckreifen Zeitungsartikeln begleitet“, wobei der Eindruck vermittelt wurde, „es handele sich um Berichte unabhängiger Journalisten“ (tatsächlich stammten die Texte von der vom Bundesfamilienministerium beauftragten PR-Agentur A&B One).[144]

Für einen radikalen Perspektivwechsel in Bezug auf die außerfamiliäre Betreuung von unter Dreijährigen hatte das Bundesfamilienministerium allerdings schon 2003 geworben:

> „Die präventive Funktion außerunterrichtlicher Betreuungsangebote sowie deren Rolle bei der *Reduktion sozialer Kosten* und der *Vermeidung kindlicher Fehlentwicklung* (z.B. jugendliche Delinquenz) sind stärker als bisher hervorzuheben und als Argument für den Ausbau dieser Angebote heranzuziehen. [...] Im *Bildungswesen* generell und *in den ersten 10 Jahren der kindlichen Entwicklung* insbesondere verdienen Übergänge im Bildungsprozess besonderer fachlicher wie politischer Aufmerksamkeit: der *Übergang von der Familie in die Krippe*, von der Krippe in den Kindergarten, vom Kindergarten in die Grundschule und von dort in die weiterführenden Schulen. [...] Die *Förderung von Kindern von 0 Jahren* bis zum Schuleintritt stellt [...] die erste Stufe im Bildungsprozess dar. [...] *Die Auffassung in Deutschland, wonach das System lediglich familienergänzenden Charakter haben soll, muss* [...] *aufgegeben werden* zugunsten der Definition eines genuinen Bildungs- und Erziehungsauftrags mit Blick auf die kindliche Entwicklung.“[145]

---

144 Carsten Volkery, Von der Leyens dubiose PR, Gratis-Reklame für die Ministerin – von der Ministerin, Spiegel Online vom 29. August 2007 (http://www.spiegel.de/politik/deutschland/von-der-leyen-dubiose-pr-gratis-reklame-fuer-die-ministerin-von-der-ministerin-a-502566.html). Im Internetauftritt der Agentur A&B One (http://www.a-b-one.de/referenzen/alle/politische-kommunikation-bmfsfj.html) heißt es, dass es im Rahmen der bundesweiten Informationskampagne „Vorteil Familie“ gelungen sei, „die zentralen Kampagnenbotschaften in den Medien, auf Plakaten und in Informationsmaterialien“ erfolgreich zu platzieren: „Schnell erzielte die von uns umgesetzte Kampagne eine hohe Aufmerksamkeit und verstärkte damit das Medienecho auf die Gesetzgebung. So haben wir schließlich mitgeholfen, das Elterngeld populär zu machen und die politische Intention dahinter zu vermitteln. Dies wurde auch durch eine Wirkungsanalyse belegt.“ Vgl. weiter Antwort der Bundesregierung auf die Kleine Anfrage der Fraktion DIE LINKE, BT-Drucks. 16/6548, S. 1.

145 Bundesministerium für Familie, Senioren, Frauen und Jugend (Hrsg.), Perspektiven zur Weiterentwicklung des Systems der Tageseinrichtungen für Kinder in Deutschland, Zusammenfassung und Empfehlungen, 2003, S. 24, 33 f. [Hervorhebungen durch Verf.] Bezeichnenderweise wird die Familie an den Anfang einer Reihe öffentlicher Einrichtungen, die jeweils einen zeitlich abgeschlossenen Bereich der kindlichen Entwicklung erfassen, gestellt. Dadurch wird der Eindruck vermittelt, dass die Bildungsfunktion der Familie auf die ersten Lebensmonate des Kleinkindes zu beschränken sei. Vgl. Wassilios Fthenakis, Die Forderung nach Bildungsqualität, in: Bundesministerium für Familie, Senioren, Frauen und Jugend (Hrsg.), Auf den Anfang kommt es an!, 2003, S. 75 f.: „An erster Stelle gilt es, das Kind als Subjekt im Bildungsprozess anzuerkennen, es von Anfang an als ein kompetentes Kind zu betrachten, das seine Erziehung und Bildung

Abgesehen davon, dass das Grundgesetz den Vorrang elterlicher vor staatlicher Erziehung garantiert,[146] werden hier nicht belegte Behauptungen als sachlich richtige Informationen dargestellt, denn es gibt für Deutschland keine breit angelegten Studien,[147] die einen empirisch nachweisbaren Zusammenhang zwischen der Betreuung im Kleinkindalter und der Vermeidung der beschriebenen negativen externen Effekte (in Bezug auf soziale Kosten und kindliche Fehlentwicklungen) bzw. der Erzielung der behaupteten positiven Effekte belegten.[148]

---

co-konstruiert. Kinder gestalten dabei von Anfang an Bildung und Entwicklung mit und übernehmen entwicklungsangemessen Verantwortung. […] Erforderlich ist auch, eine angemessene Beteiligung des Kindes am Leben in der Tageseinrichtung sicherzustellen. […] Schon das Kleinkind soll das Lernen lernen und so auf ein Leben vorbereitet werden, in dem beständiges Lernen unverzichtbar ist." Zu den Hintergründen dieser Entwicklung vgl. Ilona Ostner, Ökonomisierung der Lebenswelt durch aktivierende Familienpolitik?, in: Adalbert Evers/Rolf G. Heinze (Hrsg.), Sozialpolitik, Ökonomisierung und Entgrenzung, 2008, S. 49, 59; dies. (Anm. 85), RdJB 2009, S. 44 ff.

146 Art. 6 Abs. 2 S. 1 GG gewährt Eltern das Recht, die Pflege und Erziehung ihrer Kinder nach ihren eigenen Vorstellungen frei zu gestalten und räumt ihnen insoweit Vorrang vor anderen Erziehungsträgern ein, weil den Eltern „in aller Regel […] das Wohl des Kindes mehr am Herzen liegt als irgendeiner anderen Person oder Institution" (BVerfG NJW 1983, S. 101).

147 Hans Bertram/Steffen Kohl, Zur Lage der Kinder in Deutschland 2010, hrsg. vom Deutschen Komitee für UNICEF, 2010, S. 37 f.: „Bedauerlicherweise gibt es in Deutschland mit einer einzigen Ausnahme keine Längsschnittuntersuchungen, die die kindliche Entwicklung in verschiedenen Altersstufen nachzeichnen. […] Auch die Frage, ab wann Kinder sinnvollerweise in außerfamiliären Einrichtungen betreut und gebildet werden können und welche Effekte dort zu erwarten sind, lässt sich zumeist nur auf der Basis angelsächsischer Studien beantworten". Auch hinsichtlich der deutlichen Erhöhung der Erwerbsbeteiligung der Mütter mit erheblichen Auswirkungen auf die familiäre Zeitstruktur könne „nur auf angelsächsische Erfahrungen und Untersuchungen" zurückgegriffen werden, wenn man „diese Entwicklungen in Bezug auf das kindliche Wohlbefinden und die Entwicklungschancen von Kindern einschätzen" wolle. Vgl. weiter Martin R. Textor, Die „NICHD Study of Early Child Care" – ein Überblick, in: ders. (Hrsg.), Kindergartenpädagogik – Online-Handbuch (http://www.kindergartenpaedagogik.de/1602.html): „Deutlich wird hier das große Forschungsdefizit in der Bundesrepublik: In den letzten zwei Jahrzehnten wurden keine wissenschaftlichen (Längsschnitt-)Untersuchungen über unter Dreijährige durchgeführt, die entweder in der Familie, in einer Kinderkrippe, in Familientagespflege oder in einer weit altersgemischten Gruppe […] aufwuchsen. Da derzeit die Betreuungsangebote für unter Dreijährige […] stark ausgebaut werden, müssten m. E. dringend Untersuchungen über die Konsequenzen einer sehr frühen Fremdbetreuung durchgeführt werden, wobei auch die Betreuungsdauer zu berücksichtigen wäre."

148 Auch an anderen Stellen wird dieser Zusammenhang (ohne entsprechende Nachweise) behauptet, vgl. etwa BT-Drucks. 15/3676, S. 24 zum bedarfsgerechten Ausbau der Tagesbetreuung für Kinder unter drei Jahren: „Jede Förderung, die Kindern in diesem Alter zugute kommt, wirkt sich positiv auf den weiteren Weg in Schule und Ausbildung aus und sichert damit Lebenschancen. Andererseits werden durch eine unzureichende Förderung von Kindern in dieser Altersgruppe die Weichen für Benachteiligung, Des-

Studien aus den USA kommen sogar zu dem gegenteiligen Ergebnis, nämlich dass außerfamiliäre Betreuung unter Dreijähriger negative Effekte auf die sozio-emotionale Entwicklung der Kinder haben kann.[149] Dennoch wird propagiert, dass die Erziehungs-, Sozialisations- und Bildungsfunktion der Familie nur noch für die ersten Lebensmonate des Kindes bis zum Eintritt in die Krippe anerkannt werden könne, während sich danach die kindliche emotionale, soziale und kognitive Entwicklung besser außerhalb der Familie fördern lasse.[150] Eltern (und vor allem solchen mit Migrationshintergrund oder aus bildungsfernen Milieus) wird dabei suggeriert, dass sie der Aufgabe einer frühkindlichen Förderung und Bildung ihrer Kinder nicht gewachsen seien und daher eine ergänzende „Bildungsbeteiligung" in der Krippe erforderlich sei.[151] Darüber hinaus wird

---

integration und Dissozialität gestellt." Vgl. weiter BT-Drucks. 17/2716, S. 10 (Antwort der Bundesregierung auf eine Anfrage der Fraktion BÜNDNIS 90/DIE GRÜNEN vom 5. August 2010) zur frühkindlichen Bildung unter Dreijähriger in Kindertageseinrichtungen: „Die Förderung in den ersten Lebensjahren ist grundlegend für alle weitergehenden Bildungserfolge. Sie entscheidet maßgeblich über Entwicklungs-, Teilhabe- und Aufstiegschancen und trägt damit zur sozialen Gerechtigkeit bei. Nur gute und passgenaue Förderung von Anfang an schafft faire Chancen für alle Kinder." Dazu insgesamt kritisch VERA BRÜNNAGEL/BARBARA HENMAN, Kleinkindbetreuung: Wahlfreiheit durch subventionierte Krippenplätze?, Wirtschaftsdienst 2007, S. 309, 310 f. (insb. Fn. 11).

149 Dazu RAINER BÖHM, Auswirkungen frühkindlicher Gruppenbetreuung auf die Entwicklung und Gesundheit von Kindern, Kinderärztliche Praxis 82 (2011), S. 316 ff. mit zahlreichen Nachweisen. Ergänzend dazu ARIC SIGMAN, Mother Superior?, The biological effects of day care, The Biologist, Vol. 58 (2011), No. 3, S. 28 ff. (mit dem Hinweis auf S. 32, dass die Diskussion über die bestmöglichen Entwicklungsbedingungen von Kleinkindern von der Verwirklichung anderer politischer Ziele überlagert sei): „Unfortunately, understanding the effects of day care on the child continues to be discussed through the prism of adult sexual politics and women's rights. This has been a significant impediment, involving a serious conflict of interest: women's rights and self-fulfillment are not the same issue as child wellbeing and may often compete for precedence."

150 Vgl. auch Siebter Familienbericht, BT-Drucks. 16/1360, S. XXV, XXVII: „Vorrangige Handlungsfelder sind die vorschulische Kinderbetreuung, insbesondere der unter Dreijährigen, die frühe Förderung der Kinder [...]. Der Familienbericht sieht eine staatliche Förderung guter pädagogischer Betreuung ausdrücklich als ‚ökonomisch rational' und ‚sehr rentabel' an, da der spätere Nutzen die Kosten um ein Vielfaches übersteigt." Kritisch zur Skepsis gegenüber der elterlichen Erziehungskompetenz auch OSTNER (Anm. 97), ZfS 2007, S. 385, 388. Vgl. weiter DIES. (Anm. 85), RdJB 2009, S. 44 ff., insb. 47 ff.

151 Vgl. Nationaler Bildungsbericht 2012 – Bildung in Deutschland und Stellungnahme der Bundesregierung vom 9. November 2012, BT-Drucks. 17/11465, S. 56 ff.: „Die zunehmende Bildungsbeteiligung der unter 3-Jährigen ist weiterhin das zentrale Thema der frühkindlichen Bildung. [...] Die Bildungsbeteiligung von Kindern unter 3 Jahren mit Migrationshintergrund liegt [...] in Westdeutschland bei 13 % und damit deutlich unter der Beteiligung der Kinder ohne Migrationshintergrund (23 %)." Aus diesen Erkenntnissen des Berichts zieht die Bundesregierung folgende „Schlussfolgerungen" (S. VI): „Frühe Förderung ist aus der Sicht der Bundesregierung nach wie vor der Schlüssel zu

vor allem bildungsfernen Eltern und solchen mit Migrationshintergrund unterstellt, dass sie im Falle der Gewährung eines Betreuungsgeldes ihren Kindern „Bildung“ vorenthalten würden, um in den Genuss der Geldzahlung zu kommen.[152] Dabei ist diese, auf nicht bewiesene Behauptungen aufbauende Stigmatisierung bestimmter Familien völlig haltlos. Tatsächlich besuchen nämlich nur deshalb weniger Kinder mit Migrationshintergrund bzw. aus bildungsfernen Familien Krippen, weil die Auswahlkriterien der Einrichtungen diese Familien benachteiligen – wie im Dritten Zwischenbericht zur Evaluation des Kinderförderungsgesetzes nachzulesen ist: „Eltern mit Migrationshintergrund sowie Eltern in bildungsbenachteiligten Familien wünschen sich für ihre Kinder genauso häufig einen Betreuungsplatz, bekommen ihn aber seltener.“[153]

Doch wie sieht die frühkindliche Betreuung der unter Dreijährigen aus und welche langfristigen Erfolge verspricht sie? Hier ist zunächst darauf hinzuweisen, dass die außerfamiliäre Kleinkindbetreuung konsequent als „frühkindliche Förderung“ oder „frühkindliche Bildung“ bezeichnet wird und damit etwas verheißt, was nur außerhalb der Familie geleistet werden könne (zur Beeinflussung durch Verwendung positiv besetzter Begriffe siehe unten S. 46). Frühkindliche Förderung ist in den einschlägigen Gesetzen, den Gesetzesmaterialien, den Berichten der Bundesregierung und den Informationskampagnen des Bundesfamilienministeriums nicht näher definiert;[154] gleichwohl bezeichnet die Bundesregierung die Betreuung in Kindertagesstätten und in der Tagespflege durchgängig als „frühkindliche Bildung“.[155] So findet sich etwa im Koalitions-

---

einer besseren Integration und schafft gleiche Startbedingungen für alle Kinder. Insbesondere die alltagsintegrierte sprachliche Bildung für alle Kinder sowie die Sprach- und Leseförderung muss quantitativ und qualitativ weiter ausgebaut werden. Auch bleibt es eine wichtige Aufgabe, bildungsferne Eltern mit und ohne Migrationshintergrund verstärkt zu informieren und einzubeziehen.“

152 Die damalige Familienministerin Ursula von der Leyen hat dies mit Nachdruck öffentlich verkündet; vgl. nur Angela Gareis, Die Pannen der Frau von der Leyen, Der Westen Online vom 29. Mai 2009, die die Ministerin mit folgenden Worten wiedergibt (http://www.derwesten.de/politik/die-pannen-der-frau-von-der-leyen-id331065.html): „Es ist eine bildungspolitische Katastrophe, wenn der kleine zweijährige Ahmed in den Kindergarten geht und seine Eltern hören, wir kriegen 150 Euro im Monat auf die Hand.“

153 Dritter Zwischenbericht zur Evaluation des Kinderförderungsgesetzes, BT-Drucks. 17/9850, S. 15.

154 Nach den Gesetzesmaterialien zum Kinderförderungsgesetz (BT-Drucks. 16/9299, S. 15) soll mit „der Bezeichnung ‚frühkindliche Förderung‘ [...] die spezifische Zielsetzung der Förderung dieser Altersgruppe hervorgehoben“ werden. Außer diesem wenig aussagekräftigen Hinweis ist zu den Inhalten der frühkindlichen Förderung und Bildung in den Krippen und durch Tagesmütter nichts zu finden.

155 So zuletzt wieder im Nationalen Bildungsbericht 2012, BT-Drucks. 17/11465, S. IV ff.: „2011 konnten rund 517 000 Kinder unter drei Jahren von einem Betreuungsangebot

vertrag zwischen CDU, CSU und FDP vom 26. Oktober 2009 der Hinweis, dass die Bundesregierung darauf hinwirken werde, dass „sich Bund und Länder auf gemeinsame Eckpunkte der frühkindlichen Bildung, insbesondere auch der Sprachförderung, einigen".[156] Im Dritten Zwischenbericht zur Evaluation des Kinderförderungsgesetzes für das Jahr 2011 wird darauf verwiesen, dass „frühkindliche Sprachförderung" zum festen Bestandteil der Kleinkindbetreuung gehöre und dass die Einrichtungen „Sprachförderung spielerisch durch Lieder, Musik und Bewegung in den Betreuungsalltag aller Kinder" integrierten.[157]

Der Vorstellung, dass Eltern von unter Dreijährigen zu Hause keine vergleichbare Sprachförderung betrieben bzw. dazu nicht in der Lage seien, steht die seit Jahrzehnten empirisch nachgewiesene Bildungsfunktion der Familie entgegen.[158]

---

profitieren. Das ist im Vergleich zu 2006 eine Steigerung um 80 Prozent. Ihre Bildungsbeteiligung stieg damit in Westdeutschland auf 20 Prozent und in Ostdeutschland auf 47 Prozent." Künftig sei diese „frühkindliche Bildung auch qualitativ weiter aus[zu]bauen."

156 Koalitionsvertrag zwischen CDU, CSU und FDP „Wachstum. Bildung. Zusammenhalt." vom 26. Oktober 2009, S. 68 (http://www.cdu.de/sites/default/files/media/dokumente/091026-koalitionsvertrag-cducsu-fdp.pdf). Konkrete Programme zur frühkindlichen Bildung scheinen noch nicht vorzuliegen; so heißt es im Nationalen Bildungsbericht 2012, BT-Drucks. 17/11465, S. 66: „Durch welche pädagogischen Konzepte Kinder beim (Zweit-)Spracherwerb am wirkungsvollsten unterstützt werden können, ist eine fachlich nach wie vor ungeklärte Frage [...]." Im Übrigen werden vor allem Qualifikationsmaßnahmen für Erzieher und Tagespflegepersonen genannt; vgl. nur die Antwort der Bundesregierung auf Kleine Anfragen der SPD sowie von BÜNDNIS 90/DIE GRÜNEN zu Stand und Zukunft des qualitativen und quantitativen Ausbaus der Kinderbetreuung, BT-Drucks. 17/714, S. 8, 10 ff. und BT-Drucks. 17/2716, S. 2, 5 ff.

157 Dritter Zwischenbericht zur Evaluation des Kinderförderungsgesetzes, BT-Drucks. 17/9850, S. 5, 52.

158 Dazu etwa MARTIN R. TEXTOR, Die „Bildungsmacht" der Familie, in: Regiestelle E&C der Stiftung Sozialpädagogisches Institut Berlin (Hrsg.), Fachforum Orte der Bildung im Stadtteil, Dokumentation zur Veranstaltung am 16. und 17. Juni 2005 in Berlin, 2005, S. 60 ff. (http://www.eundc.de/pdf/36000.pdf) unter Heranziehung mehrerer Studien der letzten Jahrzehnte: „Somit ist festzuhalten, dass der Einfluss der Familie auf den Schulerfolg größer ist als der Einfluss der Schule oder als der Einfluss von Kindmerkmalen. In ihren Familien erwerben Kinder die meisten psychomotorischen, sozialen, affektiven und sprachlichen Kompetenzen. [...] (Bildungs-)Politik und Bildungssystem müssen endlich die zentrale Bedeutung der Familie als Bildungsinstitution anerkennen." Vgl. weiter BÖHM (Anm. 149), Kinderärztliche Praxis 82 (2011), S. 316, 321 unter Berufung auf die US-amerikanische „Study of Early Child Care and Youth Development" des National Institute of Child Health and Human Development (NICHD): „Eine wichtige Erkenntnis von NICHD ist, dass der Einfluss der Eltern auf die kindliche Entwicklung wesentlich höher ist als der von Betreuungseinrichtungen." Zu älteren Studien aus den USA vgl. KEVENHÖRSTER/WINDHOFF-HÉRITIER (Anm. 19), ZfP 1981, S. 239, 250. Von Interesse ist insoweit auch der aktuelle Bildungsbericht 2012, der erstmals auch die Bildung von Kindern in der Familie in den Blick nimmt (BT-Drucks. 17/11465, S. 47 f.): „Während in den letzten Bildungsberichten die frühkindliche Bil-

Zudem bleibt erklärungsbedürftig, warum für Kinder zwischen drei und sechs Jahren, die in Kindergärten betreut und drei Jahre lang für die Schule „fit" gemacht werden könnten – immerhin mehr als 93 % aller Kinder dieser Altersgruppe in Deutschland (und 87 % der Kinder mit Migrationshintergrund)[159] –, keine fruchtbaren Förderprogramme zur Verfügung stehen.[160] Mit solchen Programmen könnten fast 90 % der Kinder mit Migrationshintergrund bzw. aus bildungsfernen Elternhäusern vor Schulbeginn im Kindergarten sprachlich gefördert werden, zumal einschlägige Studien zu dem Ergebnis kommen, dass das letzte Kindergartenjahr auf den Schulerfolg Einfluss nehmen kann, während es für die Betreuung im Kleinkindalter keine entsprechenden (breit angelegten) Untersuchungen gibt.[161]

Wie wenig sich die frühkindliche Betreuung auf die schulischen Leistungen auswirkt, zeigt im Übrigen ein Blick auf die Kompetenzen der deutschen Schüler im Vergleich der Bundesländer. Obwohl die Kinder in den neuen Bundesländern seit Jahrzehnten in signifikant höherem Maße bereits im Kleinkindalter fremdbetreut werden, fallen die Kompetenzen dort nicht generell besser aus.[162] Seit Jahren sind vier Bundesländer immer auf den ersten Plätzen, nämlich Baden-Württemberg und Bayern einerseits sowie Sachsen und Thüringen an-

---

dung in Tageseinrichtungen und Tagespflege im Zentrum stand, werden hier erstmals auch Lern- und Entwicklungsprozesse in der Familie einbezogen. [...] Die Familie spielt als primäre Sozialisationsinstanz und als Ort der Bildung eine zentrale Rolle für den Verlauf der Bildungsbiographie. Dies trifft in besonderer Weise auf die frühe Kindheit zu, gilt aber für das gesamte Kindes- und Jugendalter. [...] In der Familie werden nicht nur wesentliche basale Kompetenzen und Vorläuferfähigkeiten vermittelt, es finden [...] auch unterschiedliche Bildungsprozesse statt, die langfristig die Bildungsmotivation und -chancen der Kinder erheblich beeinflussen."

159 Statistisches Bundesamt (Hrsg.), Kindertagesbetreuung in Deutschland 2012, S. 11 f., 17 (für 2012).

160 Vgl. nur Textor (Anm. 147): „Auch Untersuchungen über die Entwicklung von Kindergartenkinder fehlen in Deutschland weitgehend. Die einzige deutsche Längsschnittstudie, die sich auf 422 Kinder aus 103 Kindergartengruppen in fünf Bundesländern bezog [...] ergab u.a., dass die pädagogische Qualität im Durchschnitt mittelmäßig war und zwischen den einzelnen Kindergärten stark variierte: Die Entwicklungsunterschiede bei Kindern, die auf die Qualität zurückgeführt werden konnten, entsprachen im Extremfall einem Altersunterschied von einem Jahr."

161 So Brünnagel/Henman (Anm. 148), Wirtschaftsdienst 2007, S. 309, 310 m.w.N.

162 Vgl. nur PISA-Konsortium Deutschland, PISA 2006 in Deutschland, Die Kompetenzen der Jugendlichen im dritten Ländervergleich, Zusammenfassung, 2008 (http://www.pisa.ipn.uni-kiel.de/Zusfsg_PISA2006_national.pdf); Petra Stanat/Hans Anand Pant/Katrin Böhme/Dirk Richter (Hrsg.), Kompetenzen von Schülerinnen und Schülern am Ende der vierten Jahrgangsstufe in den Fächern Deutsch und Mathematik, Ergebnisse des IQB-Ländervergleichs 2011, 2012, S. 104, 106, 118 f. (http://www.iqb.hu-berlin.de/laendervergleich/LV2011/Bericht).

dererseits.[163] Nur am Rande sei erwähnt, dass ausgerechnet diese vier Länder seit rund zwei Jahrzehnten zunächst im Anschluss an das Bundeserziehungsgeld und seit 2007 im Anschluss an das Elterngeld Landeserziehungsgeld gewähren und daher nach der von den Gegnern eines Betreuungsgeldes vorgetragenen Argumentation (das Betreuungsgeld verhindere die notwendige frühkindliche Bildung außerhalb der Familie)[164] deutlich schlechter als andere Bundesländer abschneiden müssten. Auch wenn hier nicht behauptet werden soll, dass die durch die Gewährung von Landeserziehungsgeld in den genannten vier Bundesländern geförderte längere Betreuung der Kinder durch die Eltern die Ursache für bessere Schulerfolge ist, so lässt sich jedenfalls die These, dass eine längere Betreuung durch die Eltern zwangsläufig in einer „bildungspolitischen Katastrophe" ende, nicht halten.[165]

Während positive Effekte frühkindlicher Fremdbetreuung in sämtlichen staatlichen Kampagnen besonders stark gemacht werden und das verwendete Vokabular („frühkindliche Bildung", „frühe Chancen", „Grundstein für den späteren Erfolg in Bildung und Beruf" usw.) ausschließlich positiv besetzt ist, werden Informationen in Bezug auf mögliche negative Folgen der Kleinkindbetreuung, insbesondere wissenschaftliche Studien, die vor einer zu frühen und zu langen Fremdbetreuung warnen, verschwiegen. Dies deutet darauf hin, dass Kinder und deren Wohl im Rahmen der neuen Familienpolitik nur insofern Platz haben, als es um eine Steigerung ihrer (schulischen) Leistungen geht. Darüber hinaus erweckt die Einseitigkeit sämtlicher Informationskampagnen den Eindruck einer gezielten Desinformationspolitik.[166]

---

163 PISA-Konsortium Deutschland, PISA 2003: Ergebnisse des zweiten Ländervergleichs, Zusammenfassung, 2005, S. 6 f., 9, 11, 13, 15 f., 38 (http://www.pisa.ipn.uni-kiel.de/PISA2003_E_Zusammenfassung.pdf); ebenfalls beruhend auf der PISA-Studie 2003: http://www.unicef.de/fileadmin/content_media/presse/fotomaterial/Kinderarmut/Grafik_3.pdf.

164 Die aktuelle Diskussion um das Betreuungsgeld zeigt zudem in aller Deutlichkeit, dass es längst nicht mehr primär darum geht, sämtliche Familien bei dem jeweils gewählten Modell der Vereinbarkeit von Familie und Beruf zu unterstützen, sondern klare Vorgaben für das „richtige" Familienleben zu machen.

165 So vor allem die Äußerungen der Opposition im Vorfeld der Einführung des Betreuungsgeldes, vgl. nur BT-Drucks. 17/1579, S. 1 (BÜNDNIS 90/DIE GRÜNEN): „Gerade für bildungsferne und zugleich einkommensschwache Eltern bietet das Betreuungsgeld einen starken Anreiz, ihren Kindern frühe Förderangebote in einer Kinderbetreuungseinrichtung vorzuenthalten und sich stattdessen für die Auszahlung einer Geldleistung zu entscheiden. [...] Das wäre eine bildungspolitische Katastrophe!" Vgl. weiter BT-Drucks. 17/8201, S. 5 (SPD). Vgl. auch jüngst BT-Drucks. 17/9165 (BÜNDNIS 90/DIE GRÜNEN).

166 Zur Einseitigkeit der Informationspolitik vgl. auch Rainer Böhm, Die dunkle Seite der Kindheit, FAZ vom 4. April 2012, S. 7. Zur Beurteilung dieser Politik in Bezug auf die Lebensbedingungen von Kindern vgl. die UNICEF-Studie von Bertram/Kohl (Anm. 147), S. 33: „Auch die jüngsten Veränderungen in der Familienpolitik durch

Bei den „verschwiegenen" Informationen handelt es sich um ein Bündel von möglichen Negativeffekten, die für die von den Eltern zu entscheidende Frage, ab wann, wo und in welchem Umfang ihr Kleinkind außerfamiliär betreut wird, von erheblicher Bedeutung sein dürften. So sollte das Verhältnis von Betreuer zu Kind für unter Dreijährige bei maximal 1 : 3 liegen,[167] sodass eine Betreuung durch eine Tagespflegeperson zunächst attraktiver erscheint als eine Betreuung in einer Krippe, wo derzeit fast vier Kinder (Westdeutschland) bzw. fast sechs Kinder (Ostdeutschland) unter drei Jahren auf eine Erzieherin kommen.[168] Allerdings betreuen Tagespflegepersonen zwar durchschnittlich nur drei Kinder; mehr als ein Viertel aller Tagespflegepersonen betreut jedoch fünf Kinder.[169] Hinzu kommt,

---

Renate Schmidt und Ursula von der Leyen wären nicht möglich gewesen, wenn nicht gleichzeitig in der Öffentlichkeit ein Meinungsklima entstanden wäre – auch glaubwürdig vertreten durch die Politik – dass sich die außerfamiliäre Betreuung von Kindern unter drei Jahren positiv auf die kindliche Entwicklung auswirken kann und zugleich die Mütter, die sich so entschieden, das Gefühl vermittelt bekamen, sich auch im Interesse ihrer Kinder richtig zu entscheiden." An diesem Beispiel werde deutlich, „dass Indikatoren, die diese subjektiven Komponenten" (wie „Emotionen" oder „das Gefühl geliebt zu werden" usw.) „nicht mitberücksichtigen, ungeeignet [seien], um wissenschaftliche Politikberatung zur positiven Entwicklung der Teilhabechancen von Kindern in der Gesellschaft zu ermöglichen".

167 In Ulrike Horacek/Rainer Böhm/Renate Klein/Ute Thyen/Frank Wagner, Positionspapier der Deutschen Gesellschaft für Sozialpädiatrie und Jugendmedizin (DGSPJ) zu Qualitätskriterien institutioneller Betreuung von Kindern unter 3 Jahren (Krippen), in: Martin R. Textor (Hrsg.), Kindergartenpädagogik – Online-Handbuch (http://www.kindergartenpaedagogik.de/1897.html) wird folgende Empfehlung der Fachgesellschaft abgegeben: „für Säuglinge von 9 bis 12 Monaten: 1 Betreuerin für maximal 2 Kinder; für Kinder von 12 bis 24 Monaten: 1 Betreuerin für maximal 3 Kinder; für Kinder von 24 bis 36 Monaten: 1 Betreuerin für maximal 4 Kinder." Vgl. weiter die vom Österreichischen Institut für Familienforschung der Universität Wien in Auftrag gegebene Studie (http://www.oif.ac.at/fileadmin/OEIF/Working_Paper/wp_72_ausserfamiliale_kinderbetreuung.pdf) von Sabine Buchebner-Ferstl/Sonja Dörfler/Michael Kinn, Kindgerechte außerfamiliale Kinderbetreuung für unter 3-Jährige, 2009, S. 37: „Demgemäß wäre für Krippen ein optimaler Betreuungsschlüssel von 1 (Betreuerin) : 3 (Kindern) einzufordern [...]." Ähnlich Theresia Herbst, Bindung und Bildung, Psychologie in Österreich 2012, S. 436, 444 („Betreuer-Kind-Verhältnis von 1 : 2 bis maximal 1 : 3 für Kinder unter drei Jahren"). Hinzu kommt, dass Kleinkinder in der Eingewöhnungsphase einer besonders intensiven Begleitung durch die Erzieherinnen bedürfen; vgl. dazu die Leiter der Wiener Kinderkrippenstudie Maria Fürstaller/Antonia Funder/Wilfried Datler, Wenn Tränen versiegen, doch Kummer bleibt, Über Kriterien gelungener Eingewöhnung in die Kinderkrippe, frühe Kindheit 2011, Heft 1 (http://liga-kind.de/fruehe/111_datler.php).

168 Hinzu kommt erschwerend, dass von der Arbeitszeit der Erzieherinnen noch die Verfügungszeiten von 25 % der Arbeitszeit abgezogen werden müssen (Dritter Zwischenbericht zur Evaluation des Kinderförderungsgesetzes, BT-Drucks. 17/9850, S. 43 f.).

169 Dritter Zwischenbericht zur Evaluation des Kinderförderungsgesetzes, BT-Drucks. 17/9850, S. 26.

dass Tagespflegepersonen im Durchschnitt deutlich schlechter qualifiziert sind als Fachkräfte in Kindertageseinrichtungen; lediglich 32 % der 2011 tätigen Tagespflegepersonen hatten eine pädagogische Ausbildung.[170]

Zudem belegt eine breit angelegte Studie des US-amerikanischen National Institute of Child Health and Human Development, dass unabhängig von der Qualität der außerfamiliären Betreuung von Kleinkindern negative Effekte im Bereich der sozio-emotionalen Entwicklung wahrscheinlich sind.[171] Den leicht positiven Effekten auf die kognitive Entwicklung (bei einer vorausgesetzten hohen Qualität der außerfamiliären Betreuung) müssen somit negative Effekte aufgrund fehlender Bindung gegenüber gestellt werden.[172] Zur derzeitigen Betreuungsqualität in Deutschland hat die 107. Jahrestagung der Deutschen Gesellschaft für Kinder- und Jugendmedizin e.V. (DGKJ) folgende Stellungnahme abgegeben:

> „Die aktuell in Deutschland im U3-Bereich vorzufindenden Qualitätsniveaus liegen praktisch ausschließlich im niedrigen bis mittleren Bereich, was nicht nur in der konkreten Umsetzung begründet ist, sondern bereits in ungenügenden gesetzlichen Vorgaben. Durch diese Ausgestaltung der Betreuung sind aus kindlicher Perspektive in der Tendenz leicht negative und keine positiven Effekte zu erwarten. Es gibt ferner Hinweise, dass niedrige bis mittlere Betreuungsqualität sich auch negativ auf Verhalten und Befinden berufstätiger Eltern von U3-betreuten Kindern auswirkt."[173]

---

170 9 % der Tagespflegepersonen besitzen keine formale Qualifikation, 33 % haben einen Qualifikationskurs mit weniger als 160 Stunden absolviert und 26 % haben nur an der empfohlenen Mindestqualifizierung von Tagespflegepersonen nach dem DJI-Curriculum im Umfang von 160 Stunden teilgenommen; Dritter Zwischenbericht zur Evaluation des Kinderförderungsgesetzes, BT-Drucks. 17/9850, S. 27, 34 ff., insb. S. 36. Vgl. auch Nationaler Bildungsbericht 2012, BT-Drucks. 17/11465, S. 60, 66.

171 Dazu Böhm (Anm. 149), Kinderärztliche Praxis 82 (2011), S. 316 f.: In Abhängigkeit vom zeitlichen Umfang der außerfamiliären Betreuung der Kinder zeigten diese später „dissoziales Verhalten" („Streiten, Kämpfen, Sachbeschädigungen, Prahlen, Lügen, Schikanieren, Gemeinheiten begehen, Grausamkeit, Ungehorsam, häufiges Schreien"). „Bei den mittlerweile 15-jährigen Jugendlichen ergibt sich eine Verschiebung der Auffälligkeiten hin zu vermehrt impulsivem und risikoreichem Verhalten (Alkohol, Rauchen, Drogen, Waffengebrauch, Stehlen, Vandalismus)." Vgl. weiter Textor (Anm. 147).

172 Dass dies regelmäßig nicht geschieht, mag auch daran liegen, dass Bildung und Bindung unterschiedlichen Forschungszweigen zugeordnet sind. Vgl. weiter Herbst (Anm. 167), Psychologie in Österreich 2012, S. 436, 437 ff.: „Die frühe Bildung findet in der Interaktion [des Kleinkindes] mit seinen Bindungspersonen statt" (S. 439). Zudem bringe die zunehmende „Gleichaltrigenorientierung" ab der Krippe „viele negative Effekte mit sich" (S. 441): „Ohne die schützende Elternbindung seien Kinder potentiell gefährdeter, Mobbingopfer zu werden. Es leide die vertikale Kultur- und Wertevermittlung, wenn Kinder und Jugendliche überwiegend voneinander annehmen, was sie selbst können. Sie übertragen sich ihr unreifes Verhalten, ihre Wünsche, Motive, ihre fragmentierte Sprache usw."

173 Abstracts der 107. Jahrestagung der Deutschen Gesellschaft für Kinder- und Jugendmedizin e.V. (DGKJ), Monatsschrift Kinderheilkunde Supplement 3, 2011, S. 141,

Obwohl auch dem Gesetzgeber diese Informationen bekannt sind,[174] werden Eltern in den breit angelegten Werbekampagnen nicht auf diese möglichen negativen Effekte aufmerksam gemacht.[175]

Insgesamt lassen sich somit im Hinblick auf die Etablierung des Leitbildes der Zwei-Erwerbstätigen-Familie durch edukatorisches Staatshandeln drei Effektverstärkungen feststellen: erstens eine Kumulation von Edukationseffekten durch das Zusammenwirken mehrerer Gesetze, zweitens eine Intensivierung der Wirkung dieser Gesetze durch breit angelegte staatliche Informations- und Werbekampagnen und drittens eine Verstärkung der bezweckten Effekte durch gezielte Desinformation (einseitig ausgewählte und unvollständige Informationen) im Rahmen dieser Kampagnen.

---

142. Dort heißt es weiter: „Gegenüber Einrichtungen mit geringerer Qualität verbessert hohe Qualität einerseits etwas die späteren Lernleistungen. Andererseits kann hohe Qualität das Auftreten expansiven Problemverhaltens sowie unerwünschter Veränderungen des Cortisolprofils, die mit zunehmender Besuchsdauer von U3-Gruppenbetreuung auftreten, und das damit verbundene Risiko für die langfristige psychische Entwicklung nicht aufheben." Empfohlen wird daher, dass „elterliche Erziehung besonders in den ersten drei Lebensjahren unterstützt und gefördert" wird.

174 Vgl. nur Deutscher Bundestag, Ausschuss für Familie, Senioren, Frauen und Jugend, 74. Sitzung, Öffentliche Anhörung zu dem Entwurf eines Gesetzes zur Einführung eines Betreuungsgeldes, Protokoll Nr. 17/74, S. 18 f., 50 ff.; Stellungnahme Rainer Böhm, Ausschussdrucksache 17(13)188d.

175 Zwar wird im Achten Familienbericht von 2012 nun erstmals nicht nur auf Chancen, sondern auch auf Risiken außerfamiliärer Betreuung für Kleinkinder hingewiesen, jedoch ist diese Information bislang nicht breit an die Öffentlichkeit weitergegeben worden; Achter Familienbericht, BT-Drucks. 17/9000, S. 75 ff. unter der Überschrift „Die Effekte außerfamiliärer Betreuung: Chancen und Risiken für Kinder": „Die Forschungsresultate zu den Effekten institutioneller Kinderbetreuung sind nicht eindeutig. Die Mehrzahl der hauptsächlich im US-amerikanischen Raum durchgeführten Studien deutet auf eine positive Wirkung der frühkindlichen Kinderbetreuung auf kognitive und sprachliche Fähigkeiten [...] und gleichzeitig auf negative Auswirkungen auf soziale Kompetenzen hin. [...] Eine Metaanalyse zur Aufnahme von Erwerbsarbeit durch Mütter in den ersten drei Lebensjahren des Kindes (69 Studien aus den Jahren 1960 bis 2010) kommt zu dem Schluss, dass Kinder, deren Mütter schon vor dem dritten Lebensjahr an den Arbeitsplatz zurückkehren, später nicht häufiger Schul- oder Verhaltensprobleme zeigen als Kinder, deren Mütter zu Hause bleiben. [...] Andere Analysen zeigen jedoch, dass die Berufstätigkeit der Mütter mit negativen Entwicklungsergebnissen des Kindes zusammenhängt, wenn die Familien nicht in ökonomisch belastenden Situationen sind (Mittel- und Oberschichtfamilien). [...] Dem Kind entgeht also durch die außerfamiliäre Betreuung die Bildung und Erziehung durch eine gut gebildete und erziehungskompetente Mutter. Dieser Befund deckt sich mit Studien, nach denen Kinder aus niedrigen sozioökonomischen Lebenslagen am meisten von der Bildungsanregung der Kindertageseinrichtungen profitieren, jedoch auch nur dann, wenn diese eine gute Qualität aufweisen. Für Kinder aus der Mittel- und Oberschicht bleibt das Bildungsangebot in den Kindertageseinrichtungen hinter der familiären Bildungsanregung zurück."

Dass dieses Bündel edukatorischer Maßnahmen einen Eingriff in die durch Art. 6 Abs. 1 und 2 GG geschützte Wahlfreiheit der Eltern darstellt, ist angesichts der ständigen Rechtsprechung des BVerfG zur Wahlfreiheit und zum staatlichen Neutralitätsgebot ohne Zweifel zu bejahen,[176] zumal die Garantie der Wahlfreiheit auch beinhaltet, dass die Entscheidung für ein bestimmtes Familienmodell frei getroffen werden kann und nicht durch sachlich unrichtige und unvollständige staatliche Informationen manipuliert wird. Eine verfassungsimmanente Rechtfertigung eines solchen Eingriffs durch Art. 3 Abs. 2 S. 2 GG (wie ihn das BVerfG in seiner Entscheidung zu den Vätermonaten nahegelegt hat)[177] ist nicht schon dann gegeben, wenn das vorliegende staatliche Handeln geeignet ist, die Gleichberechtigung der Geschlechter in der Gesellschaft durchzusetzen und die überkommene Rollenverteilung zu überwinden,[178] denn das Grundgesetz geht davon aus, dass der Schutz von Ehe

176 BVerfGE 6, S. 55, 81 f.; BVerfGE 10, S. 59, 84 ff.; BVerfG NJW 1984, S. 1523; BVerfGE 87, S. 234, 258 f. Der Staat muss danach die unterschiedlichen Lebensentwürfe in der Familie respektieren und Rahmenbedingungen schaffen, damit die jeweiligen Entwürfe auch gelebt werden können. So ausdrücklich BVerfGE 99, S. 216, 231, 234: „Art. 6 Abs. 1 GG garantiert als Abwehrrecht die Freiheit, über die Art und Weise der Gestaltung des ehelichen und familiären Zusammenlebens selbst zu entscheiden [...]. Deshalb hat der Staat die Familiengemeinschaft sowohl im immateriell-persönlichen als auch im materiell-wirtschaftlichen Bereich in ihrer jeweiligen eigenständigen und selbstverantwortlichen Ausgestaltung zu respektieren [...]. Demgemäß dürfen die Eltern ihr familiäres Leben nach ihren Vorstellungen planen und verwirklichen und insbesondere in ihrer Erziehungsverantwortung entscheiden, ob und in welchem Entwicklungsstadium das Kind überwiegend von einem Elternteil allein, von beiden Eltern in wechselseitiger Ergänzung oder von einem Dritten betreut werden soll. [...] Neben der Pflicht, die von den Eltern im Dienst des Kindeswohls getroffenen Entscheidungen anzuerkennen und daran keine benachteiligenden Rechtsfolgen zu knüpfen, ergibt sich aus der Schutzpflicht des Art. 6 Abs. 1 GG auch die Aufgabe des Staates, die Kinderbetreuung in der jeweils von den Eltern gewählten Form in ihren tatsächlichen Voraussetzungen zu ermöglichen und zu fördern. [...] Der Staat hat dementsprechend dafür Sorge zu tragen, daß es Eltern gleichermaßen möglich ist, teilweise und zeitweise auf eine eigene Erwerbstätigkeit zugunsten der persönlichen Betreuung ihrer Kinder zu verzichten wie auch Familientätigkeit und Erwerbstätigkeit miteinander zu verbinden." Zur Wahlfreiheit vgl. auch Matthias Pechstein, Familiengerechtigkeit als Gestaltungsgebot für die staatliche Ordnung, Zur Abgrenzung von Eingriff und Leistung bei Maßnahmen des sog. Familienlastenausgleichs, 1994, S. 195 ff.; Stefan Huster, Die Unterscheidung von politischen Zielen und verfassungsrechtlichen Argumenten, Eine Untersuchung am Beispiel des Ehe- und Familienschutzes im deutschen Verfassungsrecht, in: Christian Hiebaum/Peter Koller (Hrsg.), Politische Ziele und juristische Argumentation, 2003, S. 47, 49 f., 57 ff., 61 ff.; ders. (Anm. 74), S. 529 ff.; Schumann (Anm. 83), S. 444, 479 ff. jeweils m.w.N.

177 BVerfG FamRZ 2011, S. 1645, 1646 f.

178 Ob die vorliegenden Maßnahmen zur Überwindung der traditionellen Rollenverteilung überhaupt geeignet sind, muss allerdings bezweifelt werden. Denn durch die vorlie-

und Familie (gerade auch unter Beachtung der Wahlfreiheit der Eltern und des Neutralitätsgebots des Staates) und der Gestaltungsauftrag des Art. 3 Abs. 2 S. 2 GG zwei gleichrangige Prinzipien sind, die bezogen auf die Vereinbarkeit von Familie und Beruf nicht in Widerspruch stehen müssen[179] und jedenfalls in einen Ausgleich zu bringen sind.[180] Daher ist zu fragen, ob im vorliegenden

---

gende Einschränkung der Wahlfreiheit sind zwar überwiegend Mütter, aber auch alle kinderbetreuenden Väter betroffen. Der Gesetzgeber will auch nicht mehr Männer zu „Hausmännern" machen (also gleichsam die Rollen tauschen) oder sie dazu bringen, die Familienarbeit mit der Mutter gleichmäßig zu teilen, vielmehr möchte er erreichen, dass betreuende Eltern ihre Kinder möglichst früh außerfamiliär betreuen lassen und die Unterbrechung der Erwerbstätigkeit möglichst kurz halten. Eine rein formale „Gleichstellung" soll somit unter Missachtung des Wertes der Familienarbeit und der Betreuung der eigenen Kinder dadurch erreicht werden, dass Eltern Familienaufgaben erheblich einschränken. Im Übrigen impliziert diese Auffassung des Gesetzgebers, dass die Familienarbeit, insbesondere die Betreuung von Kindern, ein „bestehender Nachteil" im Sinne von Art. 3 Abs. 2 S. 2 GG ist, den es zu beseitigen gilt.

179 Etwa BVerfGE 88, S. 203, 260 f.: „Der [...] Schutzauftrag für Ehe und Familie (Art. 6 GG) und die Gleichstellung von Mann und Frau in der Teilhabe am Arbeitsleben [...] verpflichten den Staat und insbesondere den Gesetzgeber, Grundlagen dafür zu schaffen, daß Familientätigkeit und Erwerbstätigkeit aufeinander abgestimmt werden können und die Wahrnehmung der familiären Erziehungsaufgabe nicht zu beruflichen Nachteilen führt. Dazu zählen auch rechtliche und tatsächliche Maßnahmen, die ein Nebeneinander von Erziehungs- und Erwerbstätigkeit für beide Elternteile ebenso wie eine Rückkehr in eine Berufstätigkeit und einen beruflichen Aufstieg auch nach Zeiten der Kindererziehung ermöglichen. [...] Weiter hat der Staat dafür zu sorgen, daß ein Elternteil, der sich unter Verzicht auf Erwerbseinkommen der Erziehung eines Kindes widmet, für die ihm hieraus erwachsenden versorgungsrechtlichen Nachteile eine angemessenen Ausgleich erhält." Ähnlich auch BVerfGE 105, S. 1, 10 f.: „Art. 6 Abs. 1 in Verbindung mit Art. 3 Abs. 2 GG schützt die Ehe als eine Lebensgemeinschaft gleichberechtigter Partner [...], in der die Ehegatten ihre persönliche und wirtschaftliche Lebensführung in gemeinsamer Verantwortung bestimmen [...]. Zur selbstverantwortlichen Lebensgestaltung gehören neben der Entscheidung, ob die Ehegatten Kinder haben wollen, insbesondere auch die Vereinbarung über die innerfamiliäre Arbeitsteilung und die Entscheidung, wie das gemeinsame Familieneinkommen durch Erwerbsarbeit gesichert werden soll. [...] Dabei steht es den Ehepartnern frei, ihre Ehe so zu führen, dass ein Ehepartner allein einer Berufstätigkeit nachgeht und der andere sich der Familienarbeit widmet, ebenso wie sie sich dafür entscheiden können, beide einen Beruf ganz oder teilweise auszuüben und sich die Hausarbeit und Kinderbetreuung zu teilen oder diese durch Dritte durchführen zu lassen." Vgl. auch schon BVerfGE 3, S. 225, 241 f.

180 Zum Verhältnis von Art. 6 Abs. 1 GG und Art. 3 Abs. 2 GG vgl. auch HUSTER (Anm. 74), S. 537 ff., insb. S. 547 f.; PETER BADURA, in: Theodor Maunz/Günter Dürig (Begr.), Grundgesetz, Bd. 2, 66. Ergänzungslieferung 2012, Art. 6 GG Rn. 27 ff.; ARND UHLE, in: Volker Epping/Christian Hillgruber (Hrsg.), Beck'scher Online-Kommentar GG, Edition 17, Stand 01.01.2013, Art. 6 GG Rn. 7; CHRISTIAN STARCK, in: Hermann von Mangoldt/Friedrich Klein/Christian Starck (Hrsg.), Kommentar zum Grundgesetz, Bd. 1, 6. Aufl. 2010, Art. 3 GG Rn. 309; FRAUKE BROSIUS-GERSDORF, Demografischer Wandel und Familienförderung, 2011, S. 365 ff.

Bereich das mit Art. 3 Abs. 2 S. 2 GG verfolgte Ziel einer Überwindung der traditionellen Rollenverteilung in der Familie auch durch andere Maßnahmen, die in die Wahlfreiheit der Eltern weniger stark eingreifen, aber im Hinblick auf die Verwirklichung der Gleichberechtigung der Geschlechter genauso effektiv sind, zu erreichen wäre.

So heißt es beispielsweise im Achten Familienbericht (2012) zu den Wunsch-Arbeitszeiten von Müttern und Vätern:

> „Beide Elternteile sind mit dieser Aufgabenverteilung nicht unbedingt zufrieden. Befragungen zu den tatsächlichen und gewünschten Arbeitszeiten zeigen immer wieder dieselbe Tendenz: Väter wollen den Umfang ihres zeitlichen Arbeitseinsatzes reduzieren und Mütter wünschen sich oft Arbeitszeitarrangements, die es ihnen ermöglichen, in der vollzeitnahen Teilzeit zu arbeiten. [...] Überwiegend bevorzugen Eltern eine flexible Gestaltung ihrer Arbeitszeiten. [...] Zwischen Familie, Beruf und Pflege kommt es oft zu subjektiv empfundener und objektiv belegbarer Zeitknappheit von Familienmitgliedern. Zwei Drittel der Väter und ein Drittel der Mütter haben zu wenig Zeit für ihre Kinder. Kinder nehmen diesen Mangel meist genauso wahr wie ihre Eltern.“[181]

---

181 Achter Familienbericht, BT-Drucks. 17/9000, S. 45. Vgl. weiter S. 90: „Flexible Arbeitszeiten und entsprechende Arbeitskonten werden von Eltern als besonders bedeutsam für eine verbesserte Vereinbarkeit von Beruf und Familie erachtet. Dies gilt insbesondere für Führungskräfte [...]. Der Ravensburger Elternsurvey zeigt sehr deutlich, dass junge Eltern ein sequenzielles Modell der Erwerbstätigkeit präferieren, d.h. eine berufliche Aktivität, die sich während des Aufwachsens der Kinder zunächst so gestaltet, dass Raum für Zeit mit der Familie bleibt und sich allmählich ausweitet. Er widerspricht damit der teils geäußerten Vermutung, eine Vollzeittätigkeit beider Elternteile auch bei unter 3-Jährigen entspräche den Wunschvorstellungen der Mehrheit. So wünschen sich vor allem vollzeitarbeitende Väter eine Reduzierung ihrer Wochenarbeitszeit, während teilzeitarbeitende Mütter vielfach ihr Arbeitsvolumen aufstocken möchten [...]. Insgesamt bewegen sich die Arbeitszeitwünsche aufeinander zu und pendeln sich beim Modell einer ‚vollzeitnahen Teilzeit‘ [...] ein, d.h. etwa zwischen 25 und 35 Stunden.“ Dies bestätigt auch die neue Eltern-Studie „Wenn Eltern die Wahl haben“ vom 9. April 2013 (forsa, Familie und Wahl, Ergebnisbericht, 2013, S. 18, 20 f.; http://www.eltern.de/c/images/pdf/forsa_ergebnisbericht%202013.pdf): Danach bevorzugen 40 % der Befragten „eine Arbeitsteilung zwischen Mann und Frau, bei der der Mann Vollzeit und die Frau Teilzeit arbeitet und sich vorrangig um Hausarbeit und Kinder kümmert. 38 % präferieren die Variante, dass sowohl Mann als auch Frau die Arbeitszeit auf 30 Stunden pro Woche reduzieren und sich die Hausarbeit und die Kinderbetreuung gleichermaßen aufteilen. Dass beide Elternteile Vollzeit arbeiten und sich Hausarbeit und Kinderbetreuung gleichermaßen aufteilen, finden lediglich 13 Prozent eine gute Lösung.“ Tatsächlich weichen die praktizierten Modelle von den bevorzugten Modellen zum Teil erheblich ab; so können derzeit nur 6 % aller befragten Eltern das zweite Modell (beide Eltern arbeiten 30 Stunden und teilen Hausarbeit und Kinderbetreuung gleichermaßen auf) realisieren, wobei die Gründe für das Nicht-Praktizieren des Wunschmodells überwiegend ökonomischer Natur sind (zu geringes Einkommen, zu unterschiedliche Gehälter, Befürchtung von Nachteilen im Beruf oder für die Karriere) oder in den arbeitsrechtlichen Rahmenbedingungen liegen (fehlendes Einverständnis des Arbeitgebers).

Würde der Gesetzgeber die Rahmenbedingungen entsprechend den Wünschen der Mehrzahl aller Eltern gestalten (anstatt ökonomische und bevölkerungspolitische Zielsetzungen in den Vordergrund zu stellen),[182] so müssten Anreize gesetzt werden, dass die Wirtschaft für Männer und Frauen mehr vollzeitnahe Teilzeittätigkeiten mit flexibleren Arbeitszeiten schafft (zudem dürften solche Arrangements keine negativen Auswirkungen auf die Karriere haben).[183] Da Eltern sich mehrheitlich solche Rahmenbedingungen wünschen, dürften die Effekte – wie im Übrigen auch die Entwicklung im Öffentlichen Dienst belegt[184] – im Hinblick auf eine Überwindung überkommener Rollenverteilung mindestens genauso effektiv sein wie die derzeitigen Maßnahmen, die einseitig auf eine Vollerwerbstätigkeit beider Eltern nach kurzer Babypause und eine außerfamiliäre Betreuung von Kleinkindern abzielen. Die Förderung verschiedener Modelle einer Vereinbarkeit von Familie und Beruf würde zudem dem staatlichen Auftrag aus Art. 6 Abs. 1 und 2 GG deutlich besser gerecht.[185]

IV. Fazit

Am Beispiel der Durchsetzung des neuen Familienleitbildes konnte gezeigt werden, wie im Rahmen edukatorischen Staatshandelns zur Erreichung eines Bewusstseinswandels Gesetzgebung und staatliche Informationssteuerung mit-

182 So auch Auth (Anm. 83), S. 81, 100; Seiler (Anm. 99), NVwZ 2007, S. 129, 133 f.

183 Auth (Anm. 83), S. 81, 87 ff. weist zudem darauf hin, dass die derzeitigen Rahmenbedingungen der neoliberalen Arbeitsmarktpolitik (Förderung eines Niedriglohnsektors, Abbau von Arbeitsschutzrechten, Reduzierung der sozialen Absicherung, fehlende finanzielle Planungssicherheit, die erwartete Bereitschaft zu nahezu grenzenloser räumlicher und zeitlicher Flexibilität) Rückwirkungen auf familiäre Entscheidungen hätten. Vgl. weiter Achter Familienbericht, BT-Drucks. 17/9000, S. 90 ff.

184 Dazu Ursula Köbl, Welche Maßnahmen empfehlen sich, um die Vereinbarkeit von Berufstätigkeit und Familie zu verbessern?, JZ 1994, S. 840, 845 ff.

185 Art. 6 Abs. 1 GG verpflichtet den Staat nämlich auch zur Schaffung von Rahmenbedingungen für eine Rückkehr in die Berufstätigkeit und einen Aufstieg nach Zeiten der Kindererziehung sowie zur Setzung von Anreizen zur Einrichtung flexibler Arbeitszeitmodelle, aber auch zur Anerkennung (und damit auch zur rechtlichen und ökonomischen Absicherung) des Wunsches von Eltern, bei der Versorgung der Familie (Kindererziehung) das Ernährer-Modell zu praktizieren. So ausdrücklich BVerfGE 88, S. 203, 260 f. (siehe oben Anm. 179). Unter den gewünschten familienpolitischen Maßnahmen nimmt die Gewährleistung von Wahlfreiheit einen hohen Stellenwert ein, wie die neuste Eltern-Studie „Wenn Eltern die Wahl haben" vom 9. April 2013 zeigt (forsa, Familie und Wahl, Ergebnisbericht, 2013, S. 6; http://www.eltern.de/c/images/pdf/forsa_ergebnisbericht%202013.pdf): Danach sind 74 % der Befragten der Ansicht, dass der Staat dafür zu sorgen habe, „dass Familien die Möglichkeit haben, das Betreuungsmodell für ihre Kinder zu wählen, das am besten zu den eigenen Bedürfnissen passt".

einander kombiniert werden: So werden seit gut zehn Jahren staatliche Empfehlungen und Appelle dahingehend abgegeben, dass eine möglichst frühzeitige Entfamilisierung des Kindes gut sei für dessen Sozialisation und Bildung. Gleichzeitig werden vor allem die sogenannten bildungsfernen Schichten und Familien mit Migrationshintergrund stigmatisiert, weil diese (angeblich) ihren Kindern die frühkindliche Förderung und Sozialisation außer Haus vorenthalten, was zu kindlichen Fehlentwicklungen und sogar zu späterer Delinquenz führen könne.

Insgesamt wird Eltern vermittelt, dass sie sich bei Befolgung sämtlicher Zielvorgaben für das „richtige" Familienleben entscheiden, wobei sich der Staat insbesondere mit der Gewährung eines „Rechtsanspruchs" auf einen Krippenplatz den Eltern als leistender und nicht als lenkender Staat präsentiert. Für Eltern, die dieses „richtige" Familienleben nicht praktizieren wollen, ist die aufgrund des bereits herbeigeführten gesellschaftlichen Erwartungsdrucks zu überwindende Schwelle besonders hoch,[186] denn diese Erwartungshaltung erzeugt die soziale Pflicht, sich für ein (vermeintlich) an Gemeinwohlinteressen ausgerichtetes Familienleben zu entscheiden.

Sämtliche unter Ziff. II beschriebenen Gefahren edukatorischen Staatshandelns (staatliche Bewusstseinsbeeinflussung, Prägung von Werten und Menschenbildern durch den Staat, Meinungsbildungsprozess von oben nach unten, Manipulation durch Desinformation, Sozialkontrolle des Privaten, mangelnde Rechtsschutzmöglichkeiten bei „weichem" Staatshandeln, Aufhebung der Trennung von Recht und Moral) lassen sich somit anhand des gewählten Beispiels nachweisen.

Hinzu kommt, dass sich auch hier – wie auf den anderen Feldern edukatorischen Staatshandelns – die Frage aufdrängt, ob denn die staatliche Erziehung überhaupt das halten kann, was der Staat sich von ihr verspricht. Die von Seiten des Staates beanspruchte (den Eltern überlegene) Kompetenz erweist sich nämlich keineswegs als die für jede Familie und jedes Kind „richtige" Lösung. Zudem stehen im Mittelpunkt dieser Familienpolitik nicht das Wohl der Kinder und die Wünsche ihrer Eltern, sondern (im Hinblick auf den besonderen staatlichen Schutz der Familie in Art. 6 Abs. 1 GG zweckfremde) ökonomische Interessen.[187]

---

186 Zu diesem Gedanken vgl. auch LÜDEMANN (Anm. 1), S. 104 ff., 123.

187 Darauf weisen BERTRAM/KOHL (Anm. 147), S. 32 f. in der neuesten UNICEF-Studie zur Lage der Kinder in Deutschland 2010 in aller Deutlichkeit hin. Die Verfasser der Studie gehen unter der Überschrift „Das Bild von Kindern in Wissenschaft und Politikberatung" der Frage nach, „warum bei der Diskussion um die Zukunft von Kindern und ihrer Teilhabemöglichkeiten in der Gesellschaft fast ausschließlich Aspekte der schulischen Leistungsfähigkeit oder der ökonomischen Benachteiligung thematisiert werden". Dies habe „nicht nur damit zu tun, dass die Medien und die Politik sich nur für diese Dinge interessieren, sondern auch mit der Forschung selbst und mit der wissen-

So konnte gezeigt werden, dass die positiven Effekte im Bereich der „frühkindlichen Bildung" von Ein- und Zweijährigen eher gering und nur bei sehr hoher Betreuungsqualität (die in Deutschland regelmäßig nicht vorliegt) zu erreichen sind. Im Hinblick auf Bildungserfolge wäre somit zu prüfen, ob die Effekte nicht größer wären, wenn die immensen staatlichen Subventionen in die Bildung etwas älterer Kindergartenkinder bzw. in die gezielte Förderung von leistungsschwachen Schulkindern investiert würden.[188] Es konnte weiter gezeigt werden, dass der Vorwurf, bildungsferne Familien und Migrantenfamilien würden ihren Kindern frühkindliche Bildungsangebote vorenthalten, völlig haltlos ist und zu einer höchst bedenklichen Stigmatisierung dieser Familien führt (die sich inzwischen sogar in Forderungen nach Gutscheinen statt Geldleistungen niederschlägt und Ausdruck eines nicht gerechtfertigten Misstrauens

---

schaftlichen Politikberatung in Deutschland und Europa", wobei die Verfasser für diese Entwicklung vor allem die von der OECD geförderten internationalen Vergleichsstudien in der pädagogischen Forschung verantwortlich machen. So sei es irritierend, „dass die OECD in ihrer jüngst vorgelegten Studie zum kindlichen Wohlbefinden zwar die ökonomische Situation der Kinder, ihre Wohnungssituation und Bildungssituation, ihre Gesundheit und Sicherheit erfasst, aber ausgerechnet die Beziehungen zu Freunden und zu den Eltern und die Erfragung des subjektiven Wohlbefindens der Kinder aus dem Indikatorentableau ausschließt". Damit befinde sich die OECD „in klarem Widerspruch zur UNO-Kinderrechtskonvention [...], die explizit die Kinder selbst und ihre eigene Lebenseinschätzung des eigenen Wohlbefindens als Indikator der Verwirklichung der Kinderrechte betont". Die Beziehungen zu den Eltern stellten einen „zentralen Bestandteil verschiedener Artikel der Kinderrechtskonvention dar". Zudem stelle „sich die OECD in diesem Punkt in einen klaren Widerspruch zur Amerikanischen Akademie der Wissenschaften, die gerade die Bedeutung der Beziehungen der Kinder zu ihren Eltern als ein wichtiges Element der kindlichen Entwicklung" betone. Die OECD unterstelle mit dem von ihr gezeichneten „ökonomistische[n] Menschenbild", „dass Kinder in ihrer Entwicklung mehr oder minder dem Modell des ‚homo oeconomicus' folgen" und gehe „davon aus, dass die Kinder bei entsprechenden positiven Umweltanreizen den vorgegebenen gesellschaftlichen Zielen folgen", während „Emotionen und Gefühle, subjektive Einschätzungen, das Gefühl, Teil der Gesellschaft zu sein, oder das Gefühl geliebt zu werden [...], bei dieser Betrachtung nicht" vorkämen. „Ohne die Einbeziehung der subjektiven Reaktionen von Kindern und Jugendlichen auf ihre Stellung in der Gesellschaft, auf ihre persönliche Einschätzung von Schule, Freundschaften und Familienbeziehungen, [werde] das Kindeswohl verkürzt auf eine Verengung der wohlfahrtsstaatlichen Perspektive".

188 Wie gering die gezielte Unterstützung von Schulkindern berufstätiger und/oder bildungsferner Eltern bei den Hausaufgaben ausfällt, belegen die aktuellen Zahlen zu den Plätzen in der Hortbetreuung von Schulkindern bis zum Alter von 14 Jahren: Während für Kinder unter drei Jahren (und damit im Wesentlichen für zwei Jahrgänge) 780.000 Plätze bis 2013 geschaffen wurden, stehen derzeit für acht Jahrgänge von Schulkindern im Alter von 6 bis 14 Jahren insgesamt 440.000 Hortplätze deutschlandweit zur Verfügung; dazu Kirsten Fuchs-Rechlin, Es wird eng – zur aktuellen Dynamik der Kitas, Kommentierte Daten der Kinder- und Jugendhilfe, 2011, Heft 3, S. 1, 2 f.

ist).[189] Schließlich wird die im Hinblick auf mögliche negative Effekte der außerfamiliären Betreuung unter Dreijähriger (bezogen auf die sozioemotionale Entwicklung) ausgesprochene Empfehlung der Deutschen Gesellschaft für Kinder- und Jugendmedizin, dass „elterliche Erziehung besonders in den ersten drei Lebensjahren unterstützt und gefördert werden" sollte,[190] weitgehend ignoriert.

Bedenklich ist schließlich auch die Herabsetzung des Wertes von Familienarbeit, denn ohne die innerhalb der Familie täglich erbrachten (regelmäßig unbezahlten) Erziehungs- und Pflegeleistungen würde der Sozialstaat kollabieren. Dies gilt sowohl für die Betreuung von Kleinkindern, die bei einer außerfamiliären Betreuung das Drei- bis Vierfache der familiären Betreuung kostet (und die bei einer außerfamiliären Betreuung aller Kinder unter drei Jahren zusätzlich 12 Mrd. Euro jährlich an reinen Betriebskosten verursachen würde), als auch für die Pflege von Angehörigen, deren Wert derzeit mindestens 44 Mrd. Euro jährlich beträgt.[191] Bei einem Bundeshaushalt von ca. 300 Mrd. Euro würde ein Weg-

189 Dass deutsche Eltern „relativ viel in Bildungsgüter für ihre Kinder zu investieren" scheinen, heben die Verfasser der UNICEF-Studie zur Lage der Kinder in Deutschland 2010, Bertram/Kohl (Anm. 147), S. 15, auch deshalb besonders hervor, „weil in der öffentlichen Debatte häufig der Eindruck entsteh[e], dass die Eltern die finanziellen Unterstützungsleistungen nicht für ihre Kinder, sondern für ihre eigenen Bedarfe verwenden". Insgesamt seien in Deutschland „die familiären Investitionen in Bildungsgüter aus der Sicht der Kinder besser als in anderen europäischen Ländern".

190 Abstracts der 107. Jahrestagung der Deutschen Gesellschaft für Kinder- und Jugendmedizin e.V. (DGKJ), Monatsschrift Kinderheilkunde Supplement 3, 2011, S. 141, 142. Vgl. weiter Böhm (Anm. 149), Kinderärztliche Praxis 82 (2011), S. 316, 321: „Die derzeitigen Planungen zum Krippenausbau sind vor allem von ökonomischen Aspekten bestimmt und ignorieren weitgehend gesundheitliche Aspekte. Für eine gesunde Entwicklung brauchen Kinder jedoch besonders in den ersten 3 Lebensjahren die Liebe und die Zeit ihrer Eltern."

191 Achter Familienbericht, BT-Drucks. 17/9000, S. 100: „Es wird geschätzt, dass der Umfang der familiären Pflegearbeit ca. 3,2 Millionen Erwerbsarbeitsplätzen bzw. einer Wertschöpfung von ca. 44 Mrd. Euro pro Jahr entspricht, wenn ein mittleres Lohnniveau unterstellt wird." Der Familienbericht bezieht sich hier auf die Studie von Gertrud M. Backes/Ludwig Amrhein/Martina Wolfinger, Gender in der Pflege, Herausforderungen für die Politik, Expertise im Auftrag der Friedrich-Ebert-Stiftung, 2008, S. 3, in der es weiter zur häuslichen Pflege heißt: „Die Absicherung für diese Arbeit ist völlig unzureichend, denn über die Pflegeversicherung werden pro Tag nur 0,5 bis 1,8 Stunden Pflegearbeit finanziert. Das Verhältnis der privat Pflegenden zu den professionell Pflegenden beträgt drei zu eins." Der Familienbericht (S. 100 f.) kommt zu dem Ergebnis, dass „auch in Zukunft ein nicht unerheblicher Teil der Pflege unentgeltlich durch Familienangehörige und freiwillig Tätige geleistet werden [muss] – dies allein schon aufgrund der steigenden Anzahl pflegebedürftiger Menschen: Derzeit sind 2,34 Millionen Menschen […] pflegebedürftig […]. Schätzungen zufolge werden im Jahre 2030 ca. 3,4 Millionen Menschen, im Jahre 2050 4 Millionen Menschen pflegebedürftig sein […]." Zur Problematik auch Heinz Rothgang/Jeanine Staber, Pflege durch Angehörige – aktueller Stand und Reformdiskussion, FPR 2012, S. 48 ff.

fall der Familienarbeit eine zusätzliche Belastung von mehr als einem Sechstel des gesamten Haushaltes bedeuten. Würden somit alle Eltern ihre Kleinkinder außerfamiliär betreuen lassen und würden alle pflegebedürftigen Angehörigen außerfamiliär untergebracht, so wäre dies überhaupt nicht finanzierbar. Abgesehen davon, dass unsere Gesellschaft auch aus ökonomischen Gründen nicht auf Familienarbeit verzichten kann, entspricht die familiäre Betreuung der eigenen Kinder unter drei Jahren ebenso wie die familiäre Pflege von Angehörigen auch dem Wunsch der Mehrheit der Familien.[192]

Führt man familiäre Wünsche und haushaltspolitische Notwendigkeiten zusammen, so müssten flexiblere Arbeitszeiten und Teilzeittätigkeiten für beide Eltern mit einer besseren finanziellen Anerkennung von Familienarbeit kombiniert werden, wobei dies nicht nur die Wahlfreiheit nach Art. 6 Abs. 1 und 2 GG stärker gewährleisten würde, sondern auch positive Effekte auf die Rollenverteilung zwischen den Geschlechtern hätte.[193] Was spräche dagegen, wenn der Gesetzgeber beispielsweise die Auszeiten für Familie stärken (Erweiterung statt Kürzung von Elternzeit und Pflegezeit[194] sowie Verhinderung von negativen Auswirkungen von Eltern-/Pflegezeit auf den Wiedereinstieg in den Beruf und auf die weitere Karriere) und verbindliche Ansprüche gegen den Arbeitgeber auf Teilzeittätigkeit bei Vorhandensein von minderjährigen Kindern und pflegebedürftigen Angehörigen einführen würde? Letztlich doch wohl nur ein höherer

192 Vgl. nur Institut für Demoskopie Allensbach, Monitor Familienleben 2010, Einstellungen und Lebensverhältnisse von Familien, Ergebnisse einer Repräsentativbefragung, 2010, S. 35, 48 (http://www.ifd-allensbach.de/uploads/tx_studies/7550_Monitor_Familienleben_2010.pdf) zur Vereinbarkeit von Familie und Beruf (wenngleich dort wenig Verständnis für den Wunsch aufgebracht wird, Kinderbetreuung und Angehörigenpflege selbst zu übernehmen): „53 Prozent der betroffenen Eltern denken, eine stärkere finanzielle Förderung der Familien würde gegen ihre Probleme mit der Vereinbarkeit helfen. In Intensivinterviews begründen die Befragten diese auf den ersten Blick sonderbar [sic!] anmutende Erwartung häufig damit, dass mehr finanzielle Förderung den empfundenen Erwerbsdruck verringern und ihnen erlauben würde, weniger Stunden zu arbeiten und mehr Zeit zusammen mit ihren Kindern zu verbringen. [...] 60 Prozent [der berufstätigen] Väter und 41 Prozent dieser Mütter würden etwas weniger Wochenstunden arbeiten, wenn sie es sich aussuchen könnten.“ Und weiter zur Pflege von Angehörigen, S. 38 f.: „41 Prozent der Bevölkerung insgesamt halten es deshalb für sehr wichtig, Berufstätigen die Pflege ihrer Angehörigen zu erleichtern, weitere 46 Prozent finden es wichtig. [...] Dahinter steht die verbreitete Vorstellung, dass Pflegebedürftige wo möglich am besten von ihren Angehörigen gepflegt werden sollten (65 Prozent der Gesamtbevölkerung).“ Vgl. jetzt auch Bundesministerium für Familie, Senioren, Frauen und Jugend, Politischer Bericht zur Gesamtevaluation der ehe- und familienbezogenen Leistungen, 2013, S. 6 ff.

193 Ähnlich Böhm (Anm. 166), FAZ vom 4. April 2012, S. 7.

194 So wird im Achten Familienbericht, BT-Drucks. 17/9000, S. 126 eine Kürzung der Elternzeit auf zwei Jahre aufgrund der Belastungen für die Unternehmen vorgeschlagen (siehe oben Anm. 102).

Organisationaufwand für die Unternehmen. Unter dem besonderen staatlichen Schutz der Verfassung steht jedoch nicht die Wirtschaft,[195] sondern die Familie – auch wenn dem Gesetzgeber dies in den letzten zehn Jahren nicht immer bewusst gewesen zu sein scheint.[196]

195 In diesem Zusammenhang sei darauf hingewiesen, dass ein Bericht des Bildungsausschusses der OECD (OECD, Starting Strong. Early Childhood Education and Care, 2001) wesentlich zu dem beschriebenen Perspektivwechsel in Deutschland beigetragen hat. Dazu SCHUMANN (Anm. 83), S. 444, 446 ff., 472; OSTNER (Anm. 85), RdJB 2009, S. 44 ff. m.w.N.

196 In diesem Sinne mahnt auch PAUL KIRCHHOF, § 21 Grundrechtsinhalte und Grundrechtsvoraussetzungen, in: Detlef Merten/Hans-Jürgen Papier (Hrsg.), Handbuch der Grundrechte in Deutschland und Europa, Bd. 1: Entwicklung und Grundlagen, 2004, S. 807, 838 (Rn. 46): „Der gegenwärtige Hang des Staates, die Erziehungsverantwortung für das Kind schon in allerersten Jahren – aus Gründen des Arbeitsmarktes und der Gleichberechtigung – in öffentliche Hand zu übernehmen, hat die Frage veranlaßt, ob Ehe und Familie heute nicht mehr vor dem Staat als durch den Staat geschützt werden müssten.“

Der Erziehungsgedanke in den frühneuzeitlichen Polizeiordnungen

Thomas Simon

I.

Im berühmten „Staatslexikon" von Rotteck und Welcker findet sich ein Artikel, der mitten in die Thematik des Erziehungsgedankens hineinführt. Er ist verfasst von einem der Herausgeber selbst, Carl Welcker – es handelt sich um den Artikel zur „Sittlichkeit" und zur „Sittenpolicey".[1] Der Text hat die Länge eines Aufsatzes und er ist mit großer Leidenschaft geschrieben. Es ist eine Abrechnung mit dem sogenannten „Policeystaat" und zugleich ein Plädoyer für den Rechtsstaat im liberalen Sinne, wie er vom frühen Liberalismus in der ersten Hälfte des 19. Jahrhunderts als Gegenmodell zum Policeystaat konzipiert worden war.[2] Die „Sittenpolicey" ist für Welcker der Inbegriff dessen, was die Liberalen am Policeystaat ablehnten: Ein Staat, der die „Grenzen seiner Wirksamkeit" vollkommen überdehnt und damit die Freiheit des Bürgers erdrückt, weil er der *fureur de gouverner* verfallen ist. Hier stützt sich Welcker auf Mirabeau, der diese *fureur de gouverner* als „die schlimmste Krankheit der modernen Regierungen" angeprangert hatte.[3] Sittenpolicey ist für Welcker ein längst überlebtes Stück Mittelalter; Relikt einer Zeit, in der man „Religion und Sittlichkeit mit Staatszwang zu realisieren suchte", wie er schreibt.[4] Bei seinem schärfsten Vorwurf aber beruft sich Welcker auf Kant: Die Sittenpolicey unterstütze „jene unglückselige, tierische Bevormundung, jene von Kant beklagte väterliche, auf das ‚Prinzip des Wohlwollens' gestützte Regierung, welche die Bürger als unmün-

1 Carl Welcker, Artikel Sittlichkeit, Sitten-, Religions- und Unterrichtspolizei; die Verirrungen in Beziehung auf dieselben und ihr richtiges System, in: Carl von Rotteck/ Carl Welcker (Hrsg.), Das Staats-Lexikon. Encyklopädie der sämmtlichen Staatswissenschaften für alle Stände, Bd. 12, 1848, S. 191 ff.

2 Ernst-Wolfgang Böckenförde, Entstehung und Wandel des Rechtsstaatsbegriffs, in: ders., Recht, Staat, Freiheit. Studien zur Rechtsphilosophie, Staatstheorie und Verfassungsgeschichte, 1991, S. 143, 144 ff.; Edin Šarčević, Der Rechtsstaat. Modernität und Universalitätsanspruch der klassischen Rechtsstaatstheorien; eine Bilanz der Rechtsstaatslehren zwischen aufgeklärtem Liberalismus und Nationalsozialismus, 1996.

3 Welcker (Anm. 1), S. 194.

4 Welcker (Anm. 1), S. 192.

dige Kinder behandelt und der ‚größte denkbare Despotismus' ist".[5] WELCKER bringt die Sittenpolicey also mit einer Form der Herrschaft in Verbindung, bei der das Verhältnis zwischen Herrschaftsträger und -unterworfenen demjenigen zwischen einem Vater und seinen unmündigen Kindern angeglichen ist. KANT hatte hierfür noch den Ausdruck „*imperium paternale*" verwendet; dies entsprach noch der Ausdrucksweise der alteuropäischen Ökonomik, die in aristotelischer Weise drei Herrschaftsverhältnisse innerhalb der Sozialgemeinschaft des „Hauses" unterschieden hatte, nämlich ein *regimen coniugale* zwischen den Eheleuten des Hausstandes, ein *regimen paternale* in der *communitas patris et filii* und schließlich das *regimen dominativum* im Verhältnis zwischen dem Hausherrn und dem Gesinde.[6] Damit kommt der Kern der Kritik zum Vorschein: Die Sittenpolicey basiert auf einer paternalistischen Vorstellung vom Staat, bei der die Untertanen als Kinder des Staatsoberhauptes betrachtet werden. Mit dem Konzept väterlicher Herrschaft ist der Erziehungsgedanke untrennbar verbunden: In der aristotelischen Soziallehre diente das *regimen paternale* in erster Linie der Erziehung der Kinder, so wie das *regimen dominativum* die Führung des Hausstandes beinhaltete.

Was im berühmten „Staatslexikon" einer fundamentalen politischen Kritik unterzogen wird, nämlich die Idee eines Staates, der die Gesellschaft moralisch und religiös zu erziehen sucht, war die ganze frühe Neuzeit hindurch ein selbstverständliches Motiv der Gesetzgebung und Verwaltung gewesen, also dessen, was man in der politischen Ausdrucksweise der frühen Neuzeit und noch weit darüber hinaus bis etwa in die Mitte des 19. Jahrhunderts die „Policey" nannte. Ja, mehr noch: Zu Beginn des neuzeitlichen Verwaltungsstaates zählte die Sitten- und Religionspolicey zu den wichtigsten staatlichen Aufgaben- und Regelungsfeldern überhaupt. Im Reformationszeitalter hätte niemand in Frage gestellt, dass die Sorge für Zucht und moralische Disziplin eine elementar wichtige Staatsaufgabe ist – im 16. Jahrhundert, also im sogenannten konfessionellen Zeitalter vielleicht die wichtigste Staatsaufgabe überhaupt.

Dies soll im Folgenden näher ausgeführt werden: Was verstand man im Politikverständnis des 16. Jahrhunderts unter der Staatsfunktion, die man dann im

---

5 WELCKER (Anm. 1), S. 194 unter Verweis auf die *Politischen Meinungen* von KANT (hier verwendete Ausgabe o.O., 1794), S. 39: „Eine Regierung, die nach dem Prinzip des Wohlwollens gegen das Volk als eines Vaters gegen seine Kinder errichtet wäre, d.i. eine väterliche Regierung (imperium paternale), wo also die Untertanen als unmündige Kinder, die nicht unterscheiden können, was ihnen wahrhaftig nützlich oder schädlich ist, sich bloß passiv zu verhalten genötigt sind, um, wie sie glücklich sein sollen, bloß von dem Urteile des Staatsoberhauptes und bloß von seiner Gütigkeit zu erwarten, ist der größte denkbare Despotismus."

6 THOMAS SIMON, „Gute Policey". Ordnungsleitbilder und Zielvorstellungen politischen Handelns in der Frühen Neuzeit, 2004, S. 421.

19. Jahrhundert als „Sittenpolicey" bezeichnet hat? Welche Rolle spielte dabei der Erziehungsgedanke? Um was ging es hierbei im Einzelnen und wie waren die staatlichen Politikziele definiert (1.)? Sodann möchte ich den Wandel der Sittenpolicey und des in ihr angelegten Erziehungsgedankens im Laufe der frühen Neuzeit darstellen (2.). Schließlich soll ein Ausblick auf das 19. Jahrhundert getan werden (3.), denn die Erziehungsfunktion des Staates wurde nun fragwürdig, weil sie mit der liberalen Konzeption des Rechtsstaates nur schwer in Einklang gebracht werden konnte. Als Referenzebene verwende ich dabei die frühneuzeitliche Policeygesetzgebung, stärker aber noch die Policeyliteratur dieser Zeit.[7] Denn unmittelbarer noch als in der Gesetzgebung selbst werden in dieser Form der Politikliteratur die Motive des legislativen und administrativen Handelns dargelegt.

II.

1.

Verfolgt man nun in dieser Politikliteratur die Entwicklung der Staatsaufgaben und der politischen Ordnungskonzeptionen bis an den Beginn der Neuzeit zurück, dann zeigt sich schon auf den ersten Blick, dass Religion und Moral darin geradezu eine Schlüsselstellung zukommt.[8] Sie stellen die zentralen Ordnungsmerkmale dar, die den Maßstab abgeben für die „Güte" einer „Policey" und das Ordnungsniveau einer Gesellschaft: Wohlgeordnet war ein Gemeinwesen vor allem dann, wenn die Menschen in Übereinstimmung mit den Normen von Religion und Moral lebten. Das zeigt sich schon in den Kriterien, nach denen die gesellschaftliche Ordnung in den Regimentstraktaten des 16. Jahrhunderts analysiert wird: Sie wird nahezu ausschließlich aus der moralischen Perspektive betrachtet und beurteilt, so wie umgekehrt alle Gebrechen der guten Ordnung auf die moralische Verwahrlosung der Gesellschaft zurückgeführt werden. Die Politik hat deshalb aus der Sicht der reformationszeitlichen Regimentstraktate in erster Linie bei *diesem* Symptom, dem moralischen Verfall der Gesellschaft, anzusetzen. Das Gemeinwesen müsse – so kann man es immer wieder lesen – eine „Zuchtschule" sein, in der die rechte moralische Ordnung vom Staat erzwungen wird. „Erhaltung christlicher Religion, Zucht und Disziplin" lautet eine andere, im 16. Jahrhundert praktisch omnipräsente politische

---

7 Dazu vor allem MICHAEL STOLLEIS, Geschichte des öffentlichen Rechts in Deutschland, Bd. 1: 1600-1800, 1988, S. 85 ff. sowie S. 342 ff.; HANS MAIER, Die ältere deutsche Staats- und Verwaltungslehre, 2. Aufl. 1980, S. 102 ff.

8 Zum Folgenden eingehend SIMON (Anm. 6), S. 120 ff.

Funktionsformel.[9] Diese Sitten- und Religionspolicey tritt im 16. Jahrhundert als eigenständiges staatliches Aufgabenfeld neben die ältere, aus dem Mittelalter überlieferte Herrschaftsfunktion der Rechtspflege.[10] Im Einzelnen beinhaltete sie ein breitgefächertes Spektrum policeylicher Vorschriften, die im Wesentlichen alle darauf ausgerichtet waren, die Vorschriften christlicher Moral und Lebensführung, wie sie von der Theologie aus der Bibel und den anderen Basistexten des kirchlichen Dogmas abgeleitet worden waren, durchzusetzen. Nur beispielhaft sei hier das weite Feld der Sexualmoral genannt, also das Verbot des vorehelichen Geschlechtsverkehrs und der Prostitution, der „Spinn- und Kunkelstuben“, aber auch der „unzüchtigen Tänze“ und aufreizender Kleidung.[11] Aber auch die Vorschriften zum Wirtschaftsleben hatten im 16. Jahrhundert einen ausgesprochen starken religiösen und moralischen Gehalt: Es ging hier keineswegs in erster Linie um eine Effektivierung der Wirtschaft, sondern um die Bekämpfung von Unehrlichkeit und Konkurrenzdenken.[12]

Dass diese Gesetzgebung untrennbar mit dem Erziehungsgedanken verwoben war, zeigt sich schon in der auffallenden Paternalisierung des Fürstenbildes, die in den fürstlichen Selbstdarstellungen und der Politikliteratur zu Beginn der Neuzeit sichtbar wird.[13] Die politische Gewalt wurde nun zunehmend „als Derivat der väterlichen Autorität“ gedeutet.[14] „Herrschen, regieren und vorstehen ist nichts anderes, als zum Nutzen anderer beitragen, ebenso, wie die Eltern die Kinder regieren.“ So hat es JOHANNES ALTHUSIUS in seiner berühmten „*Politica methodice Digesta*“ ausgedrückt.[15] Entsprechend definiert CASELIUS, Lehrer an der Hochschule in Helmstedt und ein am Ausgang des 16. Jahrhunderts bekannter Autor einer *Politica*, das Amt der Obrigkeit als eine „*perpetua cura*“, bei der ein Fürst in gleicher Weise für das Volk sorge wie ein Vater für seine Kinder.[16] In solchem politischen Denken in den familialen Kategorien von Vater und Kindern tritt der erweiterte Aufgaben- und Funktionsbereich weltlicher Herrschaft deutlich zu Tage. Die Verwaltungstätigkeit des frühmodernen Staates nahm zu Beginn der Neuzeit in starkem Maße fürsorgende und erziehende Elemente in

9 Nachweise bei SIMON (Anm. 6), S. 135 und 151.

10 SIMON (Anm. 6), S. 108 ff.

11 Den besten Überblick über die policeyliche Regelungsvielfalt vermittelt das in zahlreichen Bänden von KARL HÄRTER herausgegebene Repertorium der Policeyordnungen der Frühen Neuzeit (Bd. 1: Deutsches Reich und geistliche Kurfürstentümer, 1996).

12 Im Einzelnen SIMON (Anm. 6), S. 151 ff.

13 MICHAEL BEHNEN, Herrscherbild und Herrschaftstechnik in der „Politica“ des Johannes Althusius, Zeitschrift für historische Forschung 1984, S. 417, 444.

14 HORST DREITZEL, Protestantischer Aristotelismus und absoluter Staat. Die „Politica“ des Henning Arnisaeus (ca. 1575-1636), 1970, S. 91.

15 Politica methodice Digesta, Kap. I, 13; Übersetzung nach PETER JOCHEN WINTERS, Die „Politik“ des Johannes Althusius und ihre zeitgenössischen Quellen, 1963, S. 146.

16 Zit. nach DREITZEL (Anm. 14), S. 108.

sich auf, und zwar in erster Linie durch die Übernahme einer Art „religiöser Vormundschaft“ gegenüber den Untertanen, die nun auch von den weltlichen Obrigkeiten mit den Mitteln des Strafrechts zum wahren Glauben zu führen waren.

Neben der Sittenzucht im Wege der Policeygesetzgebung und deren Sanktionierung lassen sich noch zwei weitere Aufgabenfelder des frühneuzeitlichen Staates ausmachen, bei denen dieses erzieherische Selbstverständnis der reformationszeitlichen Regenten in besonderer Weise wirksam wurde: Zum einen das, was die Politiksprache dieser Zeit die sogenannte *cura religionis* nannte – also die staatliche Aufsicht über das Religions- und Kirchenwesen:[17] Dem Staat oblag es dabei, auf die Einhaltung der spezifisch kirchlichen Pflichten zu achten: Regelmäßiger und pünktlicher Gottesdienstbesuch, ein züchtiges, dem Anlass angemessenes Verhalten beim Kirchgang, während des Gottesdienstes und danach, die Einhaltung der Sonntagsheiligung, also des Arbeitsverbotes, Unterlassen gotteslästerlichen Redens, Schwörens und Fluchens. Die *cura religionis* beinhaltete daneben aber auch die Oberaufsicht über die Kirche selbst, damit diese ihren *eigenen* Erziehungsauftrag – der ja von jeher gegeben war – in effizienter und ordentlicher Weise ausübte. Der Staat übernahm damit auch die Verantwortung für die Reinheit des Bekenntnisses und die Dogmentreue der Prediger.[18]

Neben der *cura religionis* erscheint eine staatliche Erziehungsaufgabe auch im Bildungswesen:[19] Schulen und Universitäten sollten – so wird es in den Regimentstraktaten immer wieder betont – keineswegs nur der reinen Wissensvermittlung, sondern ebenso der charakterlichen Formung der Jugend dienen: Von „Zucht und Disziplin der Jugend“ und von „Lehr *und* Tugend“ ist die Rede, wenn es in der Policeyliteratur um die Aufgaben von Schulen und Universitäten geht.[20] Wie die Sitten- und Religionspolicey waren auch die Einrichtungen des Bildungswesens auf die mentale und charakterliche Formung der Untertanen ausgerichtet.

Bei der Implementierung einer guten moralischen Ordnung ging es allerdings nicht – jedenfalls nicht in erster Linie – darum, das individuelle Seelenheil der Untertanen zu sichern, indem man deren Lebensführung durch staatliche Gebote und eine entsprechende Sanktionstätigkeit in Übereinstimmung mit der religiösen Normenordnung zu bringen suchte. Es ging hier vielmehr in erster Linie um das Gemeinwesen als Ganzes – um die moralische und religiöse Be-

---

17 Johannes Heckel, Cura Religionis, ius in sacra, ius circa sacra, 2. Aufl. 1962, S. 6 ff.

18 Simon (Anm. 6), S. 123 f.

19 Dazu Ferdinand Geldner, Die Staatsauffassung und Fürstenlehre des Erasmus von Rotterdam, 1930, S. 115 f.; Anton Schindling, Bildung und Wissenschaft in der frühen Neuzeit, 1994, S. 3; siehe auch Gerhard Menk, Territorialstaat und Schulwesen in der frühen Neuzeit. Eine Untersuchung zur religiösen Dynamik in den Grafschaften Nassau und Sayn, Jahrbuch für württembergische Landesgeschichte 1983, S. 177.

20 Nachweise bei Simon (Anm. 6), S. 125.

findlichkeit der Gesellschaft. Fragt man nach den dahinterstehenden politischen Zwecken und Ordnungszielen, die damit verfolgt wurden, so lässt sich in moderner Ausdrucksweise durchaus von einer Art „Katastrophenprävention“ sprechen: In der Politikliteratur der beginnenden Neuzeit wird deutlich erkennbar, wie stark die Policeykonzepte dieses Zeitalters von religiöser Angst motiviert waren.[21] Es war die Angst vor einem zornigen Gott – Jahwe sagt man hier besser, denn es ist der alttestamentarische Gott gemeint –, der ein sittenverderbtes Gemeinwesen bestraft oder gar auslöscht. Immer wieder wird in den Regimentstraktaten auf das schreckliche Exempel von Sodom und Gomorra verwiesen, auf jene beiden Gemeinwesen also, die von Jahwe wegen ihrer kollektiven Sittenverderbnis ausgelöscht wurden.[22] Die Obrigkeiten des 16. Jahrhunderts legitimierten ihre Politik in weitem Umfang mit dem politischen Anliegen, den Zorn Gottes vom Gemeinwesen abzuwenden. Auch in den Proömien der Policeyordnungen des 16. Jahrhunderts findet sich dieser Gesichtspunkt nahezu durchweg als Topos, mit dem der Erlass der Gesetze legitimiert wurde.[23] Demzufolge stand das Verbot der Gotteslästerung und des Schwörens und Fluchens auch vielfach an erster Stelle in den Policeyordnungen dieser Zeit.[24] Denn dies waren jene Vergehen, durch die der Mensch den Zorn Gottes offen herauszufordern und seine Langmut bewusst auf die Probe zu stellen schien. Sie waren demgemäß eine besondere Gefahr für das Land und seine Bewohner, denn ein gotteslästerliches Land lief aus der politischen Sicht dieser Zeit in besonderer Weise Gefahr, Gottes Ingrimm und seine Strafen auf sich zu ziehen.[25]

Mit der Sitten- und Religionspolicey übernahm der werdende Staat der beginnenden Neuzeit ursprünglich kirchliche Funktionen.[26] Denn die Aufgabe, die Gesellschaft durch ständige Propagierung religiöser und moralischer Normen und deren Sanktionierung durch Kirchenstrafen moralisch zu bessern, war im Mittelalter eine rein kirchliche Angelegenheit gewesen. Viel früher als weltliche Herrschaft konnte sich die Kirche auf einen zentral steuerbaren Apparat von Behörden und Institutionen stützen. Nicht zuletzt durch eine flächendeckende

---

21 Zu diesem Gesichtspunkt eingehend SIMON (Anm. 6), S. 137 ff.

22 Nachweise bei SIMON (Anm. 6), S. 139 ff.

23 Als wichtigstes Beispiel statt vieler: Die Reichspoliceyordnung von 1530, die für viele territoriale Policey- und Landesordnungen vorbildhaft war; HÄRTER (Anm. 11), S. 137.

24 HELGA SCHNABEL-SCHÜLE, Überwachen und Strafen im Territorialstaat. Bedingungen und Auswirkungen des Systems strafrechtlicher Sanktionen im frühneuzeitlichen Württemberg, 1997, S. 227 f.; siehe hierzu auch SIEGFRIED LEUTENBAUER, Das Delikt der Gotteslästerung in der bayerischen Gesetzgebung, 1984.

25 Dazu eingehend GERD SCHWERHOFF, Gott und die Welt herausfordern. Theologische Konstruktion, rechtliche Bekämpfung und soziale Praxis der Blasphemie vom 13. bis zum Beginn des 17. Jahrhunderts, 2004, S. 80 ff. mit zahlreichen anschaulichen Beispielen aus der städtischen Praxis der Policeystrafen.

26 Zu diesem Aspekt eingehend SIMON (Anm. 6), S. 142 ff.

Pfarrkirchenorganisation und die Institution der Sendgerichtsbarkeit konnte sie als moralische Leitungsinstanz die Durchsetzung eines religiös fundierten Normenkatalogs betreiben. Seit dem Ausgang des Mittelalters begann sich daran allerdings in zunehmendem Maße auch der werdende Territorialstaat zu beteiligen. Die Sorge für die Einhaltung der Zehn Gebote sollte nun mehr und mehr auch eine Aufgabe des Fürsten sein. Das reformatorische Politikverständnis hat die neue Funktion der weltlichen Obrigkeit dann schließlich in die berühmte, von MELANCHTHON geprägte Formel von der „*custodia utriusque tabulae*" gekleidet; damit ist das Wächteramt des Fürsten über den Gehorsam der Untertanen gegenüber den Zehn Geboten angesprochen.[27] Gleichzeitig wurden die kirchlichen Institutionen selbst unter die Aufsicht und Kontrolle des beginnenden territorialen Kirchenregiments gestellt.[28] Motiviert war dies nicht zuletzt durch die immer stärker empfundenen Mängel der Kirche und ihrer Seelsorge; sie haben die Legitimation der Kirche zunehmend untergraben: Die Fähigkeit der Kirche, die Gesellschaft moralisch zu bessern, wurde demzufolge zunehmend skeptisch eingeschätzt; gleichzeitig verbreitete sich die Überzeugung, dass die Fürsten hier in die Bresche springen müssten.

Mit der Übernahme der religiösen und moralischen Ordnungsfunktion ist dem werdenden Territorialstaat der frühen Neuzeit eine Aufgabe zugewachsen, die nur mit Hilfe eines ausgebauten Verwaltungsapparates erfüllt werden konnte. In der Tat fand der erste große Entwicklungsschub beim Wachstum der staatlichen Verwaltungsinstitutionen auf diesem Aufgabenfeld statt; die Forschung zur Konfessionalisierung hat demzufolge auch immer wieder den engen Zusammenhang dieses Befundes mit der neuzeitlichen Staatsbildung gezeigt.[29] Denn

---

27 Hierzu HECKEL (Anm. 17), S. 6; SABINE HOLTZ, Vom Umgang mit der Obrigkeit. Zum Verhältnis von Kirche und Staat, Zeitschrift für Württembergische Landesgeschichte 1996, S. 131, 132 ff.

28 GERHARD OESTREICH, Geist und Gestalt des frühmodernen Staates, 1969, S. 368; DIETMAR WILLOWEIT, Die Entwicklung und Verwaltung der spätmittelalterlichen Landesherrschaft, in: Kurt Jeserich (Hrsg.), Deutsche Verwaltungsgeschichte, Bd. 1: Vom Spätmittelalter bis zum Ende des Reiches, 1983, S. 66, 129 f.; DIETMAR WILLOWEIT, Allgemeine Merkmale der Verwaltungsorganisation in den Territorien, in: Kurt Jeserich (Hrsg.), Deutsche Verwaltungsgeschichte, Bd. 1: Vom Spätmittelalter bis zum Ende des Reiches, 1983, S. 289, 361; HANS WALTER KRUMWIEDE, Zur Entstehung des landesherrlichen Kirchenregiments in Kursachsen und Braunschweig-Wolfenbüttel, 1967, S. 56; ANDRÉ HOLENSTEIN, Reformierte Konfessionalisierung und bernischer Territorialstaat, in: Meinrad Schaab (Hrsg.), Territorialstaat und Calvinismus, 1993, S. 5, 19; DIETER STIEVERMANN, Die württembergischen Klosterreformen des 15. Jahrhunderts. Ein bedeutendes landeskirchliches Strukturelement des Spätmittelalters und ein Kontinuitätsstrang zum ausgebildeten Landesfürstentum der Frühneuzeit, Zeitschrift für württembergische Landesgeschichte 1985, S. 65, 72 ff.

29 Zum mittlerweile eigenständigen Forschungsfeld der Konfessionalisierung hier nur einige grundlegende Arbeiten: MICHAEL PRINZ, Sozialdisziplinierung und Konfessionalisierung, Westfälische Forschungen 1992, S. 1 ff.; PAUL MÜNCH, Zucht und Ordnung.

jetzt kommt es zu einer ersten Differenzierung des Behördenapparates, wie er sich im Laufe des Spätmittelalters gebildet hatte. Neben den allgemeinzuständigen landesfürstlichen Räten und Amtleuten – das war der überkommene Kern der gesamten territorialstaatlichen Verwaltungsstruktur – entstand nun ein ganz neuer Behördenzweig, der speziell für die Überwachung der Seelsorge- und Bildungsinstitutionen des Territoriums zuständig war. Damit sind vor allem die im 16. Jahrhundert aufkommenden Konsistorien als oberste territoriale Kirchenbehörden angesprochen, denen weitere Instanzen zur Kontrolle der örtlichen Pfarreien, wie die Superintendenten oder die Kircheninspektoren, nachgeordnet waren. Es war also der Bereich von Sittenzucht und Bildung, in dem sich die ersten Sonderbehörden von der allgemeinen Landesverwaltung abspalteten und eine deutliche Verdichtung staatlicher Herrschaft zu beobachten ist.[30]

2.

Seit dem 17. Jahrhundert ist dann bekanntlich eine tiefgreifende Säkularisierung des politischen Denkens zu beobachten.[31] Inwieweit wirkt sich dies nun auf das Erziehungsmotiv aus? Auch hier beziehe ich mich in erster Linie auf das Schrift-

---

Reformierte Kirchenverfassungen im 16. und 17. Jahrhundert (Nassau-Dillenburg, Kurpfalz, Hessen-Kassel), 1978; Wolfgang Reinhard, Was ist katholische Konfessionalisierung?, in: ders./Heinz Schilling (Hrsg.), Die katholische Konfessionalisierung, 1995, S. 419 ff.; ders., Zwang zur Konfessionalisierung? Prolegomena zu einer Theorie des konfessionellen Zeitalters, Zeitschrift für historische Forschung 1983, S. 257 ff.; Heinz Schilling, Die Konfessionalisierung im Reich. Religiöser und gesellschaftlicher Wandel in Deutschland zwischen 1555 und 1620, HZ 1988, S. 1 ff.; ders., Die Konfessionalisierung von Kirche, Staat und Gesellschaft – Profil, Leistung, Defizite und Perspektiven eines geschichtswissenschaftlichen Paradigmas, in: ders./Wolfgang Reinhard (Hrsg.), Die katholische Konfessionalisierung, 1995, S. 1 ff.; Heinrich Richard Schmidt, Konfessionalisierung im 16. Jahrhundert, 1992; ders., Gemeinde und Sittenzucht im protestantischen Europa der Frühen Neuzeit, in: Peter Blickle (Hrsg.), Theorien kommunaler Ordnung in Europa, 1996, S. 181 ff.; Dietmar Willoweit, Katholischer Konfessionalismus als politisches und rechtliches Ordnungssystem, in: Wolfgang Reinhard/Heinz Schilling (Hrsg.), Die katholische Konfessionalisierung, 1995, S. 228 ff. Überblick über den aktuellen Forschungsstand bei Harm Klueting, Die reformierte Konfessionalisierung als „negative Gegenreformation“. Zum kirchlichen Profil des Reformiertentums im Deutschland des 16. Jahrhunderts, Zeitschrift für Kirchengeschichte 1998, S. 167, 168 ff. und S. 306, 307 ff., sowie Andreas Holzem, Christenleben zwischen staatlichem Bekenntniszwang und religiöser Heilshoffnung, Zeitschrift für Kirchengeschichte 1999, S. 53, 54 ff., jeweils mit umfangreichen bibliographischen Angaben auch zur territorialen und lokalen Kirchengeschichte.

30 Willoweit, Verwaltungsorganisation (Anm. 28), S. 367; Münch (Anm. 29), S. 41.

31 Gerhard Oestreich, Strukturprobleme der frühen Neuzeit. Ausgewählte Aufsätze, 1980, S. 189; Winfried Schulze, Gerhard Oestreichs Begriff „Sozialdisziplinierung in der Frühen Neuzeit“, Zeitschrift für historische Forschung 1987, S. 265, 282; Michael

tum zur Politiklehre, den seit dem beginnenden 17. Jahrhundert in großer Zahl erscheinenden *Politica*, in denen die politischen Ziele und Handlungsinstrumente effizienter Herrschaft dargelegt werden.[32] Geht man hiervon aus, dann zeigt sich, dass der Erziehungsgedanke innerhalb der policeylichen Verwaltungsziele nach wie vor eine wichtige Rolle spielt. Allerdings unterlagen die Ziele der Erziehung, der die Untertanen unterzogen werden sollten, im Laufe des 17. und 18. Jahrhunderts einem grundlegenden Wandel.[33] Denn diese Ziele werden nun durch den weitgehend säkularen Rahmen des politischen Denkens bestimmt. Sie werden seit dem ausgehenden 16. Jahrhundert mehr und mehr von einem Motiv geprägt, das die Frühneuzeit-Forschung in den weittragenden Begriff der „Sozialdisziplinierung" gefasst hat.[34] Später – seit dem Beginn des 18. Jahrhunderts – schieben sich dann zunehmend ökonomische Gesichtspunkte in den Vordergrund. Auf die Debatten, die um den Begriff der Sozialdisziplinierung geführt wurden, braucht hier nicht weiter eingegangen werden – der Kerngedanke dieses Deutungskonzeptes ist meines Ermessens nach wie vor tragfähig, vor allem, wenn man sich auf die politischen Motive konzentriert und die umstrittene Frage nach dem Erfolg des politischen Handelns, nach der Normdurchsetzung, zunächst beiseite lässt. Denn unverkennbar stellt die „*disciplina publica*" einen Schlüsselbegriff im Ideengut der *prudentia politica* des 17. Jahrhunderts dar. Der Fürst muss – so kann man es in der Literatur zur *prudentia politica* lesen – um die Durchsetzung einer „*disciplina publica*" bemüht sein.[35] Sie ist erreicht, wenn der Fürst mit einem gehorsamen und folgebereiten Untertanenverband rechnen kann, er also damit rechnen kann, dass die Untertanen seinen Befehlen und Vorschriften nachkommen, und zwar auch dann, wenn nicht hinter jedermann ein Aufpasser steht. Die „*disciplina publica*" ist also auf das engste mit einer bestimmten mentalen Disposition der Untertanen verbunden: nämlich mit der Bereitschaft, die obrigkeitlichen Anordnungen zu befolgen und zwar nicht nur, um Strafe zu vermeiden, sondern aus der Einsicht heraus, dass es dem Interesse aller entspricht, wenn die Befehle und Gesetze rasch und reibungslos durchgesetzt werden können. Dabei hat es die *prudentia politica* allerdings auch nicht versäumt, dem Monarchen einen umfangreichen Kanon politischer Klugheitsregeln vorzuhalten, die alle darauf hinausliefen, den Bogen schon im eigenen – fürstlichen

---

Stolleis, „Konfessionalisierung" oder „Säkularisierung"?, Ius commune 1993, S. 4, 12 und 20 f.

32 Zu dieser Literatur eingehend Stolleis (Anm. 7), S. 104 ff.

33 Zum Folgenden eingehend Simon (Anm. 6), S. 253 ff.

34 Aus der unüberschaubaren Fülle der Literatur zu diesem Forschungsfeld siehe vor allem die grundlegenden Beiträge von Schulze (Anm. 31); Prinz (Anm. 29); Heinrich Richard Schmidt, Sozialdisziplinierung? Ein Plädoyer für das Ende des Etatismus in der Konfessionalisierungsforschung, HZ 1997, S. 641 ff.

35 Simon (Anm. 6), S. 321 ff. mit zahlreichen Nachweisen.

– Interesse nicht zu überspannen und die Herrschaft nicht zur Tyrannei verkommen zu lassen. Denn der Tyrann – so lautete das Argument – könnte am allerwenigsten mit dem Gehorsam der Untertanen rechnen.[36] Jedenfalls ist die politische Theorie des Barockzeitalters zu großen Teilen auf die Frage konzentriert, wie sich am besten ein folgsamer und disziplinierter Untertanentypus formen ließe. Dass hier dem Erziehungsgedanken nach wie vor zentrale Bedeutung zukommt, liegt auf der Hand. Nur tritt nunmehr neben das in der Reformationszeit noch vollkommen dominierende religiöse Motiv dasjenige der politischen Disziplin.

Im 18. Jahrhundert kommt es sodann zu einer weiteren Akzentverschiebung: Nunmehr werden die ökonomischen Motive dominierend. Das zeigt sich schon daran, dass die Verwaltungs- und Politiklehre des 18. Jahrhunderts weitgehend in der sogenannten Kameralwissenschaft aufgeht. Dies war eine Art Vorform der späteren Volkswirtschaftslehre und wie diese war auch die Kameralwissenschaft auf die Frage nach den Ursachen und Bedingungen wirtschaftlicher Wachstumsvorgänge und die Möglichkeiten politischer Beeinflussung dieser Wachstumsprozesse konzentriert. Sie bilden das Leitmotiv der Verwaltungslehre des aufgeklärten Zeitalters und sie stellen letztlich auch den finalen Rahmen für die Erziehungsbemühungen des frühmodernen Staates an der Schwelle zur Moderne dar. Zwar bekennen sich auch die kameralistischen Verwaltungslehrbücher zur Aufgabe religiös-moralischer Erziehung der Untertanen, aber diese Erziehung wird nun ihrerseits in den Dienst ökonomischer Zwecksetzungen gestellt.

Folgt man hier wiederum der policeywissenschaftlichen Literatur des 18. Jahrhunderts – die Policeywissenschaft ist mittlerweile eine Teildisziplin der sogenannten Kameralwissenschaft – dann kam es nunmehr bei jeder guten Regierung vor allem darauf an, die Produktivität des sozialen Systems zu steigern. Dazu hat die Kameralwissenschaft des 18. Jahrhunderts ein ganzes Arsenal an Maßnahmen ausgearbeitet – die Gesetzgebung war nur eine davon. Jedenfalls kam es bei solchen politischen Zielsetzungen entscheidend darauf an, die Untertanen dadurch produktiv zu machen, dass man ihre Arbeits- und Produktionseffizienz erhöht, vor allem durch ihre Erziehung zur Arbeitsdisziplin. Die staatlichen Erziehungsbemühungen zielten nun darauf ab, arbeitseifrige und fleißige Bürger heranzuziehen, die dafür geeignet waren, in der „großen Ökonomie einer Republik“ mitzuwirken, wie es JOHANN GOTTLOB JUSTI – sozusagen der „Starautor“ der Kameralwissenschaft in der zweiten Hälfte des 18. Jahrhunderts – ausgedrückt hat. Bei diesen Zwecksetzungen kam es vor allem auf Fleiß und Arbeitsdisziplin an und es waren demzufolge auch genau diese Werte, die in der Policeywissenschaft des 18. Jahrhunderts ganz in den Vordergrund gerückt wurden. Das Ziel bestand in der Formung „nützlicher Untertanen“; so die Formu-

36 SIMON (Anm. 6), S. 325.

lierung bei GEORG DARJES. „Nützlich" ist ein Mensch, so findet man es bei DARJES, wenn er „zum Nutzen der bürgerlichen Gesellschaft gebildet worden" ist, so dass er „Geschicklichkeit genug besitzet, sich zu ernähren, und durch seine Beschäfftigungen auch andern Gelegenheit geben kann, etwas zu erwerben."[37] Die „Nützlichkeit" ist also ökonomisch definiert: Der „nützliche" Mensch ist zumindest in der Lage, sich wirtschaftlich selbst zu unterhalten – noch nützlicher ist er, wenn er durch seine Tätigkeit anderen zu Brot verhilft.

Dabei kam der Sitten- und Religionspolicey auch in der kameralistischen Politiklehre durchaus noch ein bedeutsamer Platz zu. Denn die Kirche konnte, wenn sie sich der Staat richtig nutzbar zu machen verstand, ein vorzügliches Steuerungsinstrument sein: Sie vermag die Psyche und Mentalität der Untertanen so zu beeinflussen, dass diese auch wollen, was sie sollen. Das galt vor allem für die Bereitschaft der Untertanen, ihre Pflichten im „großen Haushalt des Staates", wie man jetzt sagte, getreulich zu erfüllen. Die Kirche bekam hierbei die Aufgabe zugewiesen, diese Pflichten den Menschen nahezubringen. „Eine regelmäßig eingerichtete Kirche", so DARJES in seinem Lehrbuch zur Kameralwissenschaft, werde „den Menschen auch erklären, wie und wodurch man durch seine Fähigkeiten andern nutzbar werden könne, und sie wird die Innwohner des Staats zur Beobachtung dieser Pflicht aufmuntern. Diese Aufforderung und Unterweisung ist ein vorzügliches Mittel, die Absicht der Polizei zu befördern."[38] Es ist ein Mittel, das in mancher Hinsicht besser, nachhaltiger und intensiver greift als die in den Policeygesetzen niedergelegten Gebote, die für sich allein den Menschen nicht dazu bringen, mit Eifer in der „großen Ökonomie des Staates" zu wirken. Daher war es auch aus kameralistischer Sicht wichtig, dass sich der Staat die Kontrolle über das Kirchenwesen, ja sogar über die kirchliche Lehre, vorbehielt: „In der Kirche müssen keine Lehren angenommen, und keine Veranstaltungen gemacht werden, die nicht zuvor von dem Policeycollegio mit der Absicht der Policey genau sind verglichen worden."[39] Lehre, Kult und Ritus der Religionsübung müssen auf das staatliche Erziehungsziel abgestimmt sein. So wäre zum Beispiel jeder Gottesdienst, der den Fleiß und die Arbeitsamkeit der Bevölkerung beeinträchtigt, anstatt sie anzuspornen, von dem für das 18. Jahrhundert typischen policeylichen Standpunkt aus betrachtet kontraproduktiv: „Veranstaltungen in der Kirche, wobey die Innwohner des Staats nur zum Müßiggang gewöhnet werden", muss die Policey „verwerfen". Aus diesem Grunde verwirft sie nicht nur „den Überfluß der Feyertage", sondern auch „alle Lehren,

---

37 JOACHIM GEORG DARJES, Erste Gründe der Kameralwissenschaften, 2. Aufl. 1768 (ND Aalen 1969), III, § 59, S. 392.

38 DARJES (Anm. 37), § 96.

39 A.a.O.

welche die bürgerlichen Pflichten wo nicht völlig aufheben, doch schwächen."[40] Unter diesen Pflichten steht für Darjes der Fleiß an vorderster Stelle, denn er erhöht die Produktivkraft des Menschen. Nach dem gleichen Muster wird im kameralistischen Schrifttum auch die policeyliche Aufsicht über den sittlich-moralischen Zustand der Untertanen begründet. Der Staat hat primär deshalb auf „gute Zucht und Ordnung eine besondere Aufmerksamkeit zu verwenden", weil „die einreißenden Laster und Ausschweifungen ein Volk zur Arbeitsamkeit und zu denen Fähigkeiten und Geschicklichkeiten, die zur Beförderung seiner Glückseeligkeit nöthig sind, immer ungeschickter machen" – so liest man es in der „Policeywissenschaft" von Justi.[41] Laster und Ausschweifungen sind vorrangig deshalb zu unterbinden, weil sie „die Menschen zu Ausübung ihrer bürgerlichen Pflichten", also zur Leistung „ihres Beitrages zur gemeinen Wohlfarth, unfähig machen".[42] Die Sittenpolicey dient hier also in erster Linie dazu, die Produktivkraft der Untertanen zu bewahren.

Sucht man das Bisherige zusammenzufassen, so erweist sich der Zeitraum am Übergang zur Neuzeit als entscheidende Zäsur: Der Staat hat sich damals die Erziehung der Untertanen als politisches Ziel zu eigen gemacht, als er damit begann, auf diesem im Mittelalter rein kirchlichen Funktionsareal teils neben, teils an Stelle der Kirche tätig zu werden und in Gestalt der Policeygesetzgebung ein entsprechendes Handlungs- und Erziehungsinstrument auszubilden. Zunächst standen bei dieser erziehenden Policeygesetzgebung rein religiöse Zielsetzungen im Vordergrund. Das Erziehungsmotiv blieb im 17. und 18. Jahrhundert wirksam, allerdings unterlagen die Erziehungsziele einem grundlegenden Wandel: Zunächst ging es um die Formierung eines folgewilligen, später dann vor allem auch arbeitsamen Untertanenverbandes, ohne dass das religiös-moralische Element damit aus den Policeyordnungen verschwunden wäre. Letzteres wurde aber der Sozialdisziplinierung und im Aufklärungszeitalter dann auch ökonomischen Zielsetzungen dienstbar gemacht.

Will man hier unterscheiden zwischen einer erzieherischen Gesetzgebung, die primär der Verbesserung der Gesellschaft dienen soll, und einer solchen, die ausschließlich auf den Schutz des Individuums vor selbstschädigendem Verhalten ausgerichtet ist, dann unterfällt die frühneuzeitliche Policeygesetzgebung in erster Linie der zuerst genannten Kategorie: Sie diente vorrangig der Veränderung gesellschaftlicher Ordnungszustände und kollektiver mentaler Strukturen und nicht dem Schutz des Einzelnen. Das war im Grunde schon im Begriff der „Policey" angelegt: Policeygesetzgebung war auf die „Policey" bezogen, wobei das Wort „Policey" nicht nur eine bestimmte Staatstätigkeit – Regierung und

---

40 Darjes (Anm. 37), § 97.

41 Johann Heinrich Gottlob von Justi, Grundsätze der Policey-Wissenschaft, 1776, § 285.

42 Justi (Anm. 41), § 287.

Verwaltung – meint, sondern auch das Gemeinwesen *selbst*, das durch die Policeygesetzgebung in die rechte Ordnung gebracht werden sollte.[43] „Policey" war also die auf die *Res publica* als Ganzes gerichtete Ordnungstätigkeit der Obrigkeit – im Gegensatz zu der auf den individuellen Interessenausgleich bezogenen Justiztätigkeit. So ging es bei der Durchsetzung der christlichen Verhaltensgebote weniger um das individuelle Seelenheil der Untertanen, als um die Sicherung der Gesellschaft, die auch im Ganzen bedroht ist, wenn der göttliche Zorn durch individuelles Fehlverhalten herausgefordert wird. Gleiches gilt für das Erziehungsziel der Arbeitsdisziplin: Endzweck dessen war ein prosperierendes Land mit vielen, auf Grund ihres Fleißes wohlhabenden Bürgern. Das setzte natürlich die Förderung des individuellen Wohlstandes voraus, aber dies war nur Vorbedingung für den Reichtum des Gemeinwesens als Ganzem.

3.

Zu Beginn des 19. Jahrhunderts gerät die Idee eines Staates, der seine Bürger im Wege der Gesetzgebung zu erziehen sucht, in Konflikt mit dem Ideal des „Rechtsstaates". „Erziehende Gesetzgebung" wird nun in ein Diskussionsfeld gezogen, das durch die Kontroverse zwischen „Rechtsstaat" und „Policeystaat" bestimmt wird. Diese Kontroverse hat die politischen Debatten zu Beginn des 19. Jahrhunderts und im Vormärz in hohem Maße geprägt. Auch das „Staatslexikon" ergreift in seinen Artikeln zur „Polizei" und zur „Sittenpolizei" wie auch an vielen anderen Stellen (etwa: „Erziehung", „Bildung") Partei für den „Rechtsstaat". Unverkennbar bedurfte das mit dem überkommenen Begriff der „Policey" verbundene Politikkonzept einer neuen Legitimation.[44] Denn aus der Warte eines frühliberalen Staatsverständnisses war der „Policeystaat" als negatives Gegenbild des von der liberalen Verfassungsbewegung erkämpften „Rechtsstaates" in Verruf geraten, geradezu zum Synonym staatlicher Bevormundung geworden.

Dem Anspruch nach suchte das liberale Politikdenken einen staatsfreien Raum durchzusetzen. Die Einwirkung der staatlichen Gewalt auf diesen staatsfreien, also den „privaten" Raum, sollte begrenzt sein und möglichst berechenbaren rechtlichen Vorbedingungen unterliegen. Im Frühliberalismus wird die Grenze dabei vielfach unter *funktionalen* Gesichtspunkten gezogen. Dabei wird der Staat auf bestimmte Funktionen begrenzt – im Kern auf die Rechtsdurch-

---

43 Zu diesem Gesichtspunkt SIMON (Anm. 6), S. 111.

44 Dazu NAOKO MATSUMOTO, Polizeibegriff im Umbruch. Staatszwecklehre und Gewaltenteilungspraxis in der Reichs- und Rheinbundpublizistik, 1999, S. 187 ff.; MICHAEL STOLLEIS, Geschichte des öffentlichen Rechts in Deutschland, Bd. 2: 1800-1914, 1992, S. 248 ff.

setzung.[45] WELCKER geht bei seiner Kritik am policeylichen Erziehungsstaat augenscheinlich von solch einem funktionalen Verständnis des Rechtsstaates aus, demgemäß sich die Aufgabe des Staates darauf beschränkt, die Individualrechte des Einzelnen zu schützen und durchzusetzen. Folgt man WELCKER und seinem liberalen Staatsverständnis, dann gehört jedenfalls die Sittenpolicey nicht zu den Aufgaben eines Rechtsstaates – mehr noch: Wenn der Staat in diesem Bereich eingreift, dann wird der Rubikon überschritten, jenseits dessen die Despotie und der Bevormundungsstaat beginnt, der seine Bürger nicht als eigenverantwortliche, vollberechtigte und mündige Erwachsene, sondern als Kinder behandelt, indem er sie zum Objekt seiner paternalistischen Erziehungsbemühungen macht. Nicht von ungefähr beruft sich WELCKER in seiner eingangs dargestellten Fundamentalkritik an der Sittlichkeitspolicey ausdrücklich auf KANT.[46] Denn KANT hat eine prinzipielle Begründung dafür geliefert, warum eine erziehende Gesetzgebung mit der Idee des Rechtsstaates, wie er ihn versteht, unvereinbar ist. Bei ihm ist der Rechtsstaat funktional begrenzt auf die Durchsetzung der Rechtsnormen, deren Funktion ausschließlich darin liegen soll, „jedem das Seine" zu bestimmen und „gegen jeden anderen Eingriff" zu sichern.[47] „Recht ist die Einschränkung der Freiheit eines jeden auf die Bedingung ihrer Zusammenstimmung mit der Freiheit von jedermann"[48]; es dient also ausschließlich zur Abgrenzung der Individualrechtssphären, die bei KANT als Freiheitssphären des Einzelnen gedacht werden. Das schließt die Instrumentalisierung des Rechts für policeyliche Zwecke ebenso aus,[49] wie dessen Einsatz als Erziehungsinstrument. Das gilt auch für die Normen des Strafrechts, denn KANT hat sich bekanntlich auch vehement gegen die Indienstnahme des Strafrechts für präventive Zwecksetzungen gewandt.[50] Die Indienstnahme des Rechts für kollektive politische Zwecksetzungen stand im Gegensatz zu KANTs Vorstellung vom Recht als Abgrenzung individueller Freiheitssphären. Hinzu kommt die auch von KANT postulierte „Trennung von Recht und Moral" und der damit einhergehenden

45 BÖCKENFÖRDE (Anm. 2), S. 147.

46 Siehe oben Anm. 5.

47 IMMANUEL KANT, Politische Meinungen, 1794, S. 39.

48 KANT (Anm. 47), S. 36.

49 KANT (Anm. 47): „Der Begriff aber eines äußeren Rechts überhaupt geht gänzlich aus dem Begriffe der Freiheit im äußeren Verhältnis der Menschen zueinander hervor, und hat *gar nichts mit dem Zwecke, den alle Menschen natürlicher Weise haben (der Absicht auf Glückseligkeit)*, und der Vorschrift der Mittel, dazu zu gelangen, zu tun, so dass auch daher dieser letztere sich in jenes Gesetz schlechterdings nicht als Bestimmungsgrund derselben mischen muß." Die „Glückseligkeit" war das höchste und letzte Ziel der „Guten Policey", dazu eingehend SIMON (Anm. 6), S. 508 ff.; Kant lehnt die Indienstnahme des Rechts für derartige politische Zwecke ab.

50 THOMAS VORMBAUM, Einführung in die moderne Strafrechtsgeschichte, 2009, S. 40 ff. mit weiteren Nachweisen.

„Unterscheidung von Legalität und Moralität“. [51] Danach ist jedes Verhalten rechtmäßig, das den Ge- und Verboten des Rechts entspricht; auf das Motiv für das rechtmäßige Verhalten kommt es dabei nicht an.[52] Daraus folgt umgekehrt: Mehr als die Bereitschaft, sich den Rechtsnormen äußerlich zu unterwerfen, darf mit den Mitteln des Rechts nicht erzwungen werden. Die Motive des Handelns und die inneren Einstellungen sind eine Frage der Moral, die vom Staat gerade nicht erzwungen werden soll, jedenfalls nicht gegenüber dem mündigen Bürger. Herrschaft wird bei KANT gerade dadurch despotisch, dass sie auf den Bereich autonomer innerer Einsicht zuzugreifen sucht.[53] Damit wurde aber auch die Idee der Erziehung der Untertanen problematisch. Denn geht man davon aus, dass „Erziehung“ in der Regel mehr ist als bloße „Normdurchsetzung“ durch Zwang zur Rechtmäßigkeit, dass bei der „Erziehung“ vielmehr darüber hinaus der Zugriff auf die mentale Disposition des Erzogenen immer mitgedacht wird, dann musste der Erziehungsgedanke jedenfalls im Bereich von Recht und Gesetz in dem Moment delegitimiert werden, in dem eben dieser Zugriff auf das Innere der Normadressaten zur reinen Despotie erklärt wurde, wie es KANT in aller Konsequenz getan hat. Zum „größten denkbaren Despotismus“ wird das erziehende Regiment, die „väterliche Regierung“, wie er es nennt, deshalb, weil der Untertan hierbei zum erziehungsbedürftigen Kind, also gerade zum Gegenteil eines einsichtsfähigen, selbstverantwortlichen Individuums gemacht wird.

Inwieweit sich die radikale Position KANTs dann im 19. Jahrhundert durchgesetzt hat, ist eine andere Frage. Im Strafrecht hat er die Strafzweckdiskussion jedenfalls auf das Stärkste beeinflusst.[54] Was den Erziehungsgedanken in der Gesetzgebung anbelangt, so bleibt auf jeden Fall der Befund, dass die Idee des erziehenden Staates mit KANT jedenfalls jene Selbstverständlichkeit verloren hat, mit der diese Idee die ganze frühe Neuzeit hindurch in Politik und Gesetzgebung praktiziert worden war. Hinzu kommt die allmähliche Pluralisierung der außerrechtlichen Wert- und Moralvorstellungen, die gleichfalls dazu führen musste, „erziehende Staatstätigkeit“ jedenfalls mittels des Instrumentes der „Zwangsge-

51 RALF DREIER, Rechtsbegriff und Rechtsidee. Kants Rechtsbegriff und seine Bedeutung für die gegenwärtige Diskussion, 1986; OTFRIED HÖFFE, Recht und Moral: Ein kantischer Problemaufriß, Neue Hefte für Philosophie 1979, S. 1 ff.

52 VORMBAUM (Anm. 50), S. 40.

53 KANT (Anm. 47), S. 39: „Niemand kann mich zwingen, auf seine Art (wie er sich das Wohlsein anderer Menschen denkt) glücklich zu sein, sondern ein jeder darf seine Glückseligkeit auf dem Wege suchen, welcher ihm selbst gut dünkt, wenn er nur der Freiheit Anderer, einem ähnlichen Zwecke nachzustreben, die mit der Freiheit von jedermann nach einem möglichen allgemeinen Gesetze bestehen kann, nicht Abbruch tut.“

54 VORMBAUM (Anm. 50), S. 40.

setze" zu delegitimieren: Denn je mehr sich in einer Gesellschaft die Vorstellung verschiedenartiger, sozusagen wahlweise nebeneinander stehender Wertesysteme breitmacht, desto angreifbarer wird naheliegenderweise der Gedanke staatlicher Durchsetzung eines bestimmten Wertekanons. Auch dieser Gesichtspunkt wird insofern bereits bei KANT sichtbar, als dieser ja ersichtlich von einer Pluralität möglicher Wege zur „Glückseligkeit" ausgeht, die der Staat zu respektieren hat.[55]

55 KANT (Anm. 47), S. 39: „[...] ein jeder darf seine Glückseligkeit auf dem Wege suchen, welcher ihm selbst gut dünkt, wenn er nur der Freiheit Anderer, einem ähnlichen Zwekke nachzustreben, [...] nicht Abbruch tut."

Diskussion zum Vortrag von Thomas Simon

Leitung: Wolfgang Sellert

Sellert:
Vielen Dank für dieses Referat, das mit der moralischen und intellektuellen Steuerung des Staates im 16. Jahrhundert begann. Es schlossen sich Gedanken zu der im 17. Jahrhundert bestehenden Vorstellung zur *disciplina publica* an. Ihnen folgten Ausführungen zur Kameralwissenschaft im 18. Jahrhundert, wo, wie Sie gezeigt haben, für den Erziehungsgedanken Fragen der Ökonomie und der Nützlichkeit eine Rolle gespielt haben. Ihre Ausführungen endeten mit Überlegungen zur liberalen Epoche des 19. Jahrhunderts, in der, wie Sie formuliert haben, der Erziehungsgedanke delegitimiert wurde. Was nun das Polizeirecht betrifft, so hätte man zwar etwas mehr über den Erziehungsgedanken in den Polizeiordnungen selbst erwartet. Offenbar findet sich dort aber nur Weniges dazu, sodass man – wie Sie – die sogenannte Regiments- oder die allgemeine politische Literatur befragen muss, um einschlägige Motive zum Erziehungsgedanken in den Polizeiordnungen zu finden. Ehe ich mich zu weiteren Punkten Ihres Referats äußere, möchte ich mich zunächst auf die Diskussionsleitung beschränken und darf zunächst Herrn Starck das Wort geben.

Starck:
Ich möchte mich für diesen schönen Vortrag bedanken, der mit Welcker angefangen und mit Welcker aufgehört hat. Das war eine sehr schöne Komposition dieses Vortrages. Ich möchte zwei Fragen stellen. Die eine Frage knüpft an Ihre häufige Bemerkung an über das Verhältnis von Kirche und Staat. Sie haben sehr eindrucksvoll gezeigt, wie der Staat heute Aufgaben übernimmt, die die Kirche früher wahrgenommen hat. Hat das mit der Reformation zu tun? Die Frage könnte man beantworten, wenn man wüsste, wie die Entwicklung in Spanien oder in anderen Ländern, in denen es keine Reformation gab, verlief. Ist hier der Staat weiter liberaler oder desinteressierter an diesen Dingen geblieben? In Ländern oder in Kulturen, in denen es die Trennung von Staat und Kirche bzw. Religion nie gegeben hat, wie etwa in China oder auch in der byzantinischen Welt, hatte der Staat von vornherein eine erzieherische Aufgabe, weil die Kirche nur eine Art Behörde des Staates war oder die Religion nur in die Staatsaufgaben eingebunden war. Es gab in Deutschland im Gefolge der Schriften von Rousseau durchaus die Vorstellung, dass der Staat die Aufgabe der Erziehung hat. Karl Salomo Zachariae hat noch Anfang des 19. Jahrhunderts ein kleines

Büchlein geschrieben über die Notwendigkeit der Erziehung durch den Staat. Das ist also die erste Frage.

Die zweite Frage knüpft an Frau Schumanns einleitende Bemerkung an: Wenn wir sagen, der liberale Staat erzieht nicht, dann muss man sehen, dass der liberale Staat vielleicht nicht so direkt erzieht wie wir das jetzt hier so vorgespielt bekommen haben, sondern der liberale Staat lässt den Bürger Konsequenzen seines Handelns tragen. Also: Wenn ich eine strafbare Handlung begehe, werde ich bestraft. Oder wenn ich einen Schaden erzeuge, gibt es einen Schadensersatzanspruch. Das weiß der Bürger, deswegen nimmt er sich zusammen. Wenn ein Schaden erzeugt worden ist, für den jemand verantwortlich ist, so muss dieser den Schaden ersetzen. Wenn das einmal durchgesetzt würde, dann würde man schon etwas mehr aufpassen, woher man – ich knüpfe an den Dioxinskandal an – sein Futtermittel bezieht und wer da alles mitgemischt hat. Das war eine zusätzliche Bemerkung, die nicht direkt zu Ihrem Vortrag ging, sondern mehr zu dem, was Frau Schumann gesagt hat.

SIMON:
Am Schluss haben Sie ja den entscheidenden Gesichtspunkt der „Erziehung“ angesprochen. Das war für mich auch die Frage bei den einführenden Worten von Frau Schumann: Kann man die moderne Gesetzgebung, die ein bestimmtes Verhalten sanktioniert, indem sie es mit einer nachteiligen Rechtsfolge belegt, oder die zu einem bestimmten Verhalten motivieren möchte, indem sie eine Belohnung, eine Subvention oder sonst irgendetwas verspricht, als erziehende Gesetzgebung bezeichnen? Meines Erachtens handelt es sich hier nicht um eine „Erziehung“, wie man sie in der Frühen Neuzeit beobachten kann. Denn der Anspruch auf das Innere, sozusagen auf die mentalen Strukturen des Menschen zuzugreifen, ist doch bei dieser modernen Gesetzgebung nicht in vergleichbarer Weise gegeben. Es ist eine andere Methode, aber eben auch der Anspruch ist schon ein anderer. Auch die moderne Gesetzgebung ist natürlich von bestimmten Steuerungsintentionen getragen. Die Gesellschaft soll in eine ganz bestimmte Richtung gelenkt werden. Aber man macht das mit Belohnung und Strafe und lässt die Frage, welche inneren Einstellungen der Mensch dazu entwickelt, vorsichtig ausgedrückt doch eher im Hintergrund stehen. Jedenfalls ist die Motivlage in keiner Weise vergleichbar mit derjenigen in der frühen Neuzeit, wo gerade die Kernidee darin bestand, den Menschen vor allem auch innerlich besser zu machen. Die moderne Gesetzgebung ist doch mehr auf das äußere Verhalten gerichtet. Sie ist darauf ausgerichtet, das äußerliche Verhalten zu steuern, und lässt die Frage der inneren Einstellung dazu dahingestellt. Die frühneuzeitliche Polizeigesetzgebung ist hingegen von dem Ziel motiviert, die mentalen Strukturen der Untertanen zu verändern. Bei dem reformationszeitlichen Politikverständnis

kam es gerade darauf an, die Leute fromm zu machen, weil nur ein frommes Gemeinwesen der Gefahr der göttlichen Strafen entkommt.

Zu dem Verhältnis von Kirche und Staat bzw. zum Vergleich zwischen reformierten und katholischen Territorien kann sicher Herr Link mehr sagen. Aber von der Grundrichtung lassen sich doch zahlreiche Parallelen beobachten. Denn schon vor der Reformation entwickelt sich ja in deutschen Territorien das landesfürstliche Kirchenregiment. Natürlich bleibt dann die Autonomie des kirchlichen Bereiches in den katholischen Territorien stärker ausgeprägt als in den protestantischen Territorien, in denen die kirchlichen Institutionen in die staatlichen Verwaltungsstrukturen eingegliedert werden. In den katholischen Territorien behält der kirchliche Bereich eine größere Autonomie, wird aber auch einer straffen territorialstaatlichen Aufsicht unterstellt. Dahinter steht das politische Bestreben, kirchliche und polizeiliche Steuerung besser aufeinander abzustimmen. Das sind Politikgrundsätze, die gelten gleichermaßen für evangelische wie für katholische Territorien. Ich habe mich zwar nicht mit der spanischen Verwaltungsgeschichte beschäftigt, aber dieser Grundbefund, dass der Staat die Kirche zu kontrollieren und sich ihre Fähigkeit zur Wertevermittlung dienstbar zu machen beginnt, begegnet einem gleichermaßen in katholischen und evangelischen Territorien.

SELLERT:
Da mir zehn weitere Wortmeldungen vorliegen und wir die uns zur Verfügung stehenden Zeit nicht überschreiten sollen, werde ich jetzt drei Teilnehmern hintereinander das Wort erteilen und anschließend Herrn Simon Gelegenheit zur Erwiderung geben.

EICHENHOFER:
Sie sagten, dass die ökonomisch motivierte Erziehung im 18. Jahrhundert eingesetzt habe. Ich würde sagen, sie setzte schon viel früher ein, nämlich im 13./14. Jahrhundert, als die Bettelverbote erlassen wurden. Das ist für das Verständnis der Herausbildung einer Wirtschaftsgesellschaft von zentraler Bedeutung. Die Polizeiordnungen des ausgehenden Mittelalters und der frühen Neuzeit lebten von der Idee des Bettelverbotes und beförderten damit die Arbeitsgesellschaft als Lebensform. Man könnte fast so weit gehen zu sagen, der Frühliberalismus baut auf den Erziehungsleistungen der frühen Neuzeit auf, weil er die sich selbst reproduzierende Gesellschaft geschaffen hat. Und ein letzter Punkt: Vor dem Hintergrund dieser Bettelverbote entstand danach ein Wohlfahrtswesen, eine Leistungsverwaltung für diejenigen, die sich nicht selbst unterhalten können. Auch das geht bis in das 13./14. Jahrhundert zurück.

SELLERT:
Herr Wißmann bitte.

WISSMANN:
Vielen Dank. Herr Simon, Sie haben ja sehr stark vom Gegensatz der frühen Neuzeit und des liberalen Rechtsstaates her argumentiert und ich möchte im Anschluss an Herrn Eichenhofer mehr die graduellen Übergänge pointieren. Zunächst einmal scheint mir einer deutlichen Unterstreichung wert zu sein, dass und warum „Erziehung durch Gesetz" in der frühen Neuzeit in neuer Mächtigkeit einsetzt. Das hat einmal eine formelle Seite, das hatten Sie ja gesagt, das Gesetz wird als Herrschaftsmittel jetzt überhaupt erst nutzbar, zuvor gab es Herrschaft vom Sattel aus, aber eben nicht in der rationalen Form abstrakter Ordnung. Und es kommt sozusagen der historische Zufall der Reformation und Gegenreformation hinzu, der in dieser Konkurrenzsituation des Konfessionalismus auf einmal auch eine materielle Begründung von Herrschaftsansprüchen in neuer Weise notwendig macht. Es geht zu diesem Zeitpunkt aber gerade noch nicht darum, die Herrschaft als solche zu rechtfertigen, einen Bürgerstatus abzugrenzen von der Herrschaft, sondern es geht letztlich um Rationalität von Herrschaft, so habe ich Sie auch im Wesentlichen verstanden. Mein Einwand, meine Rückfrage setzt ein, wenn Sie darin einen klaren Gegensatz zum 19. Jahrhundert konstruieren. Ich würde als Gegenthese formulieren: Erst der liberale Rechtsstaat des 19. Jahrhunderts schafft sich wirksame Erziehungsinstitutionen und bedarf deshalb des allgemeinen erziehenden Gesetzes jenseits solcher Institutionen nicht mehr. Bis ins 19. Jahrhundert betreibt der Staat Erziehungseinrichtungen nur virtuell. Es gibt im Grunde keine Schule auf dem Land. Wenn man sich die Statistiken ansieht, gibt es zwar Schulordnungen, aber die Kinder gehen nicht in die Schule. Erst im 19. Jahrhundert wird das anders: Noch zu Beginn des 19. Jahrhunderts liegt die Quote, wenn man Preußen anschaut, bei 15-20 %, am Ende des 19. Jahrhunderts bei 90 %. Das heißt, hier wird auf einmal in staatlichen Institutionen erzogen und mir erscheint, Sie sind da ein wenig sozusagen der liberalen Ideologie auf den Leim gegangen.

SIMON:
Aber das Thema hieß Erziehung in der Gesetzgebung, nicht generell in den Staatstätigkeiten. Das ist wesentlich.

WISSMANN:
Genau, aber es gibt sozusagen für das ganze Bild eben auch den Blick auf die Institutionen und je mehr ich wirksame Staatsinstitutionen habe, desto mehr kann ich die Erziehung durch allgemeine Gesetze zurücknehmen. Erlauben Sie mir noch eine Bitte um Ergänzung: Vielleicht könnten Sie uns noch etwas mehr zu

der Art der Gesetze in der Frühen Neuzeit schildern? Das ist doch, wenn ich das richtig sehe, bis zum Preußischen Allgemeinen Landrecht eben auch ein anderes Gesetz als wir es heute kennen, nämlich ein bildmächtiges Gesetz, das mit Einzelbestimmungen arbeitet, mit einzelnen Verbotstatbeständen, die in langer Reihe gefasst werden. Was hat das für den Erziehungsanspruch für Konsequenzen?

SELLERT:
Herr Stolleis bitte.

STOLLEIS:
Nur eine ganz kurze Bemerkung. Zur Frage von Herrn Sellert, ob man den Gedanken anhand der Literatur oder anhand der Polizeiordnungen entwickelt, meine ich, man kann beides tun. Aus unserer gemeinsamen Arbeit an den Polizeiordnungen ergibt sich, dass sowohl das sittliche als auch das bessernde edukatorische Element in großen Massen in den Polizeiordnungen enthalten ist. Es bildet sogar den größten Anteil in dem frühen Block des 16. Jahrhunderts, verschiebt sich dann im 17. und 18. Jahrhundert etwas. Das Material ist überreich. Wir schätzen, dass es etwa 1 Mio. Gesetzgebungsakte dieser Art gibt. Die Register unserer Bände zeigen, welch enormes Material da bereitliegt. Also beide Wege, der theoriegeschichtliche und der dem Material folgende rechtsgeschichtliche, wären möglich gewesen. Herr Simon hat nun den Weg über die Literatur gewählt und dies ist völlig legitim.

Die zweite Bemerkung, im Anschluss an Herrn Eichenhofer: Ich gebe Ihnen völlig Recht in Bezug auf das frühe Einsetzen mit den Bettelverboten, auch mit den Hochzeits- und Feiergesetzen sowie mit den Verboten, zu viel zu konsumieren, aber trotzdem ist die eigentliche Verdichtung dieser Gesetzgebung erst seit dem 16. Jahrhundert festzustellen. Wir können das auch statistisch sehen, wie die Normsetzung sich im 16. Jahrhundert rasch ausbreitet und ansteigt bis in die 80er Jahre des 18. Jahrhunderts. Fast gleichzeitig mit der Französischen Revolution geht diese Art Normsetzung zu Ende. Das Ende ist also klar, aber weniger der Anfang. Aber ich glaube, mit dem Wort „Verdichtung“ kann man es doch angemessen beschreiben. Diese Verdichtung setzt 1495 mit der maximilianischen Reichsgesetzgebung ein, erst recht dann mit den Reichspolizeiordnungen und den Ausstrahlungen auf die Territorien. Und die dritte Bemerkung ist nur eine Vormerkung für die Schlussdiskussion. Herr Starck, wir sollten uns einmal am Ende fragen, ob wir heute wirklich einen liberalen Staat haben. Ich glaube das längst nicht mehr, nämlich einen liberalen Staat in dem Sinne, wie ihn das 19. Jahrhundert imaginiert hat. Wir sind längst im modernen, permanent influenzierenden, pädagogisierenden Staat – insbesondere auf europäischer Ebene – angekommen.

SELLERT:
Jetzt hat Herr Simon das Wort.

SIMON:
Zunächst zu den Bettelverboten: In der Polizeiliteratur finden sich auch lange Erörterungen über den Sinn und Zweck von Bettelverboten und auch da können Sie ganz deutlich einen Motivwandel erkennen. Zu Beginn der Neuzeit überwiegt das Motiv der Bekämpfung des Müßiggangs, aber nicht aus ökonomischen Motiven, sondern weil Müßiggang aller Laster Anfang ist. Das steht im Vordergrund. Der zweite Punkt ist die Begrenzung der Gemeinschaftslasten für den Unterhalt der Bettler. Denn wenn das Verhältnis zwischen Leistenden und denen, die die Hand aufhalten, außer Balance gerät, stürzt die lokale Gemeinschaft ökonomisch ab. Im 18. Jahrhundert kommt dann der Gesichtspunkt hinzu, dass Bettler unproduktiv seien, weshalb man sie in den Arbeitsprozess eingliedern müsse.

Zur Frage von Herrn Wißmann: Gegensatz oder Übergang, das ist natürlich immer eine Frage der Darstellung. Es ist ja auch angeklungen bei Herrn Starck: Zu Beginn des 19. Jahrhunderts gibt es Stimmen, die noch die erziehende Gesetzgebung befürworten und sich dafür stark machen. Aber wenn Sie eine bestimmte These vermitteln wollen, dann werden Sie stärker die Gegensätze zwischen den Epochen betonen. Dass es bei genauem Hinsehen natürlich fließende Übergänge gibt, ist eigentlich klar. Aber es geht ja darum, dass man die leitenden Prinzipien, die hinter dieser Gesetzgebung stehen, herausarbeitet, und da kommt man nicht darum herum, gewisse Grenzen zu ziehen. Außerdem: Was Sie zu außerrechtlichen Institutionen der Volkserziehung sagen, ist kein Einwand, sondern eine – wie ich finde, plausible – Erklärungsmöglichkeit, warum sich der Staat aus dem Geschäft der Erziehung per Gesetzgebung im 19. Jahrhundert zurückziehen kann: Weil er andere, unter Umständen sogar unmittelbarer wirkende Instrumente der Volkserziehung hat. Was die Gesetzgebung anbelangt, so haben Sie vollkommen Recht: Erst seit dem Naturrecht strebt man ganz bewusst danach, die Normen in den neuen Gesetzbüchern auf hohem Abstraktionsniveau zu formulieren. Die Polizeiordnungen sind davon noch weit entfernt. Das sind alles ganz konkrete, auf bestimmte Lebenssituationen bezogene Normen, die noch außerhalb dieses Strebens nach Abstraktion, wie man es seit dem ausgehenden 18. Jahrhundert zu verzeichnen hat, liegen.

SELLERT:
Jetzt darf ich nacheinander die Herren Avenarius, Heun und Link um ihre Diskussionsbeiträge bitten.

AVENARIUS:
Herr Simon, Sie haben sich nicht nur unmittelbar an den Polizeiordnungen orientiert, sondern den Rahmen etwas weiter gespannt. Ich werde mir erlauben, das auch zu tun, und einen Punkt erwähnen, anknüpfend an die Bemerkung, die Bestimmungen, die Sie behandelt haben, dienten in der frühen Neuzeit ausschließlich der Veränderung sozialer Strukturen. Gibt es nicht auch den Fall, dass soziale Strukturen nicht verändert, sondern gerade konserviert werden sollen? Denn im Zusammenhang mit einer Erziehung, die bestimmte Verhaltensmuster bei jemandem etablieren soll, steht doch auch, dass man versucht, bereits bestehende „gute" Verhaltensmuster vor schädlichen Einflüssen zu bewahren, und auch das mag ja im Wege von Gesetzen geschehen. Ich denke hier an das Zarenreich, wo man wiederholt erlebt, dass ein Zar, der die Vorstellung hat, die Menschen müssten erzogen werden, versucht, „schädliche" Einflüsse fernzuhalten, indem er Auslandsreisen oder Bücher verbietet, Universitäten schließt usw. Das lässt auf ein Menschenbild schließen, in dem das, was Sie skizziert haben, gerade nicht gegeben war: dass man voraussetzen darf, dass die Menschen in der Lage sind, Vorgaben zu befolgen, und auch vernünftigerweise den Willen entwickeln, sich normgerecht zu verhalten. Denn entweder können diejenigen, die diese „schädlichen" Anregungen aus dem Westen bekommen, sich danach nicht mehr „richtig" verhalten oder sie wollen das dann schlicht und einfach nicht mehr. Ist das eine radikale Ausnahme oder beobachten Sie in dem Bereich, den Sie in erster Linie betrachtet haben, derlei auch?

SELLERT:
Ich darf jetzt Herrn Heun bitten.

HEUN:
Ja, entgegen manchen vorherigen Diskutanten habe ich Sie eigentlich gar nicht so verstanden, dass der entscheidende Bruch im 19. Jahrhundert liegt. Da liegt zwar ein Bruch, aber ich habe Sie eigentlich eher so verstanden, dass wir mit Reformation, Konfessionalisierung und Sozialdisziplinierung im 16. und 17. Jahrhundert einen umfassenden Anspruch beobachten und im 18. Jahrhundert schon eine ganz entscheidende Reduktion, die darin liegt, dass der Anspruch auf das Ökonomische reduziert wird. Also, wir haben schon einen Differenzierungsprozess, und insofern ist das auch eine natürliche Entwicklung im 19. Jahrhundert, wenn man nämlich im 18. Jahrhundert sieht, dass die ökonomische Entwicklung, mit ADAM SMITH zu sprechen, entscheidend durch die Individuen selbst und die unsichtbare Hand gefördert wird, dann braucht man den Einsatz des Staates nicht und dann kann sich der Staat dort ohne Weiteres herausziehen. Das heißt, die spätere Entwicklung im 19. Jahrhundert ist schon damals angelegt. Der Perspektivenwechsel ist nur das Entscheidende, dass das Kollektive im

18. Jahrhundert im Vordergrund steht und mit der Theorie von ADAM SMITH genauso wie mit der Entwicklung von Grundrechten und der Individualisierung alles umgestellt wird auf das Individuum und damit dann natürlich der Staat in eine ganz andere Rolle kommt und sich aus diesem Grund sehr viel stärker zurückziehen kann und auch ganz konsequent sich dann zurückzieht. Nur eine ganz kurze Bemerkung auch noch zu den Entwicklungen davor. Zu den Bettelverboten haben Sie ja schon selbst gesagt, dass das eine andere Zielsetzung war. Ich meine auch die Hochzeitsregelungen und Essverbote usw. haben einen ganz anderen Sinn, nämlich die sollen die Standesgrenzen sehr viel stärker betonen und ziehen. Der Erziehungsgedanke stand also nicht so sehr im Vordergrund.

STOLLEIS:
Es gibt eine historische Sequenz im Motivwandel: Zuerst ging es darum, die Sünde zu verbieten und dann kommt das Ständische und dann das Ökonomische.

HEUN:
Ja, aber auch gerade das Ständische ist ein Gesichtspunkt, der dann sehr viel stärker zurücktritt, der in den Polizeiordnungen im 16. und 17. Jahrhundert noch da ist, aber dann doch deutlich zurücktritt. Sie haben ja auch kaum auf die Instrumente abgestellt. Die Polizeiordnungen kamen, wie Herr Sellert ja schon bemerkt hat, eigentlich kaum in den Blick, sondern die dahinterliegenden Zielsetzungen. Wenn man über die Instrumente reden würde, dann müsste man über die Entwicklung der Polizeiordnungen, der Erziehung, der Schulen und anderer Einflussinstrumente nachdenken. Aber insofern war ja die Konzentration eigentlich auf die Zielsetzung ein sinnvoller Ansatz angesichts der Kürze der Zeit.

SELLERT:
Herr Link bitte.

LINK:
Herr Heun hat gerade schon etwas angesprochen, was ich fragen wollte, nämlich wie in dieses Schema die ständische Gliederung hineinpasst. Ich ziehe diese Frage zurück. Ich möchte aber vor allem an das anknüpfen, was Herr Starck gesagt hat – an das Problem der Konfessionalisierung. Sie haben darauf schon geantwortet. Ich habe hier nur einige Bedenken, wenn Sie sagen, die katholische Kirche habe in den katholischen Ländern ihre Selbstständigkeit sehr viel wirksamer behauptet als die evangelischen Landeskirchen in den protestantischen Territorien. Kann man das so sagen, wenn man sieht, mit welcher Radikalität etwa JOSEPH II. in das kirchliche Leben eingreift? Das geht bis hin zur Zahl der Kerzen, die auf dem Altar angezündet werden dürfen, zur Abschaffung eines

Großteils der kirchlichen Feiertage, zur mit der Pfarrregulierung verbundenen Reform der Seelsorge usw. Lässt sich das alles auf primär wirtschaftliche oder gar auf säkularisierende Intentionen reduzieren? Das ist mir zu einfach. JOSEPH II. ging es sicherlich – auch – um einen Reformkatholizismus im Sinne der – christlichen – Aufklärung: Nicht der aufwendig praktizierte äußere Kultus ist das Lebensprinzip der Kirche, sondern die innere Frömmigkeit, auf die es allein ankommt. Die josephinischen Reformen lassen sich sicher auch, aber eben nicht allein auf ökonomische Gründe verrechnen.

SIMON:
Natürlich. Die Frage ist: Wie waren der Josephinismus und das josephinische Staatskirchentum motiviert? Dass hier jedenfalls auch ökonomische Gründe wichtig sind, sieht man etwa an der Reduktion der Feiertage. Das war eine allgegenwärtige Forderung in der kameralistischen Literatur: Feiertage abbauen, weil da nicht gearbeitet wird. Man sieht es auch an der Unterscheidung zwischen den beschaulichen Klöstern und den Seelsorgeorden. Die beschaulichen Klöster, die tun nichts, die betteln nur, die werden abgeschafft, während die Predigerorden bestehen bleiben und dadurch nützlich gemacht werden, dass man sie in die Gemeindeseelsorge stärker integriert. Das Vermögen der beschaulichen Orden wird beschlagnahmt, verstaatlicht und zu nützlichen Bildungszwecken verwendet; das fließt in Schul- und Universitätsfonds usw. Es ist dann eine weitere Frage, inwieweit in diesem Staatskirchentum der Gedanke der Verinnerlichung angelegt ist. Ich bin skeptisch, ob es da wirklich um das Christentum ging; ob das wirklich ein autonomer Gesichtspunkt war. Denn diesen Topos finden Sie ja auch in der kameralistischen Literatur überall; da wird überall gesagt: Kirche und Religion sind wichtig, weil sie die Möglichkeit des unmittelbaren Zugriffs auf die Psyche des Menschen bieten, um seine charakterliche Struktur so zu beeinflussen, dass er sich in die moderne Erwerbsgesellschaft reibungsfrei einfügt. Das findet sich in der kameralistischen Literatur überall und auch im Josephinismus ist das wirksam.

Vielleicht noch eine Bemerkung zu dem Einwand, dass zu wenig über die Polizeigesetzgebung vorgetragen wurde. Wenn Sie die Regelungsgegenstände der Polizeigesetzgebung Revue passieren lassen – das ist ja erfolgt in den Repertorien, die im Max-Planck-Institut für Europäische Rechtsgeschichte in Frankfurt a.M. entstanden sind – dann werden Sie sehen: Die Polizeigesetzgebung folgt getreulich den Grundsätzen, wie sie sich zusammengefasst und konzentriert in der Polizeiliteratur der frühen Neuzeit finden. Es kommt hinzu, dass die frühneuzeitlichen Polizeigesetze, anders als moderne Gesetze, noch ausführlich begründet werden und sich eingehende Rechtfertigungen für diese Gesetzgebungsakte in den Einleitungsteilen finden. Das ist eine Rhetorik, die kommt eins zu eins aus den Regimentstraktaten. Die Polizeigesetzgebung ist ein getreulicher legislativer Abdruck dieser Polizeiliteratur. Insofern hätte es keinen großen Sinn gehabt, das als einen eigenständigen Darstellungsstrang aufzubauen. Deswegen der Zugriff auf die Polizeiliteratur, weil man dort in konzentrierter und direkter Form diejenigen Ordnungsvorstellungen geboten bekommt, die hinter dieser Polizeigesetzgebung stehen.

Schließlich noch zum Gesichtspunkt der „Konservierung", auf den ich hier nicht eingegangen bin. In der Tat versteht sich die Polizeigesetzgebung des 16. Jahrhunderts jedenfalls vom Ansatz her konservierend. Sie will gegebene gesellschaftliche Strukturen bewahren und abschirmen gegenüber dem Wandel. Am deutlichsten sieht man das in der Kleidungsgesetzgebung. Damit sollte die Ständeordnung stabilisiert werden, die durch ökonomische Verschiebungen in Frage gestellt wurde. Auch die Rhetorik der Polizeiordnung ist immer getragen von der Vorstellung: Ursprünglich war es einmal gut, die Dauer der Zeit hat das ursprünglich Gute aber schlecht gemacht und wir wollen zurück zu diesem ursprünglich Guten.

Ohne Zweifel ist die Idee der Polizei im 16. Jahrhundert also noch beherrscht von der Vorstellung „früher war es besser" und deswegen hat man die Gemeinschaft wieder zu diesem besseren Ausgangspunkt zurückzuführen. Deswegen ist eben das Stichwort dieser Zeit die „*Re*formation", das Zurückführen zu einem vermeintlich besseren Ausgangspunkt. Und das beinhaltet zugleich die Vorstellung: Veränderungen sind eigentlich Verfall. Wenn es bei den ursprünglich besseren Ausgangsbedingungen geblieben wäre, dann wäre es besser. Deswegen die negative Einstellung dieser frühen Politikliteratur zur Veränderung, *mutatio* ist ein ganz negativ geprägter Begriff.

Das ändert sich im Laufe des 17. und 18. Jahrhunderts. Nunmehr wird die Entwicklungsperspektive in das politische Denken eingeführt. Es ist die Vorstellung, ein Land müsse ökonomisch entwickelt werden. Man entwickelt dabei Perspektiven für die Zukunft, in die hinein das Land bewegt werden soll. Es gibt einen ausgeprägten Perspektivenwandel zwischen den Reformationsvorstellungen im 16. Jahrhundert und den in die Zukunft hineinentwickelten Vorstellungen der Polizeiliteratur des 18. Jahrhunderts. Erstere umfassen auch die Vorstellung, dass man die Gesellschaft, insbesondere Kirche und Schule, frei hält von gefährlichem Ideengut. Und das heißt natürlich: Kontrolle dessen, was gepredigt wird, Kontrolle des Schrifttums usw. Auch hier findet sich wieder dieser bewahrend-konservative Ansatz, den Sie im Zusammenhang mit dem Zarenreich im 19. Jahrhundert erwähnten.

SELLERT:
Ich bitte jetzt um kurze Beiträge und Antworten, weil wir sonst in Zeitnot geraten. Es haben sich gemeldet Frau Scheiwe und Herr Rückert.

SCHEIWE:
Vielen Dank für die Definition und Unterscheidungen und die Darstellungen der Veränderungen. Ich habe mich gefragt, wenn man Erziehung als Vermittlung von Werten und Normen definiert, was ich völlig einleuchtend finde, ob man den Titel des Symposions, „Das erziehende Gesetz“, vielleicht so nennen sollte: „Vom erziehenden Gesetz zum verhaltenssteuernden Gesetz“, um die Vermischung der Begriffe zu vermeiden. Verhaltenssteuerung setzt auf Anreize, positive und negative, aber Erziehung will in irgendeiner Art und Weise Werte vermitteln. Auch der Begriff „Edukationseffekt“, wie er in der Bundesverfassungsgerichtsrechtsprechung verwendet wurde, ist ja nicht ganz klar. Es geht dabei im Grunde genommen nicht um Werte, sondern um Anreize in eine bestimmte Richtung. Diese Unterscheidung würde ich auch aus Ihrer Darstellung der Veränderungen ableiten, wobei es natürlich auch Recht gibt, das Erziehung und Sozialisation regelt und insofern auch immer bestimmte Erziehungsziele umfasste oder Konflikte über Erziehung wie etwa zwischen Kirche und Staat um den Religionsunterricht auslöste. Wäre es daher nicht sinnvoll, zwischen Erziehung und Verhaltenssteuerung zu differenzieren und auch so etwas wie den Begriff „Edukationseffekt“, in dem Motive und Wirkung vermischt werden, zu vermeiden? Würden Sie das auch so sehen?

SELLERT:
Herr Rückert bitte.

RÜCKERT:
Ich ziehe Einiges zurück, halte aber noch an zwei Bemerkungen fest. Die eine ist zustimmend – es ist ja alles wunderbar klar gewissermaßen für die Frühe Neuzeit, schöne Texte, schöne Quellen, klare Aspekte, schöne Beispiele. Aber eine Facette ist nicht vorgekommen, die Sie jetzt gerade angeschnitten haben mit dem Wort „Zukunft“. Und damit meine ich, es gibt eine große Umstellung im Denken, ob man das Ideal nach vorne erstrebt oder nach hinten, konkret gesagt: Die Romantiker sagen natürlich: zurück zum ursprünglichen Zustand der Unschuld und der Freiheit. Und dahin wollen sie erziehen, ROUSSEAU steht dahinter. Ihre Texte dagegen sagen alle: Nach vorne, zur perfekten Moral einerseits oder zur perfekten Ökonomie andererseits. Das finde ich interessant und das führt mich auf eine zweite Bemerkung, die daran anschließt. Also außer ADAM SMITH, Herr Heun, natürlich mit seiner Individualperspektive, muss man, glaube ich auch, ein bisschen beachten oder als Indikator für Umbrüche verwenden,

was die Pädagogik macht, denn diese kümmert sich um die Erziehung und es gibt einen ganz klaren Bruch zur Individualerziehung im späten 18. Jahrhundert. Das ist vorher überhaupt kein Thema, GOETHE schreibt den Wilhelm Meister, da geht es nur um Erziehung, um Ausbildung des Individuums Wilhelm und und und, könnte man aufzählen. Das finde ich schon wichtig, wenn man nachdenkt über Brüche und Motive und womöglich auch noch über Kausalitäten.

SELLERT:
Ich knüpfe an das an, was Herr Stolleis gesagt hat. Polizeiordnungen enthalten eine Fülle von Regeln, aus denen sich kraft ihrer Gestaltung der Erziehungsgedanke ergibt: Kleiderordnung, Trinkordnung usw. Aber es muss doch zunächst einmal die Frage gestellt werden, welche Polizeiordnungen wir überhaupt meinen. So gibt es die Reichspolizeiordnungen von 1530, 1548 und 1577, die möglicherweise eine etwas andere Funktion als die zahlreichen territorialen Polizeiordnungen haben. In den Reichspolizeiordnungen geht es jedenfalls ganz entscheidend darum, den Frieden im Reich zu erhalten. Es gibt einen bekannten Prozess gegen den Hallenser Professor CHRISTIAN THOMASIUS. Dieser wurde 1714 am Reichshofrat wegen Verletzung der Reichspolizeiordnung angeklagt, weil er Kirche und Papst durch einen von ihm zu verantwortenden Kupferstich verunglimpft hatte. Wie dieser Fall zeigt, geht es in den Reichspolizeiordnungen in erster Linie nicht um Erziehung, sondern um die Wahrung des Friedens im Reich; im THOMASIUS-Fall also hauptsächlich um den Religionsfrieden. Möglicherweise ist stattdessen in den territorialen Polizeiordnungen, auch wenn für diese die Reichspolizeiordnungen Vorbild gewesen sind, der Erziehungsgedanke deutlicher verankert, was auch in der von Ihnen ausgewerteten zeitgenössischen Literatur sichtbar geworden ist.

Also, ich meine, wir müssten hier diese Polizeiordnungen unterscheiden, wenn man nach ihrem Erziehungscharakter fragt. Vielleicht kommt der Erziehungscharakter in den territorialen Polizeiordnungen, die, das weiß ich natürlich, nach den Reichspolizeiordnungen ganz wesentlich gestaltet worden sind, aber doch viel deutlicher zum Ausdruck, insbesondere wenn man dann die Literatur hinzunimmt, die Sie ausgewählt haben.

Meine nächste Frage betrifft die Strafen, die in den Polizeiordnungen vorgesehen sind. Hatten diese Strafen eine Erziehungsfunktion? Das hängt damit zusammen, welchen Zweck die Strafe hatte. Sollten sie Vergeltungs- oder Präventionscharakter haben? Nur im letzten Falle kommt eine Erziehungsfunktion der Strafe in Betracht. Tatsache ist, dass über die Strafzwecke in den von Ihnen behandelten Epochen lebhaft diskutiert wird. Hinzu kommt die sich vollziehende Trennung von Strafjustiz und Policey, womit sich nicht nur die Zuständigkeiten für strafrechtliche Tatbestände änderten, sondern vermutlich auch die

Strafen unterschiedliche Funktionen erhielten. Parallel zu diesen Entwicklungen gewann die Freiheitsstrafe an Bedeutung – angefangen von dem ersten Londoner Zuchthaus Bridewell um 1550 über die Gründung des Männerzuchthauses in Amsterdam (1595) bis hin zur Errichtung des Zuchthauses Celle zu Beginn des 18. Jahrhunderts –, mit der zusammen der Erziehungsgedanke in den Mittelpunkt rückte. Meine Fragen lauten also: Muss man für den Erziehungsgedanken zwischen den Reichs- und den territorialen Polizeiordnungen unterschieden? Welche Rolle spielen für den Erziehungsgedanken die in den Polizeiordnungen angedrohten Strafen und in diesem Zusammenhang das Verhältnis von Justiz und Polizei?

SIMON:

Ja, das spielt eine riesige Rolle. Zugespitzt könnte man die These folgendermaßen formulieren: Im 19. Jahrhundert wird der Erziehungsgedanke in der Polizeigesetzgebung fragwürdig; in der Verwaltungstätigkeit bedarf er daher zusätzlicher Legitimierung. Er verliert seine überlieferte Selbstverständlichkeit. Er wird fragwürdig vor dem Hintergrund eines liberalen Staatsverständnisses. Gleichzeitig kommt der Erziehungsgedanke nun aber in der Tat im Strafvollzug zur Geltung. Das lässt sich an der utilitaristischen Strafzwecklehre der Aufklärung deutlich ablesen. Bei CARPZOV kann man sehen, dass der Strafzweck überwiegend noch in den Kategorien eines religiös unterfütterten Vergeltungsdenkens definiert wird. Der Fürst muss die Verbrecher bestrafen, weil ein unbestraftes Verbrechen die göttlichen Strafen auf das Land zieht. Bei PUFENDORF wird dann der Präventionsgedanke sichtbar: Strafe hat also den Zweck, zukünftige Taten zu vermeiden. Noch stärker kommt der Erziehungsgedanke im Strafrecht dann im 19. Jahrhundert mit der Resozialisierungsidee zur Geltung, mit der Vorstellung also, dass man die Freiheitsstrafe dazu nutzt, in einer Art Therapie auf den Charakter und die Mentalität des Verbrechers einzuwirken. Aber eben nur im „besonderen Gewaltverhältnis“ und nicht allgemein in der Gesellschaft. Im Polizeirecht und im Verwaltungsrecht des 19. Jahrhunderts hingegen wird der Erziehungsgedanke problematisch. Die Frage ist, wie man diese Verlagerung des Erziehungsgedankens von der Polizei weg in den Strafvollzug zu bewerten hat. Denn dazu eignen sich ja nur langfristige Freiheitsstrafen, denn nur sie eröffnen die Möglichkeit, den Verurteilten an Arbeit zu gewöhnen, ihm sozialfreundliches Verhalten einzuimpfen usw.

Zur Frage der Differenzierung zwischen Reichspolizei- und territorialen Polizeiordnungen: Ich glaube, dass man den Dingen besser auf den Grund kommt, wenn man die territorialen Polizeiordnungen betrachtet, weil der Schwerpunkt der Verwaltungstätigkeit im Heiligen Römischen Reich doch mehr und mehr bei den Territorien lag. Das Reich hat ja dann doch letztlich nur noch eine

Koordinierungsfunktion, während die intensive Verwaltungstätigkeit in die Fläche hinein von den Territorien gemacht wird, und deshalb bildet sich der Wandel der Verwaltungszwecke eben auch viel deutlicher in der territorialen Gesetzgebung ab, die im Übrigen auch von der Masse her seit dem 17. und 18. Jahrhundert die Polizeiordnungen des Reichs um ein Vielfaches übertrifft. Deswegen hat man, wenn man den Verwaltungszwecken nachspürt, hier den Akzent zu setzen.

Schließlich zur Abgrenzung von Erziehung und bloßer Verhaltenssteuerung: Da würde ich Ihnen zustimmen. Das ist, glaube ich, eine ganz grundsätzliche Frage, die sich bei dieser Tagung stellt: Kann man jede Form der Verhaltenssteuerung durch Strafe oder Belohnung als edukatorische Gesetzgebung bezeichnen? Von edukatorischer Gesetzgebung kann man meines Erachtens nur dann sprechen, wenn die Gesetzgebung getragen ist von der Intention des Gesetzgebers, tatsächlich auf die mentalen Strukturen der Normadressaten zugreifen zu wollen. Ansonsten wäre der heftige Affekt der frühliberalen Bewegung gegen den erziehenden Staat kaum erklärbar. Denn dieses Votum, etwa von WELCKER, gegen den erziehenden Staat war ja kein Votum gegen Steuerungsgesetzgebung allgemein. Dagegen hatte man natürlich nichts. Es ist ja keineswegs so, dass WELCKER jede Form motivierender Gesetzgebung ausschließen wollte, denn ohne das kommt der moderne Staat ja überhaupt nicht aus. Das war mitgedacht bei WELCKER. Es muss hier also aus der Sicht des 19. Jahrhunderts gravierende Unterschiede gegeben haben zwischen allgemeiner Verhaltenssteuerung im Wege der Gesetzgebung und einer eigentlich „erziehenden“ Gesetzgebung mit weiterreichenden Intentionen.

SELLERT:
Vielen Dank Herrn Simon und allen Diskutanten.

Der Erziehungsgedanke im Recht der sozialistischen Staaten

Friedrich-Christian Schroeder

I. Einführung

Das mir gestellte Thema soll offensichtlich nicht die Diskussion wieder aufrühren, welches eigentlich die wahren „sozialistischen“ Staaten sind. Gemeint sind ersichtlich – wie in der Rechtsvergleichung üblich – die Staaten, die sich selbst seit 1917 in ihren Staatsnamen oder in sonstigen offiziellen Verlautbarungen als „sozialistisch“ bezeichneten und später zur Abgrenzung von tatsächlichen und utopischen Konkurrenten die Präzisierung „realer Sozialismus“ einführten, die allerdings alsbald von außen als Pejorativ benutzt wurde.

Auch mit dieser Einschränkung gab es beim Zusammenbruch dieses „Sozialismus“ 1989/90 – wenn man einmal zweifelhafte Kandidaten wie China, Nordkorea, Vietnam und Kuba außen vor lässt – neun „sozialistische Staaten“, nämlich die Sowjetunion, Polen, die Tschechoslowakei, Ungarn, Jugoslawien, Rumänien, Bulgarien, Albanien und die DDR. Die Themenstellung geht offensichtlich davon aus, dass diese Staaten eine gewisse rechtstheoretische Einheit bilden. Das ist wegen des starken Einflusses der Staatsideologie des Marxismus-Leninismus und – wie wir sehen werden – noch mehr des Stalinismus in der Tat der Fall. Ich werde mich wegen des beherrschenden Einflusses der Sowjetunion und der räumlichen Nähe und der sprachlichen Gemeinsamkeit mit der DDR auf diese beiden Staaten konzentrieren.

Wer allerdings glaubt, mit dieser Einschränkung sei das Thema endlich auf einen kleinen Bereich reduziert, lässt die historische Dimension außer Acht. Denn ein „sozialistischer Staat" im rechtsvergleichenden Sinne war die Sowjetunion nicht weniger als 74 Jahre lang und war die DDR mit ihrer Vorgängerin, der Sowjetischen Besatzungszone Deutschlands, 44 Jahre lang. Die die Gesetzgebung beherrschende Ideologie des Marxismus-Leninismus hat im Laufe ihrer Entwicklung erhebliche Änderungen durchgemacht, Änderungen, die radikaler waren als viele Änderungen außerhalb ihres Einflussbereichs.

II. Die erste Phase der sozialistischen Rechtstheorie und Rechtspolitik

Karl Marx hatte das Recht bekanntlich als den bloßen „zum Gesetz erhobenen Willen der herrschenden Klasse" diffamiert. Mit der Aufhebung der Klassenspaltung durch die Revolution werde das Recht daher entfallen und „absterben". Diese Prognose wurde nach der russischen Revolution ernst genommen. Ende 1918 wurde das gesamte überkommene Recht aufgehoben und zur alleinigen Rechtsquelle – neben einigen punktuellen Dekreten der neuen Regierung – das „sozialistische Rechtsbewusstsein" der von den lokalen Sowjets gewählten, meist juristisch unausgebildeten „Volksrichter" bestimmt. Die gewaltigen Überleitungs-, Transformations- und Restitutionsprobleme, wie wir sie in Deutschland nach 1918, nach 1945 und nach 1989 zu lösen hatten, wurden damit zwar wie der gordische Knoten mit einem Schlag gelöst. Aber die Bedeutung dieser gesetzgeberischen Maßnahme geht noch viel weiter: Wohl einmalig in der ganzen bisherigen Geschichte unternahm es ein Staat, auf das gesetzte Recht völlig zu verzichten. Damit war natürlich auch für eine Erziehung durch Gesetzgebung kein Platz mehr.

Das Rechtsbewusstsein als Rechtsquelle war übrigens keine originelle Erfindung der Kommunisten. Es konnte sich auf Vorbilder in der französischen Revolution[1] und die „psychologische Rechtstheorie" des Feuerbach-Schülers Ludwig Knapp[2] und des vorrevolutionären russischen Rechtsphilosophen Leon Petrażycki[3] stützen.

1 Adolf Buchner, Die französischen Revolutionstribunale und das Geschworenengericht, 1854.

2 Ludwig Knapp, System der Rechtsphilosophie, 1857.

3 Dazu Karl Berthold Baum, Leon Petrazycki und seine Schüler, 1967.

Dieser – später als „Rechtsnihilismus" beschimpfte – Radikalismus stürzte das Land in ein totales Chaos. Ein Jahr später erklärte daher das (einem Ministerium entsprechende) Volkskommissariat für Justiz, das Proletariat könne das Recht erst nach dem endgültigen Brechen des Widerstandes der gestürzten bourgeoisen und der Zwischenklasse und der Verwirklichung des kommunistischen Systems aufheben. Bis dahin müsse das Proletariat im Interesse der Ökonomie der Kräfte und der Abstimmung und Zentralisierung der einzelnen Handlungen Vorschriften zur Zügelung seiner Klassenfeinde ausarbeiten. Das Volkskommissariat erließ daher widerwillig „Leitprinzipien für das Strafrecht der Russischen Sozialistischen Föderativen Sowjetrepublik" mit 27 Artikeln – wohl die kürzeste Strafrechtskodifikation aller Zeiten. Strafzweck war der Schutz der öffentlichen Ordnung vor dem Täter und vor zukünftigen Straftaten von Seiten des Täters oder dritter Personen (Art. 8) – die Spezialprävention stand also bemerkenswerterweise an der Spitze. Der Schutz der öffentlichen Ordnung vor zukünftigen Straftaten einer Person, die schon eine Straftat begangen hatte, könne entweder durch ihre Anpassung an die gegebene öffentliche Ordnung oder, wenn sie sich nicht anpassen lasse, durch ihre Isolierung oder – in Ausnahmefällen – durch ihre physische Vernichtung erfolgen (Art. 9). In dem Strafzweck der „Anpassung" könnte man eine – wenn auch brutale – Form der Erziehung sehen; für Personen unter 18 Jahren waren ausdrücklich „Erziehungs-(Anpassungs-)maßnahmen" vorgesehen (Art. 13). Aber die Anordnung von Erziehungsmaßnahmen und die Auffassung der Strafe als Erziehungsmittel finden sich im Strafrecht überall – sie sind nur mittelbar eine Erziehung „durch Gesetzgebung" und sollen daher aus dem Thema ausgegliedert bleiben. Als Zweck, ja überhaupt als Existenzbedingung für das Recht galt dagegen die Unterdrückung des Widerstandes der gestürzten Klasse.

Art. 1 der „Leitprinzipien" lautete übrigens: „Das Recht ist das System (die Ordnung) der gesellschaftlichen Verhältnisse, das den Interessen der herrschenden Klasse entspricht und von der durch sie organisierten Gewalt geschützt wird", und enthielt damit das wohl einmalige Kuriosum einer Legaldefinition des Rechts.

III. Die zweite Phase der sozialistischen Rechtstheorie und Rechtspolitik

1. Politische und ideologische Vorgaben

Die rechtspolitische Situation änderte sich jedoch ab Mitte der dreißiger Jahre des letzten Jahrhunderts. Ursache war letztlich das Scheitern des kommunistischen THÄLMANN-Aufstands in Hamburg 1923. Danach gab der Generalsekretär des Zentralkomitees der Kommunistischen Partei der Sowjetunion, JOSEF STALIN, der nach dem Tod LENINS die Führung der Partei und damit des Staates übernommen hatte, die Erwartung des Überspringens der Revolution auf die anderen Industriestaaten und damit der von MARX und ENGELS prognostizierten und in ihren Prognosen vorausgesetzten Weltrevolution auf. Er verkündete stattdessen den Aufbau des Sozialismus „in einem Land", nämlich in der Sowjetunion. Dieses Programm galt zunächst für die Wirtschaft mit dem rücksichtslosen, weitgehend mit dem Einsatz von politischen Häftlingen durchgeführten Ausbau der Schwerindustrie unter gleichzeitiger Zurückdrängung aller privatwirtschaftlichen Betätigungsmöglichkeiten, der Einbindung der gesamten Volkswirtschaft in Fünf-Jahrespläne und der Kollektivierung der Landwirtschaft, d.h. der Beseitigung der Selbstständigkeit der Bauern und ihrer zwangsweisen Zusammenfassung in Genossenschaften, russisch „Kolchosen".

Aber das Programm des Aufbaus des „Sozialismus in einem Land" hatte auch gewichtige Folgen auf dem Gebiet der Ideologie des Marxismus-Leninismus und damit für die Funktion des Rechts. 1936 erklärte STALIN in einer neuen Verfassung die Sowjetunion zu einem „sozialistischen Staat", und das bedeutete im Sinne der strengen marxistisch-leninistischen Terminologie, dass in diesem Staat die Klassengegensätze beseitigt waren. Bei dieser Gelegenheit wurde übrigens – wie meistens übersehen wird – der Staatsname von „Union der sozialistischen Sowjetrepubliken" in „Union der sowjetischen sozialistischen Republiken" umbenannt, um den neuen Staatstyp plakativ herauszustellen. Das hätte nach den überkommenen Grundsätzen der marxistisch-leninistischen Staatstheorie bedeutet, dass die Existenzberechtigung des Staates und mit ihm seines Rechts entfallen wäre. In seinem Rechenschaftsbericht an den XVIII. Parteitag der KPdSU 1939[4] erklärte STALIN daher, die „kapitalistische Einkreisung" schließe das Absterben des Staates aus und mache seine Fortexistenz erforderlich. Das war zwar einleuchtend, stand aber in diametralem Gegensatz zu den Grundlagen der Theorie von MARX und ENGELS und musste den Inhalt des „Sozialismus" völlig verändern. Außerdem hätten sich die Funktionen von Staat und Recht gewandelt. An die Stelle der Unterdrückung der nicht besitzenden Klasse sei nunmehr die Verteidigung des Staatseigentums gegen Diebe und Plünderer getreten. Auch dies eine dreiste Verkehrung der Konzeption von MARX und ENGELS: Hatten diese angenommen, dass durch die Vergesellschaftung des Eigentums der Hauptanreiz für die Kriminalität und damit letztlich auch das Bedürfnis nach einer Strafjustiz entfalle, so wird die völlige Verfehlung dieser

4 Abgedruckt bei FRIEDRICH-CHRISTIAN SCHROEDER, Wandlungen der sowjetischen Staatstheorie, 1979, S. 90 ff.

Prognose und die besondere Anfälligkeit des Staatseigentums für Straftaten in der Sowjetunion positiv in eine Bedingung für die Fortexistenz des Staates und des Rechts umgedeutet. Schließlich kreierte STALIN bei dieser Gelegenheit noch zwei weitere neue Staatsfunktionen: die „wirtschaftlich-organisatorische" und die „kulturell-erzieherische Arbeit". Die Anerkennung dieser Staatsfunktionen war für die damalige Zeit – man denke an den „New Deal" in Amerika, zunehmende Kulturförderungsprogramme der Staaten, Kulturpreise u.ä. – ausgesprochen zeitgemäß und innovativ. STALINS „Lehre von den Staatsfunktionen" wurde daher in der Sowjetunion panegyrisch gefeiert. Schon kurz zuvor hatte STALIN in seiner Schrift „Über dialektischen und historischen Materialismus" (die in die zum populären Standardwerk erklärte und in rund 200 Mio. Exemplaren gedruckte[5] „Geschichte der KPdSU – Kleiner Lehrgang" von 1938 aufgenommen wurde)[6] die These entwickelt, dass der „Überbau", d.h. der Bereich von Geist, Kultur, Recht, Moral usw. nicht wie bei MARX und ENGELS nur die „Basis", d.h. die wirtschaftlichen und sozialen Verhältnisse, widerspiegele, sondern aktiv auf diese zurückwirke und sie seinerseits forme.[7]

Diese Thesen wurden mit einer brutalen Bekämpfung der früheren Konzeption des Absterbens des Rechts verbunden: Sie wurde als „Rechtsnihilismus" beschimpft; ihre wissenschaftlichen Protagonisten STUTSCHKA und PASCHUKANIS wurden wegen Sabotage angeklagt und hingerichtet.

2. Auswirkungen auf die Rechtstheorie und das Recht

Der radikale Wandel der Ideologie konnte nicht ohne eine tiefgreifende Auswirkung auf die Theorie und die Funktion des Rechts im Sinne des vorliegenden Themas bleiben.

Zuerst geriet die sowjetische Kriminologie in große Erklärungsnot. Denn mit der Dekretierung des Wegfalls der Klassengegensätze konnte die fortbestehende und aufgrund der allgemeinen Not sogar noch angewachsene Kriminalität nicht mehr mit dem Widerstand der gestürzten Klasse erklärt werden. Die sowjetische Kriminologie versuchte die Kriminalität nunmehr mit „kapitalistischen Überbleibseln im Bewusstsein der Menschen" zu erklären. In der DDR wurde diese fadenscheinige Erklärung zur sogenannten „Rudimententheorie" hochstilisiert. Ein Heilmittel gegen das für den Sozialismus ausgesprochen pein-

---

5 IRING FETSCHER, Josef Stalin – Über dialektischen und historischen Materialismus. Vollständiger Text und kritischer Kommentar, 5. Aufl. 1959, S. 12.

6 Abgedruckt bei SCHROEDER (Anm. 4), S. 84 ff.

7 STALIN hat diese Problematik auch in seinen sogenannten Linguistikbriefen von 1950 – abgedruckt bei SCHROEDER (Anm. 4), S. 99 ff. – behandelt. Zu der – eher abschwächenden – Bedeutung dieser Schrift SCHROEDER (Anm. 4), S. 167 Fn. 13.

liche Phänomen der fortbestehenden Kriminalität suchte man nunmehr in der Vorbeugung von Straftaten. Zahlreiche Schriften und gesetzliche Maßnahmen widmeten sich dieser Aufgabe. Dabei spielte – neben organisatorischen Maßnahmen wie Gerichtsbeschlüssen zur Beseitigung der Ursachen von abgeurteilten Straftaten durch die Betriebe und Vorbeugungsprogrammen der örtlichen Volksvertretungen[8] – auch die Erziehung eine große Rolle.

Als nächstes geriet – wie beim Domino – die Auffassung von den Strafzwecken und damit die gesamte Straftheorie ins Wanken. Denn nunmehr konnte der Strafzweck nicht mehr mit einer Unterdrückung des Widerstandes der gestürzten Klasse erklärt werden. Art. 3 Abs. 1 des Gerichtsverfassungsgesetzes der UdSSR von 1938 erklärte daher:

> „Mit der Anwendung von Strafmaßnahmen bestraft das sowjetische Gericht nicht nur die Straftäter, sondern bezweckt auch ihre Besserung und Umerziehung."

Abs. 2 erklärte darüber hinaus ganz allgemein:

> „Mit seiner gesamten Tätigkeit erzieht das Gericht die Bürger der UdSSR im Geiste der Hingabe an die Heimat und an die Sache des Sozialismus, im Geiste einer genauen und unbedingten Ausführung der sowjetischen Gesetze, eines schonenden Umgangs mit dem sozialistischen Eigentum, der Arbeitsdisziplin, eines ehrlichen Verhältnisses zur staatlichen und gesellschaftlichen Pflicht und der Achtung vor den Regeln des sozialistischen Zusammenlebens."

Dies ist das erste Mal, dass eine erzieherische Funktion im sozialistischen Recht auftaucht. Allerdings handelt es sich hier um die erzieherische Funktion *des Gerichts*. Damit haben wir zwar die eingangs erwähnte unterste Stufe der Erziehung im Recht, nämlich die Anordnung von erzieherischen Maßnahmen durch das Recht, verlassen, sind aber erst bei der nächsthöheren Ebene, der Erziehung durch die Rechtsprechung, angelangt. Diese Erziehung erfolgt übrigens nicht nur durch die vom Gericht ausgesprochenen Sanktionen, sondern schon und gerade auch durch den öffentlichen Prozess als solchen.[9] Die Phrase von der erzieherischen Funktion des Gerichts und der Rechtsprechung wurde von nun an zu einer viel benutzten Formel im sozialistischen Rechtskreis. Dass diese Formel angesichts der stalinistischen Terrorjustiz bestenfalls nur ein optimistischer Programmsatz, wahrscheinlich aber eine heuchlerische Anbiederung bei den westlichen Rechtsstaaten war, spielt im Rahmen dieser Analyse der theoretischen Entwicklung keine Rolle.

---

8 Friedrich-Christian Schroeder, Das Strafrecht des realen Sozialismus, 1983, S. 164 ff.

9 Friedrich-Christian Schroeder/Torsten Verrel, Strafprozessrecht, 5. Aufl. 2011, S. 6 ff.

3. Recht und Moral

Die Einarbeitung der Konzeption erfolgte in den sowjetischen Lehrbüchern der Staats- und Rechtstheorie zunächst im Rahmen des traditionellen Kapitels über Recht und Moral. Dabei wurde seit jeher die weitgehende Übereinstimmung zwischen Recht und Moral im Sozialismus im Gegensatz zum Kapitalismus herausgestellt. Zumeist wird zuerst die Prägung des sozialistischen Rechts durch die sozialistische Moral festgestellt. So heißt es in der „Theorie des Staates und des Rechts" von 1949:

> „Die Normen der Moral, deren Beachtung und Anwendung durch die Zwangsgewalt des Staates garantiert wird, verwandeln sich aus Normen der Moral in Rechtsnormen, wobei sie nicht ihren moralischen Gehalt verlieren."[10]

Das Standardwerk war das Buch „Recht und Moral in der sozialistischen Gesellschaft" von M. P. Karewa aus dem Jahre 1951, das 1954 von der „Gesellschaft für deutsch-sowjetische Freundschaft" in deutscher Übersetzung in der DDR veröffentlicht wurde. Schon in dem Kapitel „Der unlösbare Zusammenhang und die Wechselwirkung zwischen Sowjetrecht und kommunistischer Moral" heißt es:

> „Diese Strenge des Rechts gegenüber allen schädlichen Überresten des Alten zeugt davon, dass sich im Recht die gesteigerten moralischen Forderungen der Gesellschaft an ihre Mitglieder widerspiegeln und bei der sittlichen Erziehung der Menschen in noch stärkerem Maße Methoden der rechtlichen Einwirkung ausgenutzt werden."[11]

Im Anschluss daran heißt es dann allerdings ziemlich ernüchternd, damit seien die durch das Recht ermöglichten Fördermethoden gemeint wie die Statute über Orden, Medaillen und Ehrenzeichen, über die Verleihung der Ehrentitel „Held der sozialistischen Arbeit", „Held der Sowjetunion", „Mutterheldin", Stalinpreise u.ä.

Das letzte Kapitel des Buches trägt den Titel „Die Bedeutung des sozialistischen Sowjetrechts für die kommunistische Erziehung". Hier hofft man, endlich für das Thema „Erziehung durch Gesetz" fündig zu werden. Die von Stalin aufgewiesene „kulturell-erzieherische Funktion" fehle dem bürgerlichen und überhaupt jedem Ausbeuterstaat. Im sozialistischen Staat erhalte das Problem der erzieherischen Rolle des Rechts eine völlig neue Bedeutung, eine neue Qualität. Der Eintritt in die Periode des Sozialismus bedeute ein gewaltiges Anwachsen der erzieherischen Bedeutung des Rechts. Diese bestehe in der Stär-

---

10 Akademija nauk Sojuza SSR, Institut prava (Akademie der Wissenschaften der Union der SSR, Institut des Rechts), Teorija gosudarstva i prava (Staats- und Rechtstheorie), 1949, S. 131.

11 Marija Pavlovna Karewa, Recht und Moral in der sozialistischen Gesellschaft, 1954, S. 99.

kung des Schutzes des sozialistischen Eigentums vor Dieben und Plünderern, von Hass gegen die Reaktion in allen ihren Erscheinungsformen, von Hass und Unversöhnlichkeit gegen die Feinde. Unerbittlichkeit gegen die Feinde verbinde sich jedoch in der Sowjetunion mit wahrem Humanismus. Es werden nun die Rechtsnormen über Beihilfen für Kinderreiche, Arbeits- und Kriegsinvaliden und wiederum über die Verleihung von Titeln wie „Heldenmutter", „Held der sozialistischen Arbeit" u.ä., ja sogar die Vorschriften über die Verwendung der Einnahmen aus Staatsanleihen als „Erziehung" zu deren Zeichnung aufgeführt.[12]

Hier haben wir – abgesehen von dem für unsere Begriffe lächerlichen Heldenkult und der abstoßenden Erziehung zum Hass – wieder keine „Erziehung" durch Gesetz, sondern den Anreiz, die Stimulierung.

4. Das „sozialistische Rechtsbewusstsein"

Ein weiterer Ansatzpunkt für die Problematik der Erziehung durch Gesetz war das sogenannte „sozialistische Rechtsbewusstsein". Dieses hatten wir eingangs als neue, alternative Rechtsquelle anstelle des positiven Rechts kennengelernt. Unter Stalins Rückkehr zur „sozialistischen Gesetzlichkeit"[13] wurde der Begriff des „sozialistischen Rechtsbewusstseins" radikal zu einer Kenntnis des positiven sowjetischen Rechts und zu einem Motiv für seine Einhaltung umgewandelt. Das Standardwerk hierzu wurde ebenfalls alsbald in der DDR in deutscher Übersetzung veröffentlicht. Darin wurde – wenn auch eher beiläufig – darauf hingewiesen, dass die Rechtsnormen ihrerseits einen großen Einfluss auf die Herausbildung des individuellen Rechtsbewusstseins, eine erzieherische Einwirkung auf die Menschen ausübten.[14] Die Forderungen der Rechtsnormen würden durch Überzeugung allmählich in eine Gewohnheit und in ein Bedürfnis der überwiegenden Mehrheit der Mitglieder der Gesellschaft verwandelt.[15] Dies ist wohl das, was wir uns unter „Erziehung durch Gesetz" vorstellen. Allerdings wurde es – wie gesagt – nur beiläufig erwähnt.

12 Karewa (Anm. 11), S. 137 ff.

13 Friedrich-Christian Schroeder, 74 Jahre Sowjetrecht, 1992, S. 25 f.

14 Jelena Andrejewna Lukaschewa, Sozialistisches Rechtsbewusstsein und Gesetzlichkeit, 1976 (Übersetzung des gleich betitelten russischen Werkes von 1973), S. 227 f.

15 Institut für Theorie des Staates und des Rechts der Akademie der Wissenschaften der DDR (Hrsg.), Marxistisch-leninistische allgemeine Theorie des Staates und des Rechts, Bd. 4: Das sozialistische Recht (Übersetzung eines gleich betitelten russischen Werkes von 1973), 1976, S. 44.

5. Die Erziehung als Funktion des Rechts

Infolge der Auffassung des Rechts als bloßes Produkt und Instrument des Staates und STALINS Beschränkung auf die Staatsfunktionen hat man sich in den sozialistischen Staaten lange Zeit davor gescheut, die Funktionen des Rechts eigenständig zu untersuchen. Erst seit den siebziger Jahren des letzten Jahrhunderts begann die Entwicklung einer eigenständigen Rechtstheorie.[16] In diesem Rahmen wurde nun neben der ökonomischen und der politischen Funktion die erzieherische Funktion des Rechts anerkannt.[17] Diese bestehe in der Festigung der Normen und der Prinzipien der wichtigsten Anforderungen der kommunistischen Moral, der Schaffung der rechtlichen Grundlagen für die Entwicklung der Volksbildung, der Kultur und der Wissenschaft und der Feststellung der rechtlichen Verantwortlichkeit für die Begehung von rechtswidrigen, unmoralischen Vergehen.

An dieser Stelle wagte überraschend die DDR einen Widerspruch gegen die ideologischen Vorgaben des großen Bruders. In der dritten Auflage der offiziösen „Marxistisch-leninistischen Staats- und Rechtstheorie“ von 1980 hieß es, diese Auffassung sei „u.E. nicht exakt“. Die Anerkennung einer besonderen ideologisch-erzieherischen Funktion des Rechts bedeute, dass diese Funktion zusätzlich an den rechtlichen Regelungsprozess herangetragen werde. In Wirklichkeit sei auch dieser Prozess wesentlich ein ideologischer Vorgang. Die ideologisch-erzieherische Beeinflussung sei eine Querschnittswirkung aller Funktionen des sozialistischen Rechts. Das Buch bemüht den Fall, dass Schülern unter 15 Jahren Normen des Familienrechts erläutert würden. Diese Art von ideologischer Wirkung liege mehr auf der informatorisch-orientierenden Ebene und rechtfertige nicht die These von einer separaten ideologisch-erzieherischen Funktion des Rechts.[18] Meines Erachtens handelt es sich hierbei um die in der sozialistischen Rechtstheorie nicht seltene Begriffsstreiterei, mit der man sich über die Unzulässigkeit echter alternativer Meinungen hinwegtröstete.

---

16 FRIEDRICH-CHRISTIAN SCHROEDER, Fünfzig Jahre sowjetische Rechtstheorie, in: Reinhart Maurach/Boris Meissner (Hrsg.), 50 Jahre Sowjetrecht, 1969, S. 52 ff., 54.

17 Teorija gosudarstva i prava (Staats- und Rechtstheorie), unter der Redaktion von ANDREJ I. DENISOV, 1967, S. 257.

18 INSTITUT FÜR THEORIE DES STAATES UND DES RECHTS DER AKADEMIE DER WISSENSCHAFTEN DER DDR (Hrsg.), Marxistisch-leninistische Staats- und Rechtstheorie, 3. Aufl. 1980, S. 447.

6. Die „Rechtserziehung"

In der Sowjetunion entstanden aus der Erziehung des „sozialistischen Rechtsbewusstseins" die Begriffe der „Rechtspropaganda"[19] und der „Rechtserziehung"[20]. Letztere sei mit der Erziehung einer „Rechtskultur" identisch. Ihre Prinzipien seien die Berücksichtigung der Besonderheiten der Akzeptierung von Rechtsnormen durch unterschiedliche Bevölkerungsgruppen, die Erkenntnis der sozialen Bedeutung und des moralischen Wertes der Rechtsnormen durch die zu Erziehenden und die Entwicklung der rechtlichen Aktivität der Bürger, ihre Erziehung zur Unversöhnlichkeit gegenüber allen Verletzungen der Gesetzlichkeit und Rechtsordnung.

Die DDR knüpfte die „Rechtserziehung" an die erwähnte erzieherisch-ideologische Einwirkung des Rechts auf die Bürger an. *Ein Teil* davon sei „das, was wir als Rechtserziehung bezeichnen". „Gerade deshalb" sei jede Gerichtsverhandlung, jedes Plädoyer des Staatsanwaltes, jede Urteilsbegründung usw. Rechtserziehung. Aber diese *erschöpfe sich* wiederum *nicht* darin, zu ihr gehöre auch das Vermitteln von Kenntnissen über das sozialistische Recht.[21]

In der DDR wurde diese Konzeption der „Rechtserziehung" besonders ausgebaut.[22] In Art. 3 Abs. 2 S. 1 des Strafgesetzbuches von 1968 fand sie ihrerseits einen gesetzlichen Niederschlag:

> „Die Leiter der Betriebe, der staatlichen Organe und Einrichtungen, die Vorstände der Genossenschaften und die Leitungen der gesellschaftlichen Organisationen sind dafür verantwortlich und rechenschaftspflichtig, dass in ihrem Aufgabenbereich durch eine wissenschaftliche Leitungstätigkeit und Erziehungsarbeit im engen zusammenwirken mit den Bürgern Straftaten vorgebeugt wird […]."

Die Vorschrift erinnert an die Vorbeugungsvorschriften im XX. Titel des Zweiten Teils des Preußischen Allgemeinen Landrechts!

Hier finden wir wiederum eine enge Beziehung zwischen Gesetz und Erziehung, aber wiederum keine Erziehung *durch* Gesetz. Es handelt sich vielmehr

---

19 Akademija nauk Sojuza SSR, Institut prava (Akademie der Wissenschaften der Union der SSR, Institut des Rechts), Teorija gosudarstva i prava (Staats- und Rechtstheorie), unter der Redaktion von Andrej I. Denisov, 1972, S. 381 f.

20 Leningradskij Gosudarstvennyj Universitet Imeni A. A. Ždanova (Hrsg.), Teorija gosudarstva i prava (Staats- und Rechtstheorie), unter der Redaktion von Aleksej I. Korolev, 1982, S. 237.

21 Institut für Theorie des Staates und des Rechts der Akademie der Wissenschaften der DDR (Anm. 18), S. 447.

22 Wolfgang Surkau u.a., Verhütung und Bekämpfung von Ordnungswidrigkeiten, hrsg. von der Hochschule der Deutschen Volkspolizei „Karl Liebknecht" Berlin, 1978, S. 36 f.; Institut für Theorie des Staates und des Rechts der Akademie der Wissenschaften der DDR (Anm. 18), S. 617.

um eine Erziehung *zum* Gesetz, die geradezu die eigene Kraft des Gesetzes zur Erziehung vermisst.

IV. Fazit

Bei unserer Behandlung des Themas „Erziehung durch Gesetzgebung in den sozialistischen Staaten" haben wir vielfältige Beziehungen zwischen Gesetz und Erziehung festgestellt. Eine *mittelbare* Erziehung durch Gesetz liegt in der Durchführung der vom Gesetz angeordneten Folgen: der angedrohten Sanktionen einerseits, der angebotenen Vorteile andererseits. Näher hin zum Gesetz bewegen wir uns bei der *Tätigkeit des Gerichts*, die aufgrund der Gesetze erfolgt. Die Erziehung *zum* Gesetz stellt die eigene Kraft des Gesetzes zur Erziehung geradezu in Abrede. Eine Erziehung *durch* das Gesetz fand sich nur in Ansätzen.

Allerdings ist hierbei zu berücksichtigen, dass auch in der westlichen Rechtstheorie die erzieherische Funktion des Gesetzes lange Zeit verschüttet war. FEUERBACH sah bekanntlich in der Strafdrohung einen „psychologischen Zwang" zur Abhaltung von der Straftat. Nach HEGEL würdigt diese Theorie den Menschen zu einem Hund herab, gegen den man einen Stock erhebt.[23] Obwohl diese radikale Kritik immer wieder zurückgewiesen wurde,[24] blieb es doch im Wesentlichen bei der Auffassung der Generalprävention als „Abschreckung", die mit „Erziehung" als einer nachhaltigen Formung einer bestimmten moralisch-ethischen Einstellung wenig zu tun hat. Erst seit Ende der sechziger Jahre des letzten Jahrhunderts hat sich ein Übergang zu einer positiven Auffassung der Generalprävention vollzogen, wonach die Strafdrohungen die Wirkung der Abhaltung von strafbaren Handlungen eher durch eine Einübung in Rechtstreue, eine Stärkung der Normgeltung, eine längerfristige Propagierung und Verfestigung sozialkonformen Verhaltens erreichen.

V. Die Entwicklung nach dem Sozialismus

Zum Abschluss noch ein kurzer Blick auf die Entwicklung nach dem Zusammenbruch des Sozialismus. Die rechtstheoretische Entwicklung gegen Ende des Sozialismus war so, dass sie unter Auswechslung der Inhalte weitgehend auf die Folgezeit übertragen werden konnte. Nach wie vor sind das „Rechtsbewusst-

23 GEORG WILHELM FRIEDRICH HEGEL, Werke, Bd. 7: Grundlinien der Philosophie des Rechts oder Naturrecht und Staatswissenschaft im Grundrisse, 1986, § 99, Zusatz, S. 190.

24 Zuletzt LUÍS GRECO, Lebendiges und Totes in Feuerbachs Straftheorie, 2009.

sein" (nunmehr natürlich ohne den Zusatz „sozialistisch") und die „Rechtserziehung" die hauptsächlichen Darstellungspunkte.[25] Zwar wird die „Rechtserziehung" scheinbar von der Erziehung zur Beachtung des Rechts gelöst:

> „Rechtserziehung ist die zielgerichtete Tätigkeit des Staates, gesellschaftlicher Organisationen und einzelner Personen zur Weitergabe der juristischen Erfahrung; die systematische Einwirkung auf das Bewusstsein und das Verhalten des Menschen zum Zweck der Formierung bestimmter positiver Vorstellungen, Ansichten, Wertorientierungen und Einstellungen",

doch dann folgt wieder der positivistische Rückfall:

> „die die Beachtung, Einhaltung und Nutzung der Rechtsnormen sichern."[26]

Inhalt der Rechtserziehung sei die Heranführung der Menschen an Kenntnisse über Staat und Recht, die Gesetzlichkeit, die Rechte und Freiheiten der Person, die Herausarbeitung einer nachhaltigen Orientierung auf ein gesetzesgehorsames Verhalten. Immerhin wird die erzieherische Funktion des Rechts nicht nur in der Wirkung durch einzelne Normen und Institute, sondern auch als selbstständiger Faktor des geistigen Lebens des Landes im Ganzen gesehen.[27] Rechtserziehung sei in erster Linie die Erziehung zur Achtung der Verfassung.[28]

---

25 Anatolij B. Vengerov, Teorija gosudarstva i prava (Staats- und Rechtstheorie), 1998, S. 572 ff.; Teorija gosudarstva i prava (Staats- und Rechtstheorie), unter der Redaktion von Nikolaj I. Matuzov und Aleksandr V. Mal'ko, 1999, S. 568 ff.

26 Teorija gosudarstva i prava, 1999 (Anm. 25), S. 156.

27 Teorija gosudarstva i prava, 1999 (Anm. 25), S. 156.

28 Vengerov (Anm. 25), S. 586.

Diskussion zum Vortrag von Friedrich-Christian Schroeder

Leitung: Okko Behrends

Behrends:
Vielen Dank für den Vortrag. Wir haben, wenn ich auf die Zeit sehe, eine gute halbe Stunde für die Diskussion. Ich fand besonders eindrucksvoll, dass der Begriff des Rechtsnihilismus schon 1918 geprägt worden ist, der doch ganz neulich erst von Medwedew in der Art einer neuen Einsicht als Haupthindernis auf dem Weg zum Rechtsstaat herausgestellt worden ist. Sehr einleuchtend fand ich auch den Hinweis, dass ein solcher Staat, der vor allen Dingen seine Ziele durchsetzen will, an äußerem Gehorsam interessiert ist und die Gesinnung als etwas Indifferentes ansieht. Ich darf die Diskussion eröffnen, wer möchte das Eis brechen, Herr Diederichsen?

Diederichsen:
Ja, Herr Schroeder, auch ich habe Ihnen fasziniert zugehört, weil Ihre Darstellung ein so schönes klares Bild von der Instrumentalisierung des Rechts in der DDR gab. Allerdings haben Sie sich, wie Herr Behrends das eben schon sagte, darauf beschränkt, uns zu zeigen, wie das Gesetz und die Rechtserziehung im Grunde lediglich der Erreichung rein politischer Ziele dienten und dass es in der DDR immer nur um die Erzwingung von Rechtsgehorsam ging. Als wir das Thema in unserer Kommission besprachen, ging es uns in der Tat vor allem um eine solche positivistische Darstellung. Erziehung hat aber, selbst wenn sie in Form von erziehender Gesetzgebung erfolgt, immer auch rechtsübergreifende kulturelle Aspekte; und dafür gibt die DDR wahrscheinlich mehr Beispiele als das folgende, auf das ich mich hier beschränken will.

Ich habe in den 1950er Jahren an der Freien Universität in Berlin studiert, war aber immer wieder auch in Ostberlin in der Humboldt-Universität, wo ich einmal einen Vortrag der damaligen Justizministerin der DDR, Hilde Benjamin, gehört habe, die in der Bevölkerung nur die „Rote Hilde" genannt wurde, weniger weil sie Kommunistin war als wegen ihrer willkürlichen und mit der Guillotine vollstreckten Todesurteile, die sie als oberste Richterin in der Sowjetzone gefällt hatte. In ihrem damaligen Vortrag ging es aber um etwas anderes, nämlich um die Gleichberechtigung der Frauen, und damit um einen Punkt, in welchem sich die DDR im Grundsatz wesentlich „fortschrittlicher" gebärdete als die Bundesrepublik.

In der zweiten Hälfte der 1980er Jahre nutzte THILO RAMM das auf die Bemühungen von WILLY BRANDT und HELMUT SCHMIDT zurückgehende deutsch-deutsche Kulturabkommen dazu, westdeutsche und ostdeutsche Juristen zusammenzubringen, und zwar im Arbeits- und Familienrecht als den beiden Gebieten, in denen sich die DDR-Führung für besonders kompetent, ja für bahnbrechend hielt. Beschränken wir uns auf das Familienrecht, so hat die DDR – wie die Bundesrepublik in ihrem Grundgesetz – die Gleichberechtigung von Mann und Frau in der Verfassung festgeschrieben, darüber hinaus aber in der Tat auch dafür gesorgt, dass die Gleichberechtigung ökonomisch verstanden wurde, indem der sozialistische Staat sicherstellte, dass Frauen erwerbstätig bleiben konnten, auch wenn sie Kinder zu versorgen hatten. Sie gingen alle einer Arbeit nach und verfügten so über eigenes Einkommen und hatten auf diese Weise die Gleichberechtigung nicht nur als juristischen Grundsatz, sondern auch ökonomisch völlig internalisiert.

Nach der Wende kam dann der Schock. Plötzlich stimmten die Bedingungen für das Gleichberechtigungsgefühl nicht mehr. Mir ist das zum ersten Mal klar geworden, als in dem im Rahmen des deutsch-deutschen Kulturabkommens gebildeten und nach 1990 fortgesetzten Arbeitskreis „Familienrecht" jemand aus der DDR beiläufig bemerkte, die Frauen hätten ja in „geschützten Brigaden" gearbeitet. Auf unsere Frage, was darunter zu verstehen sei, kam zögernd heraus, dass die Frauen vielfach gar nicht richtig in den eigentlichen Produktionsprozess eingebunden gewesen seien. Vielmehr wären sie in eigenen Abteilungen zusammengefasst worden, hätten während der Arbeitszeit auch einkaufen gehen können, etwa wenn es darum ging, für seltene Waren anstehen zu müssen; und hätten auch, wenn die Kinder krank waren, zu Hause bleiben dürfen, was in einem wirklich durchgängig ökonomisierten Betrieb betriebswirtschaftlich gar nicht möglich gewesen wäre. Verpuffte damit nicht ein großer Teil der Erziehung zur ökonomischen Gleichberechtigung? Erwies sich nicht auch die wirtschaftliche Eigenständigkeit der Frauen spätestens mit der Auflösung ihrer nicht produktiven Arbeitsverhältnisse beim wirtschaftlichen Zusammenbruch des sozialistischen Regimes als Illusion? Oder – um die Problematik durch eine entsprechende Erweiterung zu verallgemeinern: Wie steht es eigentlich mit der Effektivität anderer erziehender Gesetze sozialistischer Staaten wie der DDR?

SCHROEDER:
Ja, das sind natürlich sehr interessante persönliche Erlebnisse, die Sie da hatten. Ich habe selber auch in Berlin studiert und auch noch zu der Zeit, als es keine Mauer gab und man rüberfahren und viel diskutieren konnte. Aber ganz konsistent fand ich Ihre Darlegung nicht. Sie sagten, die Frauen hatten eigentlich keine

ökonomische Tätigkeit, denn sie kochten und unterhielten sich und konnten einkaufen gehen usw.

DIEDERICHSEN:
Kochen habe ich nicht gesagt, aber die Freistellung im Betrieb zum Zwecke des Einkaufens war nötig, damit die Familien überhaupt an die Lebensmittel herankamen, die – weil sie Devisen kosteten – in der DDR knapp waren. Da die Männer in die Betriebsabläufe eingebunden waren, gingen die Frauen und stellten sich an; und so waren es auch sie, die zu Hause bleiben mussten, wenn die Kinder krank waren.

SCHROEDER:
Ja, aber hatten Sie nicht gesagt, sie übten eigentlich keine ökonomische Funktion aus?

DIEDERICHSEN:
Ich würde es etwas anders ausdrücken: Es war nicht eingeplant, dass mit der Arbeit von geschützten Brigaden Gewinn erzielt wurde.

SCHROEDER:
Ja, aber woher kommt dann das Selbstbewusstsein der Frauen?

DIEDERICHSEN:
Das gerade wollte ich gerne geklärt wissen. Ich denke, dass der erzieherische Effekt rein politisch war und dabei weder die Belange der Wirtschaft noch die Frauen wirklich ernst genommen wurden.

SCHROEDER:
Also ich würde das etwas anders sehen. In der Sowjetunion kam in den letzten Jahren zum Vorschein, dass ANDROPOW Kontrolleure in die Friseurläden und Badeanstalten usw. geschickt hatte, wo sich herausstellte, dass große Teile der Belegschaften blau machten. Und es war ja auch nach der Wende ein bekannter Witz im Westen, dass die Arbeiter, die aus der DDR herübergekommen waren, sich erst einmal hinsetzten und sagten „Wir warten auf das Baumaterial“, was aber längst da war. Da hat sich einfach ein gewisser Müßiggang als sozialer Besitzstand entwickelt. Und die Leute haben auf diesen sozialen Besitzstand gepocht, aber einen Erziehungserfolg kann ich darin eigentlich nicht sehen. Natürlich hatten die Frauen ein stärkeres Selbstbewusstsein in der DDR, aber das resultierte eben nicht daraus, sondern das hat in der Sowjetunion angefangen, dass die Sowjetunion aus Arbeitskräftemangel in großem Umfang Frauen in das Berufsleben eingespannt hat. Das hat übrigens trotz allen Kinderkrippen usw. zu einem rasanten Bevölkerungsschwund geführt. Diese Doppelbelastung ist eben für Frauen schwer erträglich, aber ich will jetzt nicht mit Frau Schumann in eine

Auseinandersetzung über die Stellung der Frau in der modernen deutschen Gesellschaft kommen. Aber die Arbeitsteilung – Mann berufstätig, Frau Haushalt – hatte natürlich auch ihren Sinn. Und wenn man bedenkt, was heute Haushalte für ein Knowhow, für ein technisches Wissen, für eine Organisationstätigkeit erfordern, dann ist das schon fast ein Fulltime-Job. Also meiner Meinung nach hat man es nicht nötig, eine Arbeitsstelle zu finden, um Selbstbewusstsein zu bekommen.

Behrends:
Herr Stolleis bitte.

Stolleis:
Herr Schroeder, ich habe in den letzten Jahren mich intensiver mit der Wissenschaftsgeschichte des öffentlichen Rechts in der DDR beschäftigt* und ich möchte vorweg sagen, dass ich im Bereich des Verwaltungs- und Staatsrechts in den wissenschaftlichen Arbeiten relativ wenig von diesem edukatorischen Element gespürt habe – dagegen sehr viel bei der Strafrechtspraxis aufgrund der Gesetze, also bei der Erziehung durch Gesetz und Richterspruch. Wenn man etwa nachliest, was Inga Markovits in ihrem Buch „Gerechtigkeit in Lüritz" (2006) beschreibt, dann ist die Funktion des Richters doch sehr stark erzieherisch, viel stärker als bei uns, etwa gegen Bummelantentum, Kleindiebstahl von Volkseigentum, Alkoholmissbrauch, Ehebrüche und alles dies. Die Erziehungsfunktion steht deutlich vor der Straffunktion und vor der Anbindung an das strenge Gesetz. Wenn man noch das Sammelsurium von Orden und Auszeichnungen dazu nimmt, was Sie ja auch berührt haben, dann sieht man, dass diese Staaten doch ganz stark auf Aktivierung, auf Kämpfertum und auf eine Ethisierung des täglichen Lebens hinarbeiten, wahrscheinlich zur Kompensation von ökonomischen Mängeln und Alltagsschwierigkeiten, die durch diese Ethisierungen überbrückt werden sollen. Wenn eine Ehe zu Bruch ging, wurden die Leute einbestellt und erst einmal im Betrieb selbst ermahnt, ob es nicht doch geht, und wenn es zur Ehescheidung kam, musste noch einmal ein erzieherisches Vorgespräch geführt werden. Dieser starke erzieherische Impetus ist nicht einfach zu erklären. Jedenfalls vermischen sich ideologische und ökonomische Motive.

Schroeder:
Sie haben ja gemerkt, dass ich dieser Verwendung des Begriffs „erzieherisch" und „edukatorisch" sehr vorsichtig gegenüberstehe. Ist nicht das, was Sie schildern, dass das Ehepaar in den Betrieb einbestellt wird und dass der Richter mit dem Angeklagten diskutiert, eher etwas, was wir heute unter Mediation verstehen?

---

* Michael Stolleis, Sozialistische Gesetzlichkeit. Staats- und Verwaltungsrechtswissenschaft in der DDR, 2009.

Das waren doch keine moralischen Sachen, die sie da mit nach Hause bekamen, sondern es wurde versucht, durch Mediation diese Konflikte auszugleichen. Und wenn Sie jetzt sagen, der Richter hatte eine sehr viel stärkere moralische Funktion, dann hätte der Richter allein das ja gar nicht machen können, sondern er konnte das nur, weil ihm kollektive Instrumente zur Seite standen, also die Konfliktkommissionen in den Betrieben. Dann gab es ja auch das Kollektiv, also die Betriebsbelegschaft, als Bewährungshelfer. Es wurden Betriebsvertreter, gesellschaftliche Ankläger und Verteidiger zu den Strafverhandlungen geladen, die dort den Leumund des Betriebes darlegten, also den üblen Leumund oder den guten Leumund. Das war meiner Meinung nach durch einen starken kollektiven Druck erzeugt und kann nicht unbedingt der Rechtspflege der DDR zugute gehalten werden.

Sellert:
Herr Schroeder, vielen Dank für Ihre Ausführungen und Ergebnisse, die zu einem Vergleich mit Erziehungsgedanken im NS-Staat, aber auch mit solchen in der Volksrepublik China anregen. Dankbar bin ich für Ihre scharfsinnige Unterscheidung zwischen Erziehung durch Gesetz und zum Gesetz. Ich habe den Eindruck, dass Sie darunter zwei verschiedene Kategorien verstehen. Müsste man oder könnte man nicht auch sagen „Erziehung durch Gesetz zum Gesetz", denn wie soll man zum Gesetz erziehen, wenn nicht durch Gesetz? Das gilt auch für den Richter, der das Gesetz anwendet und erzieherisch tätig wird, indem er beispielsweise durch die im Gesetz vorgesehenen Sanktionen den jugendlichen Straftäter zu einem gesetzmäßigen Verhalten veranlassen will. Insoweit überzeugt mich Ihre Differenzierung nicht in jeder Hinsicht.

Hinweisen möchte ich noch darauf, dass nach meiner Kenntnis die positive Spezialprävention, also die Resozialisierung, nicht erst um 1960 eine Rolle zu spielen begann. Sie hat vielmehr, soweit es sich um den Besserungsgedanken handelt, schon im Strafvollzug der Zuchthäuser von Bridewell, Amsterdam, Bremen, Celle etc. eine Rolle gespielt, war lebhafter Diskussionsgegenstand im 19. Jahrhundert, wo es beispielsweise Carl Theodor Welcker oder Franz von Liszt für die Strafe um die innere oder moralischen Besserung des Täters ging.

Schroeder:
Ich möchte beiden Sachen etwas entgegenhalten, wenn Sie erlauben. Also einmal die Erziehung zum Gesetz. Da können Sie natürlich sagen, das sei eigentlich dasselbe, die Erziehung durch Gesetz und die Erziehung zum Gesetz. Sie haben dann diese schöne Kette gebildet: durch das Gesetz zum Gesetz. Aber ich verstehe unter Erziehung durch das Gesetz mehr als die bloße Erziehung zur Einhaltung gesetzlicher Vorschriften, sondern die Herausbildung von Werten, einer eigenen Wertdisposition, so dass das nicht aus Beachtung des Gesetzes,

sondern aus eigenem inneren Antrieb erfolgt. Und danach müssten wir, finde ich, bei unserer Tagung „Erziehung durch Gesetz" suchen. Ob es so etwas gibt. Und wenn Sie jetzt mit der Besserung ankommen, das ist ja nun eine Frage der Spezialprävention durch den Strafvollzug, das sind wieder die gesetzlich angeordneten Folgen. Aber die positive Generalprävention bedeutet gerade, dass die Strafdrohung als solche dazu führt, dass die in dem Strafgesetz enthaltenen Verbote dadurch wirksam werden, dass in den – sagen wir mal – Konsumenten des Strafgesetzes oder den Lesern des Strafgesetzes ein Wertbewusstsein, ein positives Wertbewusstsein, entsteht. Das ist ja gerade der eigentliche Ansatz der positiven Generalprävention, nicht mehr Abschreckung und nicht mehr bloß Beachtung des Gesetzes, sondern die Erzeugung von Werten.

RÜCKERT:
Das ist Erziehung durch das Gesetz.

BEHRENDS:
Herr Avenarius bitte.

AVENARIUS:
Sie haben am Anfang hingewiesen auf diese kurze Phase 1918, in der man glaubte, völlig auf das Recht verzichten zu können, haben dann gesagt, man habe an die Stelle des Rechts das sozialistische Rechtsbewusstsein setzen wollen, und schließlich gesagt, die Grundlage für den Gedanken, das sozialistische Rechtsbewusstsein trete an die Stelle des gesetzten Rechts, sei die Psychologische Rechtslehre von PETRAŻYCKI gewesen, wenn ich es richtig verstanden habe. Ich habe mir das immer anders vorgestellt, und vielleicht lohnt es sich, darauf hinzuweisen, weil der Gedanke der Erziehung durch Recht bei PETRAŻYCKI ja so wichtig ist. Er sagt doch, dass die wünschenswerte ethische Einstellung des Menschen die berühmte imperativ-attributive Grundlage voraussetze, und diese sei das Recht. Das ist es, wogegen TOLSTOJ dann so hart polemisiert. Er sagt also: Das Recht brauche ich, es geht nicht, dass sich die entsprechende ethische Einstellung nur aus dem Menschen selbst entwickelt. Ich meine nun, dass diese Lehre durchaus zum Zug kommt, aber erst etwas später, nämlich vermittelt womöglich durch PETRAŻYCKIS Schüler REJSNER in der Situation, als man nach dem Kriegskommunismus sagt: Vorläufig brauchen wir ein Recht – natürlich im Lichte des sozialistischen Rechtsbewusstseins, das dann Eingang in das Recht findet durch wertausfüllungsbedürftige Rechtsbegriffe.

SCHROEDER:
Ja, das war eine Ergänzung, gegen die ich nichts einzuwenden habe, sondern für die ich danke.

BEHRENDS:
Wunderbar. Frau Wendehorst bitte.

WENDEHORST:
Ja, herzlichen Dank. Ich möchte noch einmal in eine ähnliche Kerbe schlagen wie Herr Sellert, nur anders. Ich denke auf jeden Fall, dass wir differenzieren müssen zwischen einerseits Erziehung durch Gesetz bzw. Verhaltenssteuerung durch Anreize, sei es positiver oder negativer Art, und Bewusstseinsbildung andererseits. Ich denke nur nicht, dass wir so scharf differenzieren müssen und vor allem nicht, dass wir es als Gegensatz konstruieren dürfen. Ich will einmal ein Beispiel bringen: Wenn der Gesetzgeber einen Mordtatbestand in das Gesetz schreibt, dann will er natürlich damit auch das Bewusstsein vermitteln, dass man so etwas nicht tut. Das Problem ist nur, dass es so viele und vielleicht vordringliche andere Gründe gibt, den Mord zu verbieten und unter Strafe zu stellen, dass der Erziehungseffekt ein bisschen vertuscht, verdeckt wird, und dass wir natürlich, wie Sie es auch sehr schön formuliert haben, vom Hundertsten ins Tausendste kommen würden, wenn wir jetzt den Mordtatbestand und den Diebstahlstatbestand auf ihre edukatorischen Effekte hin untersuchen würden. Aber sie sind doch immer da.

SCHROEDER:
Ja, aber erkannt und diskutiert wurde diese Funktion erst durch die Lehre von der Frankfurter Schule, durch die in den 1960er Jahren entwickelte Lehre von der positiven Generalprävention. Davor hat man sich immer mit der Abschreckung beschäftigt; immer hieß es: Abschreckung ist psychologischer Zwang, siehe FEUERBACH, und das ist die rechtsstaatliche Wirkung des Strafrechts, dass man den potentiellen Täter von vornherein durch Drohungen davon abhalten möchte, überhaupt Straftaten zu begehen. FEUERBACH hatte ja dieses schöne Bild von dem Kräfteparallelogramm, die Strafdrohung muss gerade so stark sein wie der Anreiz zur Straftat ist, dann entsteht ein Gleichgewicht und es kann gar nicht zu Straftaten kommen. Und das, was Sie sagen: Natürlich will der Gesetzgeber auch mal das andere, aber in den strafrechtlichen und straftheoretischen Büchern ist das lange Zeit nicht angesprochen worden.

BEHRENDS:
Ich habe mich gerade auf die Liste gesetzt und hätte eine Frage im Hinblick auf die Wirkung von Gesetzen. Wirken Gesetze eigentlich nicht immer erst auf der institutionalisierten Ebene, wo man sie als Einrichtungen entweder positiver oder negativer Art erlebt? Negativ z.B. nach der Abschaffung des Erbrechts in der Sowjetunion: Sie bedeutete, dass eine gewisse Zukunftssicherheit nicht mehr gegeben war, und man behauptet, dass dort die Leute angefangen haben,

ihr restliches Vermögen zu vertrinken, weil es sinnlos geworden war, es zu erhalten. Sie erlebten in dieser Ordnung Freiräume, die man erzieherisch nicht als nützlich ansehen kann. Aber führt das nicht zu der Feststellung, dass die Gesetze erziehen, je nachdem wie die auf ihrer Grundlage entstandenen Freiräume oder umgekehrt die Begrenzungen der Handlungsräume erlebt werden? Ihr Beispiel der betrieblichen Mediation hat insofern sehr anschaulich vor Augen gerückt, mit welchem sozialen Druck solche institutionalisierten Begrenzungen der Freiräume ausgestattet werden können. Das dahinter stehende Gesetz verblasst demgegenüber. Die Gesetze als bloße Präskription in der oberen Abstraktionsebene sind also vielleicht nicht das, was man betrachten muss, wenn man nach ihrer erzieherischen Wirkung sucht, sondern mehr das institutionell Realisierte und deswegen vom Normadressaten als verhaltensrelevante Ordnung Wahrgenommene. Ich orientiere mich an dem, was verwirklicht ist. Das ist meine Frage.

SCHROEDER:
Zu Ihrem Hinweis auf die Abschaffung des Erbrechts noch eine kurze rechtshistorische, etwas witzige Ergänzung. Die Abschaffung des Erbrechts in Russland hat nicht dazu geführt, dass die Leute ihr Vermögen versoffen, sondern dass sie es verschenkt haben. Und da merkte der Gesetzgeber: Um Gottes willen, wenn ich das Vererben verbiete, dann muss ich aber auch die Schenkung verbieten, so wie bei uns im Erbschaftsteuergesetz, da ist ja auch die Schenkung geregelt. Und deswegen ist ein paar Monate später schnellstens hinterhergeschickt worden, dass Verschenken ebenfalls unzulässig ist. Aber zu dem anderen: Wenn Sie sagen: „Ich brauche die Institution", ist das nicht eigentlich der Hinweis auf ein erforderliches Justizsystem, oder sehen Sie noch etwas dazwischen, zwischen Gesetz und Bewusstsein? Institution, das ist doch eigentlich die Justiz.

BEHRENDS:
Ich meine die gesamten vom Gesetz erlebbar veränderten Lebensumstände. Die Justiz ist hier nur ein – allerdings nicht unwichtiger – Faktor. Wir fahren dann fort, wir haben jetzt noch sechs Wortmeldungen. Ich würde vorschlagen, im Interesse der Zeit zu bündeln, jeweils drei, Herr Heun, Herr Starck und Herr Eichenhofer. Also Herr Heun als Erster.

HEUN:
Wenn man Ihrem Vortrag lauscht, fällt auf, dass jedenfalls der Erziehungsgedanke bei aller Differenzierung sehr viel häufiger in der Rechtstheorie dort betont wird als bei uns. Und dann stellt sich natürlich die Frage, was ist der Hintergrund dafür. Jetzt wollte ich Sie zu Erklärungsversuchen befragen. Erstens: Ist das vielleicht auch eine Kompensation dafür, dass das Recht insgesamt weniger Verbindlichkeit hat und beansprucht, dass es durch politische Überlegungen zur

Seite gedrängt werden kann, so dass auch der Erziehungsgedanke natürlich sehr viel besser mit politischen Überlegungen verbunden werden kann und von daher die strikte Verbindlichkeit des Rechtes einfach nicht denselben Status hat wie bei uns? Zweitens: Kommt da nicht auch zum Ausdruck der sehr unterschiedliche Zugang zum Recht? Bei uns dient Recht in erster Linie auch dem Individualrechtsschutz. Diese Funktion hat das Recht dort gar nicht, sondern es erinnert sehr viel mehr an die Zeit des 16.-18. Jahrhunderts, indem nämlich das Recht auch der Beeinflussung des Kollektivs, der Gesamtheit gilt, also die Perspektive widerspiegelt, dass der Staat über die Herrschaftsträger den Bürger, der im Wesentlichen als reines Objekt hier auftaucht und erscheint, beeinflussen will. Drittens: Müsste man – das hat schon Herr Stolleis angedeutet – nicht noch stärker nach der Bedeutung des Rechts in dem jeweiligen Gebiet differenzieren? Die Funktion auch der Verbindlichkeit, aber auch die Erziehungsfunktion ist natürlich sehr viel stärker im Strafrecht, wo der Staat oder die Herrschaftsträger die Herrschaftsunterworfenen beeinflussen wollen. Sie haben immer nur allgemein über die Funktion des Rechts gesprochen, aber müsste man in dieser Hinsicht doch nicht noch sehr viel stärker differenzieren zwischen den Bereichen des Strafrechts einerseits, des Familien- und Zivilrechts andererseits und dann drittens des öffentlichen Rechts, wo es im Zweifel am schwächsten ist? Und eine letzte Frage: Kann man vielleicht auch irgendetwas dazu sagen, wie sich das eigentlich praktisch auswirkt angesichts der Tatsache, dass ohnehin die Verbindlichkeit des Rechts eine geringere ist? Gibt es eigentlich schon Rechtstatsachenforschung in dieser Hinsicht? Inwieweit haben also die Bürger das Recht überhaupt in diesen Erziehungsfunktionen wahrgenommen – oder ist ohnehin nicht nur hauptsächlich das, was ideologisch gesagt wird, und weniger das, was im Gesetz steht, maßgebend?

Behrends:
Ich glaube, es ist vertretbar, dass wir jetzt noch zwei weitere Fragen annehmen; Herr Starck bitte.

Starck:
Meine Frage geht in eine ganz andere Richtung als die bisherigen Fragen. Was war vor der Revolution? Es ist ja so, dass Revolutionen, so radikal sie aussehen, immer auf Strukturen zurückgreifen, die vorher waren. Und da ist meine Frage: Welche Rolle hat die byzantinische Kirche, also die russische Kirche gespielt? Das Evangelium war wichtig, der Glaube war wichtig, die Liturgie war wichtig, aber eine Rechtskirche wie im Westen gab es nicht. Und ist vielleicht von daher zu verstehen, dass man glaubte, man kann ganz ohne Recht auskommen; denn es ist merkwürdig, was Sie da geschildert haben, dass man sagt, die Rechtsord-

nung wird völlig abgeschafft. Ist vielleicht dahinter diese Vorstellung, die in der russischen Kirche herrschte, dass man eigentlich gar kein Recht braucht?

EICHENHOFER:
Da wollte ich anschließen: Der russische Staat war im Zarenreich nicht durch das Recht zusammengehalten worden, sondern durch andere Mechanismen. Und auch die sozialistische Gesetzlichkeit ist eigentlich niemals wirkmächtig geworden. Es gab damals dort einen relativ schmalen Rechtsstab – nur ein paar Richter. Sie haben im Wesentlichen Republikflüchtige verurteilt. Die Juristen, die ausgebildet wurden, waren im Geheimdienst tätig. Anwälte gab es wenige. Das erziehende Recht kommt in der Gesellschaft nicht vor. Wenn es Konflikte gab, ging man zu den Konfliktkommissionen. Darin saßen verdiente Werktätige, die nach nicht-rechtlichen Maßstäben Krisenmanagement – *Social engineering* – betrieben. Also wie erklären Sie sich diesen Widerspruch einer Geschichtslosigkeit des Rechts und der fehlenden gesellschaftlichen Wirkmächtigkeit des Rechts in der sozialistischen Gesellschaft?

BEHRENDS:
Eine hochinteressante Frage.

SCHROEDER:
Ja, Herr Starck, Sie haben meinen Vorgänger mit der Frage nach der spanischen Inquisition in Verlegenheit gebracht, jetzt kommen Sie mir mit der byzantinischen Kirche. Ich bin da natürlich kein Spezialist, aber Tatsache ist doch, dass tatsächlich in Russland vor der Revolution eine ausgesprochen verbreitete rechtsnihilistische Stimmung herrschte, etwa BAKUNIN und auch die Dämonen von DOSTOJEWSKI und eine echte Alternative vertrat auch TOLSTOI. Der propagierte die Ersetzung des Rechts durch Liebe. Das waren alles Saaten, die vorher gesät waren und deswegen in der Bevölkerung – wie gesagt – eine Art Rechtsnihilismus herbeigeführt hatten, wenn nicht sogar Vorbehalte gegenüber dem Rechtsstaat. Darauf haben die aufgebaut, das kann man nicht bestreiten.

Ihre erste Beobachtung ist sicher richtig, dass der Begriff „Erziehung" im sowjetischen Recht sehr viel häufiger auftaucht als bei uns – in seinen ganzen Variationen, Rechtserziehung, Erziehung zum Gesetz, Rechtsbewusstsein usw. Aber das Ganze tritt eigentlich erst auf nach der STALINschen Kreierung der neuen Staatsfunktion der erzieherischen Tätigkeit des Staates. Das schlug ein wie eine Bombe, denn bisher bestand ja die Auffassung, dass der Überbau von der Basis gespiegelt wird, daher muss man die Basis umformen, damit der Überbau sich wandelt. Jetzt kam die Idee der aktiven erzieherischen Rolle des Staates. Dadurch kamen die ganzen Diskussionen auf, die von der zentralen Ideologie ausgingen, sich dann auf die Staats- und Rechtstheorie ausweiteten und meines

Erachtens in den unteren Bereichen nicht mehr genuin ausgebildet wurden. Und wie gesagt das andere, das mehr unter den Begriff der Mediation fällt, die ja auch bei uns jetzt sehr stark im Kommen ist, da muss man wohl sagen, da waren uns die sozialistischen Staaten voraus. Denn dieses Kameradschaftsgericht usw., das wird ja allgemein anerkannt, dass das eine sehr stark resozialisierende Wirkung und auch kriminalitätsverhütende Wirkung hatte, teilweise aus Angst, weil sich die Leute dann abends vor der Belegschaft verantworten mussten und alle hörten zu, andererseits aber auch weil friedliche Lösungsmittel angeboten wurden. Sie sagten, glaube ich, dass dem Recht die Verbindlichkeit gefehlt hat und dass deswegen die Erziehungsfunktion nicht zur Geltung kommen konnte oder gerade zur Geltung kommen sollte? Das habe ich jetzt nicht mehr genau in Erinnerung.

HEUN:
Ich hatte gesagt, dass der Erziehungsgedanke auch eine Kompensation zum Teil dafür sein könnte, dass die Verbindlichkeit eben auch unter dem Vorrang der Politik stand, während man im Rechtsstaat allein auf die Verbindlichkeit des Rechts vertrauen kann.

SCHROEDER:
Von oben wurde natürlich die Verbindlichkeit des Rechts behauptet, auch wenn in der Bevölkerung überhaupt kein Verlass auf das Recht bestand.

BEHRENDS:
Wir müssen fortfahren. Herr Jestaedt bitte.

JESTAEDT:
Ich würde gerne noch einmal zwei Gesichtspunkte zusammennehmen: nämlich zum einen, was Herr Heun gesagt, und zum anderen, was Frau Wendehorst angesprochen hatte. Die Unterscheidung von Erziehung *durch* Gesetz und Erziehung *zum* Gesetz setzt voraus, dass das Gesetz, dass das Recht etwas zweifelsfrei von seiner Umwelt Isolierbares ist. Daran würde ich in unserem Kontext Zweifel hegen und damit auch daran, ob das von uns beackerte Feld der Legaledukation mit der Unterscheidung der Erziehung zum Gesetz und jener durch Gesetz vollständig erfasst werden kann. Sie sprachen von „positivistisch". Ich habe große Zweifel, ob das der Begriff von Positivismus ist, den wir landläufig einsetzen und einsetzen können. Das Recht würde insoweit ja etwas Selbsttragendes, etwas Autarkes und daher in seinen Wirkungen Isolierbares sein. Das indes scheint mir zweifelhaft zu sein, auch nach dem, was Sie gesagt haben. Recht ist immer auch ein Instrument und in diesem Sinne eine Funktion der Politik, der Moral und so fort. Dementsprechend möchte ich auch Zweifel äußern, ob wir so messerscharf und ganz selektiv die Frage stellen können: Gibt es eine im Einzelnen

messbare Erziehung durch Gesetz? Gar: Gibt es eine verifizierbare Erziehung durch ein einzelnes Gesetz? Vielleicht ist es doch angebrachter und erkenntniserhellender, einen breiteren Fokus zu wählen. Dann eröffnet sich: Recht ist nur eine von verschiedenen sozialen Funktionen, die in ihren (Wechsel-)Wirkungen berücksichtigt werden müssen. Schon angesichts dessen ist meines Erachtens die Hoffnung nicht allzu groß, die Wirkungen einer einzelnen Funktion belastbar messen und bestimmen zu können.

Behrends:
Nun noch Herr Rückert bitte.

Rückert:
Sie hatten Ludwig Knapp und Petrażycki erwähnt und herangezogen für die Frage eines sozialistischen Rechtsbewusstseins, nach 1918 erst einmal tabula rasa. Frage: Hat man denn Knapp („System der Rechtsphilosophie“ von 1857), der ja eigentlich völlig vergessen war, direkt herangezogen in den Quellen von Petrażycki oder ist das eine Zutat von Ihnen gewesen, eine eigene Verknüpfung? Wenn es direkt herangezogen würde, würde mich interessieren, wie genau. Denn das stimmt eigentlich nicht, Knapp behauptet nämlich nicht, dass ein Rechtsbewusstsein als solches genüge, damit es juristisch funktioniert.

Schroeder:
Das habe ich irgendwo gelesen, aber daran kann ich mich jetzt nicht mehr erinnern, das müsste man eruieren.

Und was Sie, Herr Jestaedt, sagen, das ist natürlich eine Grundsatzfrage, die richtet sich an uns alle, da möchte ich eigentlich jetzt meine eigene Auffassung nicht geben. Aber ich bin davon ausgegangen: Die letzte Tagung hieß „Das strafende Gesetz“ und in Analogie dazu wurde der Titel für diese Tagung gewählt: „Das erziehende Gesetz“. Deswegen habe ich mich daran gehalten und war davon ausgegangen, dass die Aufgabensteller, die Veranstalter, dem Gesetz eine gewisse Funktion zusprachen. Also da müssten Sie Ihre Vorbehalte gegen die Veranstalter richten.

Behrends:
Die Veranstalter nehmen das auf. Ich bedanke mich ganz herzlich für den Vortrag, der sehr viele Einsichten, vor allen Dingen auch in die historische Vergangenheit, eröffnet hat und darf nun alle Diskutanten zum Kaffee bitten.

Regulierungsprivatrecht
Verhaltenssteuerung durch Privatrecht am Beispiel des europäischen Verbrauchervertragsrechts

Christiane Wendehorst

Im Laufe der vergangenen zwei Jahrhunderte hat sich uns in Kontinentaleuropa ein Bild von Privatrecht eingeprägt, das gekennzeichnet ist durch die Staatlichkeit der Normen und durch die Existenz von grundsätzlich nur einer Regelungsebene. Hinzu kommt die Vorstellung, dass es sich bei Privatrecht um einen relativ eigenständigen und klar vom öffentlichen Recht getrennten Bereich handelt,[1] dass es zumindest schwerpunktmäßig[2] Zielen ausgleichender Gerechtigkeit dient[3] und dass es sich um ein nach innerer Widerspruchsfreiheit strebendes System handelt,[4] das bestimmten methodischen Prinzipien folgt.[5] Durch die

1 Eingehend zur Abgrenzung des Privatrechts vom öffentlichen Recht FRANZ BYDLINSKI, Kriterien und Sinn der Unterscheidung von Privatrecht und öffentlichem Recht, AcP 1994, S. 317; DERS., Fundamentale Rechtsgrundsätze. Zur rechtsethischen Verfassung der Sozietät, 1988, S. 31 ff.; DERS., System und Prinzipien des Privatrechts, 1996, S. 75 ff. mit zahlreichen weiteren Literaturhinweisen in Fn. 84. Monografisch dazu etwa ERICH MOLITOR, Über öffentliches Recht und Privatrecht, 1949. Kritisch bereits MARTIN BULLINGER, Öffentliches Recht und Privatrecht. Studien über Sinn und Funktion der Unterscheidung, 1968 sowie LUDWIG RAISER, Zukunft des Privatrechts, in: ders., Die Aufgabe des Privatrechts. Aufsätze zum Privat- und Wirtschaftsrecht aus drei Jahrzehnten, 1977, S. 208, 213 ff.

2 Es besteht eine weitgehende Einigkeit darüber, dass insbesondere die aus einem freien Vertragsverhältnis entstandenen Erfüllungsansprüche einerseits und die Haftung für schuldhaftes Verhalten andererseits der ausgleichenden Gerechtigkeit unterfallen. Differenzierend hierzu CHRISTIANE WENDEHORST, Anspruch und Ausgleich, 1999, S. 13 ff., die nicht die freien rechtsgeschäftlichen Austauschvorgänge als den Gegenstand der Ausgleichsgerechtigkeit im engeren (eigentlichen) Sinn versteht, sondern die gestörten. Von den großen Bereichen des Privatrechts gehört nach der wohl eher überwiegenden Meinung die Gefährdungshaftung nicht zum Konzept der ausgleichenden, sondern der austeilenden Gerechtigkeit, weil es sich um die Zurechnung des durch Unglück und nicht durch Unrecht entstandenen Schadens handle. In diesem Sinne KARL LARENZ/ CLAUS-WILHELM CANARIS, Lehrbuch des Schuldrechts, Bd. 2: Besonderer Teil, Halbbd. 2, 13. Aufl. 1994, S. 607 f. sowie CLAUS-WILHELM CANARIS, Die Bedeutung der iustitia distributiva im deutschen Vertragsrecht, 1997, S. 14 f.; a.A. WENDEHORST, a.a.O., S. 15.

3 Zur ausgleichenden Gerechtigkeit im Allgemeinen etwa FRANZ BYDLINSKI, Juristische Methodenlehre und Rechtsbegriff, 2. Aufl. 1991, S. 357 ff.

4 Teilweise wird als ein Widerspruch eine „technische" Divergenz von Normen bezeichnet, die sich durch die Auslegung oder durch die Kollisionsregeln beheben lässt. Vgl. CLEMENS HÖPFNER, Die systemkonforme Auslegung. Zur Auflösung einfachgesetzlicher, verfassungsrechtlicher und europarechtlicher Widersprüche im Recht, 2008, S. 15. In der modernen Methodenlehre hat sich jedoch (im Gegensatz zum älteren, von der Begriffsjurisprudenz vertretenen formal-logischen Ideal eines widerspruchslosen Systems) das Postulat der Widerspruchsfreiheit im Sinne von wertungsmäßiger Einheit des Rechtssystems (bzw. dessen Teilen) entwickelt. Bei einem derart ausgestalteten Systembegriff stellt erst ein Wertungs- und Prinzipienwiderspruch einen Systembruch dar. Vgl. nur CLAUS-WILHELM CANARIS, Systemdenken und Systembegriff in der Jurisprudenz, 2. Aufl. 1983, S. 13 ff., 112 ff.; jüngst in diesem Sinne auch HÖPFNER, a.a.O., S. 15 f. Zur programmatischen Wertungseinheit des Privatrechts insbesondere BYDLINSKI, System und Prinzipien (Anm. 1).

europäische Integration sieht sich dieses Bild von Privatrecht in zunehmendem Maße infrage gestellt. Dabei können die Entwicklungen – zwar nicht in erster Linie, aber jedenfalls auch – unter dem Blickwinkel edukatorischer Gesetzgebung betrachtet werden.

I. Edukatorisches Privatrecht

Der Begriff edukatorischer Gesetzgebung ist bei näherem Hinsehen alles andere als eindeutig,[6] und gerade im Privatrecht wirft er nicht unerhebliche Schwierigkeiten auf.

1. Erziehung im weiteren Sinn: Verhaltenssteuerung

Von edukatorischem Charakter im weiteren Sinn kann gesprochen werden, sobald eine Regelung ihrer Intention nach zur Einübung bestimmter, vom Gesetzgeber als erwünscht betrachteter Verhaltensweisen führt.[7] Einer explizit – etwa in der Gesetzesbegründung – vom Gesetzgeber formulierten Regelungsintention wird man es gleichstellen müssen, wenn der verhaltenssteuernde Effekt faktisch bewirkt wird[8] und sich bruchlos in den objektiv verstandenen Regelungszweck einer Norm einfügt.

---

5 Vgl. etwa Bydlinski, System und Prinzipien (Anm. 1), S. 51 ff.; ders., Juristische Methodenlehre (Anm. 3), insbesondere S. 391 ff.; Karl Larenz, Methodenlehre der Rechtswissenschaft, 6. Aufl. 1991, insbesondere S. 312 ff.; Ernst A. Kramer, Juristische Methodenlehre, 3. Aufl. 2010, insbesondere S. 53 ff.

6 Es wird in der Literatur etwa vom edukatorischen Staatshandeln als einem weiten, heuristischen Begriff gesprochen, welcher „die staatliche Förderung von Sozialmoral zu Steuerungszwecken" erfasse. So Jörn Lüdemann, Edukatorisches Staatshandeln. Steuerungstheorie und Verfassungsrecht am Beispiel der staatlichen Förderung von Abfallmoral, 2002, S. 98 ff.

7 Zur Funktion nicht lediglich des Privatrechts, sondern des Rechts im Allgemeinen als ein Verhaltenssteuerungssystem etwa Bernd Rüthers/Christian Fischer, Rechtstheorie. Begriff, Geltung und Anwendung des Rechts, 2010, S. 53 ff.; ferner die einzelnen Beiträge von Reinhold Zippelius, Verhaltenssteuerung durch Recht und kulturelle Leitideen, 2004 sowie Thomas Raiser, Grundlagen der Rechtssoziologie, 2009, S. 185 f. Ganz radikal ist in dieser Hinsicht die Strömung der ökonomischen Theorie des Rechts, die die Rechtsnormen als die zur Steuerung des menschlichen Verhaltens dienenden Anreize betrachtet. Vgl. dazu Hans-Bernd Schäfer/Claus Ott, Lehrbuch der ökonomischen Analyse des Zivilrechts, 2005, S. 3, 58 ff.; Milton Friedman, The Methodology of Positive Economics, in: Avery Wiener Katz (Hrsg.), Foundations of the Economic Approach to Law, 1998, S. 29, 31 ff.

8 In der Rechtssoziologie wird bei der faktischen Wirkung der Rechtsnormen von zwei Arten ihrer Geltung gesprochen: Zur Verhaltensgeltung käme es danach dann, wenn sich die

Unter Zugrundelegung dieser Definition wirkt allerdings letztlich so gut wie jede privatrechtliche Regelung in gewissem Sinne edukatorisch. Es ist daher sinnvoller, von der Intensität zu sprechen, mit welcher der edukatorische Charakter ausgeprägt ist.

Schwach ausgeprägt wäre der edukatorische Charakter beispielsweise bei § 145 BGB, wonach man an einen Antrag auf Abschluss eines Vertrags grundsätzlich gebunden ist, obgleich auch diese Vorschrift offenkundig in gewisser Weise erzieht, nämlich dazu, Anträge nicht leichtfertig zu formulieren. Schon stärker ausgeprägt wäre der edukatorische Charakter, wenn durch privatrechtliche Sanktionen für unerwünschtes Verhalten die Einhaltung bestimmter Verhaltensstandards erwirkt wird. Das gilt insbesondere für das Recht der unerlaubten Handlungen, das neben dem Interessenausgleich zwischen Schädiger und Geschädigtem anerkanntermaßen auch präventive Zwecke verfolgt,[9] also der Abschreckung potenzieller Schädiger dient. Sehen wir aber genauer hin, werden wir erkennen, dass die Ausgleichsfunktion des Haftungsrechts gegenüber der Präventionsfunktion immer noch klar überwiegt.[10] Am deutlichsten wird dies durch die grundsätzliche Begrenzung des Schadensersatzes auf den erlittenen Schaden[11] und die Ablehnung von *punitive damages*, wie sie zumindest die überwältigende Mehrheit kontinentaleuropäischer Rechtsordnungen[12] vertritt.[13]

Von einer qualifizierten edukatorischen Wirkung privatrechtlicher Normen im Sinne von Verhaltenssteuerung, die es rechtfertigen würde, von „edukatorischem Privatrecht" zu sprechen, kann daher wohl erst dann ausgegangen wer-

---

Adressaten der Norm freiwillig nach ihr richten. Von der Sanktionsgeltung sei die Rede, wenn die Befolgung der Norm durch die dafür zuständigen Organe erzwungen wird (bzw. wenn das abweichende Verhalten bestraft wird). Hierzu Raiser (Anm. 7), S. 239.

9 Vgl. nur Karl Larenz/Claus-Wilhelm Canaris, Lehrbuch des Schuldrechts, Bd. 1: Allgemeiner Teil, 14. Aufl. 1987, S. 423; Helmut Koziol, Österreichisches Haftpflichtrecht, Bd. 1, 3. Aufl. 1997, S. 10. Zum Präventionsgedanken im Schadensersatzrecht monografisch Reinhard Möller, Das Präventionsprinzip des Schadensrechts, 2006; Klaus Schlobach, Das Präventionsprinzip im Recht des Schadensersatzes, 2004.

10 Am deutlichsten wohl Bydlinski, System und Prinzipien (Anm. 1), S. 187 f., der meint, dass das Schadensersatzrecht ohne die Hervorhebung der Ausgleichsfunktion überhaupt nicht verstanden werden könne. Vgl. auch Koziol (Anm. 9), S. 8 f.; Larenz/Canaris, Schuldrecht AT (Anm. 9), S. 424; Hans-Joachim Mertens, Der Begriff des Vermögensschadens im Bürgerlichen Recht, 1967, S. 95 ff. sowie im Ergebnis wohl auch Hans Stoll, Haftungsfolgen im bürgerlichen Recht. Eine Darstellung auf rechtsvergleichender Grundlage, 1993, S. 147 ff., der die Restitution und die Kompensation als die selbstständigen Funktionen des Schadensersatzes bezeichnet und den unselbstständigen Funktionen, wie etwa der Einwirkung auf den Täter, gegenüberstellt. Bedenken erheben vor allem Hein D. Kötz, Ziele des Haftungsrechts, in: Jürgen F. Baur/Klaus J. Hopt/Karl Peter Mailänder (Hrsg.), Festschrift für Ernst Steindorff zum 70. Geburtstag am 13. März 1990, 1990, S. 643, 644 sowie Rudolf Strasser, Der immaterielle Schaden im österreichischen Schadensersatzrecht, 1964, S. 16 ff.

den, wenn die Schwerpunkte anders herum gesetzt sind, also der Zweck der Verhaltenssteuerung überwiegt gegenüber dem Interessenausgleich zwischen den am Rechtsverhältnis unmittelbar beteiligten Personen.

2. Erziehung im engeren Sinn: Bewusstseinsbildung

Von edukatorischem Charakter im engeren Sinn kann gesprochen werden, wenn Rechtsnormen auf die Herbeiführung eines Bewusstseinswandels hinwirken. Vereinfacht ausgedrückt: Wenn sie bewirken sollen, dass der Normadressat ein bestimmtes Verhalten nicht nur zur Herbeiführung vorteilhafter und zur

---

11 Dies haben LARENZ/CANARIS, Schuldrecht AT (Anm. 9), S. 424 besonders prägnant zum Ausdruck gebracht: „Er [der Ausgleichsgedanke] bedeutet, dass dem Geschädigten [...] sein gesamter Schaden – nicht weniger und nicht mehr – ersetzt werden soll, dass er durch die Ersatzleistung so gestellt werden soll, wie er ohne das die Ersatzpflicht des Schädigers begründende Ereignis jetzt stehen würde." In diesem Sinne auch etwa BYDLINSKI, System und Prinzipien (Anm. 1), S. 187; KOZIOL (Anm. 9), S. 8 f.

12 Vgl. die jeweiligen Landesberichte (von kontinentaleuropäischen Rechtsordnungen zum französischen, deutschen, spanischen, ungarischen und skandinavischen Recht) in HELMUT KOZIOL/VANESSA WILCOX (Hrsg.), Punitive damages: Common law and Civil Law Perspectives, 2009 sowie ebendort KOZIOL, Admission into Seventh Legal Heaven or Eternal Damnation?, S. 275. Siehe ferner MARION CHRISTINA HARTMANN, Punitive damages: eine rechtsvergleichende und international privatrechtliche Perspektive, 2001 sowie zu den Rechtsordnungen der EU-Mitgliedstaaten WOLFGANG WURMNEST, Grundzüge eines europäischen Haftungsrechts. Eine rechtsvergleichende Untersuchung des Gemeinschaftsrechts, 2003, S. 100 ff.

13 Ausführlich zu den *punitive damages* vgl. die in der vorigen Anm. angeführte Literatur sowie etwa JULIANA MÖRSDORF-SCHULTE, Funktion und Dogmatik US-amerikanischer punitive damages, 1999; PETER MÜLLER, Punitive Damages und deutsches Schadensersatzrecht, 2000. Vgl. auch STOLL (Anm. 10), S. 61 ff.; WURMNEST (Anm. 12), S. 101 ff. Gegen die Anordnung der *punitive damages* im Zivilrecht statt vieler siehe HELMUT KOZIOL, Grundgedanken, Grundnorm, Schaden und geschützte Interessen, in: Irmgard Griss/Georg Kathrein/Helmut Koziol (Hrsg.), Entwurf des neuen österreichischen Schadensersatzrechts, 2005, S. 32 f. mit Verweis auf die Argumentation von BYDLINSKI, System und Prinzipien (Anm. 1), S. 92 ff., der die besagte Problematik unter dem Blickwinkel des Prinzips der relativen (zweiseitigen) Rechtfertigung behandelt. Für *punitive damages* ANDREAS KLETEČKA, Punitive damages – der vergessene Reformpunkt?, ÖJZ 2008, S. 785; über die strafrechtlichen Momente im Zivilrecht CARSTEN HORTER, Der Strafgedanke im Bürgerlichen Recht, 2003; HEINRICH HONSELL, Der Strafgedanke im Zivilrecht – ein juristischer Atavismus, in: Lutz Aderhold/Barbara Grunewald/Dietgard Klingberg/Walter G. Paefgen (Hrsg.), Festschrift für Harm Peter Westermann zum 70. Geburtstag, 2008, S. 315; HANS STOLL, Consequences of Liability: Remedies, in: René David (Hrsg.), International encyclopedia of comparative law, 1972, S. 103.

Vermeidung nachteilhafter Rechtsfolgen übt, sondern deswegen, weil er dieses Verhalten als „richtiges" Verhalten verinnerlicht hat.[14]

Auch insoweit gilt wieder, dass Privatrechtsnormen nicht als entweder edukatorisch oder nicht edukatorisch zu qualifizieren sind, sondern dass der edukatorische Charakter unterschiedlich stark ausgeprägt ist und es ab einer bestimmten Dominanz desselben sinnvoll erscheint, von edukatorischer Privatrechtsgesetzgebung zu sprechen. Um auf die vorgenannten Beispiele zurückzukommen: Wenn § 145 BGB bestimmt, dass man an einen Antrag grundsätzlich gebunden ist, dann vermittelt dies sicherlich auch gewisse Überzeugungen hinsichtlich der Verbindlichkeit von Äußerungen im Rechtsverkehr. Dennoch steht das bei der Norm nicht im Vordergrund. Wenn § 823 BGB an bestimmtes Verhalten, das mit Begriffen wie „rechtswidrig" oder „schuldhaft" beschrieben wird, die scharfe Sanktion des Schadensersatzes knüpft, dann wird damit selbstverständlich auch das Bewusstsein vermittelt, dass die Verletzung fremder Rechtsgüter ein verurteilungswürdiges Verhalten darstellt. Allerdings gilt auch hier, dass es den Begriff „edukatorischen Privatrechts" gänzlich verwässern würde, wollte man § 823 BGB darunter fassen.

Von einem qualifizierten edukatorischen Charakter im engeren Sinne, d.h. von Bewusstseinsbildung, sollte man vermutlich erst dort sprechen, wo der bewusstseinsbildende Zweck gegenüber dem Ausgleichszweck usw. überwiegt. Besonders deutlich wird das, wo eine gesetzgeberische Wertung über dasjenige Maß hinaus ausgesprochen wird, das zur Rechtfertigung einer Sanktion oder anderen Rechtsfolge erforderlich ist, insbesondere wo eine solche Sanktion oder andere Rechtsfolge fehlt. Beispielhaft wäre § 90a BGB anzuführen, wonach Tiere keine Sachen sind, aber dennoch weitestgehend wie Sachen behandelt werden.

3. Abgrenzung

Der Begriff der edukatorischen Zwecksetzung einer Norm sollte klar abgegrenzt werden von anderen Phänomenen, die vielfach im gleichen Zusammenhang genannt werden.

---

14 In der Rechtssoziologie wird unterstrichen, dass der soziale Friede erst dann gesichert sei, wenn die Bevölkerung wenigstens im Großen und Ganzen bereit ist, die Verbindlichkeit des positiven Rechts zu akzeptieren. Akzeptanz sei eine innere Zustimmung einzelner Personen, die nicht in jedem Fall notwendigerweise die Kenntnis der einschlägigen Rechtsnorm voraussetzte, sondern nur dort, wo die Norm nicht durch allgemein bekannte konventionelle Normen vorgeprägt sei. Vgl. Raiser (Anm. 7), S. 254; ders., Rechtsgefühl, Rechtsbewusstsein, Rechtskenntnis und Rechtsakzeptanz, in: Johannes W. Pichler (Hrsg.), Rechtsakzeptanz und Handlungsorientierung, 1998, S. 109.

a) Paternalismus

So ist insbesondere paternalistische Privatrechtsgesetzgebung[15] meines Erachtens nicht im eigentlichen Sinne als edukatorisch einzuordnen.[16] Paternalistische Gesetzgebung zeichnet sich dadurch aus, dass sie nicht Entscheidungen des Individuums beeinflussen will, sondern das Individuum vor den Folgen eigener Entscheidungen zu bewahren sucht. Paternalismus bewirkt also den Schutz des Individuums vor sich selbst und nimmt diesem Entscheidungen ab,[17] verhindert also geradezu eine autonome Entscheidungsfindung des Individuums selbst und damit einen erzieherischen Effekt.

Auch für den Paternalismus gilt übrigens, dass man die allermeisten privatrechtlichen Normen in gewissem Maße paternalistisch deuten kann, trifft der Gesetzgeber doch gewisse Entscheidungen zum präsumtiven Wohl der Privatrechtssubjekte. Wieder dürfte es aber erst ab einer gewissen Dominanz paternalistischer Elemente angemessen sein, von „paternalistischem Privatrecht" zu sprechen.

b) Verteilungsgerechtigkeit[18]

Erst recht haben distributive Effekte und Intentionen des Privatrechts – seien diese als „soziale Gerechtigkeit",[19] als „Schutz der schwächeren Vertragspartei"[20]

---

15 Über den Rechtspaternalismus im Allgemeinen vgl. etwa den Sammelband von Michael Anderheiden/Peter Bürkli/Hans M. Heining/Stephan Kirste/Kurt Seelmann (Hrsg.), Paternalismus und Recht. In memoriam Angela Augustin (1968-2004), 2006; Horst Eidenmüller, Effizienz als Rechtsprinzip. Möglichkeiten und Grenzen der ökonomischen Analyse des Rechts, 2005, S. 358 ff. Zu den Paternalismusformen sowie zu den philosophischen Grundlagen insbesondere Kai Möller, Paternalismus und Persönlichkeitsrecht, 2005, S. 15 ff., 31 ff. Über den Paternalismus im Vertragsrecht eingehend Wolfgang Enderlein, Rechtspaternalismus und Vertragsrecht, 1996.

16 Teilweise anders wohl Möller (Anm. 15), S. 22.

17 In diesem Sinne auch sehr deutlich etwa Eidenmüller (Anm. 15), S. 358. Eingehend zum Verhältnis zwischen der Aufforderung zur individuellen Entscheidung und dem Paternalismus Möller (Anm. 15), S. 134 ff.

18 Zur Verteilungsgerechtigkeit im Allgemeinen siehe etwa Bydlinski, Juristische Methodenlehre (Anm. 3), S. 339.

19 Über die sozialen Aufgaben des Privatrechts bereits Karl Renner, Die Rechtsinstitute des Privatrechts und ihre soziale Funktion. Ein Beitrag zur Kritik des bürgerlichen Rechts, 1929; Franz Wieacker, Das Sozialmodell der klassischen Privatrechtsgesetzbücher und die Entwicklung der modernen Gesellschaft, 1953 sowie neuerlich Jörg Neuner, Privatrecht und Sozialstaat, 1999. Vgl. auch die einschlägigen Beiträge in Wolf R. Bub/Rolf Knieper/Rainer Metz/Gerd Winter (Hrsg.), Zivilrecht im Sozialstaat. Festschrift für Professor Dr. Peter Derleder, 2005.

20 Über den Schutz der Schwächeren als die privatrechtliche Erscheinungsform des Sozialstaatsprinzips eingehend Neuner (Anm. 19), S. 274 ff. sowie die monografischen Abhandlungen von Eike von Hippel, Schutz des Schwächeren, 1982 und von Hermann Weitnauer, Schutz des Schwächeren im Zivilrecht, 1975.

oder ähnlich umschrieben – nichts mit edukatorischer Gesetzgebung zu tun. Derartige distributive Effekte treten als Regelungsziel privatrechtlicher Normen immer mehr in den Vordergrund. Sie mögen die einstmals vergleichsweise scharfe Trennlinie zwischen privatem und öffentlichem Recht infrage stellen,[21] haben aber nicht zwingend etwas mit Erziehung zu tun. Vielmehr kann distributives Privatrecht unter den gleichen Bedingungen und in dem gleichen Maße edukatorisch wirken wie Privatrecht, das ausschließlich Zwecken ausgleichender Gerechtigkeit dient.

II. Europäisches Verbrauchervertragsrecht

Da dieser Beitrag gerade das europäische Verbrauchervertragsrecht unter dem Blickwinkel edukatorischer Gesetzgebung beleuchten soll, bedarf es an dieser Stelle eines kurzen Überblicks darüber, was das europäische Verbrauchervertragsrecht überhaupt ausmacht.

1. Erscheinungsformen

Beobachtet man die Entwicklungen der letzten Jahre und Jahrzehnte, so werden vor allem vier unterschiedliche Formen europäischer Normsetzung auf dem Gebiet des Verbrauchervertragsrechts erkennbar.

a) Koordinierung nationaler Vertragsrechte

Die gleichsam mildeste Form des Eingriffs in nationale Kompetenzen stellt es dar, wenn sich der europäische Gesetzgeber darauf beschränkt, die „Zuständigkeit" nationaler Vertragsrechte untereinander zu koordinieren. Klassisches Mittel einer solchen Koordination ist die Schaffung einheitlichen Kollisionsrechts, wie es zunächst auf staatsvertraglicher Basis im Römischen Schuldvertragsübereinkommen[22] und seit wenigen Jahren durch die Rom I-Verordnung[23] geschehen ist. Dabei geht Art. 6 der Rom I-Verordnung in Übereinstimmung mit der Regelung unter dem Römischen Schuldvertragsübereinkommen[24] vom sogenann-

---

21 Vgl. nur BYDLINSKI, System und Prinzipien (Anm. 1), S. 95 f.

22 Übereinkommen von Rom über das auf vertragliche Schuldverhältnisse anzuwendende Recht von 1980 (konsolidierte Fassung), ABl. 1998/27, S. 34.

23 VO (EG) Nr. 593/2008 des Europäischen Parlaments und des Rates vom 17. Juni 2008 über das auf vertragliche Schuldverhältnisse anzuwendende Recht (Rom I), ABl. L 2008/177, S. 6.

24 Vgl. Art. 5 EVÜ; sowie etwa GRALF-PETER CALLIESS, Grenzüberschreitende Verbraucherverträge. Rechtssicherheit und Gerechtigkeit auf dem elektronischen Weltmarkt-

ten Verbraucherlandprinzip aus:[25] In Ermangelung einer Rechtswahl gilt bei den meisten[26] grenzüberschreitenden Verbraucherverträgen[27] das Recht des Staates, in dem der Verbraucher seinen gewöhnlichen Aufenthalt hat, und falls die Parteien eine Rechtswahl getroffen haben, kann sich der Verbraucher dennoch auf zwingende Verbraucherschutzvorschriften seines Aufenthaltsstaats berufen.[28]

Das kollisionsrechtliche Verbraucherlandprinzip steht diametral einem Herkunftslandprinzip[29] gegenüber, wonach Produkte, Gesellschaften usw., welche die europarechtskonformen Anforderungen des Rechts eines Mitgliedstaats erfüllen, im gesamten Unionsgebiet Anerkennung erfahren und in Ausübung der Grundfreiheiten des AEUV[30] frei zirkulieren können. Auch beim Herkunftslandsprinzip handelt es sich um eine Form der Koordinierung nationaler Rechtsordnungen, dessen genaue Bedeutung und Reichweite aber bis heute

---

platz, 2006, S. 94 ff. Zu den Übereinstimmungen und Unterschieden zwischen Art. 5 EVÜ und Art. 6 Rom I-VO eingehend Francesca Ragano, The Law Applicable to Consumer Contracts under the Rome I Regulation, in: Franco Ferarri/Stefan Leible (Hrsg.), Rome I Regulation, 2009, S. 129, 149 ff.

25 Vgl. Ragano (Anm. 24), S. 151 f.; David Kluth, Die Grenzen des kollisionsrechtlichen Verbraucherschutzes. Eine vergleichende Untersuchung der Regelungen der Art. 29, 29a EGBGB und des Art. 6 der Rom I-Verordnung, 2009, S. 261 ff., 304 ff.; Bettina Heiderhoff, in: Thomas Rauscher (Hrsg.), Europäisches Zivilprozess- und Kollisionsrecht. EuZPR/EuIPR. Kommentar, Bearbeitung 2011, Rom I-VO, Rom II-VO, 2011, Art. 6 Rom I-VO, Rn. 1 ff.; Ulrich Magnus, in: J. von Staudinger (Begr.), Kommentar zum Bürgerlichen Gesetzbuch, Bd. 7, Einleitung zur Rom I-VO, Art 1-10 Rom I-VO (Internationales Vertragsrecht 1), 2011, Art. 6 Rom I-VO, Rn. 9. Vgl. auch Anm. 68.

26 Damit der Schutz durch das Verbraucherlandprinzip greifen kann, müssen die situativen Anwendungsvoraussetzungen des Art. 6 Abs. 1 lit. a oder b erfüllt werden und dürfen gleichzeitig keine Ausnahmetatbestände aus Art. 6 Abs. 4 vorliegen. Die ersteren zielen im Wesentlichen auf eine genügend enge Verbindung des Vertrags mit dem Staat des gewöhnlichen Aufenthalts des Verbrauchers. Vgl. dazu nur Heiderhoff (Anm. 25), Art. 6 Rom I-VO, Rn. 26 ff.; Magnus (Anm. 25), Art. 6 Rom I-VO, Rn. 102 ff. Zu den Ausnahmetatbeständen vgl. etwa Ragano (Anm. 24), S. 139 ff. m.w.N. sowie aus rechtspolitischer Sicht Peter Mankowski, Interessenpolitik und europäisches Kollisionsrecht. Rechtspolitische Überlegungen zur Rom I- und zur Rom II-Verordnung, 2011, S. 48 ff.

27 Zum Merkmal des Verbrauchervertrags in Art. 6 Rom I-VO Heiderhoff (Anm. 25), Art. 6 Rom I-VO, Rn. 16 ff.; Magnus (Anm. 25), Art. 6 Rom I-VO, Rn. 38 ff.

28 Sogenanntes Günstigkeitsprinzip nach Art. 6 Abs. 2 Rom I-VO. Dazu Heiderhoff (Anm. 25), Art. 6 Rom I-VO, Rn. 6, 50 ff.; Magnus (Anm. 25), Art. 6 Rom I-VO, Rn. 132 ff.

29 Zu diesem Prinzip vgl. etwa die einzelnen Beiträge in Gerte Reichelt (Hrsg.), Das Herkunftslandprinzip im europäischen Gemeinschaftsrecht, 2006 und aus diesem insbesondere im vertraglichen Zusammenhang Stefan Grundmann, Herkunftslandprinzip und Europäisches Vertragsrecht – Einige Leitlinien, S. 15.

30 Vertrag über die Arbeitsweise der Europäischen Union (Konsolidierte Fassung) ABl. C 2010/83, S. 1.

unklar sind. Da es für das Verbrauchervertragsrecht keine zentrale Rolle spielt, werde ich es hier vernachlässigen.

b) Vertragsrechtsharmonisierung durch EU-Richtlinien

Das klassische Instrument, die europäischen Verbrauchervertragsrechte einander auch inhaltlich näher zu bringen, stellt die Richtlinie dar. Richtlinien sind bekanntlich Rechtsakte des europäischen Gesetzgebers, die an die Mitgliedstaaten gerichtet sind und diesen mehr oder weniger konkrete Vorgaben machen, wie sie ihr nationales Recht auszugestalten haben. Im Bereich des Verbrauchervertragsrechts sind die Richtlinien vielfach so konkret formuliert, dass sie sich wie normale Gesetze lesen.[31] In den vergangenen Jahrzehnten sind auf diese Weise beispielsweise das Recht der Haustürgeschäfte,[32] der Verbraucherkredite,[33] der Timeshare-Verträge,[34] der Fernabsatzverträge,[35] der Versicherungsverträge[36] oder auch Teile des Kaufrechts[37] und AGB-Rechts[38] harmonisiert worden.

---

31 In diesem Sinne etwa HEINRICH HONSELL, Erosion des Privatrechts durch das Europarecht, ZIP 2008, S. 621, 622 m.w.N.

32 Richtlinie 85/577/EWG des Rates vom 20. Dezember 1985 betreffend den Verbraucherschutz im Falle von außerhalb von Geschäftsräumen geschlossenen Verträgen, ABl. L 1985/37, S. 31, ersetzt durch die in Anm. 45 angeführte Richtlinie.

33 Richtlinie 2008/48/EG des Europäischen Parlaments und des Rates vom 23. April 2008 über Verbraucherkreditverträge und zur Aufhebung der Richtlinie 87/102/EWG des Rates, ABl. L 2008/133, S. 66.

34 Richtlinie 2008/122/EG des Europäischen Parlaments und des Rates vom 14. Januar 2009 über den Schutz der Verbraucher im Hinblick auf bestimmte Aspekte von Teilzeitnutzungsverträgen, Verträgen über langfristige Urlaubsprodukte sowie Wiederverkaufs- und Tauschverträgen, ABl. L 2009/33, S. 10, die die Richtlinie 94/47/EG des Europäischen Parlaments und des Rates vom 26. Oktober 1994 zum Schutz der Erwerber im Hinblick auf bestimmte Aspekte von Verträgen über den Erwerb von Teilzeitnutzungsrechten an Immobilien, ABl. 1994/280, S. 83 ersetzt hat.

35 Richtlinie 97/7/EG des Europäischen Parlaments und des Rates vom 20. Mai 1997 über den Verbraucherschutz bei Vertragsabschlüssen im Fernabsatz, ABl. L 1997/144, S. 27, ersetzt durch die in Anm. 45 angeführte Richtlinie.

36 Vgl. insbesondere für den Bereich der Lebensversicherung Richtlinie 2002/83/EG des Europäischen Parlaments und des Rates vom 5. November 2002 über Lebensversicherungen, ABl. L 2002/345, S. 1, die die früheren diesbezüglichen zahlreichen Richtlinien konsolidiert hat.

37 Richtlinie 1999/44/EG des Europäischen Parlaments und des Rates vom 25. Mai 1999 zu bestimmten Aspekten des Verbrauchsgüterkaufs und der Garantien für Verbrauchsgüter, ABl. L 1999/171, S. 12.

38 Richtlinie 93/13/EWG des Rates vom 5. April 1993 über missbräuchliche Klauseln in Verbraucherverträgen, ABl. L 1993/95, S. 29.

Bis etwa zum Jahr 2000 hat man dabei im Vertragsrecht lediglich eine Mindestharmonisierung[39] vorgenommen, also den Mitgliedstaaten erlaubt, zugunsten der Verbraucher über die Vorgaben der Richtlinie hinaus zu gehen. Damit blieben die Unterschiede zwischen den nationalen Lösungen natürlich bestehen, weil die Mitgliedstaaten von der ihnen eingeräumten Freiheit in sehr unterschiedlichem Maße Gebrauch gemacht hatten.[40] Von dieser Strategie ist der europäische Gesetzgeber seit der Richtlinie über den Fernabsatz von Finanzdienstleistungen[41] abgerückt und verfolgt nunmehr ganz überwiegend die Strategie der Vollharmonisierung,[42] die den Mitgliedstaaten insoweit, als die Richtlinie eine Regelung trifft, jegliche Abweichung verbietet. Im Oktober 2008 hat die Kommission einen Vorschlag für eine Richtlinie über Rechte der Verbraucher[43] vorgelegt, der unter anderem das Kaufrecht und das Recht der Allgemeinen Geschäftsbedingungen einer Vollharmonisierung zu unterwerfen suchte. Dieser Vorschlag hat europaweit einen Sturm der Entrüstung ausgelöst, weil ein solches Regelungskonzept schier unabsehbare Folgewirkungen auf das gesamte Vertragsrecht der Mitgliedstaaten gehabt hätte.[44] Erlassen wurde schließlich nur

39 Dazu eingehend die Beiträge in Ulrich Everling/Wulf-Henning Roth (Hrsg.), Mindestharmonisierung im Europäischen Binnenmarkt, 1997.

40 Vgl. hierzu nur die rechtsvergleichende Studie von Hans Schulte-Nölke/Christian Twigg-Flesner/Martin Ebers (Hrsg.), EC Consumer Law Compendium, 2008.

41 Richtlinie 2002/65/EG des Europäischen Parlaments und des Rates vom 23. September 2002 über den Fernabsatz von Finanzdienstleistungen an Verbraucher und zur Änderung der Richtlinie 90/619/EWG des Rates und der Richtlinien 97/7/EG und 98/27/EG, ABl. 2002/271, S. 16.

42 Dazu jüngst etwa Vanessa Mak, Full Harmonisation in European Private Law: A Two-Track Concept, ERPL 2012, S. 213; die einzelnen Beiträge in Michael Stürner (Hrsg.), Vollharmonisierung im Europäischen Verbraucherrecht?, 2010; in Beate Gsell/Carsten Herrestahl (Hrsg.), Vollharmonisierung im Privatrecht. Die Konzeption der Richtlinie am Scheideweg?, 2009; die einschlägigen Aufsätze in Geraint Howells/Reiner Schulze (Hrsg.), Modernising and harmonising consumer contract law, 2009 sowie in Brigitta Jud/Christiane Wendehorst (Hrsg.), Neuordnung des Verbraucherprivatrechts in Europa?, 2009. Vgl. auch Thomas Riehm, Die überschießende Umsetzung vollharmonisierter EG-Richtlinien im Privatrecht, JZ 2006, S. 1035; sowie ders./Benedikt Schreindorfer, Das Harmonisierungskonzept der neuen Verbraucherkreditrichtlinie, GPR 2008, S. 244.

43 Vgl. dazu insbesondere die jeweiligen Beiträge in Jud/Wendehorst (Anm. 42); dies., Proposal for a Directive on Consumer Rights – an Academic Position Paper, GPR 2009, S. 68; die Beiträge in Hans Schulte-Nölke/Lubos Tichý (Hrsg.), Perspectives for European Consumer Law, 2010; Howells/Schulze (Anm. 42).

44 Etwa Jud/Wendehorst (Anm. 43), GPR 2009, S. 68; Markus Artz, Die „vollständige Harmonisierung" des Europäischen Verbraucherprivatrechts, GPR 2009, S. 171; Paraskevi Paparseniou, Der Verbrauchsgüterkauf unter bevorstehender Reform, GPR 2009, S. 275; Beate Gsell/Hans Martin Schellhase, Vollharmonisiertes Verbraucherkreditrecht – Ein Vorbild für die weitere Europäische Angleichung des Vertragsrechts?, JZ 2009, S. 20, 27 f.

ein erheblich schlankeres Produkt,[45] das sich im Wesentlichen auf eine Vollharmonisierung der Haustürgeschäfte und Fernabsatzverträge beschränkt.

c) Optionelles europäisches Vertragsrecht

Der heftige politische Widerstand gegen jeden autoritativen Eingriff in die Kernbereiche des Privatrechts hat dazu geführt, dass man zeitweise auch gleichsam sanftere Methoden ersonnen hat, um eine weitergehende Privatrechtsangleichung in Europa zu bewirken. Einer dieser Ansätze ist im Zusammenhang mit dem sogenannten Gemeinsamen Referenzrahmen unter dem Schlagwort *toolbox of the legislator*, also Werkzeugkasten des Gesetzgebers, bekannt geworden.[46] Gemeint war eine unverbindliche Inspirationsquelle für den europäischen Gesetzgeber, die aus Definitionen, Prinzipien und Modellregeln bestanden und auch das Verbrauchervertragsrecht umfasst hätte. Dieser Gedanke ist jedoch mittlerweile stillschweigend aufgegeben worden oder zumindest sehr weit in den Hintergrund gerückt.

Mit der Schaffung einer eigenen Generaldirektion für Justiz und dem Amtsantritt von Kommissarin Viviane Reding kam stattdessen das Projekt eines sogenannten optionellen europäischen Vertragsrechts auf den Plan.[47] Damit ist ein europäisches Vertragsrecht gemeint, das bestimmten Parteien in bestimmten Situationen anstelle eines nationalen Vertragsrechts zur Wahl stehen soll. Ein Schlagwort ist der „Blue Button“,[48] also eine Schaltfläche in den Farben der euro-

---

45 Richtlinie 2011/83/EU des Europäischen Parlaments und des Rates vom 25. Oktober 2011 über die Rechte der Verbraucher, zur Abänderung der Richtlinie 93/13/EWG des Rates und der Richtlinie 1999/44/EG des Europäischen Parlaments und des Rates sowie zur Aufhebung der Richtlinie 85/577/EWG des Rates und der Richtlinie 97/7/EG des Europäischen Parlaments und des Rates, ABl. L 2011/304, S. 64.

46 Vgl. Mitteilung der Kommission vom 12. Februar 2003 an das Europäische Parlament und an den Rat „Ein kohärentes europäisches Vertragsrecht. Ein Aktionsplan“, KOM(2003) 68 endg., insbesondere S. 17 ff. sowie das Grünbuch der Kommission vom 1. Juli 2010 „Optionen für die Einführung eines Europäischen Vertragsrechts für Verbraucher und Unternehmen“ KOM(2010) 348 endg., S. 8.

47 Vgl. Viviane Reding, Warum Europa ein optionales Europäisches Vertragsrecht benötigt, ZEuP 2011, S. 1.

48 Etwa Sebastian A. E. Martens, Ein Knopf für den Binnenmarkt? oder: Vollharmonisierung durch den „Blue Button“?, GPR 2010, S. 215; Hans Schulte-Nölke, Der Blue Button kommt – Konturen einer neuen rechtlichen Infrastruktur für den Binnenmarkt, ZEuP 2011, S. 749; ders., How to Realise the „Blue Button“, in: Reiner Schulze/Hans Schulte-Nölke (Hrsg.), European Private Law – Current Status and Perspectives, 2011, S. 89; Jürgen Schmidt-Räntsch, Per Knopfdruck nach Europa und per Mausklick zum Europäischen Vertragsrecht für Verbraucher, in: ders./Dieter Kraus/Karl Riesenhuber (Hrsg.), Entwicklungen nicht-legislatorischer Rechtsangleichung im Europäischen Privatrecht, 2008, S. 34 sowie Walter Doralt, Rote Karte oder grünes Licht für den Blue Button?, AcP 2011, S. 1.

päischen Flagge, die der Verbraucher beim Vertragsschluss im Internet anklicken und damit den Vertrag europäischem Recht unterstellen kann. Die Absicht der Kommission wurde am 11. Oktober 2011 nach siebzehn Monaten Vorarbeiten mit der Veröffentlichung des Vorschlags für ein Gemeinsames Europäisches Kaufrecht[49] verwirklicht. Nach dem Entwurf soll dieses Gemeinsame Kaufrecht – dem Vorbild des UN-Kaufrechts folgend – ein „zweites innerstaatliches Regime" sein, wobei allerdings die kollisionsrechtliche Prüfung zwingend vorgeschaltet ist. Der Vorschlag für ein optionales Europäisches Kaufrecht hat erwartungsgemäß eine intensive Diskussion ausgelöst, die unter wissenschaftlichem,[50] praktischem[51] sowie politischem Blickwinkel geführt wurde. Die Debatte hat die Kommission unter anderem dazu bewegt, sich verstärkt für den Bereich des Cloud-Computing einzusetzen und ein weiteres optionales Recht in Aussicht zu stellen.[52]

49 Vorschlag der Europäischen Kommission vom 11. Oktober 2011 für eine Verordnung des Europäischen Parlaments und des Rates über ein Gemeinsames Europäisches Kaufrecht, KOM(2011) 635 endg. Vgl. auch Mitteilung der Kommission vom 11. Oktober 2011 an das Europäische Parlament, den Rat, den Europäischen Wirtschafts- und Sozialausschuss und den Ausschuss der Regionen „Ein gemeinsames Europäisches Kaufrecht zur Erleichterung grenzübergreifender Geschäfte im Binnenmarkt", KOM(2011) 636 endg.

50 Vgl. insbesondere Reiner Schulze (Hrsg.), Common European Sales Law (CESL): A Commentary, 2012; die Sammelbände von Christiane Wendehorst/Brigitta Zöchling-Jud (Hrsg.), Am Vorabend eines Gemeinsamen Europäischen Kaufrechts. Zum Verordnungsentwurf der Europäischen Kommission vom 11.10.2011 KOM(2011) 635 endg., 2012; Martin Schmidt-Kessel (Hrsg.), Ein einheitliches Europäisches Kaufrecht? Eine Analyse des Vorschlags der Kommission, 2012; Oliver Remien/Sebastian Herrler/Peter Limmer (Hrsg.), Gemeinsames Europäisches Kaufrecht für die EU? Analyse des Vorschlags der Europäischen Kommission für ein optionales Europäisches Vertragsrecht vom 11. Oktober 2011, 2012; Hans Schulte-Nölke/Fryderyk Zoll/Nils Jansen/Reiner Schulze (Hrsg.), Der Entwurf für ein optionales europäisches Kaufrecht, 2012; die einzelnen Beiträge in AcP 2012 Bd. 212.

51 Vgl. insbesondere The European Law Institute, Statement of the European Law Institute on the Proposal for a Regulation on a Common European Sales Law COM (2011) 635 final, abrufbar unter http://www.europeanlawinstitute.eu/fileadmin/user_upload/p_eli/Publications/S-2-2012_Statement_on_the_Proposal_for_a_Regulation_on__a_Common_European_Sales_Law.pdf (letzter Zugriff: 10. September 2013); Guido Alpa/Giuseppe Conte/Ubaldo Perfetti/Friedrich Graf von Westphalen (Hrsg.), The Proposed Common European Sales Law – the Lawyers' View, 2012.

52 Mitteilung der Kommission vom 27. September 2012 an das Europäische Parlament, den Rat, den Europäischen Wirtschafts- und Sozialausschuss und den Ausschuss der Regionen „Freisetzung des Cloud-Computing-Potenzials", KOM (2012) 519 endg., S. 14 f.

d) Vertragsrechtsvereinheitlichung durch EU-Verordnungen

Wenn ein solches optionelles Vertragsrecht in vielen Mitgliedstaaten mit äußerster Skepsis betrachtet wird, so liegt es daran, dass man fürchtet, es könnte sich als trojanisches Pferd entpuppen und den Weg ebnen für ein echtes, bindendes europäisches Zivilgesetzbuch.[53] Dieses stellt die letzte und tiefgreifendste Form einer Europäisierung des Privatrechts dar,[54] wie sie vor allem das Instrument der EU-Verordnung ermöglicht. Bislang ist man im Verbrauchervertragsrecht vor diesem Instrument aber zurückgeschreckt und hat nur in Randbereichen – vor allem auf dem Gebiet des Personentransports mit den diversen Passagier-Verordnungen[55] – eine unmittelbare Rechtsvereinheitlichung herbeigeführt.

2. Bewertung

Was die Erscheinungsformen europäischen Verbrauchervertragsrechts betrifft, beobachten wir in den letzten Jahren durch den Wechsel von der Mindest- zur Vollharmonisierung, durch die wachsende Regelungsdichte und durch die Bemühungen um den Gemeinsamen Referenzrahmen eine deutliche Tendenz zu stärkerer Vereinheitlichung. Dass es bei der klassischen Koordinierung mindestharmonisierter nationaler Vertragsrechte durch das europäische Kollisionsrecht, also beim Verbraucherlandprinzip, nicht bleiben wird, dürfte beinahe feststehen. Das eigentliche Ringen geht somit um die Frage, ob Vollharmonisierung oder optionelles Instrument den richtigen Weg in die Zukunft weist. Da dies nicht zwingend etwas mit edukatorischer Gesetzgebung zu tun hat, werde ich darauf nicht näher eingehen. Ich will aber an dieser Stelle nicht verhehlen, dass ich aus verschiedenen Gründen die Schaffung eines europäischen Parallelprivatrechts

---

53 Symptomatisch dürfte es sein, dass sich die Gruppe der Wissenschaftler, welche hauptsächlich mit der Ausarbeitung des DCFR betraut wurde, „Study Group on a European Civil Code" nennt. Vgl. ferner nur den Titel des Sammelbandes von ARTHUR HARTKAMP (Hrsg.), Towards a European civil code, 3. Aufl. 2011.

54 Ebenso im Grünbuch der Kommission vom 1. Juli 2010 (Anm. 46), KOM(2010) 348 endg., S. 12.

55 Verordnung (EG) 1371/2007 des Europäischen Parlaments und des Rates vom 23. Oktober 2007 über die Rechte und Pflichten der Fahrgäste im Eisenbahnverkehr ABl. L 2007/315, S. 14; Verordnung (EG) Nr. 261/2004 des Europäischen Parlaments und des Rates vom 11. Februar 2004 über eine gemeinsame Regelung für Ausgleichs- und Unterstützungsleistungen für Fluggäste im Fall der Nichtbeförderung und bei Annullierung oder großer Verspätung von Flügen und zur Aufhebung der Verordnung (EWG) 295/91, ABl. L 2004/46, S. 1; Verordnung (EG) 889/2002 des Europäischen Parlaments und des Rates vom 13. Mai 2002 zur Änderung der Verordnung (EG) Nr. 2027/97 des Rates über die Haftung von Luftfahrtunternehmen bei Unfällen, ABl. L 2002/140, S. 2.

klar vorziehe, und dies scheint momentan auch der offiziellen Politik der Kommission zu entsprechen.

III. Entwicklungstendenzen im europäischen Verbrauchervertragsrecht

Lassen wir die Entwicklungen der letzten Jahrzehnte Revue passieren, so wird bei näherem Hinsehen deutlich, dass wir es mit mindestens drei unterschiedlichen Phänomenen zu tun haben: Erstens mit der Tendenz weg von unterschiedlichen nationalen Lösungen hin zu einem einheitlichen europäischen Vertragsrecht – davon habe ich soeben schon gesprochen. Zweitens haben wir es zu tun mit der Akzentverschiebung weg vom Paradigma gestörter Vertragsparität hin zu einem Binnenmarktparadigma. Drittens schließlich geht es um das Aufeinanderprallen von Privatrecht klassischer Prägung mit etwas, das von Anderen – insbesondere von Hans Micklitz – treffend „europäisches Regulierungsprivatrecht" genannt worden ist.[56]

1. Wiederherstellung gestörter Vertragsparität vs. Binnenmarktförderung

Kommen wir zunächst zur Entwicklung vom Paradigma der Wiederherstellung gestörter Vertragsparität hin zum Binnenmarktparadigma.

a) Die älteren Rechtsakte

Analysiert man die frühen Richtlinien im Bereich des Verbrauchervertragsrechts ebenso wie das kollisionsrechtliche Verbraucherlandprinzip im Römischen Schuldvertragsübereinkommen, so dienen sie schwerpunktmäßig dem Schutz des Verbrauchers als der präsumtiv schwächeren Vertragspartei.[57] Sicherlich hat die Binnenmarktrhetorik von Anfang an eine bedeutende Rolle gespielt und auch die Mehrzahl der Rechtsakte ist auf die Binnenmarktklausel des EWG- und später EG-Vertrags gestützt.[58] Die Argumentation mit dem Binnenmarkt

---

56 Hans-Wolfgang Micklitz, Europäisches Regulierungsprivatrecht: Plädoyer für ein neues Denken, Teile I und II, GPR 2009, S. 254 sowie GPR 2010, S. 2.

57 Ein Bild des Verbrauchers im sekundären Gemeinschaftsrecht als einer schutzbedürftigen Partei haben etwa Angus Johnston/Hannes Unberath, The Double-Headed Approach of the ECJ Concerning Consumer Protection, Common Market Law Review 44 (2007), S. 1237 entwickelt.

58 Vgl. Art. 100 EWG-Vertrag (i.d.F. ABl. C 1992/224, S. 32), auf den die Richtlinie 85/577/EWG (Anm. 32) über die Haustürgeschäfte gestützt wurde; danach Art. 100a

nahm aber gleichsam einen Umweg über ein durch den Gedanken sozialer Gerechtigkeit angereichertes, im Kern jedoch immer noch weitgehend klassisches Privatrecht. Die Logik war gleichsam: Ein bestimmter Mindestschutz des Verbrauchers ist allgemein wünschenswert und erforderlich, vor allem zur Beseitigung tatsächlicher Missstände; und damit der Verbraucher überall in der Gemeinschaft diesen Mindestschutz genießen kann, muss der Gemeinschaftsgesetzgeber tätig werden.[59] Teilweise war der spezifische Binnenmarktbezug so schwach ausgeprägt, dass die Kompetenz der Gemeinschaft, etwa zum Erlass der Haustürgeschäfterichtlinie, ganz bestritten worden ist.[60]

Dabei bedienen sich etwa die Klauselrichtlinie oder die Verbrauchsgüterkaufrichtlinie durchaus klassischer zivilrechtlicher Instrumentarien.[61] Andere Richtlinien dagegen führen ein spezifisches gemeinschaftsrechtliches Instrumentarium ein, namentlich ein Widerrufsrecht des Verbrauchers,[62] also ein Recht, sich ohne weitere Begründung binnen einer bestimmten Frist vom Ver-

---

EWG-Vertrag; ferner Art. 95 EG-Vertrag und nunmehr Art. 114 AEUV, auf dem bereits die neue Richtlinie 2011/83/EU (Anm. 45) zu den Verbraucherrechten beruht. Über die Kompetenz der Gemeinschaft zur Rechtsangleichung vgl. etwa Karl Riesenhuber, Europäisches Vertragsrecht, 2003, S. 65 ff. mit weiteren Literaturhinweisen. Ablehnend zur Kompetenz der EG (nunmehr EU) im Bereich des Verbraucherschutzes auf der Grundlage von Art. 95 EGV (nunmehr Art. 114 AEUV) Helmut Coing/Heinrich Honsell, in: J. von Staudinger (Begr.), Kommentar zum Bürgerlichen Gesetzbuch, Buch 1: Einleitung zum Bürgerlichen Gesetzbuch, §§ 1-14; Verschollenheitsgesetz (Einleitung zum BGB und Allgemeiner Teil 1), Neubearb. 2004, Einl. zum BGB, Rn. 112; Heinrich Honsell (Anm. 31), ZIP 2008, S. 624 f.

59 Auf derartige Rhetorik hat der europäische Gesetzgeber besonders intensiv seit der Verbrauchsgüterkaufrichtlinie zurückgegriffen. Dazu Stefan Grundmann, Einleitung zu ders./Cesare Massimo Bianca (Hrsg.), EU-Kaufrechtsrichtlinie, 2002, S. 15, 29, Rn. 17. Ihre Anzeichen waren aber bereits in der Fernabsatzrichtlinie klar erkennbar: dazu Micklitz, Regulierungsprivatrecht Teil II (Anm. 56), GPR 2010, S. 3. Vgl. auch Art. 114 Abs. 3 AEUV (ex Art. 95 Abs. 3 EWG-Vertrag), der normiert, dass die Kommission sich bei den Vorschlägen hinsichtlich Maßnahmen zur Erreichung und zum Funktionieren des Binnenmarktes an einem hohen Schutzniveau u.a. im Bereich der Verbraucherpolitik zu orientieren hat.

60 Vgl. etwa Stephen Weatherill, Constitutional Competence of the EU to Deliver Social Justice, ERCL 2006, S. 136, 141. Dieser Meinung hat sich jüngst Susanne Hähnchen, Die Rechtsform des CFR und die Frage nach der Kompetenz, in: Martin Schmidt-Kessel (Hrsg.), Der Gemeinsame Referenzrahmen: Entstehung, Inhalte, Anwendung, 2009, S. 147, 165 angeschlossen.

61 Im Hinblick auf die Klauselverbote im deutschen Recht bereits Manfred Lieb, Sonderprivatrecht für Ungleichgewichtslagen? Überlegungen zum Anwendungsbereich der sogenannten Inhaltskontrolle privater Verträge, AcP 1978, S. 196, 215 ff.

62 Vgl. etwa Dirk Staudenmayer, Richtlinien des Privatrechts, in: Hans Schulte-Nölke/Reiner Schulze (Hrsg.), Europäische Rechtsangleichung und nationale Privatrechte, 1999, S. 72; Oliver Remien, Zwingendes Vertragsrecht und Grundfreiheiten des EG-Vertragsrechts, 2003, S. 134; oder jüngst etwa Horst Eidenmüller, Widerrufsrechte, in:

trag wieder zu lösen, sowie vorvertragliche Informationspflichten[63] und vielfach die Pflicht, dem Verbraucher bestimmte Informationen in einer Vertragsurkunde oder einem anderen Medium dauerhaft zugänglich zu machen.[64] Sämtliche dieser Schutzmechanismen sind zugunsten des Verbrauchers zwingend, d.h. der Verbraucher kann nicht wirksam auf sie verzichten.

Gerade der halbzwingende Charakter der Vorgaben verleiht ihnen gewisse paternalistische Züge, ist doch der individuelle Verbraucher gezwungen, die Segnungen zu akzeptieren und ihre Kosten gegebenenfalls in der Form höherer Preise[65] zu tragen. Dem Vorwurf des Paternalismus wird allerdings regelmäßig entgegengehalten, dass durch die Maßnahmen zwar formelle Autonomie eingeschränkt, materielle Autonomie aber gerade gewährleistet werde.[66] Inwieweit

---

ders./Florian Faust/Hans Christoph Grigoleit/Nils Jansen/Gerhard Wagner/Reinhard Zimmermann (Hrsg.), Revision des Verbraucher-*acquis*, 2011, S. 109.

63 Vgl. etwa STAUDENMAYER (Anm. 62), S. 72; REMIEN (Anm. 62), S. 134; jüngst FLORIAN FAUST/HANS CHRISTOPH GRIGOLEIT, Informationspflichten: Grundlegende Weichenstellungen, in: Horst Eidenmüller/Florian Faust/Hans Christoph Grigoleit/Nils Jansen/Gerhard Wagner/Reinhard Zimmermann (Hrsg.), Revision des Verbraucher-*acquis*, 2011, S. 193.

64 Art. 6 der Verbrauchsgüterkaufrichtlinie 1999/44/EG (Anm. 37); Art. 13 Abs. 1 lit. a der Richtlinie 2002/92/EG des Europäischen Parlaments und des Rates vom 9. Dezember 2002 über Versicherungsvermittlung, ABl. L 2003/9, S. 3 oder Art. 5 Abs. 1 der Verbraucherkreditrichtlinie 2008/48/EG (Anm. 33). Ebenso auch Art. 2: 206 (Clarity and form of information) der *acquis* Principles.

65 Vgl. HANS-BERND SCHÄFER, Grenzen des Verbraucherschutzes und adverse Effekte des Europäischen Verbraucherrechts, in: Stefan Grundmann (Hrsg.), Systembildung und Systemlücken in Kerngebieten des Europäischen Privatrechts, 2000, S. 559.

66 Hinsichtlich der Inhaltskontrolle der Allgemeinen Geschäftsbedingungen in diese Richtung bereits WERNER FLUME, Das Rechtsgeschäft, 4. Aufl. 1992, S. 670 f. Angesichts der gesetzlichen Widerrufsrechte ANDREAS FUCHS, Zur Disponibilität gesetzlicher Widerrufsrechte im Privatrecht, AcP 1996, S. 313, 326 ff.; ihm folgend PETER BÜLOW/MARKUS ARTZ, Handbuch Verbraucherprivatrecht, 2005, S. 4 ff. Über Informationspflichten als das Instrument der Privatautonomie umfassend STEFAN GRUNDMANN, Privatautonomie im Binnenmarkt, JZ 2000, S. 1133 ff. Die Diskussion um die Erosion der Privatautonomie hat manche Autoren dazu gebracht, diese Figur wegen ihrer Realitätsferne gänzlich abzulehnen und anstelle dieser die Gewährleistung der „materiellen Gerechtigkeit" durch das Vertragsrecht zu fordern. Vgl. insbesondere LUDWIG RAISER, Vertragsfunktion und Vertragsfreiheit, in: Ernst von Caemmerer/Ernst Friesenhahn/Richard Lange (Hrsg.), Hundert Jahre Deutsches Rechtsleben. Festschrift zum hundertjährigen Bestehen des Deutschen Juristentages 1860-1960, Bd. 1, 1960, S. 101; ähnlich KONRAD ZWEIGERT/HEIN KÖTZ, Einführung in die Rechtsvergleichung, 3. Aufl. 1996, S. 324 f. („die Vertragsfreiheit vom Gesetzgeber oder vom Richter eingeschränkt werden muss"). Eine Übersicht über die Meinungen (einschließlich der vermittelnden Positionen) geben etwa BYDLINSKI, System und Prinzipien (Anm. 1), S. 147 ff. und STEPHAN LORENZ, Schutz vor dem unerwünschten Vertrag, 1997, S. 22 ff. Hier wird der Gedanke des Paternalismus vor dem Hintergrund einer äußerst liberalen und individualistischen Deutung der Privatautonomie verwendet. In der Literatur spricht man vom Rechtspaternalismus im

diese Verteidigung gerechtfertigt ist oder nicht – vermutlich wird auch hier die Antwort differenziert ausfallen müssen –, kann an dieser Stelle dahinstehen, denn spezifisch edukatorisch ist dieses Regelungsziel jedenfalls nicht. Man könnte im Gegenteil bösartig bemerken, dass durch manche der Maßnahmen die Erziehung des Verbrauchers zu aufmerksamer Teilnahme am Rechtsverkehr nachgerade verhindert wird.

b) Neuere Tendenz: Instrumentelles Verbrauchervertragsrecht

Das europäische Verbraucherbild ebenso wie die Zielsetzung des Verbrauchervertragsrechts änderte sich allerdings mit der Zeit. Aus dem schutzbedürftigen Verbraucher, der – sei es zu Hause, sei es auf Reisen – gleichsam passiv mit ausländischen Angeboten konfrontiert wird, wurde ein aktiv über die Grenzen hinweg nachfragender Verbraucher und damit ein wichtiger Akteur bei der Verwirklichung des Binnenmarktes.[67] Besser gesagt: Er hat in den Augen des europäischen Gesetzgebers dieses Potenzial, denn die grenzüberschreitende Nachfrage in der Union ist bis heute stark unterentwickelt.[68] Das hat natürlich nahe liegende Gründe in sprachlichen und kulturellen Barrieren sowie in der Angst vor erschwerter Rechtsdurchsetzung.[69] Der europäische Gesetzgeber macht jedoch noch zwei weitere Binnenmarkthindernisse aus: Erstens sei dem Verbraucher die Geltung des kollisionsrechtlichen Verbraucherlandprinzips nicht hinreichend bewusst, d.h. er wisse gar nicht, dass er sich bei grenzüberschreitenden Geschäften allermeist auf den gewohnten Schutzstandard als Mindeststandard

---

Verbraucherrecht meist erst dann, wenn zum Schutz des Verbrauchers Mittel eingesetzt werden, die zur Wiederherstellung der materiellen Privatautonomie nicht mehr notwendig sind. Vgl. vor allem GRUNDMANN, a.a.O., S. 1137; in diesem Sinne auch etwa BRIGITTA LURGER/SUSANNE AUGENHOFER, Österreichisches und Europäisches Konsumentenschutzrecht, 2. Aufl. 2008, S. 14.

67 Diese Entwicklung setzt mit der Verbrauchsgüterkaufrichtlinie 1999/44/EG (Anm. 37) ein; vgl. GRUNDMANN (Anm. 59), S. 29, Rn. 17 m.w.N. in Fn. 2. Sie spiegelt sich auch in der Erweiterung der situativen Voraussetzungen des kollisionsrechtlichen Schutzes in Art. 6 Rom I-VO, im Vergleich mit jenen des Art. 5 EVÜ, wider. So etwa HEIDERHOFF (Anm. 25), Art. 6 Rom I-VO, Rn. 26; abgeschwächt RAGANO (Anm. 24), S. 144 ff., die in den Voraussetzungen des Art. 6 Rom I-VO zwar eine Erweiterung des Schutzes durch das Verbraucherlandsprinzip auf den *mobilen*, nicht jedoch auf den *aktiven* Verbraucher erblickt.

68 Vgl. Mitteilung der Kommission vom 11. Oktober 2011 „Ein gemeinsames Europäisches Kaufrecht" (Anm. 49): Laut der in der Mitteilung zitierten Studie „Eurobarometer 299a (Attitudes towards cross-border trade and consumer protection)", S. 5 und 14, abrufbar unter http://ec.europa.eu/public_opinion/flash/fl_299a_en.pdf (letzter Zugriff: 10. September 2013), haben nur 7 % der befragten Verbraucher online grenzüberschreitend Einkäufe getätigt.

69 Vgl. die Begründung des Vorschlags der Kommission vom 11. Oktober 2011 für ein Gemeinsames Europäisches Kaufrecht (Anm. 49), S. 2.

verlassen darf.[70] Zweitens könne er deswegen gar nicht genug grenzüberschreitend nachfragen, weil zu wenige Unternehmen grenzüberschreitend anböten.[71] Das Verbraucherlandprinzip des Römischen Schuldvertragsübereinkommens und später der Rom I-Verordnung führe nämlich dazu, dass Unternehmen sich theoretisch auf 27 und mehr Rechtsordnungen einstellen müssten, wenn sie den europäischen Markt abdecken wollten. Gerade für kleine und mittlere Unternehmer sei dies finanziell nicht tragbar.[72]

Es sind im Wesentlichen diese Begründungen, mit denen der europäische Gesetzgeber dazu überging, das Verbrauchervertragsrecht schrittweise einer Vollharmonisierung zu unterziehen. Das bedeutet, dass in einem bestimmten harmonisierten Bereich, der durch die Menge der von der Richtlinie erfassten Sachverhalte und die Menge der geregelten Rechtsfragen determiniert ist, inhaltlich einheitliche Regelungen in den Mitgliedstaaten bestehen müssen. Kommissarin Kunewa, unter deren Ägide wesentliche Schritte des neuen Vollharmonisierungskonzepts vollzogen wurden, betonte immer wieder, dem Verbraucher müsse – ähnlich wie dem Fluggast – eine klare Liste „These are your rights as a European consumer" vor Augen gehalten werden, und solche Listen müssten unionsweit in Internetshops und Geschäften publik gemacht werden. Ganz in diese Richtung geht die obligatorische Einführung europaweit einheitlicher Formblätter wie etwa der Europäischen Standardinformationen für

70 Vgl. die Begründung des Vorschlags der Kommission vom 11. Oktober 2011 für ein Gemeinsames Europäisches Kaufrecht (Anm. 49), S. 4. Diese Aussage der Kommission geht wieder auf die Studie Eurobarometer 299a (Anm. 68), S. 10 f. zurück: 44 % der befragten Verbraucher haben angegeben, sie seien gegenüber Einkäufen bei Unternehmern aus den anderen EU-Mitgliedstaaten deshalb abgeneigt, weil Unsicherheit darüber bestünde, welche Rechtsmittel ihnen zustehen, wenn es zu Leistungsstörungen kommt.

71 Vgl. die Begründung des Vorschlags der Kommission vom 11. Oktober 2011 für ein Gemeinsames Europäisches Kaufrecht (Anm. 49), S. 2 und 4. Laut der Studie „Eurobarometer 321 (Europäisches Vertragsrecht in Geschäften zwischen Unternehmen und Verbrauchern)", S. 6 f., abrufbar unter http://ec.europa.eu/public_opinion/flash/fl_321_en.pdf (letzter Zugriff: 10. September 2013) haben 60 % der Unternehmer, die Waren und Leistungen nur innerhalb eines EU-Landes anbieten, angegeben, dass sich die Schwierigkeiten mit Verbraucherschutzregeln auf ihre Möglichkeiten, grenzüberschreitend tätig zu werden, negativ auswirken. Nach derselben Studie hat beinahe ein Viertel (23 %) der befragten Unternehmer Fälle gemeldet, in denen sie Verbraucher aus anderen Mitgliedstaaten als Vertragspartner wegen der unterschiedlichen Verbraucherschutzregelungen abgelehnt haben. Vgl. Eurobarometer 321, a.a.O., S. 6 f. Ferner nach Eurobarometer 299a (Anm. 68), S. 9: 8 % der Verbraucher wurden beim Versuch einer Bestellung bei einem Unternehmen aus einem anderen Mitgliedstaat zurückgewiesen.

72 Vgl. Mitteilung der Kommission vom 11. Oktober 2011 „Ein gemeinsames Europäisches Kaufrecht" (Anm. 49), S. 2 f. unter Bezugnahme auf die Studie „SME Panel Survey on the Impacts of European contract law", abrufbar unter http://ec.europa.eu/justice/contract/files/report_sme_panel_survey_en.pdf (letzter Zugriff: 10. September 2013).

Verbraucherkredite durch die neue Verbraucherkreditrichtlinie.[73] Diese sollen es dem Verbraucher einerseits ermöglichen, Angebote aus verschiedenen Staaten leicht und verlässlich miteinander vergleichen zu können, vor allem aber – und hier dürfte in Wahrheit der Schwerpunkt liegen – vor Augen führen, dass er als Konsument auf einem einheitlichen europäischen Markt agiert. Nichts anderes gilt nunmehr für den Entwurf für ein Gemeinsames Europäisches Kaufrecht,[74] der mit dem in Anhang II enthaltenen Standardinformationsblatt Kenntnisse im europäischen Verbrauchervertragsrecht vermittelt.

Wir haben es somit tatsächlich mit edukatorischen Zwecken zu tun, und zwar im weiteren wie im engeren Sinne: Nicht nur soll der Verbraucher durch entsprechend günstige Regelungen dazu animiert werden, Produkte grenzüberschreitend nachzufragen, sondern er soll auch und gerade dadurch animiert werden, dass man in ihm ein europäisches Verbraucherbewusstsein weckt. Ähnliches gilt entsprechend für die Unternehmerseite. Es ist interessant zu beobachten, dass der ursprüngliche Sinn der konkreten Schutzmechanismen demgegenüber ganz in den Hintergrund tritt. So macht sich der europäische Gesetzgeber in den Erwägungsgründen zur Verbraucherkreditrichtlinie nicht einmal mehr die Mühe, zu begründen, warum der Verbraucher bei einem Darlehensvertrag, einem Zahlungsaufschub oder einem Finanzierungsleasingvertrag eigentlich eines Widerrufsrechts bedarf. Bei näherem Hinsehen ist es auch schwer zu begründen[75] und könnte sich faktisch sogar zum Schaden der Verbraucher auswirken.[76]

---

73 Vgl. Anm. 33.

74 Vorschlag der Kommission vom 11. Oktober 2011 für ein Gemeinsames Europäisches Kaufrecht (Anm. 49).

75 Kritisch bereits anhand der damals autonomen deutschen Regelung des Rücktrittsrechts des Verbrauchers vom Kreditvertrag LORENZ (Anm. 66), S. 171 ff., 200 ff. Ihm folgend MATHIAS ROHE, Privatautonomie im Verbraucherkreditrecht wohin? Zum Richtlinienvorschlag zur Harmonisierung der Rechts- und Verwaltungsvorschriften der Mitgliedstaaten über den Verbraucherkredit, BKR 2003, S. 267, 269; HORST EIDENMÜLLER, Privatautonomie, Verteilungsgerechtigkeit und das Recht des Vertragsschlusses im DCFR, in: Reiner Schulze/Christian von Bar/Hans Schulte-Nölke (Hrsg.), Der akademische Entwurf für einen Gemeinsamen Referenzrahmen: Kontroversen und Perspektiven, 2008, S. 73, 88 f. Befürwortend etwa PETER BÜLOW, in: ders./Markus Artz (Hrsg.), Verbraucherkreditrecht, 7. Aufl. 2011, § 459 BGB, Rn. 38 m.w.N. Eingehend zum Prinzip *pacta sunt servanda* bei Verbraucherrücktrittsrechten MARC-PHILIPPE WELLER, Vertragstreue: Vertragsbindung – Naturalerfüllungsgrundsatz – Leistungstreue, 2009, S. 291 ff.; LORENZ (Anm. 66), S. 122 ff.; FUCHS (Anm. 66), AcP 1996, S. 351. Bedenken zu den Widerrufsrechten als zwingende Regelung aus ökonomischer Sicht jüngst bei EIDENMÜLLER (Anm. 62), S. 131 ff.

2. Klassisches Privatrecht vs. Regulierungsprivatrecht

Mit dem Übergang vom Paradigma der Vertragsparität zum Binnenmarktparadigma ist aufs Engste eine weitere Entwicklung verknüpft: diejenige hin zu einem Regulierungsprivatrecht,[77] das im Schwerpunkt nicht mehr Zielen ausgleichender oder verteilender Gerechtigkeit zwischen Privatrechtssubjekten dient, sondern privatrechtliche Mechanismen zur Förderung wirtschaftspolitischer Zielsetzungen instrumentalisiert.[78] Dabei wird Regulierungsprivatrecht sowohl auf nationaler als auch auf europäischer Ebene erlassen. Was ist Regulierungsprivatrecht und wodurch unterscheidet es sich von unserer Vorstellung von „klassischem" Privatrecht?

a) Politische Zielsetzung

Regulierungsprivatrecht dient wirtschafts- oder sozialpolitischen Zielsetzungen[79] und zielt in der Regel nicht nur auf die Bewahrung und Stabilisierung des Vorhandenen, sondern auf die Herbeiführung politisch gewollter Änderungen.[80] Im Vordergrund stand dabei im 20. Jahrhundert der Ausgleich sozialer Ungleichgewichtslagen,[81] insbesondere zugunsten von Arbeitnehmern,[82] von Mietern[83] oder generell von Verbrauchern in einem geschäftlichen Kontakt

76 Dazu Eidenmüller, Privatautonomie (Anm. 75), S. 88 ff.; Christiane Wendehorst, in: dies./Brigitta Zöchling-Jud, Verbraucherkreditrecht, 2010, § 12 VKrG, Rn. 3.

77 Vgl. die exzellente Abhandlung des Themas auch unter historischem Blickwinkel von Thomas Simon, Was ist und wozu dient die Gesetzgebung, in: ders./Gerald Kohl/Christian Neschwara (Hrsg.), Festschrift für Wilhelm Brauneder zum 65. Geburtstag. Rechtsgeschichte mit internationaler Perspektive, 2008, S. 635, 639 f. sowie im Hinblick auf Europäisches Recht Micklitz, Regulierungsprivatrecht Teile I und II (Anm. 56), GPR 2009, S. 255 und GPR 2010, S. 2.

78 Christoph U. Schmid, The Instrumentalist Conception of the Acquis Communautaire in Consumer Law and its Implications on a European Contract Law Code, ERCL 2005, S. 211; Christiane Wendehorst, The 'Legal Basis' of European Private Law in the Light of EU Constitutionalisation, in: Luigi Moccia (Hrsg.), The Making of European Private Law: Why, How, What, Who, 2013, S. 37.

79 Vgl. Simon (Anm. 77), S. 639 f.

80 Wendehorst (Anm. 78), S. 38.

81 Vgl. nur Raiser (Anm. 1), S. 225 ff.

82 Für den auf der Grundlage des Arbeitsrechts aufgebauten „allgemeinen Teil" des Rechts für die Ungleichgewichtslagen hat insbesondere Franz Gamillscheg, Zivilrechtliche Denkformen und die Entwicklung des Individualverhältnisses, AcP 1976, S. 197 plädiert. Kritisch dazu Bydlinski, System und Prinzipien (Anm. 1), S. 711 ff. Die gewissen Parallelen zwischen dem Arbeitsrecht und dem Verbraucherschutzrecht hat aber auch etwa Raiser (Anm. 1), S. 226 angedeutet.

83 Vgl. nur Bydlinski, System und Prinzipien (Anm. 1), S. 715 ff.; Raiser (Anm. 1), S. 226 f., der u.a. interessanterweise darauf hinweist, dass es in den 1970er Jahren auch

mit Unternehmern.[84] Im unionsrechtlichen Verbraucherprivatrecht wird neben dem Verbraucherschutz als solchem vor allem das wirtschaftliche Ziel der Verwirklichung und Vollendung des Binnenmarktes verfolgt.[85] Zwar lässt sich auch klassisches Privatrecht in der Regel nur vor dem Hintergrund bestimmter ordnungspolitischer Grundvorstellungen erklären und ist die Existenz eines steuernden Nebenzwecks nichts Außergewöhnliches, was auch das Schlagwort von der „Privatrechtsgesellschaft" belegt.[86] Der Unterschied zwischen dem Privatrecht klassischer Prägung und dem Regulierungsprivatrecht liegt jedoch im Schwerpunkt der Zielrichtung sowie darin, dass sich Ersteres grundsätzlich um die Stabilisierung des Ist-Zustandes durch Systematisierung und möglichst weitgehende Widerspruchsfreiheit bemüht, während das Regulierungsprivatrecht auf Änderung ausgerichtet ist. Dies entspricht der Unterteilung der Rechtsetzung in die „kodifizierende" und die „gestaltende"[87] oder „gezielte"[88] oder „steuernde"[89] Gesetzgebung, wie sie im Rahmen der allgemeinen Gesetzgebungslehre entwickelt wurde.

b) Regelungsstil

Um dem steuernden Zweck möglichst gerecht zu werden, bedient sich das Regulierungsprivatrecht typischerweise einer legistischen Technik, für die detail-

---

eine Gegentendenz gab, das bereits entwickelte soziale Mietrecht wieder in ein individualistisches Vertragsmodell zurückzuverwandeln.

84 Von der Ausprägung des nationalen Verbraucherrechts der früheren Phase durch die Ideale der sozialen Gerechtigkeit insbesondere MICKLITZ, Regulierungsprivatrecht Teil II (Anm. 56), GPR 2010, S. 2 f.

85 Dazu eingehend u.a. unter dem Blickwinkel der Kompetenz der Europäischen Union zur Rechtsangleichung MICKLITZ, Regulierungsprivatrecht Teil I (Anm. 56), GPR 2009, S. 257.

86 FRANZ BÖHM, Privatrechtsgesellschaft und Marktwirtschaft, Ordo. Jahrbuch für die Ordnung von Wirtschaft und Gesellschaft 17 (1966), S. 75; KARL RIESENHUBER (Hrsg.), Privatrechtsgesellschaft: Entwicklung, Stand und Verfassung des Privatrechts, 2007 und aus diesem insbesondere DERS., Privatrechtsgesellschaft: Leistungsfähigkeit und Wirkkraft im deutschen und Europäischen Recht, S. 2. Vgl. ferner CLAUS-WILHELM CANARIS, Verfassungs- und europarechtliche Aspekte der Vertragsfreiheit in der Privatrechtsgesellschaft, in: Peter Badura/Rupert Scholz (Hrsg.), Wege und Verfahren des Verfassungslebens. Festschrift für Peter Lerche zum 65. Geburtstag, 1993, S. 874. Aus dem früheren Schrifttum siehe etwa THEO MAYER-MALY, Raumordnung und Privatrechtsgesellschaft, 1973.

87 PETER NOLL, Gesetzgebungslehre, 1973, S. 215.

88 JOSEF ESSER, Gesetzesrationalität im Kodifikationszeitalter und heute, in: Hans-Jochen Vogel (Hrsg.), 100 Jahre oberste deutsche Justizbehörde. Vom Reichsjustizamt zum Bundesministerium der Justiz, 1977, S. 18. Er spricht genauer gesagt von der „gezielten Regelungsgesetzgebung" und der „Kodifikation".

89 So SIMON (Anm. 77), S. 639.

reiche und technisch anmutende Regelungen[90] charakteristisch sind. Folglich unterscheidet sich Regulierungsprivatrecht von klassischem Privatrecht auch rein äußerlich: durch den unterschiedlichen Stil und die unterschiedliche Sprache. Die im europäischen Privatrecht verankerten, schier endlosen Kataloge von Informationspflichten und zwingenden Vertragsbestandteilen, neuerdings sogar europaweit verpflichtende Formblätter,[91] stehen den knappen, meist unmittelbar eine bestimmte Wertung reflektierenden Bestimmungen in europäischen Zivilrechtskodifikationen gegenüber. Nicht anders verhält es sich, wenn man Letzteren etwa die mietrechtlichen – indessen im BGB integrierten – Regelungen über die Miethöhe oder über die Betriebskostenabrechnung gegenüberstellen möchte.

Bereits aus diesen Bemerkungen zum Regelungsstil wird deutlich, dass mitnichten alle europäischen Normen, die in den letzten Jahrzehnten zum Verbrauchervertragsrecht erlassen wurden, ohne Weiteres als Regulierungsprivatrecht bezeichnet werden dürfen. Insbesondere die Klauselrichtlinie – zumindest ohne ihre Anhänge – und die Verbrauchsgüterkaufrichtlinie haben sich eines klassischen privatrechtlichen Instrumentariums bedient und Regelungen geschaffen, wie sie auch in anderen als Verbraucherverträgen und in anderen als europäischen Regelwerken üblich waren (vgl. oben III. 1. a)). Konsequenterweise haben denn auch viele Mitgliedstaaten die Vorgaben ganz oder wenigstens teilweise in ihr allgemeines Zivilrecht übernommen.[92] Es dürfte in diesem Zusammenhang durchaus symptomatisch sein, dass der Versuch der Europäischen Kommission, mit dem Vorschlag von 2008 für eine Verbraucherrechterichtlinie weite Teile des Vertragsrechts einer Vollharmonisierung zu unterziehen und damit in Richtung Regulierungsprivatrecht zu rücken, just am Kaufrecht und Klauselrecht gescheitert ist.

---

90 Vgl. etwa Honsell (Anm. 31), ZIP 2008, S. 622 oder Micklitz, Regulierungsprivatrecht Teil I (Anm. 56), GPR 2009, S. 261; vgl. auch Wendehorst (Anm. 78), S. 38.

91 Gemeint sind die Formblätter im Anhang II der Verbraucherkreditrichtlinie 2008/48/EG (Anm. 33), in den Anhängen I-III der Time-Sharing Richtlinie 2008/122/EG (Anm. 34), im Anhang I der Richtlinie über die Verbraucherrechte 2011/83/EU (Anm. 45) sowie jene in den Anlagen I und II des Vorschlags der Kommission vom 11. Oktober 2011 für ein Gemeinsames Europäisches Kaufrecht (Anm. 49).

92 So insbesondere die Entwicklung in Deutschland. Kritisch dazu Christiane Wendehorst, Auf dem Weg zu einem zeitgemäßen Verbraucherprivatrecht, in: Jud/Wendehorst (Anm. 42), S. 154, 183; dies., Verbraucherprivatrecht in Österreich – Plädoyer für eine Reform, in: Rudolf Welser (Hrsg.), Reformen im österreichischen und im türkischen Recht, 2010, S. 101, 112.

c) Vertikaler (sektoraler) Ansatz

Eine weitere Konsequenz der soeben besprochenen steuernden Intention des Regulierungsprivatrechts ist, dass es sich systematisch nicht an klassischen privatrechtlichen Instituten orientiert – wie an Vertrag oder unerlaubter Handlung – sondern regelmäßig einen bestimmten Sektor des Wirtschaftslebens umfassend durchreguliert,[93] sei es das Mietrecht, sei es eine bestimmte Vertriebsform, wie den Fernabsatz oder die Vermarktung einer bestimmten Produktpalette, wie Pauschalreisen oder Kreditierungen. Europarechtlich spricht man insofern von einem sektoralen oder vertikalen Ansatz,[94] doch ist diese Bezeichnung auch im nationalen Zusammenhang nicht verfehlt. Insbesondere im Europarecht ist zu beobachten, dass sich der Anwendungsbereich der einzelnen privatrechtlichen Rechtsakte typischerweise auf einen relativ engen wirtschaftlichen Realitätsausschnitt beschränkt. Der breite horizontale Regelungsansatz – wie eben wiederum die Klauselrichtlinie und die Verbrauchsgüterkaufrichtlinie – ist bislang die Ausnahme geblieben. Der sektorale Ansatz hat aber auch zur Folge, dass innerhalb der einzelnen europäischen Rechtsakte die Grenzen zwischen öffentlichem Recht und Privatrecht verschwimmen.[95] Kreditierungen etwa werden umfassend geregelt, von der Werbung über die Bonitätsprüfung bis hin zu Vertragsschluss und Vertragsdurchführung, und teilweise bleibt es schlicht offen, ob eine bestimmte Regelung gewerbeaufsichtsrechtlichen oder vertragsrechtlichen Charakter besitzt.

3. Konsequenzen für die Rechtsfindung auf der europäischen Ebene

Während die bislang genannten Merkmale des Regulierungsprivatrechts insbesondere im Hinblick auf Europäisches Privatrecht häufig und in der Regel beklagend[96] hervorgehoben werden, bleibt ganz überwiegend unterschätzt, welche gravierenden Auswirkungen der regulierend-instrumentelle Charakter auf die Rechtsfindung hat.

---

93 Vgl. Wendehorst (Anm. 78), S. 38.

94 Vgl. nur Grünbuch der Kommission vom 8. Februar 2007 „Überprüfung des gemeinschaftlichen Besitzstandes im Verbraucherschutz“ KOM(2006) 744 endg., S. 9. Teilweise spricht man in diesem Kontext auch vom europäischen Privatrecht als einer Teilrechtsordnung oder von der punktuellen (oder „pointillistischen“) Harmonisierung. So etwa Karl Riesenhuber, System und Prinzipien des Europäischen Vertragsrechts, 2003, S. 55 ff. m.w.N.

95 Vgl. Micklitz, Regulierungsprivatrecht Teil I (Anm. 56), GPR 2009, S. 256.

96 Simon (Anm. 77), S. 642 f. hebt allerdings zu Recht hervor, dass Regulierungsrecht nicht an den kodifikatorischen Idealen des 19. Jahrhunderts gemessen werden dürfe.

a) Teleologische Reduktion

Nehmen wir als Beispiel das Widerrufsrecht des Verbrauchers nach Art. 6 der Fernabsatzrichtlinie 97/7/EG, den der deutsche Gesetzgeber in § 312d BGB umgesetzt hat und der die Verbraucher ermutigen soll, vertrauensvoll Produkte etwa über Telefon, Internet oder Katalog zu bestellen. Die Regelung, die für die Zukunft vom ähnlich gefassten Art. 9 der Verbraucherrechterichtlinie 2011/83/EU ersetzt wird, lautet auszugsweise:

> „Der Verbraucher kann jeden Vertragsabschluß im Fernabsatz innerhalb einer Frist von mindestens sieben Werktagen ohne Angabe von Gründen und ohne Strafzahlung widerrufen. Die einzigen Kosten, die dem Verbraucher infolge der Ausübung seines Widerrufsrechts auferlegt werden können, sind die unmittelbaren Kosten der Rücksendung der Waren. [...]"

Vergleichen wir diese Regelung etwa mit § 119 BGB, der im deutschen nationalen Recht die Anfechtung eines Vertrags wegen Irrtums regelt, so sind die Unterschiede augenfällig. Nicht nur ist die europäische Regelung auf Verbraucherverträge beschränkt. Sie baut auch auf Tatbestandsmerkmalen auf, die allenfalls typischerweise, nicht notwendig aber im konkreten Einzelfall in Beziehung zur angeordneten Rechtsfolge stehen. Dass ein Vertragsabschluss im Fernabsatz vorliegt, ein Vertrag also unter ausschließlicher und systematischer Verwendung von Fernkommunikationsmitteln wie Telefon, Brief oder Internet geschlossen wurde, mag typischerweise ein gewisses Informationsdefizit beim Besteller mit sich bringen, da dieser die bestellten Waren nicht in Augenschein nehmen kann, und mag dieses Informationsdefizit typischerweise eine Möglichkeit rechtfertigen, vom Vertrag wieder loszukommen.

Das Widerrufsrecht besteht aber auch bei bekannten und bewährten Standardprodukten, etwa wenn der Verbraucher zehn Flaschen Persil-Waschmittel bestellt, obgleich er über dessen Eigenschaften bestens Bescheid weiß. Handelte es sich bei der Regelung um klassisches Privatrecht, wäre dies ein Fall für eine teleologische Reduktion,[97] also eine Einschränkung der Regelung auf das vom Regelungszweck her Gebotene. Im europäischen Regulierungsprivatrecht ist eine solche Reduktion nicht möglich, weil der europäische Gesetzgeber bewusst typisierende Tatbestandsmerkmale verwendet und weil Gerichte der Mitgliedstaaten an die Richtlinienvorgaben gebunden sind.

---

97 Dazu Claus-Wilhelm Canaris, Die Feststellung von Lücken im Gesetz, 2. Aufl. 1983, S. 82 ff., 151 ff.; Larenz (Anm. 5), S. 381 ff.; Bydlinski, Juristische Methodenlehre (Anm. 3), S. 480 ff.

b) Analogiebildung

Auf der anderen Seite ist ein Widerrufsrecht nicht vorgesehen für andere Vertriebsformen, bei denen der Verbraucher einem ganz identischen Informationsdefizit ausgesetzt ist. So besteht ein Widerrufsrecht etwa nicht bei der Bestellung von Waren in einem Ladenlokal von Tchibo, wo viele Produkte gar nicht ausgestellt sind, sondern ausschließlich aufgrund eines im Geschäft ausliegenden Katalogs bestellt werden können. Im klassischen Privatrecht wäre dies ein Fall für eine Analogie.[98] Diese ist dem nationalen Gericht zwar auch durch die Richtlinie nicht verwehrt, sofern man dadurch keine Abweichungen zulasten des Verbrauchers oder innerhalb eines voll harmonisierten Bereichs vornimmt. Sie wird aber aufgrund der unabsehbaren Folgen für das Vertragsrecht, insbesondere einer weiteren Erosion des Grundsatzes *pacta sunt servanda*, stillschweigend versagt. Der allgemeine Gleichheitssatz, der sonst dem Richter im Einzelfall eine Rechtsfortbildung durch Analogie nicht bloß freistellen, sondern geradezu gebieten kann,[99] vermag daran nichts zu ändern: Die Tatsache des unterschiedlichen Normhintergrunds, also des Umstands, dass sich der deutsche Gesetzgeber bei Fernabsatzverträgen nur dem europäischen Normbefehl gebeugt hat, gilt als sachliche Rechtfertigung für eine Ungleichbehandlung.

c) Feinsteuerung durch allgemeine Grundsätze

Ebenso wie teleologische Reduktion oder Analogie weitgehend ausscheiden, kommt es aber auch kaum zu einer Feinsteuerung durch allgemeine Grundsätze und Prinzipien des Vertragsrechts. So ist es dem Verbraucher unbenommen, in sorglosester Weise Bestellungen zu tätigen, von allem wieder zurückzutreten und am Ende nach der Rechtsprechung des EuGH nicht einmal die Hinsendekosten[100] oder ein Entgelt für die zeitweise Benutzung der Ware[101] zu schulden.[102] Dem Vertragspartner kann damit im konkreten Einzelfall sehenden Auges ein erheblicher Schaden zugefügt werden, ohne dass dies durch die Grundsätze der

98 Vgl. CANARIS (Anm. 97), S. 71 ff., 144 ff.; LARENZ (Anm. 5), S. 381 ff.; BYDLINSKI, Juristische Methodenlehre (Anm. 3), S. 480 ff.

99 Vgl. CANARIS (Anm. 97), S. 63 ff., 132 ff.; LARENZ (Anm. 5), S. 334, 375, 381 f.; BYDLINSKI, Juristische Methodenlehre (Anm. 3), S. 474.

100 EuGH vom 15. April 2010, C-511/08 (Handelsgesellschaft Heinrich Heine GmbH v. Verbraucherzentrale Nordrhein-Westfalen e.V.), NJW 2010, S. 1941.

101 EuGH vom 3. September 2004, C-489/07 (Messner v. Krüger), NJW 2009, S. 3015.

102 Vgl. auch MICKLITZ, Regulierungsprivatrecht Teil I (Anm. 56), GPR 2009, S. 262. Mit dieser Entwicklung geht auch der Ausschluss des Vorteilsausgleichs nach Rückstellung der Ware wegen eines Mangels einher. Vgl. EuGH vom 17. April 2008, C-404/06 (Quelle v. Bundesverband der Verbraucherzentralen und Verbraucherverbände), NJW 2008, S. 1433.

culpa in contrahendo oder ähnliche Instrumente zu verhindern wäre. Der EuGH hat in der Entscheidung *Messner*[103] zwar angedeutet, dass insoweit eine Grenze bestehen könnte, und dass inakzeptable Ergebnisse durch Grundsätze des bürgerlichen Rechts, wie jene von Treu und Glauben oder der ungerechtfertigten Bereicherung, korrigiert werden könnten. Dies ist sicherlich ein Hoffnungsschimmer. Es ist aber auch deutlich geworden, dass diese Korrektur nur in Ausnahmefällen möglich ist, eine Feinsteuerung durch allgemeine Privatrechtsprinzipien also erst dann einsetzen kann, wenn eine gewisse Schwelle des unerträglichen Widerspruchs überschritten ist.

d) Das regulierte Marktsegment als Auslegungsprinzip

Regulierungsprivatrecht nimmt also im Interesse eines bestimmten Regulierungsziels, wie der Förderung des Internethandels im Binnenmarkt, bewusst in Kauf, dass die angeordneten Rechtsfolgen vielfach überschießend sind und dass sie – gemessen an einem privatrechtlich relevanten Regelungsziel – nicht in konsistenter Weise angewendet werden. Es orientiert sich dabei an Tatbestandsmerkmalen, die nicht auf eine zugrunde liegende privatrechtlich relevante Wertung abgestimmt sind, sondern weitgehend bestimmten Marktsegmenten entsprechen.

Deutlich wird dies nicht nur anhand des Umstands, dass hier ein Sonderprivatrecht für Verbraucher geschaffen wird, sondern auch etwa anhand von Regelungen wie Art. 3 der Fernabsatzrichtlinie, wonach bei einer enumerativ aufgezählten Reihe von Dienstleistungen ein Widerrufsrecht nicht besteht, wenn für die Leistung ein fester Zeitpunkt vereinbart war. So gelten die Regelungen über das Widerrufsrecht nach Art. 3 Abs. 2 etwa nicht für „Verträge über die Erbringung von Dienstleistungen in den Bereichen Unterbringung, Beförderung, Lieferung von Speisen und Getränken sowie Freizeitgestaltung, wenn sich der Lieferer bei Vertragsabschluß verpflichtet, die Dienstleistungen zu einem bestimmten Zeitpunkt oder innerhalb eines genau angegebenen Zeitraums zu erbringen“.

Wie der EuGH in der Entscheidung *easyCar (UK)*[104] erläutert hat, sind solche Listen in sektoralem Sinn zu verstehen. Das bedeutet, dass etwa ein Mietwagenvertrag unter „Beförderung“ zu fassen ist, weil der Unternehmer im Beförderungssektor tätig ist, obgleich es sich bei der vertraglich geschuldeten Leistung um Gebrauchsüberlassung handelt.[105] Bei Verträgen über Reparaturleistungen,

---

103 S. Anm. 101.

104 EuGH vom 10. März 2005, C-336/03 (easyCar (UK) Ltd v. Office of Fair Trading), NJW 2005, S. 3055.

105 In der neuen Richtlinie 2001/83/EU wurden die Mietwagenverträge in Art. 16 lit. l vom Widerrufsrecht ausdrücklich ausgenommen.

bei denen sich der Dienstleistende gleichermaßen verpflichtet, die Dienstleistungen zu einem bestimmten Zeitpunkt zu erbringen, bleibt dagegen der Widerruf möglich, weil dieser Sektor keiner Sonderbehandlung unterzogen werden sollte. Eine analoge Anwendung der Ausnahmebestimmung auf derartige Verträge verbietet sich von vornherein, weil damit eine unionsrechtlich jedenfalls verbotene Rücknahme des Verbraucherschutzes gegenüber dem Mindeststandard der Richtlinie einherginge.[106]

e) Folgerungen

Regulierungsprivatrecht ist im Ergebnis gekennzeichnet durch eine doppelte Entkoppelung des Regelungszwecks: Erstens ist ein vordergründiger privatrechtlicher Regelungszweck – etwa: Kompensation des Informationsdefizits beim per Internet bestellenden Kunden – partiell entkoppelt von dem dahinter stehenden wirtschaftspolitischen Ziel – etwa: Förderung des Binnenmarkts in ganz bestimmten Segmenten. Zweitens ist die Regelungsintention des nationalen Gesetzgebers partiell entkoppelt von der Regelungsintention des europäischen Gesetzgebers, indem der nationale Gesetzgeber sich teilweise den privatrechtlichen (seltener: den wirtschaftspolitischen) Regelungszweck des europäischen Gesetzgebers zu eigen macht, teilweise dagegen nur unter dem Druck der an die Mitgliedstaaten adressierten Richtlinie agiert und daher primär den Zweck der Richtlinienkonformität verfolgt. Dies hat – wie gezeigt wurde – erhebliche Konsequenzen für den Prozess der Rechtsfindung. Es ist angesichts dieser doppelten Entkoppelung übrigens nicht einmal klar, inwieweit die klassischen Argumentationsformen noch greifen, wie etwa die Argumente *e contrario* oder *a maiore ad minus*, weil Regulierungsprivatrecht eben seiner ganz eigenen Logik folgt.

Es wäre dies der falsche Ort, die methodologischen Konsequenzen noch mehr zu vertiefen. Jedenfalls bleibt zu konstatieren, dass europäisches Regulierungsprivatrecht in weit größerem Ausmaß einen Fremdkörper in den kontinentaleuropäischen Privatrechtsordnungen darstellt als dies gemeinhin angenommen wird. Es hat seine eigenen, wirtschaftspolitisch ausgerichteten Regelungszwekke, folgt ganz eigenen methodischen Grundsätzen und zwingt dazu, sich von den Zielen der teleologischen Schlüssigkeit und der Widerspruchsfreiheit der Rechtsordnung teilweise zu verabschieden. Es ist daher naiv zu glauben, man müsse die herkömmliche Methodenlehre nur um die Aspekte der richtlinien- und primärrechtskonformen Auslegung erweitern, um den Anforderungen etwa des europäischen Verbauchervertragsrechts gerecht zu werden. Es ist mindestens

106 Der europäische Gesetzgeber hat dieses Defizit allerdings jetzt mit Art. 16 lit. h der Richtlinie 2011/83/EU zumindest teilweise beseitigt.

gewagt zu fordern, dass europäische Vertragsrechtsentwürfe – seien sie jetzt eine *toolbox* nach dem Modell des Gemeinsamen Referenzrahmens oder ein optionelles Instrument – das allgemeine Vertragsrecht und das Richtlinienvertragsrecht schlicht miteinander verbinden müssten, als sei es Holz vom selben Stamm. Es ist daher möglicherweise auch schlicht falsch zu glauben, die Integration des Verbrauchervertragsrechts in das BGB diene der Einheitlichkeit der Privatrechtsordnung und hebe die Bedeutung der Hauptkodifikation. Ich möchte im Gegenteil sagen: Die Vermengung von Regulierungsprivatrecht und klassischem Privatrecht gefährdet in dem Maße, in dem das Regulierungsprivatrecht immer mehr Raum greift, und dies wird zweifellos der Fall sein, die Fortexistenz des Privatrechts klassischer Prägung überhaupt. Dies ist möglicherweise der Preis, den wir für diese Form edukatorischer Gesetzgebung zu zahlen haben.

IV. Ergebnisse

1. Edukatorische Gesetzgebung im weiteren Sinne zielt darauf ab, das Verhalten von Rechtssubjekten zu beeinflussen. Edukatorische Gesetzgebung im engeren Sinne versucht, dies im Wege der Bewusstseinsbildung zu erreichen. Der edukatorische Charakter von Privatrecht kann unterschiedlich stark ausgeprägt sein. Von „edukatorischem Privatrecht“ sollte erst gesprochen werden, wenn der edukatorische Zweck einer Norm gegenüber anderen Normzwecken überwiegt.
2. Von edukatorischer Gesetzgebung abzugrenzen ist paternalistische Gesetzgebung, welche nicht Entscheidungen des Individuums zu beeinflussen, sondern das Individuum vor den Folgen eigener Entscheidungen zu bewahren sucht. Erst recht hat ein möglicher distributiver Zweck von Privatrechtsnormen nichts mit edukatorischer Gesetzgebung zu tun.
3. Das frühe europäische Verbrauchervertragsrecht ist noch überwiegend geprägt von dem Bestreben, die wirtschaftlich und sozial schwächere Vertragspartei zu schützen, um ein strukturelles Ungleichgewicht zwischen den Vertragsparteien einzuebnen. Diese Motivation ist keine eigentlich edukatorische. Dem Vorwurf des Paternalismus wird meist entgegen gehalten, durch die Beschneidung formeller Autonomie gerade materielle Autonomie zu gewährleisten.
4. Jüngere Rechtsetzung im europäischen Verbrauchervertragsrecht steht ganz unter dem Zeichen der Verwirklichung des Binnenmarkts. Vertragsrecht wird instrumentalisiert, um Verbraucher zu grenzüberschreitendem Konsumverhalten oder Unternehmer zu grenzüberschreitender Vermarktung ihrer Produkte zu animieren. Diese Zielsetzung ist jedenfalls edukatorisch

im weiteren Sinn. In den letzten Jahren mehren sich zudem edukatorische Elemente im engeren Sinn, die schwerpunktmäßig auf die Bildung eines europäischen Verbraucher- und Unternehmerbewusstseins hinwirken.

5. Das neue europäische Regulierungsprivatrecht (MICKLITZ u.a.) unterscheidet sich ganz wesentlich von Privatrecht klassischer Prägung. Schon rein äußerlich verfolgt es einen eigenen Regelungsstil und Regelungsansatz. Sein instrumenteller Charakter, der durchaus edukatorische Züge trägt, hat aber auch gravierende Auswirkungen auf den Prozess der Rechtsfindung, die überwiegend unterschätzt werden und den Preis darstellen, den das Privatrecht für diese Form edukatorischer Gesetzgebung zu zahlen hat.

Diskussion zum Vortrag von Christiane Wendehorst

Leitung: Uwe Diederichsen

Diederichsen:
Vielen Dank für Ihr Referat, das sehr viele Einblicke gewährte, aber vielleicht doch den einzigen Nachteil hatte, dass es so klar war, dass nicht deutlich wird, wie kompliziert und unverständlich diese europäischen Regelungen sich in unserem BGB zum Teil ausmachen. Sie haben sich im Rahmen der Zeit gehalten, eine halbe Stunde war für die Diskussion vorgesehen und wir können uns dies ohne Weiteres leisten. Herr Link als Erster.

Link:
Frau Wendehorst, das war ein schöner Vortrag, der mich aber auch durch seine Analysen erschreckt hat. Was mir dabei aber nicht ganz klar geworden ist – dies mein erster Punkt –, ist die Abgrenzung zum Paternalismus. Geht es beim Verbraucherschutz nicht auch gerade darum, den Verbraucher paternalistisch zu schützen, auch wenn er diesen Schutz gar nicht will oder nicht benötigt? Ist das wirklich edukatorisch? Der zweite Punkt ist mehr ein allgemeiner: Wir beobachten doch im Grunde seit vielen Jahren eine Moralisierung des Privatrechts, nicht zuletzt durch die von der Judikatur immer mehr verfeinerte Drittwirkung der Grundrechte und nun auch – teils europäisch, teils grundrechtlich begründet – etwa durch die Antidiskriminierungsgesetzgebung, die für mich jedenfalls einen Fremdkörper in der privatrechtlichen Dogmatik darstellt und die mit dem rein edukativen Impetus auftritt, Privatrecht oder Privatrechtsgebrauch moralisch aufzurüsten. Damit – so scheint mir – werden alte, über 2000 Jahre erprobte Regelungsmechanismen des Privatrechts, die eher auf einen Interessenausgleich zielen, aufgeweicht oder teilweise gar über Bord geworfen.

Wendehorst:
Gut, zunächst zur Abgrenzung zwischen Paternalismus und edukatorischem Charakter. Nach meiner Begriffsdefinition ist der Übergang ohnehin fließend, d.h. wir haben bei fast jeder Regelung vermutlich irgendwie, wenn auch ganz, ganz schwach ausgeprägt, ein paternalistisches und möglicherweise edukatorisches Element. Das ist alles eine Frage der Schwerpunktsetzung. Und ich würde Ihnen auch Recht geben, dass bei den frühen verbrauchervertraglichen Richtlinien das paternalistische Element deutlich überwiegt. Das ist meines Erachtens kaum bestreitbar. Jetzt in jüngerer Zeit sehe ich dagegen die Tendenz, dass es – plakativ ausgedrückt oder überspitzt formuliert – dem europäischen Gesetzgeber

fast schon gleichgültig ist, welche Schutzinstrumente im Gesetz stehen. So ist es zum Beispiel interessant, dass, wenn man sich bemüht, das Widerrufsrecht bei Kreditverträgen auf seine Berechtigung hin zu überprüfen, man kaum Aussagen des europäischen Gesetzgebers findet, warum er das in die Richtlinie – noch dazu vollharmonisierend für ganz Europa – hineingeschrieben hat. Da steht nur: Das war auch schon so in der Richtlinie über den Fernabsatz und Finanzdienstleistungen, das haben wir jetzt einfach wieder gemacht. Und wenn man die europäischen Dokumente analysiert und auch die Diskussionen verfolgt, so gewinnt man den Eindruck, dass das Hauptziel ist, hier einen einheitlichen Binnenmarkt zu schaffen, und dass sozusagen die eigentlichen Schutzinstrumente, in denen sich der paternalistische Charakter in Bezug auf den Verbraucher ausdrückt, von der Intention des europäischen Gesetzgebers her fast in den Hintergrund rücken.

Liberalisierung des Privatrechts, Drittwirkung der Grundrechte, Diskriminierung – ich denke das auch. Vor ungefähr einem Jahr ist Eva Schumann auf mich zugekommen und hat mich gefragt, ob ich über Diskriminierung oder Verbrauchervertragsrecht sprechen wolle. Ich habe ganz spontan, einfach weil ich gerade in dem Bereich gearbeitet hatte, gesagt: Dann nehme ich das Verbrauchervertragsrecht. Als ich den Vortrag schrieb, habe ich meine Wahl verflucht, weil ich so wenig fand, das wirklich meinem Begriffsverständnis von „edukatorisch" entspricht, und dachte: „Hättest du doch die Diskriminierung genommen!" Denn ich glaube auch, dass man dort deutlich mehr finden kann.

Diederichsen:
Herr Behrends bitte.

Behrends:
Eine weitere Frage, ob hinter oder neben dem oder vielleicht sogar vor dem Edukatorischen nicht die Zielsetzung liegt, für den europäischen Konsumenten eine einheitliche Umwelt und einheitliche Bedingungen zu schaffen. Gemeinsame Währung, gleiche Maße, gleiche Gewichte, gleiche DIN-Normen haben nichts Edukatorisches, sondern erzeugen durch die Einheitlichkeit, in der ihre jeweiligen Zwecke verfolgt werden, ein europäisches Vertrautheitsgefühl. Eine andere Frage ist, dass die Behauptung der Schutzbedürftigkeit oft nicht recht überzeugt. Denn unabhängig davon, ob ich ein verpacktes Industrieprodukt in einem Laden kaufe oder mir schicken lasse, meine Ignoranz, wie das Ding funktioniert, ist die gleiche. Da gibt es keinen Unterschied. Bei zu viel Schutz besteht jedenfalls die Gefahr, dass eine gewisse Sorglosigkeit gefördert wird, zumal da man gelegentlich auch den Eindruck hat, dass es bei der Formulierung von Schutzbedürfnissen auch um die Rechtfertigung von Eingriffsbefugnissen geht. Eine Bürokratie muss schließlich ihre Existenz rechtfertigen. Nach allem ist es

nicht auszuschließen, dass es zu Erziehungswirkungen kommen kann, die ins Negative gerichtet sind. Wir empfinden als Erziehung, wenn jemand zur Selbständigkeit, zur Autonomie erzogen wird, und weiß, wenn er A sagt, dann muss er auch B sagen und also die Folgen seines Handelns tragen. Es kann aber, wenn zur Sorglosigkeit erzogen wird, das genaue Gegenteil bewirkt werden.

WENDEHORST:
Ja, also ich kann eigentlich bei allen drei Punkten nur zustimmend reagieren. Das mit der gewissen Vertrautheit in Europa denke ich, ist ein ganz starkes Element, war es allerdings meines Erachtens auch schon bei den alten Richtlinien. Das habe ich an einer Stelle meines Vortrags, glaube ich, erwähnt, dass man dem Verbraucher, sei es zu Hause oder sei es auf Reisen, quasi immer das gleiche rechtliche Umfeld, zumindest einen Mindeststandard dieses Umfeldes garantieren möchte. Das ist sicherlich ein ganz wichtiger Punkt. Er ist nur jetzt in der Rhetorik und in den Rechtfertigungen in der letzten Zeit in den Hintergrund getreten. Wir haben ein ähnliches Problem, wie wir das beim letzten Referat von Herrn Schroeder hatten, dass wir natürlich in gewisser Weise auch auf die Materialien zurückgreifen und schauen müssen, wie wird dieser konkrete Rechtsakt, diese konkrete Maßnahme gerechtfertigt. Und da sehen wir jetzt z.B. bei den ganzen Diskussionen um die Verbraucherrechterichtlinie, dass fast nur noch argumentiert wurde mit dem Unternehmer, den kleinen und mittleren Unternehmen, denen man es ermöglichen muss, irgendwie grenzüberschreitend in 27 Mitgliedsstaaten anzubieten. Das stand einfach schlichtweg für KUNEWA oder ABBAMONTE und wie sie alle heißen im Vordergrund. Das Andere ist aber immer auch noch da; es ist wie beim Paternalismus, insofern gebe ich Ihnen auch vollkommen Recht.

Und Erziehung ins Negative, selbstverständlich: Ich bin z.B. der Überzeugung, dass das Widerrufsrecht für Kreditverträge völlig kontraproduktiv ist. So als würde man Informationen, wenn man den Vertrag unterschreibt, genauer lesen als vorher: Das ist überhaupt nicht der Fall. Es gibt im Gegenteil Untersuchungen, dass das genau umgekehrt ist.

DIEDERICHSEN:
Frau Langenfeld, Sie haben das Wort.

LANGENFELD:
Erstens eine Frage: Wie sind Deine Erkenntnisse darüber, wer diese Verbraucherschutzregulierungen oder die Regulierung des Privatrechts im Verbraucherschutzbereich stark befördert? Ist das nicht auch die Wirtschaft, die natürlich ein Interesse daran hat, dass die Dinge vereinheitlicht werden und den Verbraucher ermutigen möchte, Geschäfte grenzüberschreitend verstärkt zu tätigen, auch

wenn dadurch möglicherweise Verbraucherschutzrechte gleichzeitig verstärkt werden. Vielfach werden sie ja dann doch nicht in Anspruch genommen. Der zweite Punkt bezieht sich auf das Allgemeine Gleichbehandlungsgesetz, also das deutsche Umsetzungsgesetz zu den gemeinschaftlichen Antidiskriminierungsrichtlinien, die ja einen deutlich überschießenden Charakter haben, namentlich im allgemeinen zivilrechtlichen Bereich. Hier kann man nicht nur von einem edukatorischen, sondern von einem geradezu einschüchternden Effekt sprechen. Denn es wird vielfach Arbeitgebern, aber auch Vermietern geraten, Gespräche über den Abschluss eines Arbeitsvertrages oder den Abschluss eines Mietvertrages nur noch mit Zeugen zu führen und äußerste Zurückhaltung im Gespräch zu wahren. Der deutsche Gesetzgeber hat sich hier mit dem europäischen Gesetzgeber im Verbund daran gemacht, Moral und Recht zu verbinden, in einer, wie ich finde, sehr unangenehmen Weise. Und das dritte, und das ist besorgniserregend und führt vielleicht über das eigentliche Tagungsthema hinaus, ist, in welcher Weise das europäische Recht Fremdkörper in das nationale Recht hineinimplantiert. Das ist nicht nur im Privatrecht so, sondern auch in weiten Teilen des Öffentlichen Rechts, wenn ich etwa an das Umweltrecht denke oder andere Rechtsgebiete. Ich darf das für das Antidiskriminierungsrecht präzisieren: Allein die Beweislastregelungen, die Regelungen über die Sanktionen, die Regelungen zur Altersdiskriminierung etwa im Versicherungsbereich, sind vom deutschen Recht nur schwer zu bewältigen. Das sind Fremdkörper und das ist eine enorme Herausforderung für die Gerichtsbarkeit, aber auch für die Kommentatoren. Wie siehst Du diese Entwicklung? Kann man da vielleicht noch auf eine Veränderung des Bewusstseins dahingehend hoffen, dass man stärker sieht, dass solche Rechtsnormen des europäischen Rechts in die nationalen Rechtsordnungen überführt werden müssen und dort in den Rahmen dessen, was das nationale Recht aus gutem Grunde über viele Jahre entwickelt hat, hineinpassen müssen?

WENDEHORST:
Ich werde versuchen, die Fragen der Reihe nach kurz zu beantworten. Erstens, wer befördert das: Ja, das ist eine schwierige Geschichte. Vordergründig wohl in der Tat die Wirtschaft. Und es ist wohl auch so, wie Du sagst, dass es der Wirtschaft eigentlich ganz egal ist, wie gut das Widerrufsrecht ausgestaltet wird, denn es widerrufen ohnehin nur wenige Verbraucher, und diese paar Fälle kann man wirtschaftlich vernachlässigen. Es geht der Wirtschaft um Zugang zu Märkten. Wie schaffe ich den Zugang zu bestimmten Märkten, ohne dass ich durch Unterlassungsklagen vom Wettbewerb vertrieben werden kann? Allerdings ist das natürlich nur eine vordergründige Sichtweise. Ich denke, wenn man die Sache in der Mikroperspektive betrachtet, ist sie viel komplexer, und es liegt, wenn

ich das einmal so ungeschützt sagen darf, auch vieles am individuellen persönlichen Ehrgeiz einzelner Kommissionsbeamter, verschiedener Mächte innerhalb der Kommission, wo sich jeder profilieren und ein wieder neueres und noch schöneres Instrument zur Beförderung des Binnenmarktes präsentieren möchte. Ich habe das Gefühl, dass die Erklärung für manches viel profaner ist, als es uns erscheint.

Zur Frage nach dem überschießenden Charakter des Allgemeinen Gleichbehandlungsgesetzes: Ich denke auch, dass man hier deutlich über das Erforderliche hinausgegangen ist, und zwar mit bedenklichen Folgen. Das kann ich eigentlich im Prinzip nur zustimmend kommentieren.

Fremdkörper im nationalen Recht: Ja, das habe ich versucht zu zeigen. Das Bewusstsein dafür sehe ich allerdings noch relativ schwach ausgeprägt. Es ist natürlich auch schwierig: Es gibt ja nicht nur die deutsche Rechtskultur, sondern es gibt viele Rechtskulturen. Wenn man die Europäisierung will, wenn man auch Rechtsintegration in Europa will, kann man natürlich nicht unbedingt den Anspruch erheben, dass alles gerade in die deutsche Dogmatik hineinpasst. Eine gewisse Zurückhaltung wäre die Konsequenz des Ganzen. Den Bewusstseinswandel sehe ich in diesem Zusammenhang noch nicht so klar.

DIEDERICHSEN:
Ich habe jetzt auf der Liste Herrn Wißmann, Herrn Stolleis, Herrn Rückert, Herrn Marburger, Herrn Simon und Herrn Zimmermann. Und wir haben noch 20 Minuten, aber ich glaube, wenn wir fünf Minuten dranhängen, dann kommen wir durch, wenn Sie sich kurz fassen und sich auf wenige Fragen beschränken. Herr Wißmann bitte.

WISSMANN:
Vielen Dank. Ich will im Anschluss an Frau Langenfeld auch erst einmal betonen, wie gut geeignet dieses Thema für einen intradisziplinären Dialog ist. Das ist sozusagen schon an Begriffen festzumachen. Es gibt eben nicht nur eine Regulierung des Privatrechts, sondern es gibt auch eine Regulierung des Verwaltungsrechts und das kümmert sich, der Zufall will es, auch um Verbraucherrechte. Aus unserer öffentlich-rechtlichen Sicht geht es dabei zunächst vielfach um die Rolle des Staates – in der Wirtschaftsaufsicht, in der Infrastrukturregulierung –, aber dahinterliegend um die Rolle des Bürgers: Was für eine Vorstellung vom Bürger haben wir eigentlich, wie ist er in der Lage, Verträge abzuschließen, Herr seiner selbst zu sein, und wo ist er das nicht? Ich hätte jetzt zwei knappe Fragen oder Anmerkungen. Erstens, aus meiner Sicht ist der Kern des Verbrauchervertragsrechts doch nach wie vor, auch als neue Herausforderung für das deutsche Recht, der zwingende Charakter bestimmter Regelungen. Sie haben das ja auf dem neuesten Stand und auch in einer weiteren Perspektive geschildert, aber

das scheint mir doch nach wie vor der Kern zu sein. Und ist das nicht für das Zivilrecht auch wirklich eine ungeheure Herausforderung, weil es legitimatorisches Neuland bedeutet. Bisher konnte man sagen, Zivilrecht dient der Senkung von Transaktionskosten; der Gesetzgeber macht allgemeine Regeln, man kann sich aber auch anders einigen. Wenn jetzt ein Gesetz sagt: So ist es richtig und darauf einigt ihr euch oder ihr einigt euch gar nicht, dann muss das BGB sich gegenüber den Bürgern neu legitimieren, weil es ihnen eben nicht mehr nur hilft, jedenfalls einer Seite nicht. Der kontraintuitive Effekt in Bezug auf unser Thema heute ist doch aber vielleicht, dass Erziehung hier letztlich doch nur viel oberflächlicher und direkter stattfindet als bisher, aber nicht notwendig mit größerem Anspruch. Denn auch das dispositive Recht will doch letztlich die Erziehung hin zu Leitbildern: „Was ist ein vernünftiger Vertrag?" – im Normalfall sollte man sich daran halten. Das ist doch auch ein Erziehungsanspruch, von dem man freilich abrücken kann. Der Anspruch der Ausrichtung auf solche Vertragsverhältnisse war und ist aber in gewisser Weise sogar weitergehend als wenn man einfach die Leute dazu zwingt, es so zu machen. Das wäre die erste Frage. Und die zweite Frage: Wie gewinnt denn der Staat, der europäische Mehrebenenstaat, seine Erziehungsziele? Wir haben jetzt viel von politischen oder zufälligen Einflüssen gehört. Die Frage an Sie, aber vielleicht auch in die Runde wäre: Was trägt denn die Verfassung hier aus? Da frage ich Sie vielleicht ein bisschen überfallmäßig, aber das ist eine Frage, die uns natürlich besonders umtreibt. Wie stehen denn Gesetz und Verfassung zueinander? Wir reden hier vom erziehenden Gesetz. Was ist denn mit der erziehenden Verfassung?

RÜCKERT:
Die Verfassung ist auch ein Gesetz.

WENDEHORST:
Also, zunächst einmal zur Herausforderung durch den zwingenden Charakter: Ja, ich halte das für eine Herausforderung, aber für keine so große. Das ist eine Entwicklung, die wir schon seit Jahrzehnten mitmachen, dass wir immer mehr distributive Elemente in das Privatrecht aufnehmen, da gehen teilweise auch zwingende Regelungen mit einher. Dies ist ein gewisser Fremdkörper, aber ich glaube, einer, den das Privatrecht inzwischen gelernt hat, zu bewältigen und mit ihm umzugehen. Während es noch nicht gelernt hat, mit diesen ganz neuen Einflüssen durch das, was ich „Regulierungsprivatrecht" genannt habe, wirklich umzugehen.

Darin, dass Erziehung hier direkter und oberflächlicher stattfindet als durch das klassische dispositive Privatrecht, gebe ich Ihnen absolut Recht. Das hat ein bisschen auch zu tun mit der Paternalismusdebatte, die wir geführt haben:

Zwingendes Recht ist von vornherein paternalistischer in seinem Charakter, und damit, kann man auch sagen, verhindert es Erziehung.

Die Verfassungsdebatte ist natürlich eine, die wir wahrscheinlich morgen noch verstärkt führen werden. Man wird auch bei der Verfassung natürlich zunächst einmal ähnliche Maßstäbe anlegen können, d.h. fragen können, welche Verfassungsnormen in welchem Maße edukatorischen Charakter haben. Ich denke, dass man hier ganz stark fündig werden wird, möglicherweise sogar in viel größerem Maße fündig werden wird als im einfachen Gesetz.

Wie gewinnt der Staat seine Erziehungsziele? Das ist eine gute Frage, die haben wir heute Morgen, glaube ich, schon angeschnitten. Ich denke, das ist eine so große Frage, die würde ich ganz gern auf die Schlussdiskussion verschieben, weil ich sie in diesem Rahmen nicht bewältigen kann.

STOLLEIS:
Frau Wendehorst, Sie haben am Anfang analytisch klar „edukatorisch" und „paternalistisch" getrennt, haben aber dann in der Diskussion gesagt, die Grenzen verschwimmen. Und ich glaube, das ist auch richtig so, denn der *pater*, der erziehen will, macht das ja auch nicht nur durch Repression, sondern auch durch Edukation; denn er möchte ein besser erzogenes, freiwillig den Geboten folgendes Kind haben. Und in diesem Sinn ist edukatorisch immer auch paternalistisch. Ich glaube, wir sind uns auch einig, besonders in Bezug auf den letzten Teil Ihres Vortrags über die Diagnose, die Sie gestellt haben, nämlich das zunehmende Verschwimmen der Grenzen zwischen öffentlichem und privatem Recht und Strafrecht. Charakteristisch ist eine relative Gleichgültigkeit gegenüber dem Einsatz des Mittels, wenn nur das Ziel erreicht wird. Und wenn die Ziele so im Vordergrund stehen, dann muss man doch fragen, so ähnlich wie Herr Wißmann: Welches Menschenbild hat ein heutiger EU-Kommissar? Und ich will es einmal außerhalb des Vertragsrechts ganz kurz illustrieren. Im Lebensmittelrecht wird gesagt: Du sollst nicht fett, du sollst nicht zu salzig, du sollst nicht zu süß essen, und dafür werden Mittel eingesetzt. Und weiter: Du sollst im Straßenverkehr Helme tragen. Du sollst energiesparende Lampen verwenden, du sollst den Müll trennen usw. Es gibt sozusagen ein Menschenbild der EU, vorangetrieben aufgrund ehrgeiziger Kommissare und dafür werden steuerrechtliche, strafrechtliche Mittel, Bußgeldmittel und das Zivilrecht instrumentell eingesetzt. Und diese Tendenz hat sich offenbar verstärkt. Christoph Link hat das „Ethisierung des Privatrechts" genannt. Aber dann muss man doch selbstkritisch sagen, auch in der Rechtsprechung des Bundesverfassungsgerichts der Nachkriegszeit seit dem LÜTH-Urteil ist diese Ethisierung mit Hilfe der Grundwerte und der Wertordnungsjurisprudenz ganz bewusst und mit unser aller Zustimmung durchgesetzt worden. Wir wollten das Privatrecht und alle anderen Rechtsgebiete im

Lichte unserer neuen Überzeugungen nach 1945 ausgestalten. Und das war im Grunde schon eine Ethisierung aller Rechtsgebiete. Das ist schrittweise gemacht worden und ist gelungen und wir haben das alle gebilligt. Jetzt erleben wir es auf europäischer Ebene. Ich sehe da durchaus eine Parallele.

WENDEHORST:
Zunächst einmal zur Bemerkung, dass Paternalismus und Erziehung verschwimmen: Ja, selbstverständlich, je genauer man hinsieht, desto weniger Konturen kann man ausmachen, desto weniger kann man die Grenze eigentlich ziehen. Da gebe ich Ihnen vollkommen Recht.

Jetzt zum Menschenbild eines EU-Kommissars: Ich fürchte, es ist jetzt vielleicht eine etwas bösartige Bemerkung, dass das Problem gerade darin liegt, dass der Mensch in dem Bild eigentlich ausgeblendet wird und viele Dinge eine Eigendynamik entwickeln. Sie haben angesprochen das Beispiel mit den Schutzhelmen. Ich meine, das ist ein typisches Beispiel, wo einfach Ideen wie Gefahrenprävention oder Gesundheitsfürsorge eine Eigendynamik entwickeln und der Mensch, der dem Ganzen ausgesetzt wird, eher nicht mehr vorkommt. Man hat ihn einfach überhaupt nicht im Auge, weil man sozusagen abstrakt Mechanismen konstruiert und durchspielt, die dann aber im Endeffekt für den Menschen eigentlich gar nicht geeignet sind. Ich habe – und auch das ist eine bösartige Behauptung – gelegentlich das Gefühl, dass der Mensch nur noch mit so abstrakten Termini umschrieben wird, wie „Akteur im Binnenmarkt", „Nachfrager" usw., dass man sozusagen die Person hinter ihm eigentlich kaum noch erkennen kann.

Zur Frage der Ethisierung durch Verfassung und möglichen Parallelen: Ich würde sagen ja und nein. Eindeutig bildet sich die europäische Werteordnung auch durch Unrechtsvorstellungen auf europäischer Ebene heraus. Aber es ist doch auch das Demokratiedefizit, was wir hier möglicherweise auf europäischer Ebene haben. Die weiteren Wege der Rückkopplung sehe ich doch als zusätzliche Problematik bei dieser Ethisierung.

DIEDERICHSEN:
Ich würde jetzt sagen, wir fassen wieder zusammen wie bei den anderen Diskussionen auch. Frau Scheiwe, Herr Rückert und Herr Marburger.

SCHEIWE:
Vielen Dank für alles, was ich gelernt habe. Ich habe mich aber gewundert, nachdem Sie zu Anfang so genau differenziert haben, dass Sie dann bei dem Verbraucherkreditrecht vom edukatorischen Effekt *par excellence* gesprochen haben. Wenn man jetzt einmal zwischen Zielen und Effekten, also Wirkungen, trennt, dann kann man ja vielleicht von edukatorischen Zielen sprechen, aber mög-

licherweise wird das auch wieder inflationär, weil dann alle normativen Ziele edukatorisch sind. Ich weiß nicht, ob das dann noch trennscharf ist. Aber wenn man dann von den Zielen, über die Sie ja eindrücklich gesprochen haben, auf die Effekte kommt, dann ist dies eine Vermischung. Es kann ein Ziel sein, das Bewusstsein von einem europäischen Verbraucher zu schaffen. Aber ob dieses Ziel erreicht wird und der Effekt erzielt wird, das wäre eine sozialwissenschaftliche Fragestellung. Darum habe ich mich gewundert, dass Sie von den edukatorischen Effekten gesprochen haben. Sollte man nicht die Ziele von den Effekten genauer trennen und das Normative nicht immer gleich als edukatorisch benennen?

DIEDERICHSEN:
Herr Rückert bitte, dann Herr Marburger.

RÜCKERT:
Ich will es ein bisschen zuspitzen, was ich jetzt alles gelernt habe. Und zwar, wenn Sie mit der Unterscheidung von Erziehung und Verhaltenssteuerung und Bewusstseinsbildung anfangen, dann ist das ja eine klassische Unterscheidung in der liberalen Theorie. Bei KANT ist ja der entscheidende Punkt, Innen- und Außensteuerung zu unterscheiden, modern ausgedrückt. Das heißt, die analytische Unterscheidung ist sicher richtig und dass es empirisch dann manchmal nicht stimmt, das ist unerheblich für die Analytik. Nur finde ich es sehr interessant, dass herauskommt, dass die Unterscheidung eigentlich nicht so recht funktioniert. Dass es eigentlich der gesamten Privatrechtsgesetzgebung egal ist, ob das Recht innen oder außen steuert, weil es ankommt auf das objektive Ziel des Binnenmarkts. Und das finde ich dann einen ganz wichtigen Aspekt. Oder noch einmal in anderen Worten gesagt: Die ganze Erzieherei ist eigentlich irrelevant, man will ja nur den Binnenmarkt fördern. Das heißt, wir sind zurück bei der Unterscheidung, die Herr Simon gemacht hat: Es wird ein objektives Gut in den Mittelpunkt gestellt, ein kollektives Gut, und darum geht es und Erziehung ist sekundär. Wenn das stimmt, würde ich das noch mehr betonen, als Sie es getan haben. Diese Folgerung haben Sie noch nicht gezogen. Die zweite Geschichte ist – ein wichtiger Hinweis: Zwingendes Recht haben wir immer schon, damit können wir umgehen, aber jetzt kommt Regulierungsprivatrecht. Und da fragt man sich: Was ist eigentlich wirklich der Unterschied, das Neue? Sie haben es angedeutet mit dem Schlenker auf die Methodenlehre, das finde ich nun sehr interessant. Das hat mich veranlasst, sozusagen das Sprachspiel weiter zu spielen. Für die Methoden wäre die Konsequenz dessen, was Sie gesagt haben, Analogie ist vorbei, *argumentum e contrario* usw. ist vorbei. Das heißt, wir haben eigentlich ein Auslegungsverbot, ein Kommentierverbot und haben die Konsequenz des *référé législatif*, wie wir das um 1800 hatten bei dem Ideal der perfekten kasuisti-

schen Befehlsgesetzgebung. Wenn das das Modell ist, das eigentlich zu dem, was wir sehen passt, analytisch, dann sind wir in der Tat in einer Grundsatzverschiebung, die nicht mehr zwingendes Recht als allgemeine Regel aufbaut – womit wir umgehen können, das sind wir gewohnt, da haben wir Argumentationsformen –, sondern sich vom Modell der allgemeinen Regel verabschiedet und das bedeutet natürlich ein Rechtsstaats- und Demokratieproblem, wie Sie es auch gesagt haben. Also ich bin ganz auf Ihrer Seite, würde es aber noch in diesen beiden Richtungen erheblich zuspitzen.

Diederichsen:
Vielen Dank. Herr Marburger bitte.

Marburger:
Um an das Letzte von Herrn Rückert kurz anzuknüpfen: Ich glaube nicht, dass wir ein Auslegungsverbot haben. Man darf aber nur so auslegen, wie der Europäische Gerichtshof das macht, richtlinienkonform, alles andere ist weg. Ich wollte aber etwas anderes sagen. Zunächst zum Anfang Ihres Vortrages. Er hat mir sehr gut gefallen. Beim deliktischen Haftungsrecht haben Sie gesagt, der Ausgleichszweck überwiege noch den Präventionszweck. Da stimme ich Ihnen voll und ganz zu. Aber, Frau Wendehorst, es wird nicht mehr lange dauern, dann sind wir beide allein mit dieser Auffassung, denn mehr und mehr tritt die Prävention in den Vordergrund – von vielen Kollegen mit Nachdruck vertreten. Der nächste Punkt: Mir hat Ihre sehr skeptische Haltung gegenüber dem Verbrauchervertragsrecht sehr gut gefallen. Ich will es mal so sagen: Was da alles über uns gekommen ist in den letzten Jahren wird man nicht mehr zurückdrehen können. Wir müssen versuchen, das Beste daraus zu machen. Dahinter steckt – es wurde mehrfach angesprochen – ein bestimmtes Verbraucher-Menschenbild. Es wird immer gesagt in den Erwägungsgründen der Richtlinien, das sei der mündige Verbraucher, der mündige Bürger. Das Gegenteil ist der Fall, es ist der unmündige, der dumme Verbraucher, der zum – und da kommt der Erziehungsgedanke ins Spiel – verantwortungslosen Verbraucher erzogen wird. Und ganz zum Schluss: Die Wirtschaft ist ganz sicher nicht daran interessiert, dass es stärkere Rückgabe- und Rücktrittsrechte im Verbraucherschutzrecht gibt in Europa. Die verkaufen doch über die Grenzen, ohne dass es solche Regelungen gibt und haben es schon immer getan. Und die Grenzbewohner, zu denen ich gehöre, wir haben uns noch nie um die Grenzen gekümmert, wir sind immer dorthin gefahren, wo es am günstigsten ist. Das machen die Luxemburger in Trier und die Trierer in Luxemburg, im nächsten Supermarkt hinter der Grenze. Da spielt irgendeine Grenze und irgendein Verbraucherschutz überhaupt keine Rolle, man guckt, wo der Preis der günstigste ist und die Ware am besten. Dass ich möglicherweise in Luxemburg dann ein Rücktrittsrecht vom Kreditvertrag

habe, das interessiert mich überhaupt nicht, sondern nur, wie viel Zinsen ich zahlen soll. Also, das ist alles nicht so wild, wie ich es schon gesagt habe. Das Schlimme ist, dass unser gesamtes Zivilrecht aus den Angeln gehoben wird. Schritt für Schritt erleben wir, dass ein Vertrag, der uns früher als bindend galt, heute nur noch ein Vorschlag ist, jedenfalls innerhalb bestimmter Fristen. Und dass an das Rücktrittsrecht – Widerrufsrecht genannt – absolut keine Voraussetzungen geknüpft sind, was früher ja der Fall war.

WENDEHORST:
Ich versuche kurz zusammenzufassen. Erst einmal Frau Scheiwe und Herr Rückert. Sie haben mich da kalt erwischt. Offen gestanden, ich war so glücklich, endlich ein edukatorisches Element gefunden zu haben, dass ich mich habe hinreißen lassen zu der Bemerkung, es sei eines *par excellence*. Das ist sicherlich übertrieben. Ich wollte natürlich jetzt nicht in dieses Extrem abgleiten, und werde das auch nicht tun, dass ich sage, alles, was normativ ist, ist zugleich edukatorisch. Ich bleibe bei der Behauptung, dass diese neuen Elemente die Verbraucher zu einem europäischen Verbraucher machen sollen, zu einem Verbraucher, dem bei jeder seiner Aktionen bewusst ist: Würde ich dieses Produkt billiger vielleicht in Dänemark oder in Rumänien bekommen? Das ist meines Erachtens schon eine edukatorische Zielrichtung im engeren Sinne. Aber vielleicht war das „*par excellence*" übertrieben.

Der Binnenmarkt steht im Vordergrund, die Edukation nicht so sehr. Auch das würde ich unterschreiben, selbstverständlich. Der Binnenmarkt ist das Ziel, und die edukatorische Wirkung ist sozusagen schon nur noch das Mittel zum Zweck. Nichtsdestotrotz ist diese edukatorische Zielsetzung da.

Das mit dem *référé législatif*, das ist wahrscheinlich eine der schwierigsten Fragen, die wir derzeit haben. In der Tat erinnert momentan vieles an Zustände, wie wir sie schon einmal hatten. Aber heute wie damals wird ein *référé législatif* letztlich an seiner mangelnden Praktikabilität scheitern.

Herr Marburger, Sie haben gesagt: richtlinienkonforme Auslegung. Das ging natürlich alles wunderbar unter Bedingung der Mindestharmonisierung. Da wussten Gerichte, solange sie zugunsten des Verbrauchers judizieren, sind sie auf der sicheren Seite. Unter der Bedingung der Vollharmonisierung ist die richtlinienkonforme Auslegung praktisch durch ein nationales Gericht nicht mehr mit Sicherheit durchzuführen. Man kann nur noch Vermutungen anstellen, wie der EuGH entscheiden würde. Aber strenggenommen müsste man unter der Bedingung der Vollharmonisierung dauernd dem EuGH vorlegen. Vielleicht eine pragmatische Antwort: Das wird fast nur in Deutschland auch tatsächlich so gemacht. In den meisten Mitgliedsstaaten bekümmert man sich aber einfach nicht in demselben Maße, und ich fürchte, dass auch die Überlegungen, die dahinter stehen, sind: Man soll die Sache nicht gar so genau anschauen.

Ja, Herr Marburger, Deliktsrecht; ich gebe Ihnen vollkommen Recht, wir haben hier eine dynamische Auslegung. Auch Vorschriften, die ich in meinem Vortrag genannt habe, z.B. dieses Verbraucherlandsprinzip im Kollisionsrecht, haben vom Römischen Schuldvertragsübereinkommen hin zur Rom I-Verordnung eine Umdeutung erfahren: früher Verbraucherschutz, jetzt wieder dieser Binnenmarktgedanke. Genauso ist es mit dem Deliktsrecht. Normen können mit einer Intention A eingeführt worden sein, und irgendwann bekommen sie die Bedeutung B.

Dass die Wirtschaft am Rücktrittsrecht nicht interessiert ist, das habe ich schon bei Christine Langenfeld gesagt, das glaube ich auch. Es sind eigentlich ganz andere Dinge, die tatsächlich die Entscheidungen beeinflussen. Und das macht ja auch die ganze Diskussion um diese Vollharmonisierung so – ich würde fast sagen – verlogen, denn man tut so, als liege das alles daran, ob jetzt die Rücktrittsfrist so oder so lange ist und ob ich jetzt diese oder jene Informationspflicht habe. In Wahrheit sind es doch Dinge wie Sprache und Kultur usw., die hier die grenzüberschreitenden Transaktionen behindern. Da gebe ich Ihnen vollkommen Recht.

Diederichsen:
Ja, wir haben noch drei Wortmeldungen. Herr Simon, Herr Zimmermann und Herr Eichenhofer bitte.

Simon:
Was Sie schilderten, dass nämlich Teile des klassischen Vertragsrechts durch Regulierungsnormen von innen heraus ausgehöhlt bzw. überlagert werden, ist ein Vorgang, den man eigentlich schon seit 120 Jahren beobachten kann. Denn Vergleichbares war ja im ausgehenden 19. Jahrhundert, zuerst vielleicht beim Versicherungsvertrag, dann beim Arbeitsvertrag und dann im Mietrecht, auch der Fall: Klassisches Vertragsrecht wird ausgehöhlt durch eine Flut von Regulierungsnormen, die vom Gesetzgeber erlassen werden. Und es ist dieses typische Amalgam aus öffentlich-rechtlichen Rahmennormen und zwingendem Vertragsrecht, was dabei entsteht. Die Konsequenz war, dass sich ein eigenständiges Arbeitsrecht und ein eigenständiges Versicherungsrecht gebildet hat. Was Sie beschreiben, ist jetzt eine neue Vertragskonstellation, eine bestimmte Form eines Kaufvertrages, sodass sich im Laufe der Zeit höchstwahrscheinlich hier eine eigene Dogmatik ausbilden wird, die aber vielleicht doch auch dazu beitragen wird, durch die Ausbildung eines dogmatischen Gerüstes dieses Sonderprivatrecht dann wieder zurückzubinden an die allgemeine Dogmatik. So war es ja in gewisser Weise im Arbeits- und Mietrecht. Vielleicht muss man es gar nicht so

dramatisch sehen, wenn man schaut, wie das in anderen Bereichen ausgegangen ist.

DIEDERICHSEN:
Herr Zimmermann bitte.

ZIMMERMANN:
Anknüpfend an das, was Herr Simon gerade gesagt hat, möchte ich einen kleinen Gegenakzent setzen. Man sollte nicht Europa für alles blamieren, was hier so passiert. Welches sind die Mechanismen, die wir für den Verbraucherschutz haben? Es sind vier typische Mechanismen: Informationspflichten, Widerrufsrechte, AGB-Kontrolle und zwingendes Recht. Alles oder fast alles von dem hatten wir schon im deutschen Recht, bevor das europäische Recht über uns gekommen ist. Der BGH hat völlig autonom in den 1970er und 1980er Jahren Informationspflichten stark ausgeweitet. Die AGB-Kontrolle ist knapp 20 Jahre älter im deutschen Recht als die Klausel-Richtlinie. Zwingendes Recht hat es immer gegeben in gewissem Rahmen im BGB. Auch da hat es schon eine Verstärkung gegeben in den 1970er, 1980er Jahren. In gewisser Weise neu ist vielleicht das Widerrufsrecht, obwohl das Haustürwiderrufsrecht vom BGB-Gesetzgeber eingeführt worden ist, bevor die Haustürwiderrufsrichtlinie erlassen worden ist. Und es gab auch Tendenzen, stärker Lösungsrechte zu gewähren, nicht geradezu Reurechte, aber doch immerhin Lösungsrechte, Stichwort *culpa in contrahendo* usw. Das Ganze ist eine Tendenz, die Herr CANARIS in seinem Zivilrechtslehrervortrag als „Materialisierung des Zivilrechts" bezeichnet hat. Das ist also etwas, was schon das deutsche Recht geprägt hat, jetzt aber durch das Richtlinienrecht sehr verstärkt worden ist. Man kann sich fragen und man muss sich fragen, ob das alles sachgerecht ist. Ob also etwa dieses viele neue zwingende Recht, das eingeführt worden ist, erforderlich ist. Warum müssen alle Regeln über den Verbrauchsgüterkauf zwingend gestellt sein? Warum muss das Pauschalreiserecht zwingend sein? Das ist das Thema der *acquis*-Revision, der Revision des verbrauchervertragsrechtlichen *acquis communautaire*. Das hat die Europäische Kommission sich seit einer Mitteilung aus dem Jahr 2001 auf die Fahnen geschrieben. Eine *acquis*-Revision, die diesen Namen verdient, ist aber bis heute nicht durchgeführt worden, weder vom europäischen Gesetzgeber noch von der Wissenschaft. Die *acquis*-Gruppe hat das nicht gemacht, andere auch nicht. Da müssen wir uns auch ein bisschen an die eigene Nase fassen. Wir haben Vorschläge für solch eine *acquis*-Revision bisher in systematischer und überzeugender Form nicht vorgelegt. Das ist, glaube ich, eine ganz dringende Aufgabe: zu prüfen, was von diesem Verbraucher-*acquis*, der sich entwickelt hat, überhaupt rational begründbar ist. Also etwa: Erfüllen die Regeln, die es gibt, überhaupt den Zweck, den sie erfüllen sollen? Vieles ist nämlich dysfunktional.

Das wäre grundlegend aufzuarbeiten. Wenn man das tut, dann glaube ich aber wäre es geradezu gefährlich für die Integrität des Privatrechts, wenn man dieser Zwei-Reiche-Lehre folgt. Wir hätten dann auf der einen Seite das allgemeine Vertragsrecht und auf der anderen Seite das Verbrauchervertragsrecht. Und dann wäre also das allgemeine Vertragsrecht das Reich der unbegrenzten Vertragsfreiheit. (Ich meine aber, spätestens seit Frau HOFER wissen wir: Auch im 19. Jahrhundert war die Vertragsfreiheit nicht unbegrenzt und rein formal. Es ist von Anfang an eine materialisierte Vertragsfreiheit.) Also: Wir hätten auf der einen Seite die Vertragsfreiheit und auf der anderen Seite ein soziales Recht zum Schutz des Verbrauchers oder ein regulatorisches Recht. Vertragsfreiheit ist nun aber kein Wert an sich. Vertragsfreiheit ist Mittel zur Verwirklichung der Selbstbestimmung. Aber es ist beim Vertragsrecht immer Mittel zur Verwirklichung der Selbstbestimmung *zweier* Parteien. Wir haben eben typische Situationen, in denen nicht beide Parteien eine selbstbestimmte Entscheidung treffen können. Das lässt sich an vielen Beispielen zeigen, z.B. beim Haustürwiderrufsrecht. Ich glaube, dass sich dort ein Widerrufsrecht begründen lässt: Stichwort Überrumpelung. Das lässt sich ohne Weiteres in das Modell unseres Vertragsrechtes einfügen, wenn man nicht auf einer formalistischen Definition der Vertragsfreiheit besteht. Und deshalb denke ich, ein gereinigter und revidierter *acquis* lässt sich durchaus einfügen und muss eingefügt werden in das allgemeine Vertragsrecht. Ich halte es für falsch, die beiden Bereiche so strikt voneinander zu trennen.

DIEDERICHSEN:
Vielen Dank! Und nun Herr Eichenhofer als Letzter, bitte.

EICHENHOFER:
Ich wollte noch Aufklärung darüber haben, was edukatorisch ist bei den Phänomenen, die Sie uns beschrieben haben. Sie können entweder sagen, es sind die Inhalte. Der Verbraucherschutz als solcher hat eine edukatorische Komponente. Edukatorisch kann auch die Form sein – also eine Charta der Verbraucherrechte! Ich kenne eine Charta der Patientenrechte. Zu ihr kann man sagen: „Ja, das ist eine neue Rechtsform." Ich würde aber sagen, es ist nicht in erster Linie eine edukatorische, sondern eine archaische Rechtsform, weil es sich um *leges imperfectae* handelt: Man stellt eine Reihe von Prinzipien auf, wie wir uns das Verhältnis von Unternehmer und Verbraucher denken, sagen aber nicht: Was folgt, wenn eines dieser Prinzipien nicht beachtet wird? Also insoweit ist der Versuch, auf europäischer Ebene etwas durch Charta-Bestimmungen zu fixieren, was man durch Rechtsbestimmungen aus den verschiedensten Gründen nicht festhalten kann, im Grunde genommen ein unzulänglicher, archaischer, in der Tradition des 18. Jahrhunderts stehender Versuch. Ich frage mich aber, ob das nicht auch eine Folge eines Kollisionsrechts ist, das auf dem Günstigkeitsprinzip beruht.

Das Verbraucherkollisionsrecht beruht auf dem Günstigkeitsprinzip wie auch das internationale Arbeitsrecht. Und die Folge dieses Kollisionsrechts ist, dass im konkreten Einzelfall ein Recht zur Anwendung kommt, das in keinem einzigen Land so gilt, weil es sich eben aus mehreren Rechten zusammensetzt, also fiktionales Recht ist, das einzig aus kollisionsrechtlichen Gründen auf einen Fall zur Anwendung kommt. Das heißt mit anderen Worten, wir haben es nicht mit 30 Privatrechten zu tun, sondern – wenn wir das Günstigkeitsprinzip zu Ende denken – mit ungleich mehr. Und in einem solchen Kollisionsrecht, in dem sich auch die Beurteilungsmaßstäbe dem nationalen Rahmen vollständig entziehen, werden virtuelle Beurteilungsgrundlagen geschaffen. Dafür ist das Bedürfnis nach Reduktion der Komplexität riesengroß. Und die Charta befriedigt dieses Bedürfnis – aber auf eine unvollkommene Weise.

WENDEHORST:
Ich beantworte die Fragen in umgekehrter Reihenfolge. Dass die Charta auf unvollkommene Weise befriedigt, da gebe ich Ihnen vollkommen Recht. Sie haben sich auf das bezogen, was ich über Kommissarin KUNEWA gesagt habe. KUNEWA schwebt aber natürlich schon eine Charta vor, die sich auf eine Verordnung oder auf vollharmonisiertes Verbraucherrecht stützt, d.h. eine Charta, die dem Individuum seine Rechte noch einmal deutlich macht, weil das Individuum, was wohl zutrifft, durch die Lektüre von Rechtsnormen und Reflexionen des Verbraucherlandsprinzips zu diesem Schluss einfach kommt. Ansonsten gebe ich Ihnen vollkommen Recht, dass das ein unvollkommenes Steuerungselement ist.

Ob die Form oder der Inhalt edukatorisch ist? In diesem Fall vermutlich in der Tat die Form. Bei anderen Dingen, z.B. in den europäischen Formblättern, bin ich mir nicht so ganz sicher, ob man Form und Inhalte trennen kann. Das will ich jetzt lieber nicht versuchen.

Aber jetzt zu den noch schwierigeren Fragen, ob es sich um ein bekanntes Phänomen handelt, wie wir damit umgehen können und wie das mit der Zwei-Bereiche-Lehre ist. Zunächst einmal möchte ich klarstellen, dass ich sicherlich keine Anti-Europäerin bin, ich glaube als die bin ich auch noch nie irgendwo in Erscheinung getreten. Also Europa für alles zu blamieren ist sozusagen nicht meine Intention, und dass vieles, was in Europa passiert, den Weg über Deutschland nimmt, das ist auch allgemein bekannt. Z.B. sind Strukturen, die wir in verbrauchervertragsrechtlichen Richtlinien finden, vielfach vom deutschen Recht abgeschrieben. Bei der Haustürgeschäftegeschichte war das so eine Wechselwirkung: Man hat in Europa Einfluss genommen, dann wusste man, wann es kommt, und dann hat man vorweggenommen umgesetzt. Zustimmen möchte ich auch, dass wir dringend eine *acquis*-Revision brauchen.

Ob die Zwei-Bereiche-Lehre falsch ist, da muss ich sagen, dass kommt eben in meinen Augen darauf an, was diese *acquis*-Revision bringt. Wenn die *acquis*-Revision es schafft, das Verbrauchervertragsrecht und das europäische Verbrauchervertragsrecht kompatibel zu gestalten, so dass ich vielleicht wieder eine Feinsteuerung der Prinzipien habe, so dass ich vielleicht wieder auf herkömmliche methodische Grundsätze und Argumentformen zurückgreifen kann, dann lasse ich mir das mit der Zusammenführung beider Bereiche schon gefallen. Es ist dann allenfalls eine pragmatische Frage, ob man das regelungstechnisch kombinieren sollte oder ob nicht die Frequenz, mit welcher der europäische Gesetzgeber die Dinge wieder ändert, dafür spricht, das Verbraucherrecht vielleicht doch auszulagern. Wenn es allerdings nicht gelingt, die *acquis*-Revision entsprechend durchzuführen, wenn also das europäische Verbrauchervertragsrecht so bleibt, wie es derzeit ist, dann, muss ich gestehen, bin ich entschieden gegen eine Zusammenführung beider Rechtsmaterien. Wenn man sich z.B. jetzt die Umsetzung der Verbraucherkreditrichtlinie ansieht im BGB, das ist eine regelungstechnische Katastrophe. Dass erst Monate nach Erlass des Gesetzes die himmelschreiendsten Richtlinienwidrigkeiten erkannt und wieder korrigiert wurden, das spricht ja für sich. Das ist so kompliziert, dass man das auch im Justizministerium gar nicht mehr selber durchschaut. Wenn es nicht gelingt den *acquis* kompatibel zu gestalten, dann bin ich sehr skeptisch, was die Zusammenführung beider Bereiche anbelangt.

Dass es sich um ein altes Phänomen handelt, ja und nein. Erst einmal, dass es schon vergleichbare Phänomene gegeben hat, hindert natürlich nicht daran, auf generell unterbewertete Konflikte, die wir jetzt in unserer Rechtsordnung haben, hinzuweisen. Zweitens denke ich, ist das einfach eine Frage, wie weit das Privatrecht langsam erodiert und wie viel noch übrigbleibt. Sicherlich, es waren schon ganz wichtige und zentrale Bereiche, die abgespalten worden sind. Aber es blieb immer noch genug übrig. Wenn wir jetzt an Dinge gehen wie z.B. das Verbrauchsgüterkaufrecht oder die AGB-Kontrolle, da fragt man sich dann, insbesondere im Kaufrecht: Was bleibt eigentlich noch übrig? Also ich fürchte, dass wir langsam vor einen Punkt geraten, wo fast nichts mehr übrigbleibt, und deswegen würde ich hier doch einen qualitativen Sprung sehen.

DIEDERICHSEN:
Dankeschön. Ja, wir haben etwas mehr als eine Viertelstunde überzogen, aber ich meine, das sollte uns das BGB wert sein.

Legaledukation[1]

Erzieherische Intentionen des Gesetzes im Kindesschutzrecht

Matthias Jestaedt

I. Das erziehende Gesetz im Kindesschutzrecht

Mit meinem – zugegebenermaßen etwas aufreißerisch-alarmistisch – „Legaledukation“ betitelten Vortrag möchte ich Ihr Augenmerk auf einen Bereich lenken, in dem Erziehung nicht nur und erst Eigenschaft oder Intention des zur Regelung eingesetzten Gesetzes ist, sondern auch und gerade dessen eigentlicher Regelungs-Gegenstand. Hier geht es nicht primär darum, dass das Gesetz selbst das Erziehungs*mittel* ist, also edukatorisch eingesetzt wird, son-

1 Mit Rücksicht auf die nachfolgend dokumentierte Diskussion wurde die Vortragsfassung – auf dem Stand von Mitte 2011 – beibehalten.

dern zuvörderst darum, dass es als unersetzbares Mittel fungiert, Erziehung in puncto Akteuren und Zuständigkeiten, Zielen und Modalitäten, Prozessen und Instrumenten verbindlich zu regeln. Das „erziehende Gesetz" erhält hier einen zweiten oder auch Doppelsinn.

Gemeint ist der Bereich des staatlichen Kindesschutzrechts. Darunter will ich die Gesamtheit jener staatlichen Rechtsvorschriften verstehen, die intentional und spezifisch auf das Wohlergehen von Kindern unter Einschluss des Hineinwachsens der Kinder (und Jugendlichen) in die Selbstbestimmungs- und Gemeinschaftsfähigkeit gerichtet sind. Im staatlichen Kindesschutzrecht spielt die Erziehung eine ganz zentrale Rolle. Ob Hilfen zur Erziehung nach §§ 27 ff. SGB VIII wie soziale Gruppenarbeit (§ 28), Erziehungsbeistand (§ 30) oder Heimerziehung (§ 32) oder ob Schulgesetze nach der Art des Bayerischen Gesetzes über das Erziehungs- und Unterrichtswesen (BayEUG) mit seiner Zweckbestimmung in Art. 1 Abs. 1 Sätzen 1 und 2[2]: Erziehung ist eines der wichtigsten Medien zur Aktualisierung und Implementierung eines umfassenden staatlichen Kindesschutzes.

Damit ist aber nur die *eine* Besonderheit bezeichnet, die meine Themenwahl charakterisiert. Es tritt eine zweite – mit der ersten in einem wechselseitigen Bedingungs- und Verstärkungszusammenhang stehende – hinzu: Gemeinhin ist, wenn von Erziehung im Kindesschutzrecht die Rede ist, die Erziehung der Schutzbegünstigten selbst, also der Kinder und, mit zunehmendem Alter abnehmend, auch der Jugendlichen gemeint. Darum soll es im Folgenden aber nicht oder doch nur am Rande gehen – nämlich insoweit, wie dieser Aspekt den eigentlichen Fokus determiniert. Dieser – wenn Sie so wollen: die eigentliche Pointe meines Themas – betrifft die durch staatliches Kindesschutzgesetz veranlasste oder auch intendierte Erziehung derjenigen, denen das Sorge(- und damit auch das Erziehungs)recht für die Erziehungsbegünstigten kraft §§ 1626 ff. BGB zusteht. Es geht also um die Erziehung der nach bürgerlichem Recht Erziehungsberechtigten durch staatliches Gesetz im Hinblick auf die ihnen zustehende Kindeserziehung. Ohne *simplification terrible* dürfen wir formulieren: Es geht um die staatliche Erziehung der Eltern als Eltern. Oder zugespitzt: Es geht um die staatliche Erziehung der Eltern zu guten Eltern.

---

2 Art. 1 Abs. 1 BayEUG: „[1]Die Schulen haben den in der Verfassung verankerten Bildungs- und Erziehungsauftrag zu verwirklichen. [2]Sie sollen Wissen und Können vermitteln sowie Geist und Körper, Herz und Charakter bilden."

II. „Legaledukation“: Erziehung durch Gesetz

1. Edukatorische Tendenzen

Aber natürlich – das muss ich sofort einschränkend hinzusetzen – findet sich keine Gesetzesnorm des Unions-, Bundes- oder Landesrechts, die offensiv und explizit die Erziehung der Eltern forderte oder regelte. Die Erziehung der Erziehungsberechtigten ist noch nicht einmal, wenn ich es richtig sehe, ein offengelegtes oder gar öffentlich erklärtes Ziel von Kindesschutzgesetzen, kein ausgearbeitetes und ausgeklügeltes, ebenso konsequentes wie konsistentes gesetzgeberisches Programm. Und doch meine ich just in der zurückliegenden Dekade eine politisch-gesellschaftliche Grundströmung und eine diese abbildende und verstärkende gesetzgeberische Tätigkeit wahrzunehmen, die in manchen Einzelheiten sowie insbesondere in ihrer Summe deutliche und absichtsvolle edukatorische Züge in Richtung auf die Eltern aufweisen. Inwieweit sich diese Beobachtung oder auch Behauptung erhärten lässt, können Sie auf der Grundlage der von mir sogleich zu nennenden Indizien selbst beurteilen.

2. Gesetzliche Steuerung und „Erziehung“

Lassen Sie mich indes zuvor noch zwei präzisierende Zwischenbemerkungen einschieben. Die erste bezieht sich auf das Verhältnis von gesetzlicher Steuerung und Erziehung. Wenn ich von „Erziehung durch Gesetz“ oder gleichsinnig von „Legaledukation“ spreche, so beziehe ich mich nicht auf den – unspezifisch und gemeinplätzigen – Umstand, dass Gesetze Steuerungsintentionen verfolgen und Steuerungswirkungen zeitigen (und dass im optimalen Falle beide inhaltlich kongruent sind). Das Recht im Allgemeinen und das Gesetz im Besonderen sind ja gerade Medien zu verbindlicher sozialer Steuerung.[3] Der Steuerungsimpuls ist im Blick auf das Gesetz nichts eigens Hervorhebenswertes, sondern notwendigerweise Dazugehöriges. Eher lässt sich umgekehrt formulieren: Eine Rechtsnorm, die nichts zu steuern vorgibt, ist keine Rechtsnorm, geht ihr doch das Moment des Präskriptiven und damit jenes des Normativen ab.

Mit Erziehung soll denn auch eine besondere Form der steuernden Einwirkung gemeint sein. Ich mache mich hier nicht anheischig, in die weitverzweigte und hochkomplexe Diskussion unter Erziehungswissenschaftlern, Sozialwissen-

3 Dazu eingehend Franz Reimer, Das Parlamentsgesetz als Steuerungsmittel und Kontrollmaßstab, in: Wolfgang Hoffmann-Riem/Eberhard Schmidt-Aßmann/Andreas Voßkuhle (Hrsg.), Grundlagen des Verwaltungsrechts, Bd. I, 2. Aufl. 2012, § 9, S. 585 ff.

schaftlern und Philosophen einzugreifen. Für die Zwecke des Rechtswissenschaftlers sei folgendes, einem zugegebenermaßen nicht-hierarchiefreien Erziehungsverhältnis verpflichtetes Begriffsverständnis zugrunde gelegt: Erziehung ist eine asymmetrische personale Interaktion, die der Erziehende bewusst zu dem Zwecke einsetzt, beim Adressaten der Erziehung Lernprozesse auszulösen, zu verstärken oder zu verstetigen, die auf die dauerhafte Veränderung des Verhaltens und der Einstellung im Sinne festgelegter Erziehungsziele – letztlich im Sinne der Persönlichkeitsbildung – gerichtet sind und die der Adressat mangels eigener Einsicht, Umsicht oder Übersicht noch nicht selbsttätig in Gang zu setzen vermag. Anlass und Grund von Erziehung bildet typischerweise der altersbedingte – genauer: der kraft jugendlichen Alters bedingte – Mangel an Einsicht und Reife auf Seiten des Adressaten. Erziehung als von einem anderen gesteuerter sozialer Lernprozess operiert im Blick auf den zu Erziehenden sowohl einsichts- und verständnisbasiert als auch einsichts- und verständnisgenerierend und ist daher abzuheben von anderen, nicht einsichtsorientierten Steuerungsweisen wie Manipulation und Dressur, Konditionierung und Abrichtung.

3. „Legaledukation" – ein Oxymoron?

Meine zweite Präzisierung: Die Wortschöpfung „Legaledukation" kann, je nach Deutung der beiden Wortbestandteile, leicht oxymoronen Charakter annehmen. Das Gesetz, zumal das hier gemeinte staatliche Gesetz, ist durch seine Einseitigkeit und Hoheitlichkeit gekennzeichnet; der in der Sanktionsbewehrung liegende Zwangscharakter im *forum externum* ist – ohne dass man Anhänger der Imperativentheorie sein müsste – sein Wesensmerkmal. Die Erziehung hingegen als Form personaler Interaktion wird vom Erzieher in Gang gesetzt, um einsichtsbasierte Änderungen von Verhalten und Einstellungen zu bewirken; Zwangsmomente, die wahrscheinlich in keiner Erziehungsrelation völlig fehlen, sind hier nicht mehr als – an sich zu vermeidende – Auffangpositionen. Indes schließen sich Verhaltensanpassungen zwecks Sanktionsvermeidung einerseits und Änderung von Verhaltensweisen und Einstellungen kraft exogen vermittelter Einsicht andererseits nur in idealtypischer Zuspitzung aus. Schließlich kommt auch Erziehung nicht ohne den Einsatz – Aufrichtung wie Vollstreckung – von Normen aus. Unbeschadet dessen mag man die Frage stellen, ob sich mit dem staatlichen Gesetz Erziehung, die ihren Namen verdient, tatsächlich, nachhaltig und berechenbar erzielen lässt. Um dem damit aufgeworfenen Problem aus dem Wege zu gehen, spreche ich im Untertitel vorsichtiger von bloßen „erzieherischen Intentionen" des Gesetzes.

III. Das Kindesschutzrecht als gesetzgeberische Wachstumsbranche

Wo nun zeigen sich Indizien für eine gesetzliche oder doch gesetzlich veranlasste Erziehung der Eltern zu guten Eltern? Ausgangspunkt unserer weiteren Überlegungen ist die rasante quantitative wie qualitative Entwicklung des Kindesschutzrechts, die – wie ich es formulieren möchte – zu einer zwar noch am Anfang stehenden, aber doch schon spürbaren „Pädagogisierung“ des Kindesschutzrechts geführt hat.

1. Legislativer Aktionismus auf Bundes- und Landesebene

Das Kindesschutzrecht zählt zweifellos zu einer der großen legislativen Wachstumsbranchen der letzten knapp zehn Jahre. Hier müssen einige wenige Stichworte genügen.

Am eklatantesten sind Tempo und Umfang gesetzgeberischer Aktivität im Kinder- und Jugendhilferecht: Das aus dem Jahre 1922 stammende Reichsjugendwohlfahrtsgesetz[4] wurde erst knapp 40 Jahre später – im Jahre 1961 – in Gestalt des Jugendwohlfahrtsgesetzes[5] novelliert. Ein erster großer Paradigmenwechsel – von der Jugendwohlfahrt zur Kinder- und Jugendhilfe – vollzog sich weitere dreißig Jahre später mit dem Erlass des SGB VIII (Kinder- und Jugendhilfe), welches zum 1. Januar 1991, also vor etwa 20 Jahren in Kraft trat.[6] Seitdem ist das Kinder- und Jugendhilferecht nicht mehr recht zur Ruhe gekommen. Ganz im Gegenteil: Die Novellierungsschritte wurden kürzer und, wenn nicht alles trügt, auch hektischer. Um nur die wichtigsten weiteren Stationen zu nennen: Einführung des Rechts auf einen Kindergartenplatz 1992,[7] Auswirkungen der Kindschaftsrechtsreform aus dem Jahre 1998,[8] Tagesbetreuungsausbau-

4 Reichsgesetz für Jugendwohlfahrt vom 9. Juli 1922 (RGBl. I S. 633), in Kraft getreten am 1. April 1924.

5 Gesetz für Jugendwohlfahrt (JWG) vom 11. August 1961 (BGBl. I, S. 1206), in Kraft getreten am 1. Juli 1962.

6 Achtes Buch Sozialgesetzbuch – Kinder- und Jugendhilfe – (SGB VIII) vom 26. Juni 1990 (BGBl. I, S. 1163).

7 § 24 SGB VIII in der Fassung von Art. 5 des Gesetzes zum Schutz des vorgeburtlichen/werdenden Lebens, zur Förderung einer kinderfreundlicheren Gesellschaft, für Hilfen im Schwangerschaftskonflikt und zur Regelung des Schwangerschaftsabbruchs (Schwangeren- und Familienhilfegesetz – SchwFamG) vom 27. Juli 1992 (BGBl. I, S. 1398) mit Wirkung vom 1. Januar 1996.

8 Gesetz zur Reform des Kindschaftsrechts (Kindschaftsrechtsreformgesetz) vom 16. Dezember 1997 (BGBl. I, S. 2942), in Kraft getreten am 1. Juli 1998.

gesetz (TAG) von 2004[9] sowie das gerade für den besseren Schutz von Kindern vor Gefahren für ihr Wohl richtungweisende Kinder- und Jugendhilfeweiterentwicklungsgesetz (KICK) anno 2005,[10] außerdem das Kinderförderungsgesetz (KiFöG) von 2008.[11] Im Jahre 2009 trat das für weite Bereiche des Kindesschutzrechts geltende „Gesetz über das Verfahren in Familiensachen und in den Angelegenheiten der freiwilligen Gerichtsbarkeit (FamFG)" in Kraft.[12] Seither laufen Bestrebungen, ein Bundeskinderschutzgesetz zu erlassen. Ein erster, noch von der Großen Koalition im Jahre 2009 vorgelegter Entwurf scheiterte;[13] derzeit befindet sich ein neues Bundeskinderschutzgesetz – mit dem Titel „Gesetz zur Stärkung eines aktiven Schutzes von Kindern und Jugendlichen" – in der legislativen Pipeline. Die Chancen, dieses Mal die parlamentarischen Hürden zu nehmen und bis zum 1. Januar 2012 in Kraft gesetzt zu werden, stehen ganz gut.[14] Doch damit nicht genug: Auch die Landesgesetzgeber trugen ihr Scherflein zum Anwachsen des gesetzlichen Kindesschutzrechts auf dem Gebiet der Kinder- und Jugendhilfe bei: In den Jahren 2007 bis 2010 wurde in der weit überwiegenden Anzahl der Bundesländer ein landeseigenes Kindesschutz- oder

---

9 Gesetz zum qualitätsorientierten und bedarfsgerechten Ausbau der Tagesbetreuung und zur Weiterentwicklung der Kinder- und Jugendhilfe (Tagesbetreuungsausbaugesetz – TAG) vom 27. Dezember 2004 (BGBl. I, S. 3852), in Kraft getreten am 1. Januar 2005.

10 Gesetz zur Weiterentwicklung der Kinder- und Jugendhilfe (Kinder- und Jugendhilfeweiterentwicklungsgesetz – KICK) vom 8. September 2005 (BGBl. I, S. 2729), in Kraft getreten am 1. Oktober 2005.

11 Gesetz zur Förderung von Kindern unter drei Jahren in Tageseinrichtungen und in Kindertagespflege (Kinderförderungsgesetz – KiFöG) vom 10. Dezember 2008 (BGBl. I, S. 2403), in Kraft getreten am 16. Dezember 2008.

12 Gesetz über das Verfahren in Familiensachen und in den Angelegenheiten der freiwilligen Gerichtsbarkeit (FamFG) vom 17. Dezember 2008 (BGBl. I, S. 2586, 2587), in Kraft getreten am 1. September 2009.

13 Vgl. Entwurf (der Bundesregierung) eines Gesetzes zur Verbesserung des Kinderschutzes (Kinderschutzgesetz), BR-Drucks. 59/09 vom 23. Januar 2009 und BT-Drucks. 16/12429 vom 25. März 2009.

14 Der Entwurf (der Bundesregierung) eines Gesetzes zur Stärkung eines aktiven Schutzes von Kindern und Jugendlichen (Bundeskinderschutzgesetz – BKiSchG) wurde am 15. April 2011 im Bundesrat eingebracht (BR-Drucks. 202/11); am 27. Mai 2011 nahm dieser dazu Stellung (BR-Plenarprot. 883, S. 245A-248B). Am 22. Juni 2011 ging der Entwurf mit Stellungnahme des Bundesrates und Gegenäußerung der Bundesregierung an den Bundestag (BT-Drucks. 17/6256). Dieser überwies am 1. Juli 2011 in 1. Lesung den Entwurf an den Ausschuss für Familie, Senioren, Frauen und Jugend (BT-Plenarprot. 17/118, S. 13693A-13709A), der am 26. September 2011 eine Sachverständigen-Anhörung durchführen wird (vgl. http://www.bundestag.de/dokumente/textarchiv/2011/35267023_kw39_pa_familie/index.html – aufgerufen am 21.09.2011). Mittlerweile ist das Bundeskinderschutzgesetz vom Bundestag (15. Dezember 2011) und Bundesrat (16. Dezember 2011) angenommen worden und zum 1. Januar 2012 in Kraft getreten: BGBl. 2011 I, S. 2975. Dazu eingehend Thomas Meysen/Diana Eschelbach, Das neue Bundeskinderschutzgesetz, 2012, besonders S. 27 ff.

auch Kindeswohlgesetz beschlossen; mit wenigen Ausnahmen wurde ein Frühwarnsystem in Gestalt eines sogenannten verbindlichen Einladungswesens zu den Früherkennungsuntersuchungen (U1 bis U9) implementiert.[15]

Für das zivilrechtliche Kindschafts- und Sorgerecht ist insbesondere noch das dem FamFG vorausgehende und die Zentralvorschrift des § 1666 BGB novellierende „Gesetz zur Erleichterung familiengerichtlicher Maßnahmen bei Gefährdungen des Kindeswohls" (KiWoMaG) aus dem Jahre 2008 zu erwähnen.[16] Weitere gesetzgeberische Aktivitäten ließen sich namentlich aus dem Schul- und Vorschulrecht nennen sowie aus dem großen Sektor beschäftigungspolitisch motivierter Maßnahmen wie beispielsweise die Einführung des Elterngeldes und der Vätermonate durch das „Gesetz zum Elterngeld und zur Elternzeit (Bundeselterngeld- und Elternzeitgesetz – BEEG)" aus dem Jahre 2006.[17]

2. Mehrfacher Paradigmenwechsel

Ohne dass dies hier im Einzelnen in der an sich gebotenen Detailliertheit und Differenziertheit ausgeführt werden könnte, sei festgehalten, dass sich an zahlreichen Stellen – im Bundes- wie im Landesrecht, im Kinder- und Jugendhilferecht wie im Kindschafts- und Sorgerecht wie auch im Verfahrensrecht – gravierende, nicht selten an Paradigmenwechsel heranreichende Perspektivenveränderungen, Neuausrichtungen und Intensitätssteigerungen des Kindesschutzrechts vollzogen haben. Im Mittelpunkt stehen sicherlich die Wendung hin zu einem präventiven, familienunterstützenden Ansatz, die starke Ausweitung des Leistungsspektrums, die bessere Verzahnung und Abstimmung kindesschutzrelevanter staatlicher und nicht-staatlicher Institutionen, ein weit vorverlagertes Informationssystem zum Schutze der Kinder einschließlich sogenannter niederschwelliger Leistungen und Früher Hilfen sowie die Konkretisierung staatlicher Eingriffsmaßnahmen zur Verhinderung oder Abwehr von Gefahren für das Kindeswohl – seien die Maßnahmen gerichtlicher oder behördlicher Natur. Mit nur geringer Übertreibung lässt sich sagen, dass das gesetzliche Kindesschutzrecht in Deutschland – in

15 Zu den Details der landesrechtlichen Regelungen: Thomas Meysen/Lydia Schönecker/Heinz Kindler, Frühe Hilfen im Kinderschutz. Rechtliche Rahmenbedingungen und Risikodiagnostik in der Kooperation von Gesundheits- und Jugendhilfe, 2009, S. 142 ff., bes. mit Fußn. 394-404.

16 Gesetz zur Erleichterung familiengerichtlicher Maßnahmen bei Gefährdung des Kindeswohls (KiWoMaG) vom 4. Juli 2008 (BGBl I, S. 1188), in Kraft getreten am 12. Juli 2008.

17 Gesetz zum Elterngeld und zur Elternzeit (Bundeselterngeld- und Elternzeitgesetz – BEEG) vom 5. Dezember 2006 (BGBl. I, S. 2748), in Kraft getreten am 1. Januar 2007.

Sonderheit in den letzten zehn Jahren – einem tiefgreifenden, sein Gesicht völlig verändernden Wandel unterzogen worden ist.

IV. „Pädagogisierung“ des Kindesschutzrechts

Damit einher gingen und gehen Ansätze einer „Pädagogisierung“ des Kindesschutzrechts, die sich nicht zuletzt in einem in manchem gewandelten Regelungsleitbild von Erziehung im Allgemeinen und in einer gewandelten Vorstellung von der Rolle der Eltern im Besonderen niedergeschlagen haben.

1. Kennzeichen der „Pädagogisierung“

Lassen Sie mich aber kurz einige wenige Worte verlieren, um zu umschreiben, was ich unter dem gewiss nicht gerade an übergroßer Schärfe leidenden Schlagwort von der „Pädagogisierung“ des Kindesschutzrechts verstehe: Wie die meisten auf „-isierung“ endenden Begriffe versucht auch der Topos „Pädagogisierung“, ein Ausdehnungsphänomen terminologisch dingfest zu machen: Etwas wird mit erzieherischen Zielen, Methoden und Mitteln (oder was man dafür hält) traktiert, was von der Sache her zunächst keine erzieherisch-pädagogische Relation ist. „Pädagogisierung“ des Kindesschutzrechts soll die Tendenzen terminologisch zusammenfassen, die darauf zielen, möglichen devianten – hier: kindeswohlschädlichen – Verhaltensweisen (insbesondere der Eltern) nicht in erster Linie und nicht sofort mit dem „harten“, endgültigen und typischerweise repressiv ausgerichteten Sanktionsmittel der Übelszufügung bis hin zum Sorgerechtsentzug zu begegnen, sondern die Devianz als Ansatzpunkt einer erzieherischen oder meinetwegen auch erziehungsähnlichen sozialen Interaktion zu begreifen, deren Ziel es ist, das betreffende Gegenüber tunlichst kraft eines einsichtsgesteuerten Lernprozesses, der sich im Rahmen einer pädagogischen Beziehung vollzieht, dahin zu führen, dass es sich im Ergebnis selbst – kraft intrinsischer Motivation – dazu entscheidet, das deviante Verhalten aufzugeben und die normkonformen, man darf auch formulieren: vernünftigen Verhaltensweisen und Einstellungen anzunehmen. Mit THOMAS SIMON gesprochen: dass der Adressat der Erziehung am Ende auch will, was er aus Sicht des Erziehers soll.[18] Charakteristisch für eine „pädagogisierende“ Herangehensweise ist das Systemisch-Ganzheitliche, das die Person als Ganzes in den Blick Nehmende des Zugangs, welches durch die Professionalisierung der Kindesschutzbehör-

18 THOMAS SIMON, Der Erziehungsgedanke in den frühneuzeitlichen Polizeiordnungen, in diesem Band, S. 59, 69.

den (mit Erziehern, Sozialpädagogen, Sozialarbeitern, Therapeuten vielfältigster Provenienz) besonders befördert wird. Erst das Fehlschlagen dieses „weichen" (Erziehungs-)Prozesses rechtfertigt den Rückgriff auf das „harte" Reaktionsarsenal des Eingriffs. Freilich steht die Sanktion im Falle des Fehlschlags der „weichen" Lösung parat; und das wissen auch beide Seiten. Es ist geradezu eine Eigentümlichkeit dieser Art von „Pädagogisierung", dass das Verschleifen der Gegensätze von „weich" und „hart", von Einsicht und Sanktion, von Zuwendung und Abwendung, von Leistung und Eingriff absichtsvoll betrieben wird und die Übergänge, die mit dem Rollenwechsel verbunden sind, vorab nicht allzu klar abgesteckt sind.

2. Ansätze und Anzeichen von „Pädagogisierung"

Infolge der immer weiter ausgreifenden, flächendeckender wirkenden und immer detaillierteren Regelungen des Kindesschutzrechts kann man den Eindruck gewinnen, dass die Eltern, die, soweit die Regelungen außenwirksam und nicht nur für den behördlichen oder doch fachlich-institutionellen Binnenbereich gedacht sind, unmittelbar oder mittelbar die Hauptadressaten der Bestimmungen sind, *nolens volens* in immer mehr, immer dichtere und ihnen immer eingehendere Handlungs- oder doch Mitwirkungspflichten abverlangende Beziehungen zu den staatlichen Kindesschutz-Organen gelangen. Dabei verschwimmen die Grenzen zwischen den Einsatzgebieten von Leistung und Eingriff, die sich ohnedies wie kommunizierende Röhren verhalten, zusehends. Nicht selten steht bei der Ausrichtung der konkreten Maßnahme die Erkenntnis Pate, dass Prävention das beste Mittel sei, um Kinder effektiv vor Gefährdungen zu schützen. Dafür müssen die staatlichen Behörden in Kontakt mit den Kindern kommen, sie in deren natürlicher Umgebung antreffen. Damit aber ist nahezu zwangsläufig verbunden, dass der Staat auch den Erziehungsberechtigten – sprich: im Regelfall den Eltern – gleichsam näher auf den Leib rückt. Die stärkere staatliche Einbindung der Eltern – bereits das Wort „Ein*bindung*" transportiert ganz selbstverständlich den Gedanken, dass die Eltern gebunden werden – bringt sich in zunächst unverdächtig klingenden Formulierungen wie „Förderung und Stärkung der elterlichen Konfliktlösungskompetenz" zum Ausdruck. Darin verbirgt sich letztlich nichts anderes als eine Adaption des aus den Hartz-IV-Regelungen und den Bestimmungen zur Integration von Ausländern bekannten und von dort in die Pädagogik gewanderten Doppelgrundsatzes des „Forderns und Förderns"[19] – wohlgemerkt: des Forderns und Förderns auch und gerade der Eltern.

19 Zum Grundsatz des Forderns vgl. § 2 SGB II, zu jenem des Förderns § 14 SGB II.

Zwei Beispiele will ich nennen, um das Gesagte zu veranschaulichen. Dabei trägt das erste Beispiel wohl nicht so sehr für sich genommen als vielmehr als Puzzle-Stück in einem größeren Ganzen zur „Pädagogisierung" des Kindesschutzrechts bei, indessen das zweite Exempel (in seinen beiden Varianten) auch in seiner Isolierung nachgerade das Paradebeispiel für das Phänomen der „Pädagogisierung" abgibt: Das erste Beispiel bezieht sich auf das sogenannte verbindliche Einladungswesen in Sachen Früherkennungsuntersuchungen, sprich: die sanktionsbewehrte Pflicht der Eltern, ihre Kinder von der U1 bis zur U9 regelmäßig dem Kinderarzt vorzustellen. Im Falle, dass der Kinderarzt das Nicht-Erscheinen meldet bzw. die Eltern das Erscheinen nicht belegen, hat der Kinderarzt dies einer staatlichen Kindesschutzbehörde – zumeist dem zuständigen Jugendamt – zu melden, welches dann seinerseits in aller Regel die Pflicht hat (oder doch verspürt), diesem Anfangsverdacht einer Kindeswohlgefährdung nachzugehen – übrigens in mehr als 99 % der Fälle, ohne dass sich eine (bislang unbekannte) gefährdungsrelevante Sachlage herausstellt.[20] Hier sammeln die staatlichen Meldestellen Unmengen an – wie sich dann im Gros der Fälle erweist: für den Kindesschutz unnützen – Daten über Kinder und deren Eltern. Die Pflicht, der – ist das schon ein pädagogisierter Begriff? – „Einladung" Folge leisten zu müssen, wird den Eltern gesetzlich auferlegt, obwohl im Schnitt mehr als 90 % der Eltern auch ohne und vor Bestehen dieser gesetzlich statuierten Pflicht die Vorsorgeuntersuchungen mit ihren Kindern *motu proprio* wahrgenommen haben.

20 Hessischer Landkreistag/Hessischer Städtetag, Hessisches Kindergesundheitsschutzgesetz: Evaluation durch die Jugendämter, Das Jugendamt 2010, S. 115 ff.: In Hessen erwiesen sich von – im Zeitraum vom 1. Juli 2008 bis zum 30. Juni 2009 getätigten – 9.208 Meldungen des Hessischen Kindervorsorgezentrums an die Jugendämter nur sechs Fälle als kindesschutzrelevant, d.h. eine Quote von 0,065 %. Die Bewertung des Einladungswesens nach dem Hessischen Kindergesundheitsschutzgesetz fällt denn auch entsprechend aus: „Arbeitsaufwand und Zahl der aufgedeckten Kinderschutzfälle stehen in keinem angemessenen Verhältnis und führen damit zu einer falschen Prioritätensetzung im Bereich Kinderschutz. [...] Es ist anhand bundesweit üblicher Schätzwerte zu vermuten, dass Hausbesuche nach dem Zufallsprinzip zu einer mindestens gleich hohen Anzahl von neu entdeckten Kinderschutzfällen führen. [...] Gleichzeitig erschweren der enorme Verwaltungsaufwand und das kontrollierende Zugehen des Jugendamts auf die Familien eine positive und hilfreiche Anbindung der Familien an Hilfeangebote, auch niederschwelliger Art. Das Image des Jugendamts als Eingriffsbehörde wird dadurch forciert" (a.a.O., S. 116). Vgl. ergänzend, auch mit Zahlen aus Rheinland-Pfalz operierend: DIJuF-Rechtsgutachten vom 15. März 2011 (J 6.140 My), Das Jugendamt 2011, S. 395 ff., bes. 396; auf Erfahrungen aus dem Saarland, Rheinland-Pfalz, Brandenburg, Nordrhein-Westfalen, Bremen und Schleswig-Holstein basierend: HEIDRUN THAISS U.A., Früherkennungsuntersuchungen als Instrument im Kinderschutz. Erste Erfahrungen der Länder bei der Implementation appellativer Verfahren, Bundesgesundheitsblatt 53 (2010), S. 1029 ff., mit dem Fazit auf S. 1044 f.

Das zweite Beispiel: Das am 1. September 2009 in Kraft getretene FamFG enthält als Neuerung unter anderem eine zweite Art verbindlichen Einladungswesens: Nach § 156 Abs. 1 FamFG soll das Gericht in Kindschaftssachen, die die elterliche Sorge bei Trennung und Scheidung, den Aufenthalt des Kindes, das Umgangsrecht oder die Herausgabe des Kindes betreffen, in jeder Lage des Verfahrens auf ein Einvernehmen der Beteiligten hinwirken, wenn dies dem Kindeswohl nicht widerspricht. Zu diesem Behufe weist es auf Möglichkeiten der Beratung durch die Beratungsstellen und -dienste der Träger der Kinder- und Jugendhilfe insbesondere zur Entwicklung eines einvernehmlichen Konzepts für die Wahrnehmung der elterlichen Sorge und der elterlichen Verantwortung hin. Dem Gericht steht sogar die Rechtsmacht zu, anzuordnen, dass die Eltern an einer solchen Beratung teilnehmen müssen. Dabei, so setzt § 156 Abs. 1 Satz 5 FamFG unmissverständlich hinzu, ist die Anordnung nicht selbständig anfechtbar, freilich auch nicht mit Zwangsmitteln durchsetzbar. Nicht unähnlich ist die in § 157 FamFG geregelte Konstellation: Zur Erörterung der Kindeswohlgefährdung bei Verfahren nach §§ 1666, 1666a BGB ventiliert das Gericht mit den Eltern, gegebenenfalls auch dem Jugendamt und sogar dem Kind selbst, wie einer möglichen Gefährdung des Kindeswohls, insbesondere durch öffentliche Hilfen, begegnet werden und welche Folgen die Nichtannahme notwendiger Hilfen haben kann. Nach § 157 Abs. 2 Satz 1 FamFG hat das Gericht das persönliche Erscheinen der Eltern zu diesem Termin anzuordnen. In beiden Fällen müssen die Eltern sich also auf eine ihnen oktroyierte Beziehung, auf eine von anderen betriebene und organisierte Suche nach der besten Lösung für das Kindeswohl einlassen und an ihr mitwirken. Es ist dies eben, so mag es scheinen, die unter den obwaltenden Umständen vernünftigste Lösung.

Jenseits allen fachlich begründeten Wandels im Umgang mit Kind, Eltern und Familie, den ich nicht unterschätzen möchte, kann ein *verfassungsrechtlicher* Grund für die vorstehend andeutungsweise geschilderte und mit Beispielen verdeutlichte Situation benannt werden: Es ist dies der Grundsatz der Erforderlichkeit in seinem besonderen Kolorit als Schranken-Schranke des staatlichen Wächteramtes nach Art. 6 Abs. 2 Satz 2 GG. Dieses ist – im Falle seiner Aktualisierung durch eine drohende oder bereits eingetretene Gefährdung des Kindeswohls – darauf gerichtet, die Gefährdung abzuwenden. Doch ist der staatliche Wächter nicht frei in seinen Zielen und in seiner Mittelwahl: Insbesondere hat er zunächst alles zu versuchen, die Kindeswohlgefährdung in einer Weise abzustellen, dass die Eltern-Kind-Beziehung wieder intakt werden kann.[21] Der

21 Grundlegend BVerfGE 24, S. 119, 145; seither st. Rspr.: „Der Staat muß [...] nach Möglichkeit zunächst versuchen, durch helfende, unterstützende, auf Herstellung oder Wiederherstellung eines verantwortungsgerechten Verhaltens der natürlichen Eltern gerichtete Maßnahmen sein Ziel zu erreichen."

staatliche Wächter hat also alles daran zu setzen, die Elternverantwortung zu stärken. Nur wenn und soweit dies keinen Erfolg verspricht, darf und muss eine Gefährdungsabwendung gesucht werden ohne oder sogar gegen die Eltern. Die Herausnahme des Kindes aus der Familie auf der einen und die Entziehung der elterlichen Sorge auf der anderen Seite markieren je auf ihre Weise die *ultima ratio*. Tunlichste Herstellung der Elternverantwortung – und damit der auf ihr fußenden Eltern-Kind-Beziehung – lautet infolgedessen der Auftrag an den staatlichen Wächter, gleichviel ob auf der Ebene der Gesetzgebung, der Verwaltung oder der Rechtsprechung. Dafür jedoch ist es nicht nur zweckvoll, sondern regelmäßig sogar geboten, in eine Hilfeleistungsbeziehung zu einem Elternteil oder auch zu beiden zu treten.

Was die Beispiele *pars pro toto* zeigen mögen: Das „erziehende Gesetz" im Kindesschutzrecht tritt als Typus – wie ich mich hinzuzufügen beeile: bislang vereinzelt – zwar auch in Gestalt des Einzelgesetzes auf, ist aber vornehmlich ein Einzelgesetz-übergreifendes Phänomen, welches die Resultante bildet aus Summations- und Synergieeffekten einer Mehrzahl gesetzgeberischer Regelungen.

V. Einfachgesetzliche Unverfügbarkeit der Position des Erziehungsberechtigten: das Elternrecht

Die „Legaledukation" des Erziehungsberechtigten, kurz: die „Legaledukation" der Eltern des Kindes, birgt eine verfassungsrechtliche Besonderheit, weist doch das Grundgesetz den Eltern die Erziehung ihres Kindes als Grundrecht zu. Dieses beinhaltet, unbeschadet des Umstandes, dass mit der Kindeswohlausrichtung der Rahmen der Grundrechtsausübung vorgegeben und diese in einen Verantwortungszusammenhang eingebettet ist, die Selbstbestimmungsmacht der Eltern in Bezug auf Art und Gestaltung der Kindeserziehung. Damit stellt sich das Problem, wie die verfassungsgesetzliche Ausstattung der Eltern mit weitgehender Erziehungsautonomie auf der einen Seite sich in Einklang bringen lässt mit Tendenzen, dieselben Eltern auf der anderen Seite einem staatlich-erzieherischen Regime zu unterwerfen und damit ihre Autonomie tendenziell in Zweifel zu ziehen.

Als Verfassungsrechtler will ich indes nicht der naheliegenden Versuchung unterliegen, die Rechtswelt nur mehr im Lichte der Binärcodierung von „verfassungsmäßig" und „verfassungswidrig" zu sehen und überall Verfassungsverstöße zu wittern und dingfest zu machen. Für das Gros der hier traktierten Fragen zum „erziehenden Gesetz" dürfte sich die Binärcodierung eines Alles oder Nichts als zu grobschlächtig, als wenig aussagekräftig erweisen. Sie ist auch dem

Vagen und weitestgehend Unausgesprochenen, dem wenig planvoll Anmutenden und bloß Tendenziellen, zusammengefasst: dem Diffusen der „Pädagogisierung" des Kindesschutzrechts nicht adäquat. Die folgenden Bemerkungen aus Sicht des Verfassungsrechts zielen denn auch darauf, das Terrain im Sinne einer größeren Nähe oder eben auch Ferne zur grundgesetzlichen Regelungsanlage zu sondieren. Oder anders: Inwieweit koinzidiert die hier mit dem Schlagwort der „Erziehung des Erziehungsberechtigten" bezeichnete Tendenz des modernen Kindesschutzrechts mit dem Telos der kindgerichteten Verfassungsaussagen oder inwieweit tut sich hier eine Schere auf?

1. Die grundrechtsdogmatische Mitte des Kindesschutzes: das Kindeswohl

Die kindbezogenen Bestimmungen des Grundgesetzes sind um eine Mitte zentriert: das Kindeswohl. Obgleich nicht im Verfassungstext ausdrücklich benannt, markiert es unbestrittenermaßen die grundrechtsdogmatische Mitte, um die sich alle kindbezogenen Regelungen der Verfassung gruppieren, von der her sie ihren Grund und ihre Grenze beziehen und deren Verwirklichung sie zu dienen bestimmt sind.[22] Wenngleich sich nicht taxativ aufzählen lässt, was das Wohl des einzelnen Kindes ausmacht oder erheischt, und sich auch nicht wertungsfreiobjektiv angeben lässt, welche Maßnahmen und Mittel dem Kindeswohl dienlich sind, ist es doch keine mit beliebigem Inhalt ausfüllbare Leerformel, sondern vielmehr die Leitformel des Kindesschutzes.

Das Wohl des Kindes ist nichts Geringeres als die spezifische Adaption der in Art. 1 Abs. 1 GG verbürgten Menschenwürde angesichts der Sondersituation des Kindes, welches alters- und entwicklungsbedingt der Freiheits- und Persönlichkeitsentfaltungshilfe seitens anderer bedarf. Es ist der rechtliche Anknüpfungspunkt für den besonderen Anspruch auf Achtung, Schutz und Förderung des in wesentlichen Hinsichten selbstbestimmungsunfähigen Kindes in seiner Subjektstellung und Personalität, damit auch und gerade in den Entfaltungsbedingungen und -möglichkeiten seiner Persönlichkeit.[23]

---

22 Vgl. exemplarisch BVerfGE 75, S. 201, 218 f.; 108, S. 82, 101; 118, S. 45, 76. Dazu und zum Folgenden sei verwiesen auf Matthias Jestaedt, in: Rudolf Dolzer/Wolfgang Kahl/Christian Waldhoff/Karin Graßhof (Hrsg.), Bonner Kommentar zum Grundgesetz, Stand: 162. Aktualisierung Juli 2013, Art. 6 Abs. 2 und 3 (74. Aktualisierung Dezember 1995), Rn. 32-51 m. weit. Nachw.; vgl. ergänzend Dagmar Coester-Waltjen, in: Ingo von Münch/Philip Kunig (Hrsg.), Grundgesetz-Kommentar, Bd. 1, 6. Aufl. 2012, Art. 6, Rn. 81; Gerhard Robbers, in: Hermann von Mangoldt/Friedrich Klein/Christian Starck (Hrsg.), Kommentar zum Grundgesetz, Bd. 1, 6. Aufl. 2010, Art. 6 Abs. 2, Rn. 145-148.

23 Eingehender Jestaedt (Anm. 22), Art. 6 Abs. 2 und 3, Rn. 35 f.

2. Die Befugnis zur Konkretisierung des Kindeswohls

Eng mit diesem – konkretisierungsfähigen und konkretisierungsbedürftigen – Konzept von Kindeswohl im Zusammenhang steht die Frage, *wem* die Verfassung die Befugnis zur Bestimmung des Kindeswohls eines konkreten Kindes zuweist, wem also die Rechtsmacht verliehen ist, das Wohl des konkreten einzelnen Kindes verbindlich zu interpretieren und zu implementieren.

Diese Lebens- und Freiheitshilfe weist das Grundgesetz in Art. 6 Abs. 2 Satz 1 vorrangig den Eltern zu. Es begründet den sogenannten Elternvorrang oder auch Elternprimat in der Annahme, „dass in aller Regel Eltern das Wohl des Kindes mehr am Herzen liegt als irgendeiner anderen Person oder Institution",[24] und in der Erwartung, dass das Ziel der Persönlichkeitsentfaltung am ehesten innerhalb der harmonischen Gemeinschaft mit Mutter und Vater erreicht werden kann.[25] Dem Staat fällt insoweit – zunächst nur – die Rolle des Ausfallbürgen zu: Erweist sich die Annahme im Einzelfall als unrichtig oder wird die Erwartung *in concreto* nicht eingelöst, so hat der Staat in seiner Rolle als Wächter über das Kindeswohl nach Art. 6 Abs. 2 Satz 2 GG das Kind davor zu bewahren, dass dessen Entwicklung durch einen Missbrauch der elterlichen Rechte oder eine Vernachlässigung der elterlichen Pflichten Schaden nimmt.

Elternvorrang bedeutet, dass die Eltern „grundsätzlich frei von staatlichen Einflüssen und Eingriffen nach eigenen Vorstellungen entscheiden, wie sie die Erziehung ihres Kindes gestalten und damit ihrer Elternverantwortung gerecht werden wollen".[26] Die Entscheidungsfreiheit der Eltern endet erst dort, wo sie für ein Verhalten in Anspruch genommen wird, das selbst „bei weitester Anerkennung der Selbstverantwortlichkeit der Eltern"[27] nicht mehr als Pflege und Erziehung gewertet werden kann. Bis zur Grenze der Kindeswohlbeeinträchtigung – d.h. bis zur Grenze einer nachhaltigen Störung der Entwicklung des Kindes zu einer eigenverantwortlichen Persönlichkeit innerhalb der sozialen Gemeinschaft – obliegt es indes von Rechts wegen grundsätzlich allein den Eltern, zu bestimmen, welchen Erziehungs- und Pflegeeinflüssen ihr Kind ausgesetzt ist, welche seiner Begabungen und Fertigkeiten ausgebildet werden usw. Das BVerfG formuliert das so:

> „Das Wächteramt des Staates [...] berechtigt den Staat aber nicht, die Eltern zu einer bestimmten Art und Weise der Erziehung zu drängen. Das Grundgesetz überläßt die Entscheidung über das Leitbild der Erziehung den Eltern [...], die über die Art und

---

24 BVerfGE 59, S. 360, 376; 61, S. 358, 371. S. ergänzend BVerfGE 108, S. 82, 100, 103.

25 Dazu vgl. BVerfGE 56, S. 363, 384; 75, S. 201, 219; 79, S. 51, 63 f.

26 BVerfGE 59, S. 360, 376; 60, S. 79, 88; ähnlich BVerfGE 31, S. 194, 204 f.; 47, S. 46, 70; 56, S. 363, 381; 68, S. 256, 269.

27 BVerfGE 24, S. 119, 143.

> Weise der Betreuung des Kindes, seine Begegnungs- und Erlebnismöglichkeiten sowie den Inhalt seiner Ausbildung bestimmen. Diese primäre Entscheidungsverantwortlichkeit der Eltern beruht auf der Erwägung, daß die Interessen des Kindes in aller Regel am besten von den Eltern wahrgenommen werden […].“[28]

Bereits in einer früheren Entscheidung hatte das Gericht sehr eindringlich betont, dass dem Staat die Befugnis fehle, „gegen den Willen der Eltern für eine den Fähigkeiten des Kindes bestmögliche Förderung zu sorgen“.[29] Die Wächterrolle des Staates befugt – und verpflichtet – diesen lediglich zu einer rechtlichen Grenzkontrolle, die sich, pointiert formuliert, in einer Unvertretbarkeitskontrolle der Wahrnehmung der elterlichen Pflege- und Erziehungsverantwortung erschöpft. Das Kindeswohl fungiert hier für den Staat – um eine Begriffsprägung von Michael Coester aufzugreifen – als „negativer Standard“.[30]

Aber selbst für den Bereich der Schule, in dem dem Staat über Art. 7 Abs. 1 GG ein eigenständiges, also elternunabhängiges Erziehungsmandat zukommt, in dem der Staat folglich eigene Bildungs-, Erziehungs- und Integrationsziele gegebenenfalls auch gegen den Willen der Eltern festsetzen und verfolgen darf – hier also Kindeswohl als „positiver Standard“ –, untersagt das Grundgesetz – in der ebenso drastischen wie plastischen Formulierung des Förderstufen-Urteils aus dem Jahre 1972 – dem Staat jegliche „Bewirtschaftung des Begabungspotentials“.[31] Und es setzt, dies nochmals unterstreichend, hinzu: Mit der Zuweisung der primären Entscheidungszuständigkeit an die Eltern wird vom Grundgesetz „sogar die Möglichkeit in Kauf genommen, daß das Kind durch einen Entschluß der Eltern Nachteile erleidet, die im Rahmen einer nach objektiven Maßstäben betriebenen Begabtenauslese vielleicht vermieden werden könnten.“[32]

3. Die Versuchung des „positiven Standards“

Unvereinbar damit sind grundsätzlich alle Versuche von Seiten des Staates, das Kindeswohl im Sinne einer – nach welchen Maßstäben auch? – bestmöglichen Entfaltung des kindlichen Entwicklungspotentials umzudeuten oder aber auch

---

28 BVerfGE 99, S. 216, 232 m. weit. Nachw.

29 BVerfGE 60, S. 79, 84.

30 Vgl. Michael Coester, Das Kindeswohl als Rechtsbegriff. Die richterliche Entscheidung über die elterliche Sorge beim Zerfall der Familiengemeinschaft, 1983, S. 171 sowie 478 m. Fußn. 686.

31 BVerfGE 34, S. 165, 184.

32 BVerfGE 34, S. 165, 184. Näher Matthias Jestaedt, Schule und außerschulische Erziehung, in: Josef Isensee/Paul Kirchhof (Hrsg.), Handbuch des Staatsrechts der Bundesrepublik Deutschland, Bd. VII, 3. Aufl. 2009, § 156 Rn. 81-90.

im Sinne einer optimalen Adaption des Heranwachsenden an die Herausforderungen und Bedarfe der globalisierten Wissens- und Informationsgesellschaft oder, noch ungenierter, an die Bedürfnisse der Wirtschaftswelt wie des Arbeitsmarktes zu instrumentalisieren. Diese mehr oder minder direkten Ansätze einer „Bewirtschaftung des Begabungspotentials“ missachten die verfassungsgesetzlich verfügte Aufteilung der Kindeswohlverantwortung zwischen Staat und Eltern. Dabei sind die zuvor bereits genannten, das Gefährdungspotenzial der Einzelmaßnahme verstärkenden Summationseffekte – Stichwort: additiver Grundrechtseingriff[33] – besonders zu berücksichtigen, die einerseits von der schieren Vielzahl kindesschutzintendierender Maßnahmen, andererseits gerade von deren mangelnder Koordinierung ausgehen.

Der naheliegende Einwand, dass ein Mehr an Kindeswohl, dass ein anspruchsvolleres und engmaschigeres Konzept des Kindeswohls, welches sowohl auf die individuellen Begabungen und Fertigkeiten, Bedürfnisse und Erfahrungen des konkreten Kindes als auch die Erwartungen und Anforderungen der das Kind umgebenden Gesellschaft Bedacht nimmt, schlechterdings nicht dem Grundgesetz widersprechen könne, verkennt just die wohlbedachte Regelungsintention des Verfassungsgesetzgebers der Jahre 1948/49: Über alle sonstigen Meinungsunterschiede hinweg (deren es gerade in Bezug auf die Aufnahme und die Ausgestaltung des Elternrechts tiefgreifende gab), war man sich im Parlamentarischen Rat bei der Regelung des Staat-Eltern-Kind-Verhältnisses einig darüber, dass mit der Elternverantwortung nach Art. 6 Abs. 2 Satz 1 GG ein betont gegen die staatlich gelenkte Kollektiverziehung gerichtetes Konzept des Kindesschutzes verfolgt werden sollte.[34] Der Vorsitzende des Hauptausschusses des Parlamentarischen Rates, Hermann von Mangoldt, würdigte das vom Grundgesetz statuierte Elternrecht dahin, dass es „sich gegen die in der Zeit des Nationalsozialismus immer stärker geübte Praxis [wende], an die Stelle des erzieherischen Einflusses der Eltern die staatliche Gemeinschaftserziehung treten zu lassen“.[35] Dabei kam es dem Verfassungsgesetzgeber erkennbar nicht darauf an, lediglich einen staatlicherseits ausgeübten nationalsozialistischen Einfluss zu verhindern; auch eine wohlmeinende, patriarchalisch-überwölbende respektive pädagogisch-„umarmende“ oder sonstwie motivierte „Gemeinschaftserziehung“, die sich an die Stelle der elterlichen Bestimmungsmacht in Sachen Pflege und Erziehung der Kinder setzt, verfällt dem Verdikt der Verfassungswidrigkeit.

Noch einmal: Der Staat hat von Grundgesetzes wegen verbindliche Bestimmungsmacht über das Kindeswohl als „positiven Standard“ allein im Rahmen

33 Vgl. BVerfGE 112, S. 304, 319 f.; 114, S. 196, 247; 123, S. 186, 265 f.
34 Dazu Jestaedt (Anm. 22), Art. 6 Abs. 2 und 3, Rn. 31.
35 Hermann von Mangoldt, Das Bonner Grundgesetz, 1. Aufl. 1953, Art. 6, Anm. 3 (S. 72).

seines zeitlich, thematisch und in gewissem Sinne sogar räumlich begrenzten schulischen Erziehungsmandates – und unterliegt dort selbstredend den üblichen verfassungsstaatlichen Bindungen wie in Sonderheit der Verpflichtung auf religiös-weltanschauliche Neutralität. Jenseits der Schule und ihrer – immer bedeutsamer werdenden – Integrationsaufgabe kann der Staat ohne und sogar gegen den Willen der Eltern nur unter den Voraussetzungen seines Wächteramtes aktiv werden – am Maßstab des Kindeswohls als bloß „negativer Standard".

4. Das nachrangige Erziehungsmandat des Staates

Das heißt, um Missverständnissen vorzubeugen, freilich nicht, dass dem Staat – lässt man Wächteramt und schulisches Erziehungsmandat einmal beiseite – in Sachen Kindeswohl und Kindesschutz die Hände gebunden wären. Dies ist keineswegs der Fall. Denn den Staat trifft – über die beiden genannten Rechtstitel hinaus – ein allgemeiner Erziehungsauftrag zugunsten junger Menschen, wie er paradigmatisch in § 1 SGB VIII zum Ausdruck kommt. Auf ihn gründet sich denn auch die ganz überwiegende Zahl von Kinder- und Jugendhilfemaßnahmen, welche dem Leistungs- und Angebotsrecht – und nicht dem Eingriffs- und Sanktionsrecht (zulasten der Eltern) – zuzuordnen sind.[36] Die verfassungsrechtlichen Besonderheiten dieses allgemein-nachrangigen Erziehungsmandates des Staates bestehen

(1) erstens darin, dass es – anders als das staatliche Wächteramt – in seinem Bestand und in seiner Reichweite von der Elternverantwortung und damit auch von einer Verfehlung derselben unabhängig, also *originär* ist,
(2) zweitens darin, dass es – anders als das schulische Erziehungsmandat – thematisch keine Begrenzung, beispielsweise auf schulische Erziehung, kennt und daher grundsätzlich *flächendeckend* einschlägig ist,
(3) sowie schließlich drittens darin, dass es – anders als Wächteramt und schulisches Erziehungsmandat – dem Staat keinen Rechtstitel an die Hand gibt, seine Kindeswohlvorstellungen notfalls auch gegen den Willen der Eltern durchzusetzen. Der unbegrenzten thematischen Weite und Einschlägigkeit dieses Mandates korrespondiert die *fehlende Durchsetzungskraft* gegen den widerstrebenden Elternwillen.

---

36 Ausführlicher dazu MATTHIAS JESTAEDT, Das Kinder- und Jugendhilferecht und das Verfassungsrecht, in: Johannes Münder/Reinhard Wiesner (Hrsg.), Kinder- und Jugendhilferecht, 2. Aufl. 2011, 1.5, Rn. 17-20 m. weit. Nachw.; vgl. ergänzend DERS. (Anm. 22), Art. 6 Abs. 2 und 3, Rn. 42, 96, 170 und 308.

Ins Positive gewendet: Solange und soweit der Staat die Elternverantwortung, damit auch die elterliche Entscheidungsfreiheit in Sachen Pflege und Erziehung der Kinder wahrt, kann er, gestützt auf sein allgemein-nachrangiges Erziehungsmandat eigene Kindeswohlvorstellungen entwickeln und darauf abzielende Unterstützungsleistungen der Kinder- und Jugendhilfe den Eltern und – mit deren Einverständnis – den Kindern anbieten. Das Angebot darf indes, um diesen Aspekt noch einmal gesondert zu unterstreichen, nicht den Charakter einer faktischen, die elterliche Entscheidungsfreiheit unterlaufenden Überwältigung annehmen.

5. Elternrechtsdogmatische Multivalenz staatlicher Maßnahmen

So einfach und vergleichsweise klar die drei Mandate des Staates – das gefahrenabwehrrechtlich ausgerichtete Wächtermandat, das schulische Bildungs-, Erziehungs- und Integrationsmandat sowie schließlich das flächendeckend-nachrangige allgemeine Erziehungsmandat – analytisch voneinander abzuschichten sind und auseinandergehalten werden können, so wenig darf übersehen werden, dass die von uns betrachteten Phänomene nicht selten im Schnitt-, Grenz- oder Übergangsbereich der Mandate zueinander liegen, dass gesetzliche Maßnahmen des Kindesschutzes häufig im Sinne der drei Mandate multivalent sind und dass Maßnahmen auf der Basis unterschiedlicher Mandate absichtsvoll in einen gemeinsamen Wirkungszusammenhang eingebunden werden.

Besonders deutlich wird dies an, was ich nennen möchte, den „bedrängenden" oder auch „umarmenden", jedenfalls die elterliche Erziehung mehr oder minder sanft in eine bestimmte Richtung drängenden staatlichen Leistungen, namentlich der Kinder- und Jugendhilfe. Sie fußen nicht nur auf dem allgemein-nachrangigen, strikt am Elternvorrang auszurichtenden Erziehungsmandat des Staates, welches keinerlei Eingriffe in die Elternverantwortung rechtfertigt, sondern können auch als Vorfeld- oder Vorsorgeleistungen im Rahmen des extensiv verstandenen, Elternrechtseingriffe sehr wohl legitimierenden Wächteramtes begriffen werden. In dieselbe Richtung sind die – gewiss gutgemeinten – Ansätze einzuordnen, die den Eltern in mehr oder minder deutlicher Weise den pädagogischen Umgang mit Krisensituationen nicht nur vor Augen führen, sondern die Eltern selbst dazu anleiten. Obligatorische Teilnahmen an Mediationsversuchen und ähnlichem bewegen sich hart an der Grenze zum staatlichen Oktroi eines bestimmten Erziehungsstils. Im Kontext von Elterngeld, Bildungsgutscheinen und obligatorischen Integrationskursen können derlei staatliche Maßnahmen in Bezug auf die elterliche Bestimmung von Erziehungsinhalten und -methoden erheblichen Konformitätsdruck ausüben. Überdies sind hier, ihrer idealtypischen

Alternativität zum Trotze, Leistung und Eingriff nicht mehr ganz so einfach zu unterscheiden. Nicht zuletzt handelt es sich um dieselben Akteure, die beides in einem sind: Helfer und Richter. Diese Doppelrolle bereitet insbesondere der Kinder- und Jugendhilfe nicht nur in ihrem Selbstverständnis, sondern auch in ihrer Akzeptanz bei den Eltern nicht geringe Schwierigkeiten.

Lassen Sie mich hier kurz einen Gedanken zum Wächteramt, jenem auf die Abwehr von infolge elterlichen Unvermögens drohenden oder eingetretenen Kindeswohlgefährdungen abgestimmten staatlichen Krisenreaktionsmechanismus, einflechten. Eine wichtige Grundlage für ein derartiges effektives Krisenmanagement ist zweifelsohne ein „Frühwarnsystem" auf der Grundlage wirksamer Beobachtung und Informationsbeschaffung. In der Informationserlangung liegt ja nicht selten die Krux eines wirksamen Wächteramtes.[37] Doch so wichtig derartige vorausschauende Wacht staatlicher Kindesschutzinstitutionen auch sein mag, so wenig darf sie ausarten in eine flächendeckende und verdachtsunabhängige „mitlaufende" Erziehungskontrolle. Elterliche Kindeserziehung unter der Beobachtung des staatlichen Big Brother ist nicht das, was der Verfassunggeber sich vorgestellt hat. Das staatliche Wächteramt – akzessorisch und subsidiär zum Elternrecht konzipiert – droht unter den rechtlichen Paradigmata von grundrechtlicher Schutzpflicht und staatlicher Gewährleistungsverantwortung zu einem immer umfassenderen, sich gegebenenfalls auch aus der engen Ausrichtung am Elternrecht emanzipierenden Titel des Staates zum Kindesschutz zu mutieren. Der Gefahrerforschungseingriff auf wächteramtlicher Grundlage setzt indes, nicht anders als im Polizeirecht, aus dem er stammt, einen begründeten Verdacht voraus;[38] bloße Verdachtsermittlungseingriffe erscheinen danach in verfassungsrechtlichem Zwielicht. Mit anderen Worten: Ausgreifende generalisierende Informationsbeschaffungsregelungen zur Effektuierung des staatlichen Wächteramtes bewegen sich auf einem schmalen Grat und drohen in eine Verletzung der elterlichen Erziehungsverantwortung abzustürzen.[39] Überdies – aber das sei hier nurmehr als Stichwort genannt – stößt hier der (gewiss mehr als nur nachvollziehbare) Wunsch nach einem robusten präventiven Kindesschutz an die Grenzen des in einem freiheitlichen Staat durch Recht Regelbaren. Nicht zuletzt ist dabei nämlich zu bedenken, dass jede staatlich verfügte Intervention in das Eltern-Kind-Verhältnis ihrerseits leicht unbeabsichtigte, aber unvermeidbare Negativfolgen für dieses Verhältnis zeitigen *kann* – das intendierte Remedium

37 Dazu bereits Jestaedt, (Anm. 22), Art. 6 Abs. 2 und 3, Rn. 184 und 185 f.

38 Zum Polizeirecht: Friedrich Schoch, Polizei- und Ordnungsrecht, in: Eberhard Schmidt-Aßmann/Friedrich Schoch (Hrsg.), Besonderes Verwaltungsrecht, 14. Aufl. 2008, 2. Kap., Rn. 97 f. (S. 194 f.) m. weit. Nachw.

39 Vgl. ergänzend Jestaedt (Anm. 36), 1.5, Rn. 22-24.

also womöglich just zur Verschlimmerung des Defektes beiträgt und nicht zu dessen Behebung.

Einen letzten, bereits angeklungenen Aspekt möchte ich noch einmal aufgreifen, um Ihnen die rechtliche wie rechtsdogmatische Grauzone zu verdeutlichen, in der sich „elternerziehende" Kindesschutzregeln bewegen: Es geht um den Grundsatz der Erforderlichkeit als Bauelement des Verhältnismäßigkeitsgrundsatzes. Er erheischt, kurz zusammengefasst, dass unter den gleich wirksamen Mitteln jenes gewählt werde, welches am wenigsten eingreift, also das mildeste Mittel darstellt. So unmissverständlich die Verpflichtung auf das mildeste Mittel ist, so wenig eindeutig ist die Dogmatik des Erforderlichkeitsgrundsatzes, wenn es in Problemkonstellationen darum geht, was in welcher Weise in die „Berechnung" des eingriffsextensivsten Mittels einfließt. Ein konkretes Beispiel herausgegriffen: Vordergründig mag man sich leicht damit tun, die staatlicherseits festgesetzte Verpflichtung der Eltern zur Teilnahme an einer Mediation für das mildere Mittel zu halten im Vergleich zu „harten" Einschränkungen oder Beschneidungen der elterlichen Sorge. Doch ist dem wirklich stets so? Kann nicht die Einmischung in das Eltern-Kind-Verhältnis, das aufgezwungene Miteinander von – beispielsweise – Familiengericht, Eltern, Kind und Jugendamt einen gravierenderen, zudringlicheren Einbruch in das Eltern-Kind-Verhältnis und die elterliche Erziehungsautonomie bedeuten als der „äußerlich" bleibende und auf wenige Aspekte begrenzte Entzug elterlicher Rechtspositionen in Bezug auf die Kindeserziehung? Sind insoweit sonstige kindeswohlorientierte „Zudringlichkeiten" – im Sinne von Summationseffekten – mitzuberücksichtigen? Die Fragen sind nicht rhetorisch gemeint. Und ich halte sie für alles andere als geklärt. Das „erziehende Gesetz", welches stets in Gefahr steht, Züge des aus besten pädagogischen Absichten Zudringlichen, gegebenenfalls sogar Überwältigenden anzunehmen, erscheint auch in diesem Lichte als einer weiteren rechtswissenschaftlichen Ausleuchtung bedürftig.

VI. Versuch eines Fazits

An dieser Stelle breche ich meinen Werkstattbericht ab. Ich bin mir im Klaren darüber, dass mit den angestellten Überlegungen

(1) das Phänomen des „erziehenden Gesetzes" im Kindesschutzrecht noch keineswegs vollauf erfasst, vermessen und kartographiert sowie
(2) die rechtliche, besonders verfassungsrechtliche Aufarbeitung und Einhegung unseres Phänomens erst in Ansätzen gelungen ist. Die Gründe dafür habe ich zu skizzieren versucht. Es sind eben nur erste tastende Schritte auf unsicherem, schnell ins Diffuse sich verlierendem Terrain.

Unbeschadet dieser Vorbehalte lassen sich, so meine ich, grobe Umrisse erkennen, wie das „erziehende Gesetz“ im Kindesschutzrecht zu bewerten ist. Vielleicht übertreibe ich nicht allzu sehr, wenn ich im Blick auf das Kindesschutzrecht vom Menetekel des „erziehenden Gesetzes“ im freiheitlichen Verfassungsstaat spreche: Denn einerseits ist der Staat – auch und gerade in seiner Wächterfunktion – wie in fast keinem anderen Bereich darauf angewiesen, dass die Eltern im Großen und Ganzen kraft intrinsischer Motivation (wir mögen sie Einsicht oder Verantwortung, Zuwendung oder Liebe nennen) just im Binnenbereich der Familie kindeswohlförderlich handeln, ist dem Staat hier doch eine flächendeckend-mitlaufende Erziehungsaufsicht von Verfassungs wegen untersagt. Andererseits jedoch stößt die staatliche Förderung dieser intrinsischen Motivation, stößt also die staatliche Erziehung der Erziehungsberechtigten zu guten Eltern ebenfalls rasch an grundrechtliche Grenzen. Man mag hier vom Wagnis der Freiheit sprechen – im Blick auf das Wohl des Kindes wird die Ambivalenz dieses die *liberalitas* des Gemeinwesens ausmachenden Wagnisses mit Händen greifbar.

Diskussion zum Vortrag von Matthias Jestaedt

Leitung: EVA SCHUMANN

SCHUMANN:
Ich hätte auch einige Fragen, möchte aber nur eine kleine Anmerkung machen. Man könnte sich überlegen, ob die Stärkung der Erziehungskompetenz der Eltern bereits ein Erziehungsziel ist. Sie haben gesagt, die Erziehungsziele seien nicht ausdrücklich formuliert – aber die Formulierung „Stärkung der Erziehungskompetenz" findet sich in den Materialien immer wieder, z.B. auch beim richterlichen Erziehungsgespräch, das nun „Erörterungsgespräch" heißt, aber ursprünglich als „Erziehungsgespräch" bezeichnet wurde. Aber ich möchte jetzt erst einmal die Diskussion eröffnen. Herr Diederichsen bitte.

DIEDERICHSEN:
Herr Jestaedt, ich fand es besonders bedeutungsvoll, dass Sie darauf hingewiesen haben, dass im Grunde alle Normen, die Sie aus dem Verwaltungsrecht wie aus dem Familienrecht zitiert haben, sich gegen die Eltern richten. Deutet sich damit nicht an, dass die *Erziehung der Eltern* durch den Staat das eigentliche Problem ist? Ich will mich kurz fassen und hier nur auf Wertungsambivalenzen hinweisen, die bisher nicht so deutlich herausgekommen sind. Es handelt sich um ein rechtspolitisches Dilemma und um ein rechtsdogmatisches Dilemma.

Das erste Dilemma, das ich rechtspolitisch für äußerst bedenklich halte, ergibt sich daraus, dass wir in einer Gesellschaft leben, in der viele Eltern, auch solche des etablierten Bürgertums, das in sie gesetzte Vertrauen des Verfassungsgebers, ihre Kinder einigermaßen vernünftig zu erziehen, gar nicht rechtfertigen. Diese Eltern sind vielmehr der Sache gar nicht gewachsen. Ich nenne nur den Umgang mit den Nahrungsmitteln, die Überernährung der Kinder, deren gesundheitlich katastrophale Folgen überall sichtbar sind. Ebenso die Unfähigkeit, den Kindern einen vernünftigen Umgang mit dem Fernsehen und dem Computer beizubringen. Das rechtspolitische Dilemma entsteht daraus, dass der Gesetzgeber seine Restriktionen bei den Massenmedien und der Konsumgüterindustrie, bei den Eltern und Kindern wie schließlich bei anderen Beteiligten wie den Schulen ansetzen könnte, sich aber überall verfassungsrechtlichen oder ökonomischen Einwänden ausgesetzt sieht, die seine Lethargie zu legitimieren scheinen oder seine Initiativen auf Nebenschauplätze ablenken.

Im Familienrecht gibt es besonders viele Dilemmata. Das liegt vor allem an der Juridifizierung elementarer Lebensvorgänge, am unvermittelten Umschlagen erlaubter in unerlaubte Handlungsweisen, an der Überlagerung einfacher rechtsdogmatischer Begriffe durch aus der Luft gegriffene Rangordnungen und die ahistorische ideologische Verabsolutierung zeitgenössischer Gegebenheiten. Dass Eltern sich um ihre Kinder kümmern, ist von Staats wegen gewollt, nicht gewollt sind erstickende Betreuungshaltungen, Formen von *overprotection*, die in dem Kind jede Freiheit zur Entwicklung eigener Bestrebungen erlöschen lassen.

Als eine aus der Luft gegriffene Rangordnung lässt sich der vom Bundesverfassungsgericht postulierte Vorrang des Kindeswohls in allen sorgerechtlichen Angelegenheiten bezeichnen. Eine unbefangene Lektüre von Art. 6 GG müsste nämlich einräumen, dass darin das genaue Gegenteil steht und vielmehr die Eltern den Vorrang haben. Sie sollen im Prinzip die Erziehung eigenständig bestimmen. Vom Kindeswohl ist in der Vorschrift explizit überhaupt nicht die Rede.

Schließlich verderben unzulässige Ideologisierungen angebrachte Abwägungen. Wir haben gelernt, dass Prügel als Erziehungsstil eher nachteilig sind. Aber in früheren Zeiten, wo man in kinderreichen Familien gar keine Zeit für eine mit Erklärungen arbeitende Pädagogik hatte, galten sie als sinnvolles Erziehungsmittel. Man mag das als überholt und endgültig überwunden ansehen; aber bemerkenswert ist doch, dass inzwischen viele Menschen mit ihrem Gewaltpotential überhaupt nicht mehr umgehen können: Während nämlich die einen andere tottrampeln oder Babys, deren Geschrei sie nicht mehr aushalten, zu Tode schütteln bzw. aus dem Fenster werfen, wird einer Mutter, die ihrer Tochter eine Backpfeife verpasst, weil sie sich in einer kleinen Gesellschaft von Nachbarn ausgesprochen ungezogen benimmt, ein Strafverfahren angehängt, wo vielleicht ein ruhiges Wort einer Nachbarin spezial- und generalpräventiv völlig genügt hätte.

SCHUMANN:
Ich möchte noch eine Frage dazu nehmen, und zwar von Herrn Eichenhofer.

EICHENHOFER:
Ich wollte Sie mit einem auf den ersten Blick schockierend anmutenden Zitat von RADBRUCH konfrontieren. RADBRUCH hat ja das Reichsjugendwohlfahrtsgesetz als Minister betreut und in diesem Zusammenhang die Formulierung geprägt, das Jugendwohlfahrtsrecht belehre darüber, Familienerziehung sei „anvertraute Gemeinschaftserziehung“. Ich glaube, das, was Sie uns gesagt haben, bestätigt im Grunde genommen diese Feststellung. Ich meine, ob sie gut ist, ist eine andere Frage, aber in diesem Kontext muss man Jugendwohlfahrtsrecht sehen. Und das Interessante ist – und das haben Sie auch sehr schön deutlich gemacht –, dass es sich fortentwickelt hat von einem Recht der Intervention oder einem Recht, das den elternlosen Kindern die Erziehung gibt, auf die sie einen Anspruch haben, zu einem Universalauftrag. Also die Universalisierung

des Jugendhilferechts ist das Charakteristikum der letzten Jahre und das ist bemerkenswert. Man kann so etwas erklären, wenn man sich auf diese RADBRUCHsche Deutung stützt. Aber sie ist natürlich kontrovers.

SCHUMANN:
Herr Jestaedt, Sie können jetzt antworten.

JESTAEDT:
Ich versuche, mich kurz zu fassen. Das rechtspolitische Problem, das Sie, Herr Diederichsen, angesprochen haben, würde ich sofort unterschreiben. Gerade mit Blick auf das wichtigste Reaktionsmittel des Rechts, nämlich das Gesetz, würde ich die Problematik sogar noch zuschärfen wollen: Das Instrument des Gesetzes ist seiner Natur nach auf flächendeckende, allgemeine Wirkung angelegt. Seine Wirkungen sind nicht leicht auf Einzelfälle eingrenzbar. Normen, die prinzipiell gegen alle Eltern als staatliche Eingriffstitel wirken, provozieren aber just ein besonderes Problem im Kindesschutz. Es ist ungeheuer schwierig, Kindesschutzbestimmungen bereits tatbestandlich so zu fassen und einzugrenzen, dass sie als „intelligente Waffe", als „smart sanction" eingesetzt werden können, die ziel- und punktgenau ausschließlich die vorhandene Kindeswohlgefährdung abwehren. Der Grundsatz der Verhältnismäßigkeit sorgt dafür, dass eine insoweit überschießende, zu allgemein wirkende gesetzliche Regelung dem Verdikt der Verfassungswidrigkeit unterfällt. Wir erleben das rechtspolitische Problem auf einem im Vergleich zum Eingriff niedrigeren Level bei der politisch gleichwohl interessanten und brisanten Frage der Bildungsgutscheine. Soll den Eltern Geld zugewendet oder sollen doch lieber Bildungsgutscheine ausgereicht werden? Manche Eltern werden das Geld wunderbar für Erziehung und Pflege ihrer Kinder gebrauchen können, nicht wenige freilich werden es absehbar widmungswidrig einsetzen. Wie kann man angesichts dessen eine allgemeine gesetzliche Lösung finden? Eine einzige passende Lösung für sämtliche Konstellationen wird sich nicht finden lassen. In summa: Das rechtspolitische Problem besteht nicht nur sozusagen auf der phänomenologischen Seite, sondern auch auf der Seite der Reaktionsmittel.

Bei Ihrem zweiten Punkt, Herr Diederichsen, wäre ich geneigt zu widersprechen. Das Kindeswohl als solches trägt aus meiner Sicht nicht die Schuld an einer vermeintlich oder tatsächlich zu geringen Beachtung des Elternrechts. Wenn überhaupt, dann ist es dessen Einsatz respektive das Nichtverstehen, dass das Kindeswohl eben kein feststehender Begriff ist, der einfach nur zu subsumieren ist. Vielmehr setzt dessen Anwendung die Konkretisierung dessen voraus, was Kindeswohl für das einzelne Kind eigentlich bedeutet. Dabei macht sich die Eigenart von Art. 6 Abs. 2 S. 1 GG als verfassungsdogmatisches Sondergrundrecht geltend. Es markiert ein Herrschaftsrecht eines Grundrechtsträgers über einen anderen Grundrechtsträger. Dieses Herrschaftsrecht ist indes pflichtgebunden – in Art. 6 Abs. 2 S. 1 GG ist gleichermaßen von Recht und Pflicht der Eltern die Rede, die das Bundesverfassungsgericht treffend in dem Begriff der „Elternverantwortung" verkoppelt. Und diese Recht und Pflicht miteinander verbindende Elternverantwortung führt dazu, dass das Grundrecht der Eltern aus Art. 6 Abs. 2 S. 1 GG zwar ein Selbstbestimmungsrecht ist, aber eben nicht vollständig einem negativen Freiheitskonzept, also der Freiheit vom Staat, verpflichtet ist, sondern einen Zusatz hat, einen kleinen Zusatz eines positiven Freiheitsbegriffes: nämlich die Ausrichtung auf das Kindeswohl. Gegen das Kindeswohl dürfen die Eltern ihr Elternrecht nicht gebrauchen; es würde keinen Elternrechts-Gebrauch, sondern Elternrechts-Missbrauch darstellen. So weit dürften die Dinge von Verfassungs wegen unproblematisch und unstreitig sein. Von entscheidender Bedeutung ist – und hier herrscht weniger Klarheit – die „Kompetenzordnung" hinsichtlich der Kindeswohlbestimmung, das heißt die bereichsdifferenzierte Zuständigkeit zur autoritativen Kindeswohldefinition. Ich habe mich bemüht, zu zeigen, dass sich die Verteilung der Kompetenz zur Kindeswohlbestimmung wegen Art. 7 Abs. 1 GG in Bezug auf die Schule anders darstellt als bei der außerschulischen, häuslichen Erziehung und Pflege. In der Schule tritt dem elterlichen Erziehungsmandat ein verfassungsrechtlich gleichursprünglicher Erziehungsauftrag des Staates gegenüber. Im Kollisionsfalle ist zwischen beiden praktische Konkordanz herzustellen. Schon dies belegt, dass uns der von Ihnen gewiesene Weg, auf die Kategorie des Kindeswohls als maßgeblicher verfassungsrechtlicher Orientierung zu verzichten, nicht weiterbringen und schon gar nicht das Elternrecht stärken wird. Es liegt vielmehr an dem übergreifenden Konzept des Grundgesetzes, bereichs- und funktionsdifferenzierte staatliche Mandate in Sachen Kindesschutz vorzusehen, die in unterschiedlicher Weise imstande sind, die elterlichen Rechtspositionen einzuschränken. Neben den drei von mir angesprochenen Mandaten können Sie noch weitere aufzählen. Ich nenne nur das sogenannte Schlichtermandat des Staates: Hier tritt der Staat im Streit der Kindeseltern untereinander, etwa im Scheidungsfalle, als Schlichter auf, der mit den Mitteln des Familienrechts seine Schlichtungsrolle auch und insbesondere mit Rücksicht auf das Kindeswohl ausüben muss. Grundrechtsdogmatisch handelt es sich bei der Schlichtung des Streits der Eltern bezüglich der Kindeswohlbestimmung um das reguläre Kollisionsausgleichungs- oder Kollisionslösungsmandat – mit der Besonderheit, dass das Um-Willen beider Elternrechtspositionen das Wohl des identischen Kindes ist. Kurz und gut: Nicht der Verzicht auf die Kategorie des Kindeswohls scheint mir der richtige Weg zu sein, sondern das rechte Verständnis einerseits des Kindeswohls als positiver und als negativer Standard und andererseits der Verteilung der Definitionskompetenzen in Bezug auf das Wohl des betroffenen Kindes.

Zum Radbruch-Zitat, Herr Eichenhofer: Das entspricht vollauf dem Geist, in dem wenige Jahre zuvor auch die Weimarer Reichsverfassung formuliert worden ist. In Art. 120 WRV etwa hieß es: „Die Erziehung des Nachwuchses zur leiblichen, seelischen und gesellschaftlichen Tüchtigkeit ist oberste Pflicht und natürliches Recht der Eltern, über deren Betätigung die staatliche Gemeinschaft wacht." Nehmen Sie auch noch die Ehe- und Familien-, die Nichtehelichen- und die Jugendschutz-Bestimmungen der Weimarer Reichsverfassung (Art. 119, 121 und 122) hinzu, so haben Sie Vorschriften, die sich nicht mehr ohne Weiteres in den Horizont des Grundgesetzes fügen. Mit dem Grundgesetz, das versuchte ich deutlich zu machen, hat sich der Staat just gegen die Kollektiverziehung entschieden und gesagt: Es gibt nur einen Bereich, in dem der Staat – notfalls auch gegen den Willen der Eltern – kollektiv erziehen darf, und das ist die Schule. Hier kommt dem Staat neben seinem Pflege- und Erziehungsmandat auch ein – wie es scheint: immer bedeutender werdendes – Mandat zur gesellschaftlichen Integration zu. Nebenbei: Hier begegnet uns der Versuch – Frau Schumann hat das gestern angedeutet –, das schulische Erziehungsmandat extensiv auszubuchstabieren, sozusagen nach vorne zu verlagern: Mit der Begründung, Kinder schulfähig, also, wie es so instrumentell heißt, „beschulbar" zu machen, werden Eltern mit Migrationshintergrund verpflichtend angehalten, ihre Vorschulkinder in Deutschkurse zu schicken. Als Leistung der Kinder- und Jugendhilfe wäre diese Vorschulpflicht verfassungsrechtlich nicht flächendeckend zu legitimieren. Selbst im Einzelfall dürfte sich eine entsprechend mit dem Wächteramt abzuwehrende Kindeswohlgefährdung nur schwer nachweisen lassen. Rechtfertigen könnte, von Sonderfällen abgesehen, folglich allein das staatliche Schulmandat. Doch damit handelt sich der handlungswillige Bund Kompetenzprobleme ein: Könnte der Bundesgesetzgeber eine solche Maßnahme noch auf den – konkurrierenden – Kompetenztitel der „öffentlichen Fürsorge" nach Art. 74 Abs. 1 Nr. 7 GG stützen? Oder bewegten wir uns hier nicht im Bereich der ausschließlichen Länderzuständigkeiten?

Was die von Ihnen, Herr Eichenhofer, apostrophierte Universalisierung des Kinder- und Jugendhilferechts anbelangt, so möchte ich zu bedenken geben, ob sie nicht ebenso sehr wie mit dem Gedanken der anvertrauten Gemeinschaftserziehung mit einem sich ausbreitenden Verzweckungs- und Instrumentalisierungsdenken zu tun hat. Danach wird das Kindeswohl gefährdet, wenn das Kind am Ende nicht vollauf in unserer Gesellschaft funktioniert und deswegen nicht sämtliche gesellschaftliche Optionen wahrnehmen kann. In diesem Geiste ist ja auch das Urteil des Ersten Senats des Bundesverfassungsgerichts vom 9. Februar 2010 [BVerfGE 125, S. 175] formuliert, soweit es dort um das soziokulturelle Existenzminimum von Kindern geht. Wegen dessen angeblicher Verbürgung in Art. 1 Abs. 1 GG unabänderlich vorgegeben, hat der Gesetzgeber ein Bildungspaket auszugestalten, dessen Fehlen kindeswohlrelevant ist: Würde ihnen der Gesetzgeber den Zugang zu soziokulturellen Angeboten vorenthalten – im Klartext: würde er ihnen nicht die nötigen finanziellen und sonst erforderlichen Ressourcen zur Bildungsteilhabe verschaffen –, würde er kindeswohlgefährdend – in den allgemeinen Kategorien: menschenwürdewidrig – handeln. Diesem Denken liegt ein außerordentlich weit gefasstes Verständnis von Kindeswohl respektive Kindeswohlgefährdung zugrunde, welches eben nicht nur dem Kindes(wohl)schutz dient, sondern auch und gerade den staatlichen Interventionsmöglichkeiten in Sachen Kindesschutz zugute kommt. Das indes ist ambivalent.

SCHUMANN:
Ich darf jetzt um kurze Fragen bitten. Ich sehe Fragen von Herrn Huster, Herrn Wißmann und Herrn Alexy, die ich jetzt gerne zusammenfassen möchte.

HUSTER:
Ich habe drei kurze, etwas kritische Nachfragen. Erster Punkt: Hat Herr Diederichsen nicht Recht, dass, wenn man Art. 6 Abs. 2 S. 1 GG, das elterliche Erziehungsrecht, nur als dienende Freiheit bezogen auf das Kindeswohl begreift, dass man dann schon auf einer schiefen Ebene ist, wo man den Niedergang schwer stoppen kann. Ich meine, dann ist es für den Staat immer möglich zu sagen: Ich weiß aber besser, was das Kindeswohl ist. Und außerdem scheint mir das ehrlich gesagt auch eine Heuchelei zu sein. Eltern sind manchmal faul und dumm und bequem und verfolgen eigene Vorstellungen, die sind nicht immer nur auf das Kindeswohl bezogen. Und ich glaube auch, eine gewisse Faulheit und Bequemheit und Nachlässigkeit wollte Art. 6 Abs. 2 S. 1 GG wahrscheinlich auch schützen, und durch diese Interpretation hebeln Sie das ein Stück weit aus. Zweiter Punkt: Wenn ich mir überlege, wie skandalös die Entwicklung in Deutschland im Kinderschutzrecht ist, dann finde ich es naheliegend, einfach zu fragen: Wie verhält sich das denn in den anderen Ländern? Und da könnte man möglicherweise zum Ergebnis kommen, dass wir in Deutschland in diesem Bereich einfach jahrzehntelang viel zu wenig gemacht haben und dass uns das deshalb jetzt alles so exorbitant vorkommt, dass wir uns aber im Grunde nur auf einen Stand hinbewegen, den wir in vielen anderen Ländern in dem Bereich schon haben. Drittens eine Anmerkung: Einen Punkt, der nach meinem Eindruck für die gegenwärtige Diskussion, auch für den politischen Furor, der dahinter steckt, ganz bestimmend ist, haben Sie gar nicht genannt. Und das ist das Problem der sozialen Ungleichheit. Das ist doch das, was uns wirklich Sorgen macht: Dass wir einfach sehen, dass wir in unserer Gesellschaft, was die Erziehungskompetenz der Eltern und die Chancengleichheit der Heranwachsenden angeht, einfach erhebliche Unterschiede haben. Und das ist, glaube ich, ein wirkliches, auch

politisches Problem, also z.B. im Bereich der Gesundheit. Da merken Sie sofort: Selbst schon im Kindesalter haben Sie eine schichtenspezifisch ausgeprägte Gesundheit. Und dass die Erziehungs- und Gesundheitspolitik an der Stelle mit guten, legitimen Gründen in einem Sozialstaat versucht, hier für mehr Chancengleichheit zu sorgen, das scheint mir ein wichtiges Motiv zu sein.

SCHUMANN:
Herr Wißmann bitte.

WISSMANN:
Ja, vielen Dank. Ich stimme im Ausgangspunkt zu, dass das zentrale legitimatorische Problem die Erziehung der Eltern ist. Meine kritische Anfrage setzt beim skeptizistischen Begriff des Kinderschutzes in dem hier verwendeten Zusammenhang an. Liegen hier nicht doch verschiedene Dinge vor? Wir sind zu Recht sofort skeptisch, wenn uns staatliche Schutzkonzepte entgegentreten. Allerdings gilt es wohl doch, stärker nach Gegenständen und Einwirkungsarten zu unterscheiden, z.B. U1-U9 als Pflichtuntersuchung: Wie groß ist die Belastungswirkung hier für die, die sowieso hingehen, und wie gerechtfertigt ist nicht vielleicht die Belastung bei denen, die es nicht tun? Das ist aber, glaube ich, etwas ganz anderes als die Gestaltung von Lebenswelten durch Elternzeitangebote, Kitaplätze usw. Das kann man alles sehr kulturkritisch beschauen, da kann man verschiedener Meinung sein und ich würde in der Tat hier potentiell die Gefahr des paternalistischen Staates sehen. Vielleicht muss man dann aber doch in Anschlag bringen, dass die Zivilgesellschaft sich gegen solche freiwilligen Angebote ja auch wehren darf, sowohl individuell – ich muss das ja nicht machen – und zum anderen auch politisch. Man kann eine Partei gründen, die entsprechende Förderkonzepte ablehnt und andere Konzepte vertritt. Also, das wäre eine erste Frage. Und das zweite, auf das will ich nur ganz kurz hinweisen: Es gibt ja auch Gegenbewegungen gegen die obrigkeitliche Erziehung: Es gibt die stärkere Einbeziehung von Eltern in Kontexte, die früher dem Staat als Arkanum übertragen waren. Die Betroffenen dürfen heute in der Schule mitbestimmen. Die Ausrichtung in der Schule auf die Selbstentfaltung des Kindes wirkt sich in Unterrichtsprozeduren aus, in Erziehungszielen. Es ist also nicht einseitig so, dass der Staat immer paternalistischer wird und immer mehr exekutiert.

SCHUMANN:
Herr Alexy bitte.

ALEXY:
Ja, vielen Dank. Wenn man von der Idee des liberalen Staates ausgeht, dann weckt jede Vorstellung von Erziehung Erwachsener, des erziehenden Gesetzes adressiert an Erwachsene, den Verdacht der Erziehungsdiktatur. Die Erziehungs-

diktatur scheint jetzt eine Insel bekommen zu haben, auf der sie zulässig wird, nämlich das Kindeswohl als heiliges Gut unserer Gesellschaft. Und hier, glaube ich, ist das Kernproblem angesiedelt, nicht so sehr bei der Durchsetzung des Kindeswohls, sondern vor allem bei der Definitionskompetenz. Denn wenn wir einen umfassenden Begriff des Kindeswohls haben, dann schließt dieser Begriff einen Begriff des guten Lebens ein. Und wenn der Staat definieren darf, was das gute Leben ist, dann darf er definieren, was der – ich nehme mal dieses Wort – neue Mensch ist. Und das wird dann durchgesetzt. Deshalb meine ich, dass es eine dogmatische Aufgabe ist, den Begriff des Kindeswohls aufzuspalten in die minimalen Bedingungen, die der Staat durchsetzen darf, und in einen breiten umfassenden Begriff des Kindeswohls, der in der Kompetenz der Eltern liegt. Damit bekommt das Elterngrundrecht ein festes Fundament.

SCHUMANN:
Ich bitte um kurze Antworten auf alle Fragen. Wir haben noch zwei weitere Fragen.

JESTAEDT:
Gut, dann fange ich vom Ende her an. Herr Alexy, ich kann im Grundsatz nur zustimmen. Sie haben schöner gesagt, was ich mit unvollkommenen Worten auszudrücken versucht habe. In der Tat: Es kommt aus meiner Sicht auf die Definitionskompetenz an. Ich würde den Kindeswohlbegriff zerlegen. MICHAEL COESTER tut das, finde ich, ganz überzeugend mit den Kategorien des „negativen" und des „positiven Standards". ERNST-WOLFGANG BÖCKENFÖRDE geht in eine ähnliche Richtung, wenn er sagt: Soweit es um ein Besser oder Schlechter der Kindespflege und -erziehung geht, ist das (vorbehaltlich des schulischen Erziehungs- und Bildungsmandates) nicht Sache des Staates, sondern allein der Eltern. Erst jenseits dieses negativ ausgegrenzten Bereichs, das heißt bei einer nicht mehr vertretbarerweise als kindeswohlgerecht zu bezeichnenden Behandlung, darf (und muss) der Staat kraft seines Wächteramts zugreifen. Was unter allen Aspekten unvertretbar ist, heute würden wir z.B. die körperliche Züchtigung im Sinne ernsthafter Gewaltanwendung darunter rechnen, fällt auch gemessen am negativen Standard nicht mehr unter Kindeswohlorientierung, sondern stellt eine Kindeswohlgefährdung dar. Mit dem negativen Standard bezeichnen wir den Bereich dieser Minimalbedingungen. Unbeschadet dessen würde ich davor warnen, eine einfache binäre Logik zu verfechten und zu sagen: Für die Minimalbedingungen ist der Staat zuständig, für das Umfassende die Eltern. Was machen Sie mit der Schule? In der Schule ist der Staat für weit mehr da als bloß für die Minimalbedingungen. Da kann er Bedingungen des gelingenden sozialen Miteinanders, des guten Lebens sehr wohl verbindlich festsetzen und durch seine Pädagogen, durch die Lehrkräfte exekutieren. Das von Grundgesetzes wegen

vorgesehene Eltern-Staat-Verhältnis lässt sich nicht in dieser eindimensionalen Weise erfassen; dem Staat kommen, das habe ich versucht, ein wenig aufzuzeigen, unterschiedliche Rollen in Bezug auf das Kind und dessen Eltern zu.

Herr Huster, ich bin sonst kein Anhänger des Konzepts einer dienenden Freiheit. Umgekehrt würde ich mich jetzt auch nicht partout sträuben, Begriff und Kategorie der dienenden Freiheit mit Blick auf Art. 6 Abs. 2 GG zu verwenden. Ich würde festhalten: Art. 6 Abs. 2 S. 1 GG gewährt zwar ein Selbstbestimmungsrecht, aber dieses Recht ist nicht allein um der Selbstbestimmung der Eltern willen, sondern auch und zuvörderst um der Freiheitshilfe für das Kind willen gegeben. Wichtig scheint mir zu sein – das wäre in einem längeren Vortrag auszuführen gewesen –, dass das Kindeswohl im Zusammenhang zu sehen ist mit dem Elternwohl oder, wenn ich so formulieren darf, dem Familienwohl. Das Kindeswohl können Sie doch nicht unabhängig vom familiären Kontext sehen und bestimmen. Das Kind, auch das Einzelkind ist eingebunden in die Zwänge und die Möglichkeiten des familiären Umfelds. Daraus bezieht es seine Entwicklungschancen, seine Persönlichkeitsentfaltung. Von daher führt es auch nicht weiter zu sagen: Wenn wir die Eltern nur zu Bütteln des Kindeswohls machen, dann ist alles bestens. Denn von solchen Eltern hat niemand etwas.

Zu Ihrem zweiten Punkt, der Frage nach (dem Vergleich mit) anderen Ländern: Das mag alles richtig sein, bedarf aber aus meiner Sicht der Ergänzung. Wahrscheinlich haben wir im Grundgesetz die im Vergleich zu Verfassungen anderer Länder stärkste Elternrechtskonzeption. Die hohe Sensibilität gegen Kollektiverziehung hat indes ihre historischen Gründe. Die Entstehung des Grundgesetzes verdankt sich der Erfahrung mit und der Abwehr von Totalitarismen in beiden Richtungen, von ganz links und von ganz rechts, von der gerade abgelegten und der damals noch real existierenden Bedrohung. Von daher denke ich, ist es richtig, beides zu tun: Zum einen in andere Länder zu blicken, zum anderen jedoch auch unsere spezifischen Sensibilitäten zu achten.

Zum letzten Punkt, der sozialen Ungleichheit und der anzustrebenden Chancengleichheit: Da bin ich vollkommen bei Ihnen. Die maßgebliche Frage lautet freilich nicht: „Wollen wir Chancengleichheit herstellen?“, sondern vielmehr: „Mit welchen Mitteln kann dies in einem liberalen Staat vonstatten gehen? Wie weit kann eine Vorstellung des guten Lebens überhaupt verbindlich oktroyiert werden – oder darf es sich dabei bloß um ein unverbindliches Angebot handeln?“ Dass just jene Klientel, die wir im Visier haben und ansprechen wollen, sich häufig angebotsresistent verhält, ist ein weiteres, praktisch äußerst bedeutsames Problem. Und, um nur eine weitere Schwierigkeit staatlicher Intervention zu benennen: Beileibe nicht jede Angebotsverweigerung wird man unter Kindeswohlgefährdung subsumieren können.

Zu Herrn Wißmann: Ich will es kurz machen und damit natürlich der Sache nicht gerecht werden. Ich glaube, die Schwierigkeit liegt darin, dass das Unwohlsein nicht an eine einzelne Maßnahme, einen isolierbaren Eingriff anknüpft, sondern schwer dingfest zu machende Phänomene betrifft. Frau Schumann hat gestern auf eher schleichende, mehrdimensionale Prozesse hingewiesen; ich habe mich heute bemüht, meinen Part zur Beschreibung beizusteuern. Es sind die diffusen Wirkungen, die sich einstellen und am Ende die Eltern dem Jugendamt mehr oder minder ausliefern können. Deswegen wäre ich geneigt, nicht allein die Einzelphänomene in ihrer Isolierung zu würdigen, sondern gerade das Additive dieser Effekte zu sehen und darin ein Problem zu erkennen. Ich bin sehr vorsichtig gewesen, eine konkrete Maßnahme für verfassungswidrig zu erklären. Mir ist vollkommen klar, dass natürlich gesetzgeberisch eine Entscheidung getroffen werden kann, wie man sich eine soziale Umwelt vorstellt. Nur das Problem ist dann, mit Herrn Alexy gesprochen, die Liberalität, die dabei gewahrt werden muss.

SCHUMANN:
Jetzt habe ich noch Frau Scheiwe und Herrn Heun auf meiner Liste.

SCHEIWE:
Sie haben die drei Mandate unter Kindesschutzrecht und Kindeswohl zusammengefasst. Und das ist jetzt meine Frage: Ist das nicht eine Verkürzung? Und zwar einmal deswegen, weil das *eigene* Erziehungsrecht des Staates damit zu sehr als Kindesschutz gefasst wird, und andererseits, weil das Kind sozusagen nur als Teil der Familie und nicht als eigenes Subjekt mit eigenen Rechten gesehen wird. Das erziehende Gesetz *par excellence*, nämlich die Schulpflicht, verfolgt auch ganz andere Ziele als den Kindesschutz. Die Regulierung des Verhältnisses von Kirche und Staat im ganzen Erziehungsbereich kann man, historisch betrachtet, nicht nur mit dem Kindeswohl erklären. Wenn in einem Konflikt über die Teilnahme am Religionsunterricht zwischen Eltern und Kindern, wie z.B. seit dem Gesetz über religiöse Kindeserziehung, das Kind ab 14 Jahren selbst entscheiden kann, dann kann es auch nicht nur das Kindeswohl sein, das Motiv für dieses Recht ist, sondern auch andere Ziele, die eine Rolle spielen.

SCHUMANN:
Herr Heun bitte.

HEUN:
Zwei ganz kurze Fragen. Erstens: Sind wir eigentlich nicht auf der falschen Ebene, liegen die Probleme nicht auf der Anwendungsebene der Gesetze? Also ich habe nicht den Eindruck, dass in den Gesetzen in die eine oder in die andere Richtung verfassungswidrig vorgegangen wird, sondern wenn wir Probleme ha-

ben mit dem Versagen des Staates oder dem Übergreifen des Staates, dann liegen die auf der Anwendungsebene und nicht auf der gesetzlichen Ebene. Zweite Frage: Sie haben von der Doppelbegrifflichkeit gesprochen: Legaledukation, erziehendes Gesetz in dem Sinne des Symposions und zweitens Einwirkung auf die Erziehung der Eltern. Das eine ist gar nicht vorgekommen oder sehe ich das falsch? Also erziehend ist das Gesetz im Bereich des Kinderschutzgesetzes gar nicht. Oder wie sehen Sie das?

JESTAEDT:
Wahrscheinlich liegt dem, Frau Scheiwe, ein Missverständnis zugrunde. Ich habe das Kindeswohl herausgestellt, weil es *der* Interventionstitel, und zwar im Rahmen von Art. 6 Abs. 2 GG für den Staat der einzig mögliche Interventionstitel in das Elternrecht ist. Mir ging es nicht darum, zu behaupten, staatliche Maßnahmen dürften daneben nicht auch anderen Zwecken dienen als dem Kindeswohl.

SCHEIWE:
Aber das war mein Argument. Die Einführung der Schulpflicht oder auch das Verbot der Kinderarbeit können nicht nur mit dem Kindeswohl begründet werden.

JESTAEDT:
Die Schulpflicht wird über Art. 7 Abs. 1 GG legitimiert.

SCHEIWE:
Ja, aber wenn man historisch denkt und fragt, wie in das Elternrecht eingegriffen wurde – die Grenze des staatlichen Erziehungsrechts und auch des Verbots der Kinderarbeit, die wurden doch nicht nur mit dem Kindeswohl begründet.

JESTAEDT:
Meines Wissens reden Sie jetzt aber über eine Zeit, die vor 1949 liegt.

SCHEIWE:
Ja, das Gesetz über religiöse Kindererziehung ist z.B. von 1922.

JESTAEDT:
Über diese Zeit habe ich aber nicht gesprochen. Meine Ausführungen bezogen sich auf das Verfassungsrecht der Bundesrepublik Deutschland. Ich muss mich mit Rücksicht auf die uns zur Verfügung stehende Zeit leider kurz fassen. Heute markiert das Kindeswohl (jenseits des schulischen Erziehungs-, Bildungs- und Integrationsmandats) den einzig möglichen Titel, auf dessen Grundlage der Staat in das Elternrecht eingreifen darf – was, um mich zu wiederholen, nicht verhindert, dass der Staat damit auch andere rechts- und sozialpolitische Ziele verfolgt.

Liegen die heute diskutierten Probleme des Kindesschutzes nicht lediglich auf der Anwendungsebene, Herr Heun? Ich würde meinen, die Probleme liegen zu nicht unerheblichen Teilen auf der Anwendungsebene, aber eben nicht nur. Vieles stellt sich uns zwar nicht als ein vorab planmäßig konzipiertes Vorgehen dar, noch weniger hat man den Eindruck eines konsistent und konsequent verfolgten Gesamtplanes. Des Eindrucks des Unkoordinierten, des ad hoc Ersonnenen, des durch die Umstände Getriebenen kann man sich bei so mancher Kindesschutz-Maßnahme nicht erwehren. Doch unbeschadet dessen lassen sich doch maßnahmenübergreifende rechtspolitische Vorstellungen des Gesetzgebers identifizieren, die in dieselbe Richtung weisen und trendverstärkend wirken. Wir leben in einer Gesellschaft, in der zunehmend darauf geachtet wird, dass Menschen funktionieren, und das wird eben auch gesetzlich implementiert. Dass die stärkeren Wirkungen erst auf der Anwendungsebene eintreten, einverstanden. Was war Ihr zweiter Punkt? Den habe ich, bitte verzeihen Sie, vergessen.

HEUN:
Die Doppelbegrifflichkeit.

JESTAEDT:
Richtig. Von Doppelbegrifflichkeit habe ich gesprochen, weil es, erstens, um die Erziehungswirkungen des Gesetzes geht, und zwar, zweitens, in einem Bereich, in dem es thematisch sowieso um den Bereich der Erziehung des Kindes geht.

HEUN:
Ja, die Erziehung ist Gegenstand des Gesetzes, aber das Gesetz erzieht nicht.

JESTAEDT:
Darüber habe ich meinem eigenen Selbstverständnis nach aber die ganze Zeit gesprochen, nur über den zweiten Aspekt, jenen des (die erziehenden Eltern) erziehenden Gesetzes.

Grundfragen staatlicher Erziehungsambitionen

STEFAN HUSTER

I. Staatliche Erziehungsambitionen in der Diskussion

In der staatstheoretischen und sozialphilosophischen Diskussion wird – etwa in dem sogenannten BÖCKENFÖRDE-Paradox[1] – häufig betont, dass Staat und Recht in vielfältiger Weise auf entgegenkommende Überzeugungen und Lebensformen der Bürger[2] angewiesen seien. Diese Überzeugungen und Lebensformen sind gelegentlich sogar zu Staats- und Verfassungsvoraussetzungen oder -erwartungen erklärt worden, wobei nicht immer deutlich wird, ob diese Begriffe

1 ERNST-WOLFGANG BÖCKENFÖRDE, Die Entstehung des Staates als Vorgang der Säkularisation, in: ders., Recht, Staat, Freiheit, 2. Aufl. 1992, S. 92, 112.

2 Zum Begriff der „entgegenkommenden Lebensformen" vgl. JÜRGEN HABERMAS, Moralität und Sittlichkeit, in: Wolfgang Kuhlmann (Hrsg.), Moralität und Sittlichkeit, 1986, S. 16, 28.

verfassungstheoretische oder verfassungsrechtliche Bedeutung besitzen sollen.[3] Jedenfalls liegt auf der Grundlage dieser Prämisse der Schluss nahe, dass es dem Staat und dem staatlichen Recht auch ein Anliegen sein müsse, bestimmte Überzeugungen und Haltungen hervorzubringen, zu fördern und zu pflegen – und in diesem Sinne die Bürger gegebenenfalls auch zu „erziehen".

Gleichzeitig bestehen aber erhebliche Aversionen gegen staatliche Erziehungsambitionen. Diese kann man getrost zur Seite legen, soweit sie lediglich instrumentalisiert werden, um die eigenen Erziehungsvorstellungen durchzusetzen. Tatsächlich findet man dies auch und gerade in der verfassungsrechtlichen Literatur nicht selten: Kritisiert wird der Erziehungsgedanke als solcher, gemeint sind aber spezifische Erziehungsziele und -inhalte (etwa die Erziehung zur Kritikfähigkeit in der öffentlichen Schule). Dies wird immer dann offensichtlich, wenn von denselben Autoren an anderer Stelle eine staatliche Erziehung anderen Inhalts (etwa zu einer entschieden affirmativen Haltung zur bestehenden Rechts- und Gesellschaftsordnung) befürwortet oder sogar eingefordert wird.[4] Wendet man sich den ernsthafteren Einwänden zu, die grundlegende Konsistenzanforderungen erfüllen, so lassen sich diese anhand folgender Stichworte in zwei Gruppen unterteilen: Form und Inhalt.

Formbezogene Einwände gehen von der Prämisse aus, dass für den freiheitlichen Staat die Unterscheidung von äußerem Verhalten und inneren Motiven seiner Bürger konstitutiv ist: Will er nicht totalitär werden, so muss dem Staat der Zugriff auf die Gesinnungen der Bürger grundsätzlich verwehrt sein; er gibt sich damit zufrieden, dass die Verhaltensanweisungen des staatlichen Rechts befolgt werden – unabhängig davon, ob diesem regelkonformen Verhalten eine inhaltliche Akzeptanz der rechtlichen und politischen Entscheidungen oder lediglich die Absicht zugrunde liegt, die Reaktionen des staatlichen Sanktionsapparats zu vermeiden. Für dieses „Moment der Äußerlichkeit"[5] des Staates und des staatlichen Rechts wird gern die – allerdings auf einen spezifischen Zusammenhang zugeschnittene – Aussage des Bundesverfassungsgerichts herangezogen, der Staat habe „nicht die Aufgabe, seine Bürger zu ‚bessern'".[6] Diese in der kantischen

---

3 Zur Diskussion vgl. Christoph Möllers, Staat als Argument, 2000, S. 257 ff.; Stefan Huster, Die ethische Neutralität des Staates, 2002, S. 647 ff.

4 Zu Beispielen für diese inkonsistente und interessengeleitete Argumentation vgl. Huster (Anm. 3), S. 314 f. Fn. 270.

5 Ernst-Wolfgang Böckenförde, Der Staat als sittlicher Staat, 1978, S. 25.

6 Zu dem vollständigen Zitat, aus dem gleichzeitig der spezifische Kontext deutlich wird, vgl. BVerfGE 22, S. 180, 219 f.: „Der Staat hat aber nicht die Aufgabe, seine Bürger zu ‚bessern' und deshalb auch nicht das Recht, ihnen die Freiheit zu entziehen, nur um sie zu ‚bessern', ohne dass sie sich selbst oder andere gefährden, wenn sie in Freiheit blieben."

Tradition der Unterscheidung von Legalität und Moralität[7] stehende Auffassung bezieht sich umfassend auf das Verhältnis des einzelnen zum Staat und zur Rechtsordnung: Der „Grundrechtsstaat darf nur äußeres Verhalten erzwingen, nicht aber die Moralität seiner Rechtssubjekte.“[8] Nimmt man diese Auffassung beim Wort, so ist jede Form der staatlichen Erziehung schon deshalb bedenklich, weil Erziehung per definitionem die Anschauungen und die Persönlichkeitsstruktur des Educanden zu beeinflussen versucht.[9] Und wenn diese „inneren“ Gegenstände dem staatlichen Zugriff von vornherein und absolut entzogen sind, so kann es auch keine Rolle spielen, welche Erziehungsziele verfolgt und welche Inhalte vermittelt werden.

Nun wird diese Position in dieser Radikalität kaum vertreten, und sie wäre auch mit dem geltenden Recht kaum vereinbar: Denn sowohl das Grundgesetz als auch die Schulgesetze der Länder gehen jedenfalls für einen Lebensbereich ersichtlich von einer staatlichen Erziehungskompetenz aus: nämlich für die öffentliche Schule. Anerkennt man diese Kompetenz, so mögen sich immer noch formbezogene Unterscheidungen – etwa zwischen Erziehung und Indoktrination[10] – treffen lassen, aber die Diskussion verlagert sich dann auf einen inhaltlichen Gesichtspunkt: Welche Erziehungsziele darf der Staat verfolgen?

II. Die öffentliche Schule als Kernbereich der Erziehungsproblematik

1. Das Spannungsverhältnis von Neutralitätsgebot und Erziehungsauftrag

Unter diesem inhaltlichen Gesichtspunkt ergibt sich die grundlegende Herausforderung aus dem Gebot der staatlichen Neutralität:[11] Der freiheitliche Verfassungsstaat zeichnet sich dadurch aus, dass er es den Bürgern überlässt, wie sie ihr

---

7 Vgl. Immanuel Kant, Die Metaphysik der Sitten, in: ders., Werke in zehn Bänden, hrsg. von Wilhelm Weischedel, Bd. 7, 1983, S. 303 ff.

8 Philip Kunig, Rechtsfragen ethischer und religiöser Erziehung in der Schule, in: Gottfried Adam/Friedrich Schweitzer (Hrsg.), Ethisch erziehen in der Schule, 1996, S. 301, 303.

9 Auf diese Besonderheit der Erziehung gegenüber anderen staatlichen Maßnahmen weist auch Ekkehart Stein, Das Recht des Kindes auf Selbstentfaltung in der Schule. Verfassungsrechtliche Überlegungen zur freiheitlichen Ordnung des Schulwesens, 1967, S. 3 hin.

10 Vgl. näher dazu unten II. 4.

11 Zum Folgenden vgl. ausführlich Huster (Anm. 3), S. 272 ff.; ders., Staatliche Neutralität und schulische Erziehung. Einige Anmerkungen aus verfassungsrechtlicher und so-

Leben gestalten – worin sie also etwa ihren Lebenssinn finden, welche religiösen und weltanschaulichen Überzeugungen sie besitzen und in welchen Formen sie mit anderen Menschen zusammenleben. Gegenüber diesen Konzeptionen des guten Lebens – oder kürzer: Konzeptionen des Guten oder ethischen Einstellungen und Überzeugungen – verhält sich der Staat grundsätzlich neutral. Seine Regelungsbefugnis beschränkt sich in einer pluralistischen Gesellschaft, in der es unter den Bürgern permanent und auf begründete Weise umstritten ist, wie man leben soll, auf die gerechte Ordnung des Zusammenlebens. Nach dieser Unterscheidung der Fragen des Guten und des Gerechten darf der Staat nur insoweit tätig werden, als seine Maßnahmen auf Gründen beruhen, die unabhängig von einer partikularen ethischen Einstellung nachvollzogen werden können. Machte er sich dagegen eine der umstrittenen Überzeugungen zu eigen, so behandelte er nicht alle Bürger mit gleicher Achtung und gleichem Respekt; er wäre dann nicht mehr – wie es das Bundesverfassungsgericht geradezu anrührend formuliert hat – „Heimstatt aller Bürger".[12]

Dabei ist es für den Bereich der öffentlichen Schule eine besondere Herausforderung, den Gehalt des Neutralitätsgebots zu explizieren. Auf der einen Seite nimmt der Staat als Träger der öffentlichen Schule einen eigenständigen Erziehungsauftrag für sich in Anspruch, der in Art. 7 Abs. 1 GG eine – wenn auch nicht sehr deutliche – verfassungsrechtliche Verankerung findet.[13] Dementsprechend enthalten die Verfassungen und Schulgesetze der Bundesländer, die in schulrechtlichen Fragen zuständig sind, auch umfangreiche und gelegentlich recht ambitionierte Kataloge von Erziehungszielen. Diese reichen von politischen Tugenden im engeren Sinne („Erziehung zu freiheitlicher demokratischer Gesinnung") über sozialmoralische Vorgaben („Erziehung zu sittlicher Verantwortlichkeit") bis hin zu Leitlinien der Gestaltung des eigenen Lebens („Aufgeschlossenheit für alles Wahre, Gute und Schöne", aber auch „Ehrfurcht vor Gott"). In einer Offenheit, die aus anderen Rechtsbereichen nicht bekannt ist, maßt sich die öffentliche Gewalt somit an, in der Schule Einfluss auf die Persönlichkeitsentwicklung der Bürger zu nehmen. Insbesondere in dem Moment, in dem der Schule wieder zunehmend die Aufgabe einer „Werteerziehung" zugeschrieben wird, stellt sich die Frage, wie und mit welchem Ziel dies geschehen soll und darf. Die politischen und juristischen Debatten um bayerische Schulkreuze, sächsische und nordrhein-westfälische „Kopfnoten", brandenbur-

---

zialphilosophischer Sicht, Neue Sammlung. Vierteljahres-Zeitschrift für Erziehung und Gesellschaft 41 (2001), S. 399 ff.

12 BVerfGE 19, S. 206, 216.

13 Vgl. dazu zuletzt Matthias Jestaedt, Schule und außerschulische Erziehung, in: Josef Isensee/Paul Kirchhof (Hrsg.), Handbuch des Staatsrechts der Bundesrepublik Deutschland, Bd. 7, 3. Aufl. 2009, § 156, Rn. 38 ff.

gische Lebenskunde sowie den Religions- und Ethikunterricht in Berlin und Baden-Württemberg indizieren, dass die „Werteerziehung" wieder auf der Tagesordnung steht.

Der Bildungs- und Erziehungsauftrag der öffentlichen Schule findet seine sachliche Legitimation in der Persönlichkeitsentwicklung des Schülers, daneben aber auch in dem Bemühen, zur – wie es in der verfassungsrechtlichen Literatur reichlich unscharf, aber wohl kaum völlig unzutreffend häufig formuliert wird – Integration des Gemeinwesens beizutragen. Es ist daher nicht überraschend, dass die Schule in besonderer Weise von den „Grundwerte"-Diskussionen erfasst wird, die in regelmäßigen Abständen das Land überziehen.[14] Auf der anderen Seite läuft aber gerade eine öffentliche Pflichtschule, die entschiedene Erziehungsambitionen hegt, immer Gefahr, mit den verfassungsrechtlich garantierten Grundrechten der Schüler und ihrer Eltern zu kollidieren, sich nicht staatlicherseits vorschreiben lassen zu müssen, welche Überzeugungen, Lebensformen und – dieser äußerst unglückliche Begriff lässt sich nur schwer vermeiden – „Werte" vorzugswürdig sind; zumal in einer pluralistischen oder gar multikulturellen Gesellschaft insoweit durchaus unterschiedliche Vorstellungen bestehen werden. Das Dilemma besteht also darin, dass die öffentliche Schule einerseits einen Erziehungsauftrag besitzt, der zudem zunehmend betont wird, andererseits aber als staatliche Einrichtung mit Pflichtcharakter nicht die grundrechtliche Freiheit der Bürger einschränken darf, selbst über die Gestaltung ihres Lebens zu entscheiden. Anders formuliert: Wie ist eine schulische Erziehung möglich, die das verfassungsrechtliche Neutralitätsgebot beachtet?

2. Recht und Pädagogik

Das beschriebene Dilemma ist hier als ein Problem des Rechts, insbesondere des Verfassungsrechts formuliert worden. Darin liegt bereits eine gewisse Abstraktion, denn in der schulischen Lebenswelt handelt es sich natürlich zuallererst um ein Thema der praktischen Erziehung und ihrer Wissenschaft, der Pädagogik. Dies könnte zu der Ansicht verleiten, dass das Recht und die Juristen hier gar nichts zu suchen haben: Bildungs- und Erziehungsprozesse folgen einer eigenen Logik, die von Rechtsnormen im besten Fall unberührt bleibt, im schlimmsten Fall zerstört wird.

Die berechtigten Hinweise auf die Grenzen der Verrechtlichung dieses Lebensbereichs können aber nicht darüber hinwegtäuschen, dass man das Recht insoweit nicht völlig außen vor lassen kann. Die Ausgestaltung der schulischen

14 Bereits ein *Locus classicus* der Vorgängerdebatte: GÜNTER GORSCHENEK (Hrsg.), Grundwerte in Staat und Gesellschaft, 1977.

Bildung und Erziehung stellt für das Selbstverständnis eines Gemeinwesens ein zentrales Thema dar, das auch politisch in dieser Weise wahrgenommen wird. Es kann daher nicht einer „pädagogischen Autonomie" der Schule und der Lehrer überlassen werden, sondern muss zumindest in seinen Grundsätzen – wie die Verfassungsrechtsprechung zu Recht betont hat – durch den Gesetzgeber geregelt werden.[15] Bei allen Problemen, die damit aus pädagogischer Sicht verbunden sein mögen, ist es ein enormer rechtsstaatlicher Fortschritt, dass die Schule nicht mehr als ein rechtsfreier Raum betrachtet wird. Gleichzeitig muss der Lebenssachverhalt „Schule" nicht nur rechtlich geformt werden, sondern dieses Schulrecht unterliegt seinerseits wiederum verfassungsrechtlichen Grenzen: Auch und gerade im grundrechtssensiblen Bereich der schulischen Einwirkung auf die Persönlichkeitsentwicklung muss sich das staatliche Handeln an den verfassungsrechtlichen Vorgaben messen lassen.

Dies heißt nicht, dass jedes schulische Detail rechtlich geregelt werden muss; nicht jede Curricularnorm ist verfassungsrechtlich geboten. Auch ist es selbstverständlich möglich zu berücksichtigen, dass die Schule keine typische Verwaltungsbehörde darstellt, sondern hier Bildungs- und Erziehungsprozesse stattfinden, die ihren Eigensinn besitzen. Aber dies sind Argumente, die sich innerhalb des Rechtssystems zur Geltung bringen müssen, um schulische Freiräume zu begründen; sie rechtfertigen keinen Totalvorbehalt gegenüber gesetzlichen Vorgaben und rechtlicher Kontrolle.

3. Das Gleichordnungs- und Abwägungsmodell der Verfassungsrechtsprechung

Auch die erzieherische Einwirkung in der Schule unterliegt demnach der verfassungsrechtlichen Kontrolle. Das Bundesverfassungsgericht hat diese Einsicht umgesetzt, indem es gegen den schulischen Erziehungsauftrag (Art. 7 Abs. 1 GG) die Grundrechte der Schüler und vor allem das elterliche Erziehungsrecht (Art. 6 Abs. 2 GG) in Stellung gebracht hat. Damit ist zunächst geklärt, dass die Grundrechte nicht vor der Schultüre enden: Die Eltern können sich grundsätzlich unter Berufung auf ihr Erziehungsrecht gegen die schulische Erziehung wenden. Schulischer Erziehungsauftrag und elterliches Erziehungsrecht seien nicht strikt separiert, sondern in der Schule „gleichgeordnet". Aus dieser Gleichordnung folge, dass Eltern und Schule eine „gemeinsame Erziehungsaufgabe" besitzen, die in einem „sinnvoll aufeinander bezogenen Zusammenwirken" zu erfüllen sei. Ausschlaggebend für diese Position des Verfassungsgerichts ist – neben entstehungsgeschichtlichen und verfassungssystematischen Argu-

15 Zum Gesetzesvorbehalt im Schulrecht vgl. grundlegend BVerfGE 47, S. 46 ff.

menten – die Annahme, dass sich elterliche und schulische Erziehung auf die „Bildung der *einen* Persönlichkeit des Kindes" beziehen und sich daher „nicht in einzelne Komponenten zerlegen" lassen.[16]

Allerdings stellt sich dann die Frage, wie die Erziehungskompetenzen in der öffentlichen Schule abzugrenzen sind, umso schärfer. Die Rechtsprechung antwortet darauf mit einer Reihe von Differenzierungen und Ausgleichsvorgaben. Zunächst liege die Verantwortung für den „Gesamtplan" der Erziehung bei den Eltern. Für die öffentliche Schule folge daraus ein Gebot der Zurückhaltung: Sie dürfe sich „nicht anmaßen [...], die Kinder in allem und jedem zu unterrichten", und müsse „für die Vielfalt der Anschauungen in Erziehungsfragen soweit offen sein, als es sich mit einem geordneten staatlichen Schulsystem verträgt." Ferner liegt der Rechtsprechung eine Unterscheidung verschiedener Erziehungsbereiche zugrunde. So komme z.B. der Sexualerziehung „grundsätzlich eine größere Affinität zum elterlichen Bereich als zum schulischen Sektor" zu. Gleiches gilt in der Sache auch für die religiös-weltanschauliche Erziehung. Demnach müssten aber auch andere Bildungs- und Erziehungsinhalte denkbar sein, die eher in den schulischen Bereich fallen. Dies soll – wohl weithin unabhängig von ihrem Inhalt – für die „bloße Wissensvermittlung" gelten, die „typischerweise" Aufgabe der insoweit auch besser als das Elternhaus geeigneten Schule sei.

Diese Abgrenzungsversuche vermögen einen Konflikt von schulischen und elterlichen Erziehungsvorstellungen aber nicht von vornherein auszuschließen, weil sie beide Erziehungssphären gerade nicht trennscharf voneinander scheiden. Es sind daher schließlich Abwägungs- und Kompromissregeln erforderlich, die ein „sinnvoll aufeinander bezogenes Zusammenwirken" ermöglichen. Dazu gehören – insbesondere in den Erziehungsfragen, die primär dem häuslichen Bereich angehören sollen – Informationsansprüche der Eltern, damit die Erziehung in „größtmöglicher Abstimmung zwischen Eltern und Schule geplant und durchgeführt werden" kann und die Eltern in der Lage sind, „das ihnen nach dem Grundgesetz vorrangig zustehende individuelle Erziehungsrecht zur Geltung zu bringen." Auch das Gebot, in sensiblen Bereichen die „gebotene Zurückhaltung und Toleranz" in der schulischen Erziehung zu beachten und den Versuch einer „Indoktrinierung der Schüler" zu unterlassen, gehört zu diesen Konkordanzformeln.

---

16 Vgl. dazu und zum folgenden Text insbesondere die Entscheidung BVerfGE 47, S. 46 ff. zum Sexualkundeunterricht. Vgl. ferner JESTAEDT (Anm. 13), § 156, Rn. 83 ff.; HANS-ULRICH EVERS, Die Befugnis des Staates zur Festlegung von Erziehungszielen in der pluralistischen Gesellschaft, 1979; und die Beiträge von MICHAEL BOTHE und ARMIN DITTMANN, Erziehungsauftrag und Erziehungsmaßstab der Schule im freiheitlichen Verfassungsstaat, Veröffentlichungen der Vereinigung der Deutschen Staatsrechtslehrer 54 (1995), S. 7 ff. und S. 47 ff.

4. Probleme des Modells

Diese Theorie der Gleichordnung von staatlichem und elterlichem Erziehungsauftrag in der öffentlichen Schule ist nicht nur deshalb problematisch, weil sie unweigerlich Koordinierungs- und Abwägungsgebote mit sich bringt, die weder der Schule noch den Eltern mit hinreichender Deutlichkeit Maßstäbe an die Hand geben, welche Erziehung in der Schule geboten und zulässig ist. Darüber hinaus führt sie – zumindest in der Fassung, die sie in der Rechtsprechung des Bundesverfassungsgerichts gewonnen hat – zu einer Bestimmung des Verhältnisses der konkurrierenden Erziehungsbefugnisse, die schwerlich überzeugen kann.

Wenn man davon ausgeht, dass sich elterliche und schulische Erziehungsbemühungen auf die „Bildung der *einen* Persönlichkeit des Kindes" beziehen und sich die Erziehung daher „nicht in einzelne Komponenten zerlegen" lässt, so ist es konsequent, jede Form der erzieherischen Einwirkung in der öffentlichen Schule zumindest dann als Eingriff in das Elternrecht zu qualifizieren, wenn diese Einwirkung den elterlichen Vorstellungen widerspricht. Eine den elterlichen Vorstellungen widersprechende schulische Erziehung wäre damit nicht schlechthin unzulässig; wohl aber müsste die Schule auf die Vorstellungen der Eltern – insbesondere auf ihren „Gesamterziehungsplan" – jeweils Rücksicht nehmen und ihre eigenen Ambitionen mit den elterlichen Vorstellungen abwägen. Diese Konstruktion führt nicht notwendigerweise zu unplausiblen Ergebnissen; aus dieser Abwägung mag sich nämlich im Einzelfall ergeben, dass die elterlichen Vorstellungen vollständig zurücktreten müssen. Der sachlichen Problematik unangemessen ist aber der dogmatische Grundansatz:[17] Dass die elterlichen Erziehungsvorstellungen grundsätzlich immer in Rechnung zu stellen sind, verträgt sich nur schwer mit der weithin geteilten Ansicht, dass in der öffentlichen Schule bestimmte Inhalte und auch normative Vorgaben ganz unabhängig davon vermittelt werden dürfen, ob sie mit den Vorstellungen der betroffenen Eltern übereinstimmen. Ob und in welchem Umfang den Schülern unverzichtbare Kenntnisse und Fähigkeiten und grundlegende normative Orientierungen in der Schule nahe gebracht werden, kann und darf nicht davon abhängen, dass die Eltern dagegen keine Einwände erheben. Wenn sich die Eltern beispielsweise mit der Begründung gegen den allgemeinen Geschichtsunterricht wenden, dass hier auch eine Beschäftigung mit der Gedankenwelt und den Institutionen des Christentums stattfinde, die sie ablehnen, so ist dieser Einwand unbeachtlich; keineswegs ist die Schule deshalb verpflichtet, die jeweiligen Schüler vom Geschichtsunterricht zu befreien oder diesen Unterricht zu modifizieren oder

17 Vgl. dazu auch den Diskussionsbeitrag von Stefan Huster, Veröffentlichungen der Vereinigung der Deutschen Staatsrechtslehrer 65 (2006), S. 497 zu Michael Germann, a.a.O., S. 491 f.

gar zu unterlassen. Auch religiös-weltanschauliche Vorbehalte gegen die Evolutionstheorie zwingen die Schule keineswegs dazu, deren Vermittlung zu unterlassen oder ergänzend auch den „Kreationismus“ oder ähnlichen Aberglauben („Intelligent Design“ u.ä.) darzustellen. Dass dabei keine Abwägung stattfindet, ist schon daran ersichtlich, dass dieses Ergebnis unabhängig davon ist, wie viele Eltern diesen Einwand erheben und in welchem Maße ihre Erziehungsvorstellungen – und möglicherweise sogar ihr „Gesamterziehungsplan“ – durch den Geschichts- oder Biologieunterricht „unterlaufen“ werden. Gleiches gilt für die Vermittlung zentraler politischer Prämissen unseres Gemeinwesens: Dass in der Schule zur Achtung der Menschenwürde, zur Toleranz und zur Unterstützung von Demokratie und Rechtsstaatlichkeit erzogen werden darf, bleibt auch dann richtig, wenn viele Eltern diesen Vorgaben gleichgültig oder ablehnend gegenüberstehen. Fasst man diesen Einwand zusammen, so könnte man sagen, dass das Elternrecht zu weit – und der staatliche Erziehungsauftrag entsprechend zu eng – gefasst ist, wenn alle Erziehungsziele der öffentlichen Schule unter den Vorbehalt gestellt werden, dass sie mit den jeweiligen Erziehungsvorstellungen der Eltern übereinstimmen.

Eine andere Figur, die bei der Bestimmung der Grenzen des staatlichen Erziehungsauftrags eine weite Verbreitung gefunden hat und auch in der Rechtsprechung des Bundesverfassungsgerichts herangezogen wird, ist das Verbot der Indoktrination. Dieses Verbot zielt – zumindest auf den ersten Blick – eher auf die Art und Weise als auf die inhaltliche Tendenz der schulischen Erziehungstätigkeit ab. Seinen Zusammenhang mit dem Elternrecht könnte man in folgender Weise rekonstruieren: Wenn die Schule auf die Erziehungsvorstellungen der Eltern Rücksicht nehmen muss, so ist es nicht zulässig, bestimmte Erkenntnisse und Normen, die die Eltern nicht teilen, den Schülern in einer Form zu vermitteln, die gegenläufige Bildungs- und Erziehungsbemühungen der Eltern leerlaufen lässt. Das Indoktrinationsverbot scheint also eine „zu intensive“ Einwirkung auf die Schüler zu untersagen; und wenn das dadurch geschützte elterliche Erziehungsrecht in der Schule umfassend zur Geltung kommt, ist es nur konsequent, dass auch das Indoktrinationsverbot die öffentliche Schule durchgängig verpflichtet. Fragt man allerdings genauer, was der Begriff der Indoktrination bedeutet, so wird die Lage unübersichtlich. Das Bundesverfassungsgericht hat in der Sexualkunde-Entscheidung formuliert, die Schule müsse „den Versuch einer Indoktrinierung der Schüler mit dem Ziel unterlassen, ein bestimmtes Sexualverhalten zu befürworten oder abzulehnen.“[18] Diese Formulierung kann auf der einen Seite lediglich bedeuten: Es kommt der Schule nicht zu, sich in der Frage des richtigen Sexualverhaltens eine bestimmte Position zu eigen zu

18 BVerfGE 47, S. 46, 77.

machen und die Schüler zugunsten dieser Position – und zu Ungunsten anderer Ansichten – zu beeinflussen. Tatsächlich lässt sich das Indoktrinationsverbot oft als ein derartiges Verbot der einseitigen Beeinflussung reformulieren. Ein derartiges Beeinflussungsverbot mag in vielen Fällen sinnvoll sein, es kann für die Erziehung in der öffentlichen Schule aber keine umfassende Geltung beanspruchen: Denn zumindest in einigen Erziehungsbereichen ist die Schule sehr wohl berechtigt, bestimmte Normen und Verhaltensweisen als vorzugswürdig darzustellen und zu vermitteln, also mit dem Ziel auf die Schüler einzuwirken, „ein bestimmtes Verhalten zu befürworten oder abzulehnen". Wenn die Schule einen Erziehungsauftrag besitzt und Erziehung darin besteht, auf der Grundlage von Persönlichkeitsidealen als Erziehungszielen auf die Entwicklung der Kinder und Heranwachsenden – wie moderat auch immer – Einfluss zu nehmen, so ist auch die schulische Erziehung – weil an bestimmten Zielen orientiert, die andere Ziele ausschließen – notwendigerweise einseitig und stellt daher eine Form der Indoktrination in diesem schwachen Sinne dar. Auf der anderen Seite gibt es Formen der suggestiven Beeinflussung, die dem Adressaten keinen eigenen Reflexions- und Entscheidungsspielraum belassen und die deshalb häufig als Indoktrination bezeichnet werden. Hierzu zählen die Methoden der „Umerziehung" – bis hin zur Gehirnwäsche –, die aus totalitären Staaten bekannt sind; in weniger extremen – und für die schulische Erziehung gewiss einschlägigeren – Fällen mag damit allgemein die aggressive, missionarische, kämpferische, eben „zu intensive" Einwirkung auf die Schüler gemeint sein. Auch dieser engere Begriff der Indoktrination hilft aber aus zwei Gründen nicht weiter. Zum einen ist es dem freiheitlichen Rechtsstaat in der öffentlichen Schule – und nicht nur dort – zweifellos untersagt, seine Bürger in diesem Sinne zu überwältigen und an der Gewinnung eines eigenen Urteils zu hindern. Nur ergibt sich dieses Verbot schon aus dem Persönlichkeitsrecht des betroffenen Schülers; mit dem Schutz des elterlichen Erziehungsrechts hat es nur mittelbar zu tun. Zum anderen reicht ein in diesem Sinne verstandenes Indoktrinationsverbot nicht aus: Es erlaubt nämlich eine schulische Erziehung, die den Schüler zwar nicht überwältigt – so dass man nicht von Indoktrination in diesem Sinne sprechen kann –, aber doch dezidiert mit einer bestimmten Tendenz beeinflusst. Dies kann nun nicht in allen Bereichen der Schulerziehung zulässig sein: Eine Schule, die gegen den Willen der Eltern für oder gegen eine bestimmte Religion oder eine bestimmte parteipolitische Anschauung erzieht, wird nicht dadurch verfassungsmäßig, dass sie auf Methoden verzichtet, die eine eigene Urteilsbildung schlechthin verhindern. Reduziert man das elterliche Erziehungsrecht auf ein derartiges Indoktrinationsverbot, so ist es zu schwach: Denn in bestimmten Fragen müssen es sich die Eltern überhaupt nicht gefallen lassen, dass die Schule auf ihre Kinder mit einer bestimmten Tendenz einwirkt.[19] In diesem Sinne kann das Verbot der Indoktrination das Neutralitätsprinzip weder konkretisieren noch ersetzen, sondern nur eine zusätzliche Schranke staatlichen Handelns darstellen. Die dargestellten Unklarheiten sind dem Begriff der Indoktrination aufgrund seines normativen und rhetorischen Gehalts immanent: Indoktrination ist etwas Schlechtes, und so bezeichnet man genau diejenige Erziehung als Indoktrination, deren inhaltliche Ausrichtung man ablehnt. In pädagogischer Hinsicht mag man über den Begriff der Indoktrination und seinen Unterschied zum Erziehungsbegriff lange streiten – in der verfassungsrechtlichen Diskussion trägt er nicht sonderlich viel zur Problembewältigung bei.[20]

Die bisherige Diskussion legt das Fazit nahe, dass das Modell der Gleichordnung von staatlichem Erziehungsauftrag und elterlichem Erziehungsrecht in der öffentlichen Schule mit prinzipiellen Schwächen behaftet ist: Entweder das Elternrecht geht zu weit, weil es sich auch gegen obligatorische Erziehungsaktivitäten der Schule wenden kann, oder das Elternrecht wird auf ein unspezifisches Indoktrinationsverbot verengt, das gegen eine in der Form moderate, aber trotzdem ersichtlich einseitige Beeinflussung auf politischem und religiös-weltanschaulichem Gebiet keinen Schutz bietet. Dieses Dilemma findet seinen Grund in der Vernachlässigung der inhaltlichen Dimension des staatlichen Erziehungsauftrags: Letztlich muss es für die Schutzwirkung des Elternrechts – und für die verfassungsrechtliche Beurteilung insgesamt – ausschlaggebend sein, wie und wozu die staatliche Schule erziehen darf. Das Gleichordnungsmodell gibt auf diese Frage schon deshalb keine Antwort, weil die Wirkungsrichtung des Elternrechts in diesem Modell davon abhängt, welche Erziehungsziele der einzelne Grundrechtsträger befürwortet oder ablehnt. Angesichts der Pluralität der elterlichen Erziehungsvorstellungen kann sich daraus aber keine nähere Bestimmung des staatlichen Erziehungsauftrags ergeben. Wenn das Gleichordnungsmodell im Einzelfall zu vernünftigen Ergebnissen führen mag, so liegt das nicht daran, dass es der sachlichen Problematik angemessen ist, sondern ist darauf zurückzuführen, dass es aufgrund seiner Vagheit und Unbestimmtheit weithin ergebnisoffen ist.

5. Das Abschichtungsmodell als Alternative

Die öffentliche Schule besitzt einen eigenständigen Erziehungsauftrag, dessen nähere Ausgestaltung sich nicht aus verfassungsrechtlichen Vorgaben ergibt. Es bedarf daher einer genuin politischen Entscheidung, welche Bildungsinhalte die staatliche Schule vermitteln und welche Erziehungsziele sie verfolgen soll. Die

19 Dies ist der richtige Sinn insbesondere der Schulkreuz-Entscheidung BVerfGE 93, S. 1 ff.
20 Ähnlich kritisch Jestaedt (Anm. 13), § 156, Rn. 70.

Grundrechte und weitere grundgesetzliche Normen determinieren diese Entscheidung nicht, sondern können insoweit dem staatlichen Handeln – wie in anderen Rechtsbereichen auch – lediglich Grenzen setzen. Diese Grenzen können allerdings nicht in einem Verbot der Indoktrination gefunden werden; und sie können sich in einer pluralistischen Gesellschaft auch nicht aus den subjektiven Erziehungsvorstellungen der Eltern ergeben, sondern müssen einen davon unabhängigen, objektiven Charakter besitzen.

Es ist daher an der Grundfrage anzusetzen: Welche Erziehungsbemühungen der staatlichen Schule müssen sich die Schüler und ihre Eltern gefallen lassen? Auf der einen Seite besitzt der Staat einen eigenständigen Erziehungsauftrag; auf der anderen Seite ermächtigt ihn dieser nicht zu beliebigem Erziehungsverhalten. Aus der Sicht der Betroffenen kann nur diejenige Erziehung in der öffentlichen Schule zumutbar sein, für die der staatliche Schulträger prinzipiell einsehbare Gründe vorbringen kann. An genau dieser Stelle setzt das – recht verstandene – Prinzip der Neutralität an: Gerechtfertigt ist die schulische Erziehung, soweit sie sich *auf neutrale Weise rechtfertigen* lässt. Damit ist der staatliche Erziehungsauftrag nicht von vornherein auf bestimmte, inhaltlich „neutrale" Ziele beschränkt; es kommt für die verfassungsrechtliche Beurteilung vielmehr darauf an, welche Gründe jeweils für eine Erziehungsmaßnahme geltend gemacht werden können. Grundsätzlich zulässig sind demnach Erziehungsziele und -maßnahmen, deren Begründung nicht darauf beruht, dass man in umstrittenen politischen, religiös-weltanschaulichen oder ethischen Fragen eine bestimmte Position vertritt; unzulässig sind dagegen diejenigen Erziehungsziele, deren Plausibilität eben dies voraussetzt.

Von entscheidender Bedeutung ist dabei, dass es mit dem Abstellen auf die Neutralität der Begründung nicht mehr erforderlich ist, dass die staatlichen Erziehungsbemühungen wirkungsneutral sind:[21] Solange sich der Staat innerhalb seines Erziehungsauftrags hält – und dies heißt: seine Maßnahmen auf neutrale Weise begründen kann –, ist es Sache der Vertreter der unterschiedlichen politischen, religiös-weltanschaulichen und ethischen Überzeugungen, sich mit den Wirkungen dieser Maßnahmen zu arrangieren. Das wird manchen Vertretern gut gelingen, auf der Grundlage anderer Überzeugungen kann es dagegen schwieriger sein; dies ändert aber nichts daran, dass niemand eine unfaire Benachteiligung geltend machen kann, solange nicht-diskriminierende Gründe für diese Maßnahmen vorgebracht werden können. Zugleich klärt dieser Ansatz das Verhältnis von staatlicher Erziehungsbefugnis und Elternrecht. Soweit sich die staatliche Schule innerhalb ihres Auftrags hält, ist das Elternrecht nicht berührt;

21 Zur Unterscheidung von Wirkungs- und Begründungsneutralität vgl. ausführlich Huster (Anm. 3), S. 98 ff. und passim.

es liegt – in der Terminologie der Grundrechtsdogmatik – kein Eingriff in das Elternrecht vor. Erst wenn die Schule die ihrem Auftrag immanenten und durch das Prinzip der Begründungsneutralität konkretisierten Grenzen überschreitet, entfaltet das Elternrecht seine Schutzwirkung. Diese Konstruktion hat den Vorteil, dass sie die Erziehungsbefugnisse in eindeutiger und sinnvoller Weise abschichtet.[22] Die Schule kann ihre neutral begründeten Erziehungsziele verfolgen, ohne auf die Zustimmung der Eltern angewiesen zu sein oder auch nur eine Abwägung mit deren kollidierenden Erziehungsvorstellungen vornehmen zu müssen. Dies vermeidet das von der herrschenden Abwägungstheorie weder offen ausgesprochene noch praktizierte, aber in ihrem Ansatz nur schwer vermeidbare Ergebnis, dass selbst elementare Erziehungsziele nicht oder nur eingeschränkt verfolgt werden dürfen, wenn sich genügend Eltern finden, die gegen diese Ziele Vorbehalte geltend machen. Dies heißt aber nicht, dass es sich dabei um ein striktes Separationsmodell handelt. Das Elternrecht wirkt vielmehr in doppelter Weise in die öffentliche Schule hinein. Zum einen ist es von Bedeutung, soweit die Schule über ihren neutral begründbaren Erziehungsauftrag hinausgehen will. Dies ist nicht prinzipiell ausgeschlossen, setzt aber die Zustimmung der betroffenen – und zwar aller – Eltern voraus. Das Elternrecht wirkt insoweit also kompetenzerweiternd.[23] Zum anderen kann über das Elternrecht geltend gemacht werden, dass die Schule die ihr gesetzten Grenzen überschreitet; Art. 6 Abs. 2 GG subjektiviert insoweit das Neutralitätsprinzip. Wichtig ist dabei aber, dass damit eben objektive – d.h. von den subjektiven Vorstellungen der Eltern unabhängige – Grenzen des staatlichen Erziehungsauftrags geltend gemacht werden.

6. Folgerungen für die Erziehung in der öffentlichen Schule

Für die öffentliche Schule, in der der Staat unausweichlich mit den unterschiedlichen ethischen Überzeugungen der Bürger konfrontiert wird, ergeben sich aus diesem Ansatz mehrere Folgerungen.

Zunächst: Die schulische Erziehung ist zwar in ethischer Hinsicht, keineswegs aber in allen normativen Fragen auf eine neutrale Haltung verpflichtet. Soweit Grundsätze und Tugenden betroffen sind, die für das Zusammenleben in einem freiheitlichen Gemeinwesen als unentbehrlich oder zumindest för-

22 Ähnliche Konstruktion – allerdings auf der Grundlage eines erheblich engeren Erziehungsauftrags der Schule – bei Arnulf Schmitt-Kammler, Elternrecht und schulisches Erziehungsrecht nach dem Grundgesetz, 1983, S. 50 ff.

23 Dem entspricht im geltenden Verfassungsrecht etwa das Recht der Eltern, über die Teilnahme des Kindes am Religionsunterricht zu entscheiden (Art. 7 Abs. 2 GG). Vgl. näher dazu unten II. 7. b).

derlich ausgewiesen werden können, steht es der Schule frei, diese Grundsätze und Tugenden affirmativ zu vertreten; nicht vorausgesetzt werden darf dagegen ein bestimmtes weltanschauliches oder ethisches Fundament. Neutralität kann daher – dies ist insbesondere gegenüber den karikierenden Behauptungen mancher Kritiker dieses Prinzips zu betonen – immer nur eine selektive Neutralität sein, deren näherer Umfang sich aus einer Anwendung des Gebots der Begründungsneutralität ergibt. Neutralität der Schule bedeutet demnach nicht umfassende „Wertneutralität“ oder „Wertfreiheit“, sondern selektive ethische Begründungsneutralität. Politische und sozialmoralische Erziehungsziele werden sich demnach eher rechtfertigen lassen als Erziehungsziele, die die Gestaltung des eigenen Lebens betreffen; dies gilt vor allem dann, wenn diese Ziele – wie etwa „Ehrfurcht vor Gott“ – auf einer partikularen religiös-weltanschaulichen Grundlage beruhen. Dass insbesondere ethische Erziehungsziele, die vorrangig die religiös-weltanschauliche Orientierung und das individuelle gute Leben betreffen, grundsätzlich in die familiäre Erziehung gehören, ist daher nicht Ursache, sondern Folge der staatlichen Neutralitätspflicht.

Eine ganz andere Frage ist es dagegen, ob die Schule gut beraten ist, besonderes Gewicht auf die Erziehung in normativen Fragen zu legen und wie diese Erziehung im einzelnen aussehen sollte. Vermutlich helfen Moralpredigten und dezidierte „Werteerziehung“ wenig, intellektuelle Aufklärung und eine freiheitliche und gerechte Ausgestaltung des praktischen Zusammenlebens in der Schule dagegen sehr viel. Aber dies erfordert pädagogische und bildungspolitische Einschätzungen, für die weder das Verfassungsrecht noch sozialphilosophische Gerechtigkeitsprinzipien primär einschlägig sind.

Zudem: Die öffentliche Schule vertritt weder eine Weltanschauung, noch ist es ihre Absicht, die Schüler in eine kritische Distanz zu ihren religiös-weltanschaulichen Überzeugungen zu bringen oder sie gar von diesen Überzeugungen zu „befreien“. Trotzdem ist es natürlich möglich und sogar wahrscheinlich, dass sich auch die schulischen Maßnahmen, die durch neutrale Erwägungen gerechtfertigt werden können, in durchaus differenzierter Form auf die verschiedenen ethischen Überzeugungen und Lebensformen auswirken werden. So werden die Schüler schon allein dadurch, dass die Schule Fähigkeiten und Kenntnisse vermittelt und zu selbständigem Denken ermuntert, in die Lage versetzt, die Selbstverständlichkeit ihrer bisherigen Überzeugungen zu hinterfragen und sie mit alternativen Vorstellungen zu vergleichen.[24] Lebensformen, die für ihre

24 Es ist sowohl von Befürwortern als auch von Kritikern eines Erziehungsauftrags der öffentlichen Schule behauptet worden, dass selbst ein politischer Liberalismus, der die Schule auf politische Erziehungsziele im engeren Sinne beschränkt, unweigerlich in einen ethischen Liberalismus umschlage, da sich politisch-liberale und ethisch-liberale Einstellungen und Haltungen in mancherlei Hinsicht entsprächen. Dies dürfte aber die Bedeutung

Existenz auf ein homogenes ethisches Milieu oder einen weitgehenden Reflexionsverzicht angewiesen sind, wird dies möglicherweise nicht gut bekommen. Auch etwa die schulische Ermunterung, am öffentlichen und politischen Leben teilzunehmen – eine Grundvoraussetzung funktionierender demokratischer Ordnungen –, „benachteiligt" diejenigen Auffassungen, die diese Teilnahme aus religiös-weltanschaulichen Gründen ablehnen. Dies ist aber kein Einwand gegen das Neutralitätsgebot, sondern die Beschreibung eines unvermeidlichen Faktums: Keine politische Ordnung – und auch keine Schule – kann in dem Sinne neutral sein, dass sie sich auf alle Vorstellungen des Guten in gleicher Weise auswirkt, zu allen derartigen Vorstellungen in der gleichen Weise „passt". Deshalb geht es von vornherein lediglich um ein Gebot der Neutralität der *Begründung* staatlichen Handelns; eine Neutralität der *Auswirkungen* staatlichen Handelns ist dagegen weder möglich noch wünschenswert.[25] Sie ist nicht möglich, weil eben jede Ordnung derartige Auswirkungen hat:

> „Es gibt keine soziale Welt ohne Verluste, das heißt keine soziale Welt, die nicht einige Lebensformen ausschlösse, die auf ihre besondere Weise bestimmte grundlegende Werte verwirklichen. Jede Gesellschaft wird sich aufgrund ihrer Kultur und ihrer Institutionen mit einigen Lebensformen als unvereinbar erweisen. Aber diese gesellschaftlichen Unvermeidbarkeiten dürfen nicht als willkürliche Voreingenommenheit oder als Ungerechtigkeit mißverstanden werden."[26]

Eine Wirkungsneutralität ist häufig auch gar nicht wünschenswert, weil der politische Liberalismus hofft, dass die liberalen Institutionen und Regeln die ethischen Überzeugungen und Lebensformen in einer Weise prägen und gegebenenfalls transformieren, dass sie mit den grundlegenden normativen Entscheidungen eines freiheitlichen Gemeinwesens vereinbar sind und diese sogar unterstützen.[27] Der Einwand der Eltern, ihre Erziehungsabsichten würden behindert, wenn ihre Kinder in der Schule etwa mit anderen Lebensformen und Überzeugungen konfrontiert werden, wird daher grundsätzlich nicht gehört:

---

des Neutralitätsprinzips übersehen, aufgrund dessen die schulische Erziehung, die auf den Grundsätzen des politischen Liberalismus beruht, zu den ethischen Überzeugungen und Lebensformen als solchen gerade nicht Stellung nehmen darf. Zur weiteren Diskussion vgl. Eamonn Callan, Political Liberalism and Political Education, The Rev. of Politics 58 (1996), S. 5 ff.; Stephen G. Gilles, On Educating Children: A Parentalist Manifesto, The Univ. of Chicago LR 63 (1996), S. 937 ff.; Amy Gutmann, Civic Education and Social Diversity, Ethics 105 (1995), S. 557 ff.; Stephen Macedo, Transformative Constitutionalism and the Case of Religion. Defending the Moderate Hegenomy of Liberalism, Political Theory 26 (1998), S. 56 ff.; Nomi Maya Stolzenberg, „He Drew a Circle that Shut Me out": Assimilation, Indoctrination, and the Paradox of a Liberal Education, Harvard LR 106 (1993), S. 581 ff.

25 So jetzt auch Jestaedt (Anm. 13), § 156, Rn. 71 ff.

26 John Rawls, Die Idee des politischen Liberalismus, 1992, S. 383.

27 Vgl. dazu Macedo (Anm. 24), S. 56 ff.

Unter der Voraussetzung, dass die pädagogische und bildungspolitische Prämisse nachvollziehbar ist, es gehöre zu den Aufgaben der Schule, die heranwachsenden Bürger über die ethische Pluralität in unserem Gemeinwesen zu informieren, ist es Sache der Eltern, die von diesem Unterricht ausgehenden Wirkungen mit ihren Erziehungsvorstellungen zu arrangieren.

Ferner: Dies hat Konsequenzen für die Forderung nach einer – was immer das auch sein mag – multikulturellen Ausgestaltung der öffentlichen Schule.[28] Um alle Bürger in die öffentliche Schule zu integrieren und sie nicht in eine Abwehrhaltung – oder in Privatschulen – zu drängen, mag es gesellschafts- und bildungspolitisch klug sein, kulturellen Besonderheiten auch in der Schule großzügig entgegenzukommen und nicht alle Verpflichtungen – z.B. zur Teilnahme am Sexualkundeunterricht oder zur Teilnahme muslimischer Mädchen am Sport- und Schwimmunterricht – ausnahmslos durchzusetzen. Ein Anspruch auf eine derartige Befreiung besteht aber nur dann, wenn der Schüler sonst in einen unzumutbaren Gewissenskonflikt geriete; der Umstand allein, dass ein bestimmter Unterricht mit den Erziehungsvorstellungen und der Lebensform der Eltern kollidiert – und seien diese auch religiös begründet –, ist dagegen unbeachtlich. Keine gesellschaftliche Gruppe hat einen Anspruch darauf, dass sich die öffentliche Schule gerade an ihren kulturellen und ethischen Bedürfnissen orientiert; jeder Bürger hat nur einen Anspruch darauf, dass die schulischen Maßnahmen nicht auf einer partikularen weltanschaulichen oder ethischen Grundlage beruhen, also prinzipiell nicht neutral gerechtfertigt werden können. Die Beurteilung, ob eine Rechtfertigung in diesem Sinne auf guten politischen Gründen beruht, wird gelegentlich von kulturellen und ethischen Überzeugungen imprägniert sein, und insoweit wird sich die jeweilige Mehrheitskultur mit ihrem Verständnis durchsetzen. Eine kulturelle Minderheit mag dies als strukturelle Diskriminierung und Differenzblindheit eines nur scheinbar allgemeinen und neutralen Rechts kritisieren. Das Verfassungsrecht kann aber aus prinzipiellen Gründen nur tatbestandlich umgrenzte Freiheitsrechte gewähren und rechtliche Diskriminierungen verhindern; es kann – zumal in einer pluralistischen oder gar multikulturellen Gesellschaft – nicht umfassend dafür sorgen, dass die Rechtsordnung und die staatlichen Institutionen allen Lebensformen und Überzeugungen in gleicher Weise entsprechen. Dies müssen – soweit dies überhaupt möglich ist – vielmehr der politische Prozess und die öffentliche Diskussion leisten, indem sich dort die bisher vernachlässigten und übersehenen

---

28 Grundsätzlich zur Diskussion des Multikulturalismus vgl. die Beiträge in Amy Gutmann (Hrsg.), Multikulturalismus und die Politik der Anerkennung, 1993 (dort insbesondere Jürgen Habermas, Anerkennungskämpfe im demokratischen Rechtsstaat, S. 147 ff.); Will Kymlicka, Multikulturalismus und Demokratie. Über Minderheiten in Staaten und Nationen, 1999.

Interessen und Bedürfnisse artikulieren. Die Verfassung und die Grundrechte haben insoweit natürlich wiederum eine enorme Bedeutung, als sie die Offenheit dieser Prozesse sicherstellen. Aber das Verfassungsrecht kann die politischen und gesellschaftlichen Anerkennungskämpfe, die sich in diesen Foren abspielen, nur ermöglichen, nicht jedoch advokatorisch vorwegnehmen. Schon deshalb kann es keinen Anspruch auf eine multikulturelle Schule geben.

Schließlich: Das Prinzip der Begründungsneutralität erlaubt eine sinnvollere Zuordnung von elterlicher und schulischer Erziehung, als sie die herrschende Abwägungs- und Gleichordnungstheorie vornimmt. Letztere beruht auf der Prämisse, ein erzieherisches „Zusammenwirken" von Eltern und Schule sei geboten, weil nur auf diese Weise dem Umstand Rechnung getragen werden könne, dass sich die Erziehungsbemühungen auf die „Bildung der *einen* Persönlichkeit des Kindes" auswirken. Dieser Position liegt mehr oder weniger deutlich die Vorstellung einer einheitlichen Persönlichkeit zugrunde, deren Entwicklung durch unterschiedliche oder gar einander widersprechende Erziehungsbemühungen gestört wird. Durch die Verpflichtung der Schule, mit den Eltern zu kooperieren und ihren „Gesamterziehungsplan" zu achten, sollen derartige Erziehungskonflikte vermieden oder zumindest weitestgehend abgeschwächt werden. Dementsprechend ist auch gegen Versuche, elterliche und schulische Erziehungsbefugnisse einander überschneidungsfrei zuzuordnen, geltend gemacht worden, eine derartige „Trennung" sei dem Umstand nicht angemessen, dass „elterliche wie schulische Erziehungsmaßnahmen ihren Effekt beim nämlichen Kind haben".

Es ist dann allerdings schwer verständlich, warum das Grundgesetz der öffentlichen Schule überhaupt eine Befugnis zur Erziehung zugewiesen und diese nicht vielmehr vollständig den Eltern überlassen hat. Die verfassungsrechtliche Entscheidung für eine erzieherische Gewaltenteilung zwischen Eltern und Schule setzt voraus, dass sich die öffentliche Schule nicht an den elterlichen Erziehungsvorstellungen orientieren muss, sondern einen eigenständigen Beitrag zur Persönlichkeitsbildung leisten darf, den die Eltern nicht oder zumindest nicht in gleicher Weise erbringen können. Wird dies aber zugestanden, so muss man davon ausgehen, dass die Verfassung unterschiedliche erzieherische Einflüsse auf das Kind in Kauf nimmt; auch ist es dann nicht mehr ausgeschlossen, dass sich elterlicher und schulischer Erziehungsauftrag strikt voneinander abgrenzen lassen. Die im Grundgesetz verankerte erzieherische Gewaltenteilung legt sogar im Gegenteil den Gedanken nahe, dass die Vorstellung, anzustreben und verfassungsrechtlich zu gewährleisten seien eine möglichst einheitliche Persönlichkeit des Educanden und folglich auch die weitgehende Übereinstimmung der Bemühungen verschiedener Erziehungsträger, grundsätzlich verfehlt ist: Das Grundgesetz nimmt die Unterschiedlichkeit der erzieherischen Einflüsse nicht nur in Kauf, sondern beabsichtigt sie sogar. Die Gegenüberstellung von elterlicher und schulischer Erziehung in Art. 6 Abs. 2 und Art. 7 Abs. 1 GG fordert nicht zu einer möglichst konfliktfreien Zuordnung in dem Sinne auf, dass im besten Falle die Erziehungsbemühungen und -absichten von Elternhaus und Schule identisch sind; vielmehr liegt der Sinn dieser Aufteilung gerade darin, dass die Persönlichkeit des Heranwachsenden sich ergänzenden, aber doch auch betont unterschiedlichen Erziehungsbemühungen ausgesetzt wird.

Den sachlichen Hintergrund dieser Auffassung bildet die Einsicht, dass nicht eine möglichst einheitliche, sondern allein eine vielgestaltige Erziehung den pädagogischen Erfordernissen in einem differenzierten und pluralistischen Gemeinwesen gerecht wird. Das Leben in diesem Gemeinwesen verlangt vor allem die Fähigkeit zur Rollendifferenzierung; in einer offenen Gesellschaft, die sich nicht durch ein hohes Maß an Homogenität, sondern durch einen ethischen Pluralismus auszeichnet, ist es zudem von zentraler Bedeutung, dass man mit den eigenen ethischen Überzeugungen und zugleich auf der Grundlage der Gleichberechtigung inmitten einer Vielzahl von Orientierungsmustern und Lebensformen zurechtzukommen lernt. Diese Anforderungen legen aber weniger das Erziehungsideal einer möglichst einheitlichen Persönlichkeit nahe, sondern verweisen auf die Vorstellung eines differenzierten Selbst, das in der Lage ist, diese Unterscheidungsleistungen zu erbringen. Dass eine allein von den Eltern geleistete oder ausschließlich an ihren Vorstellungen orientierte Erziehung diesem Ziel gerecht wird, ist nicht gewährleistet, in mancherlei Hinsicht sogar eher unwahrscheinlich: Denn die elterliche Erziehung wird sich häufig darauf konzentrieren oder sogar darauf beschränken, den Heranwachsenden in die eigene Lebensform einzuführen; es kann nicht ohne weiteres davon ausgegangen werden, dass dies eine ausreichende Vorbereitung für die Wahrnehmung anderer Rollen und für die Begegnung mit abweichenden Auffassungen darstellt. Das Gemeinwesen hat aber ein nachvollziehbares Interesse daran, dass die zukünftigen Bürger bereit und in der Lage sind, auch die Funktionen, die über den privaten und familiären Lebensbereich hinausgehen, in sozialverträglicher Weise auszufüllen und sich in einer pluralistischen Gesellschaft zurechtzufinden. Aus dieser Perspektive der schulischen Integrationsaufgabe ist es kein Nachteil, sondern gerade erwünscht, dass der elterliche Einfluss auf die Kinder durch die Erziehung in der öffentlichen Schule ergänzt und gegebenenfalls auch zurückgedrängt und korrigiert wird. Die Kinder sind weder Eigentum ihrer Eltern noch Eigentum des Staates; sie sind weder nur Familienmitglieder noch ausschließlich „öffentliche" Personen. Eben darin liegt der Sinn der erzieherischen Gewaltenteilung:

> „[...] neither parents nor a centralized state have a right to exclusive authority over the education of children. Because children are members of both families and states, the educational authority of parents and of polities has to be partial to be justified. [...] Parents

acting individually and citizens acting collectively both have valuable and largely complementary roles to play in the moral education of children: the former in teaching children what it means to be committed to particular people and one way of life among many; the latter in teaching responsibilties and rights within a larger and more diverse community.“[29]

Es kann daher von vornherein nicht darum gehen, mögliche Spannungen zwischen elterlicher und schulischer Erziehung aufzulösen, indem die Schule ihre Erziehungsziele den elterlichen Vorstellungen so weit wie möglich anpasst. Aufgabe muss vielmehr eine Erziehung sein, die dazu befähigt, diese Spannungen und unterschiedlichen Erwartungshaltungen auszuhalten und sinnvoll mit ihnen umzugehen. Das Prinzip der Begründungsneutralität reflektiert die erzieherische Gewaltenteilung und ihre soziale Funktion. Es gewährt den Eltern im Bereich der familiären Erziehung einen weitgehenden Gestaltungsfreiraum und beschränkt den Staat auf eine Missbrauchskontrolle. Der Verzicht, den Eltern im Interesse der Rechts- und Sozialgemeinschaft inhaltliche Erziehungsvorgaben aufzuerlegen, wird dadurch kompensiert, dass die öffentliche Schule nicht auf eine umfassende Wertneutralität, sondern auf eine selektive ethische Begründungsneutralität verpflichtet wird, die ihr eine integrationsorientierte Erziehung und damit die Vermittlung der normativen Grundlagen erlaubt, die das politische und gesellschaftliche Zusammenleben bestimmen. Die Eltern können daher eine erzieherische Beeinflussung durch die Schule abwehren, die sich unmittelbar gegen die ethischen Überzeugungen und die Lebensform richtet, die sie ihren Kindern vermitteln wollen; eine schulische Erziehung zu politischer und sozialer Kompetenz müssen sie dagegen auch dann hinnehmen, wenn diese die Wirkung besitzt, ihre eigenen Erziehungsbemühungen zu erschweren oder gar zu vereiteln.

7. Schulische „Werteerziehung“ im Lichte des Neutralitätsgebots

Das im Blick auf die staatliche Neutralitätsverpflichtung besonders heikle Ansinnen, in der öffentlichen Schule eine eigenständige und entschiedene „Werteerziehung“ zu installieren, hat insbesondere die jüngeren Diskussionen um den Religionsunterricht, den Ethikunterricht – oder welche Bezeichnung dieses Fach in den einzelnen Bundesländern auch tragen mag – und das Verhältnis dieser Fächer geprägt. Anhand dieser Problematik soll abschließend angedeutet werden, zu welchen Folgerungen das hier entwickelte Konzept der verfassungs-

---

29 Diese ist eine der Grundthesen des vorzüglichen Buches von AMY GUTMANN, Democratic Education, 2. Aufl. 1999, S. 30 und 54.

rechtlichen Zulässigkeit und der verfassungsrechtlichen Grenzen der schulischen Erziehung führt.

a) Ethikunterricht in der öffentlichen Schule

Nach dem Prinzip der selektiven Begründungsneutralität ist ein Ethikunterricht, der auf die eine oder andere Weise eine „Werteerziehung“ beabsichtigt, grundsätzlich zulässig. Verfassungsrechtliche Vorgaben ergeben sich allerdings zunächst für die Frage, welche „Werte“ den Schülern nahegelegt werden dürfen: Es muss sich um Orientierungen handeln, die nicht auf einer partikularen ethischen Grundlage beruhen, sondern als allgemein nachvollziehbar dargestellt werden müssen. Eher theoretische als praktische Probleme werfen insoweit die deutlich christlich imprägnierten Formulierungen in einigen Landesverfassungen und Landesschulgesetzen auf. Das Bundesverfassungsgericht hat derartige religiös-weltanschauliche Färbungen in seiner Rechtsprechung zur „christlichen Gemeinschaftsschule“ grundsätzlich akzeptiert, gleichzeitig aber in einer verfassungskonformen Auslegung auf den Status von unverbindlichen Elementen der kulturellen Tradition reduziert.[30] Dass damit nur ein dilatorischer Formelkompromiss erreicht war, wurde 20 Jahre später in der Schulkreuz-Entscheidung offenbar, die die staatliche Neutralitätspflicht dann – jedenfalls im Ergebnis[31] – unmissverständlich zur Geltung gebracht hat.[32]

Weniger aussagekräftig ist das Verfassungsrecht dagegen zu der Frage, wie ein Ethikunterricht methodisch auszurichten ist. Diese Frage stellt sich insbesondere, wenn nach der jeweiligen Unterrichtskonzeption nicht lediglich über moralische Normen und Haltungen informiert, ein Reflexionsprozess angeregt und ein Zugang zu moralischen Fragen eröffnet werden, sondern auf der Grundlage eines moralpädagogischen Modells im engeren Sinne auch ein Beitrag zur moralischen Erziehung geleistet werden soll, indem versucht wird, den Schülern bestimmte Normen und Haltungen zu vermitteln. Gegen dieses Modell, das in den derzeitigen Ausgestaltungen des Ethikunterrichts durchaus vorherrschend sein mag, sind aus philosophischer und pädagogischer Sicht beachtliche Bedenken vorgetragen worden.[33] Das Dilemma der Wertevermittlung, die hier angestrebt werde, liege nicht nur darin, dass der Ethikunterricht auf den moralischen Aspekt verengt werde; vor allem sei ein Schulfach mit der Vermittlung sittlicher Kompetenz prinzipiell überfordert: Der Ethikunterricht könne nämlich im We-

30 Vgl. BVerfGE 41, S. 29 ff.; 41, S. 65 ff.; 41, S. 88 ff.

31 Zu den Begründungsschwächen der Entscheidung vgl. Huster (Anm. 3), S. 127 ff.

32 BVerfGE 93, S. 1 ff.

33 Vgl. dazu nur Otfried Höffe, Ethikunterricht in pluralistischer Gesellschaft, in: ders. (Hrsg.), Ethik und Politik, 1979, S. 453; Georg Lohmann, Probleme der „Werteerziehung“ im Ethikunterricht, Deut. Zeitschr. für Philosophie 46 (1998), S. 291 ff.

sentlichen nur in theoretisch orientierten Lernprozessen moralische Einsichten erzeugen; es sei aber keineswegs gewährleistet, dass sich diese Einsichten auch in moralischen Haltungen und Handlungen niederschlagen. Ethos sei eben nicht lehrbar; im schlimmsten Falle begünstige man durch die intellektualistische Verkürzung der sittlichen Kompetenz die Heuchelei. Die erwünschte Kompetenz bilde sich allein durch die Teilnahme an einer sittlichen Praxis; zu dieser könne auch die Gestaltung des Ethikunterrichts beitragen, ohne dass ihn dies aber gegenüber den anderen Schulfächern auszeichne – und, wie man hinzufügen muss, ohne dass sich die Verwirklichung dieser Idealvorstellung rechtlich garantieren ließe. Aus der Beobachtung dieser Kluft zwischen theoretischer sittlicher Einsicht und praktischer sittlicher Kompetenz ziehen die Kritiker des moralpädagogischen Modells die Konsequenz, das Lernziel des Ethikunterrichts müsse sich auf die Vermittlung der Fähigkeit beschränken, moralische Probleme zu erkennen und zu artikulieren, um auf diese Weise das reflexive Urteilsvermögen im Sinne einer „Hilfe zur Selbsthilfe“ und der Förderung von „Orientierungsautonomie“ auszubilden.

Für dieses „Nachdenklichkeits-Modell“ mögen in der Tat gute pädagogische Gründe sprechen. Die Radikalität der zugrunde liegenden Kritik mag man allerdings für übertrieben halten; die Alltagserfahrung legt eher die Einschätzung nahe, dass Einsicht immerhin der erste Schritt zur Besserung sein kann. Zudem schließen sich Nachdenklichkeit und die Vermittlung von moralischen Normen und Haltungen wohl nicht schlechthin aus. Wie dem auch sei: Eine verfassungsrechtliche Verpflichtung für den Gesetzgeber, den Ethikunterricht im Sinne dieses „Nachdenklichkeits-Modells“ auszugestalten und insoweit auf die moralerzieherische Funktion im engeren Sinne vollständig oder weithin zu verzichten, besteht nicht. Denn das Grundgesetz enthält kein verbindliches pädagogisches Programm: Ob der Ethikunterricht eine „formale Bewertungs-Erziehung“ oder eine „materiale Werteinstellungs-Erziehung“ anstrebt,[34] liegt in der Gestaltungsfreiheit des Gesetzgebers, die notwendigerweise mit dem eigenständigen Erziehungsauftrag der Schule verbunden ist. Aufgrund des Persönlichkeitsrechts der Schüler existiert zwar ein verfassungsrechtliches Verbot der Indoktrination; und ein moralpädagogischer Ethikunterricht mit zudem starker „lebenskundlicher“ Prägung mag stärker der Gefahr ausgesetzt sein, mit diesem Verbot in Konflikt zu geraten, als ein an dem „Nachdenklichkeits-Modell“ ausgerichtetes Fach mit ganz überwiegend kognitiven Anteilen. Aber es wäre unsinnig, jeden Versuch der Vermittlung von Normen und Haltungen in der Schule als Indoktrination zu diffamieren, und so lässt die Verfassung dem

34 So die Gegenüberstellung bei Wolfgang Brezinka, Werterziehung? Problematik und Möglichkeiten, in: ders., Glaube, Moral und Erziehung, 1992, S. 142, 159 ff.

Gesetzgeber und der Schule einen weitreichenden Gestaltungsspielraum. Die Diskussion um die Gestaltung des Ethikunterrichts bestätigt damit, dass die verfassungsrechtliche Betrachtung sich nicht primär auf die Methoden, sondern auf die Inhalte konzentrieren sollte, die in der staatlichen Schule vermittelt werden. Mit dem erwähnten Indoktrinations-Vorbehalt wird man daher sagen können, dass auch gegen einen dezidiert moralpädagogisch orientierten Ethikunterricht in der staatlichen Schule keine verfassungsrechtlichen Bedenken bestehen, soweit er inhaltlich dem Neutralitätsprinzip genügt.

b) Religionsunterricht in der öffentlichen Schule

Das Neutralitätsprinzip verbietet der öffentlichen Schule, die eine „Werteerziehung" beabsichtigt, dieser Erziehung eine verbindliche religiös-weltanschauliche Grundlage zugrunde zu legen. Ob eine „Werteerziehung" ohne ein derartiges Fundament überhaupt sinnvoll möglich ist, ist häufig bezweifelt worden.[35] Zwar sollte man angesichts der Notwendigkeit, sich in einer pluralistischen Gesellschaft auch dann über verbindliche Normen des Zusammenlebens zu einigen, wenn man in ethischen Fragen nicht übereinstimmt, mit dieser Skepsis zurückhaltend sein; aber man kann der Ansicht sein, dass eine „Werteerziehung" ohne weltanschauliches Fundament letztlich einer Frau ohne Unterleib ähnelt. Die verfassungsrechtlich gebotene Zurückhaltung der öffentlichen Schule in religiös-weltanschaulichen Angelegenheiten hat die Suche nach Formen der schulischen Erziehung bestärkt, die auf eine „dichtere" ethische Grundlage zurückgreifen können. Dies betrifft – neben den Privatschulen – den konfessionellen Religionsunterricht.

Liberale haben gegenüber dem Religionsunterricht als ordentlichem Lehrfach und der damit verbundenen Kooperation von Staat und Religionsgemeinschaften häufig Vorbehalte geäußert und diese auch mit dem Neutralitätsgebot begründet. Juristisch drückte sich dies darin aus, dass die Garantie dieses Unterrichts in Art. 7 Abs. 3 GG als prinzipienwidriges oder sogar verfassungswidriges Verfassungsrecht eingeordnet wurde.[36] Wenn man das Neutralitätsgebot im Sinne des Prinzips der Begründungsneutralität versteht, ist dies jedoch nicht unmittelbar einsichtig. Mit dem konfessionell ausgerichteten Religionsunterricht ist ein Erziehungselement in die öffentliche Schule integriert, das der Schule selbst aufgrund ihrer Neutralitätsverpflichtung nicht zur Verfügung steht. Dagegen ist aus Sicht des Neutralitätsprinzips wenig einzuwenden, wenn die folgenden Be-

35 Vgl. etwa die Beiträge in CHRISTOPH GESTRICH (Hrsg.), Ethik ohne Religion?, Beiheft zur Berliner Theologischen Zeitung, 1996.

36 Vgl. etwa LUDWIG RENCK, Rechtsfragen des Religionsunterrichts im bekenntnisneutralen Staat, DÖV 1994, S. 27 ff.

dingungen erfüllt sind, die in Art. 7 Abs. 2 und 3 GG auch tatsächlich gewährleistet werden: Die Teilnahme an diesem Unterricht muss freiwillig sein; der Staat darf nicht selbst die zu vermittelnden Glaubenssätze bestimmen, sondern muss dies den Religionsgemeinschaften überlassen; und der Zugang zum Religionsunterricht muss grundsätzlich allen Religionsgemeinschaften offen stehen. Wenn dies der Fall ist, ist nicht ersichtlich, inwieweit der Religionsunterricht eine Kompromittierung des Neutralitätsgedankens darstellt. Allerdings setzt dies voraus, dass man das Neutralitätsgebot nicht mit einer strikten Trennung von Staat und Religionsgemeinschaften identifiziert. Dafür besteht aber auch keine Notwendigkeit: Ob und inwieweit in staatlichen Institutionen derartige religiös-weltanschaulich geprägte Sachverhalte einen Platz haben, ist regelmäßig eine Frage der politischen Tradition und der gesellschafts- und bildungspolitischen Klugheit, berührt aber nicht – solange die genannten Bedingungen erfüllt sind – die grundlegenden Gerechtigkeitsprinzipien des Gemeinwesens.

c) Das Verhältnis von Religions- und Ethikunterricht

Verfassungsrechtliche Fragen werfen daher auch weniger Ethik- und Religionsunterricht als solche auf; problematisch ist eher das Verhältnis dieser Fächer zueinander.

Dies betrifft zunächst die in einigen Bundesländern bestehende Regelung, nach der die nicht am Religionsunterricht teilnehmenden Schüler zum Besuch eines Ethikunterrichts verpflichtet sind, um das Defizit an „Werteerziehung" auszugleichen. Diese Verpflichtung ist mit dem Argument angegriffen worden, sie beeinträchtige die Freiwilligkeit der Teilnahme am Religionsunterricht.[37] Ob dies zutreffend ist, ob also der Ethikunterricht als ein unzulässiger „Strafunterricht für Religionsunterrichtsverweigerer" angesehen werden muss, hängt gemäß dem Grundsatz der Begründungsneutralität davon ab, ob eine neutrale Rechtfertigung für dieses Ersatzfach gegeben werden kann. Diese Rechtfertigung kann sich allein aus dem Bildungs- und Erziehungsauftrag der öffentlichen Schule ergeben: Wenn der Religionsunterricht der religiös-weltanschaulichen Bildung und Erziehung dient, so ist die Überlegung, dass die Schüler, die – aus welchen Gründen auch immer – nicht am Religionsunterricht teilnehmen, auf andere Weise in diesem Bereich schulisch betreut werden sollten, aus Sicht des Neutralitätsprinzips grundsätzlich nicht zu beanstanden. Dass damit der eine oder andere Schüler tatsächlich zur Teilnahme am Religionsunterricht bewegt wird, ist lediglich die unbeachtliche Auswirkung einer an sich neutralen Maß-

---

37 Vgl. etwa Gerhard Czermak, Das Pflicht-Ersatzfach Ethikunterricht als Problem der Religionsfreiheit, des Elternrechts und der Gleichheitsrechte, NVwZ 1996, S. 450 ff.; Ludwig Renck, Verfassungsprobleme des Ethikunterrichts, BayVBl 1992, S. 519 ff.

nahme und deshalb – wie es jetzt das Bundesverwaltungsgericht formuliert hat – eine zulässige „mittelbare Einflussnahme".[38]

Diese Rechtfertigung steht aber unter der Voraussetzung, dass das jeweilige Ersatzfach das gleiche Gewicht wie der Religionsunterricht besitzt, damit die Entscheidungsfreiheit der Betroffenen nicht durch eine „curriculare Minderausstattung" beeinträchtigt wird. Dies mag in der Praxis nicht immer der Fall sein, kann aber durch das jeweilige Landesrecht ohne grundsätzliche Schwierigkeiten sichergestellt werden. Darüber hinaus ist es erforderlich, dass das Ersatzfach dem Religionsunterricht inhaltlich weithin entspricht; ein Fach mit „thematisch völlig anderen Erziehungs- und Bildungszielen" könnte nicht mehr über den Erziehungs- und Bildungsauftrag der Schule gerechtfertigt werden und wäre daher als unzulässige Beeinträchtigung der Freiwilligkeit der Teilnahmeentscheidung zu qualifizieren. Die Zulässigkeit der Einführung eines Ersatzfachs dürfte sich insoweit an der Frage entscheiden, welche Unterschiede zwischen diesem Fach und dem Religionsunterricht toleriert werden können: Denn eine inhaltliche Identität zwischen diesen Fächern wird es schon deshalb nicht geben, weil es den Religionsunterricht gerade auszeichnet, nicht nur zu sagen, „was geglaubt wird, sondern auch, was geglaubt werden soll"; dies ist dem neutralen Ethikunterricht aber von vornherein verwehrt. Trotzdem werden sich aus dieser unvermeidlichen Differenz der beiden Fächer keine durchgreifenden Bedenken herleiten lassen. Die Integration des Religionsunterrichts in die öffentliche Schule beruht auf der nachvollziehbaren Begründung, dass eine religiös-weltanschauliche Erziehung so weit wie möglich aus der Binnenperspektive erfolgen sollte. Wenn man dies aber akzeptiert, liegt es in der Natur der Sache, dass ein von der staatlichen Schule inhaltlich verantwortetes Ersatzfach „Ethik" sich von diesem Unterricht insoweit unterscheidet.

In umgekehrter Blickrichtung stellt sich die Frage, ob und inwieweit der Religionsunterricht durch einen obligatorischen Ethikunterricht ersetzt oder ergänzt werden darf. Die Bundesländer sind durch Art. 7 Abs. 3 S. 1 GG zur Einrichtung des Religionsunterrichts als ordentliches Lehrfach grundsätzlich verpflichtet; ob sich auf die Ausnahmeklausel des Art. 141 GG, die jedenfalls für Bremen und Berlin gilt, auch die neuen Bundesländer berufen können, ist umstritten; das Bundesverfassungsgericht hat mit seinem Vergleichsvorschlag zum LER-Konzept eine Klärung dieser Frage umgangen.[39]

Wenn Art. 7 Abs. 3 S. 1 GG in einem Bundesland nicht anwendbar ist – wie in Bremen und Berlin, gegebenenfalls auch in den neuen Bundesländern –, insoweit also keine Verpflichtung zur Einrichtung eines Religionsunterrichts

38 BVerwG DÖV 1998, S. 1058, 1061.

39 Vgl. BVerfGE 104, S. 305 ff.

besteht, ist es zunächst umstritten, ob dieses Bundesland trotzdem berechtigt ist, den Religionsunterricht als ordentliches Lehrfach einzuführen. Dies betrifft etwa die Diskussion in Berlin: Hier wird an den Schulen bisher nur ein Religionsunterricht angeboten, der von den Religionsgemeinschaften in eigener Regie und ohne staatliche Beteiligung durchgeführt wird. Da sich nun auch islamische Vereinigungen auf diese Möglichkeit berufen, die das Berliner Schulgesetz gewährt, gab und gibt es politische Bestrebungen, sich der Rechtslage in den anderen Bundesländern anzunähern und den Religionsunterricht in staatlicher Verantwortung durchzuführen, um das Aufsichtsrecht gegenüber einer problematischen – „fundamentalistischen" und verfassungsfeindlichen – Ausgestaltung dieses Unterrichts in Stellung bringen zu können. Folgt man der Ansicht, dass auch ein Religionsunterricht als ordentliches Lehrfach trotz der notwendigen Kooperation von Staat und Religionsgemeinschaften nicht gegen das Neutralitätsgebot verstößt, ist gegen diese Pläne grundsätzlich nichts einzuwenden. Dass Art. 7 Abs. 3 S. 1 GG in Berlin nicht anwendbar ist, führt also nur dazu, dass der ordentliche Religionsunterricht nicht eingeführt werden muss; es führt nicht dazu, dass er nicht eingeführt werden darf. Das Land Berlin hat damit alle Freiheiten: Es kann einen ordentlichen Religionsunterricht einführen, es bei der bisherigen Regelung eines allein von den Religionsgemeinschaften verantworteten Unterrichts belassen oder auch gar keinen Religionsunterricht in der Schule vorsehen.

Die letztgenannte Möglichkeit, auf einen Religionsunterricht unter Beteiligung der Religionsgemeinschaften vollständig zu verzichten, ist allerdings in ihrer verfassungsrechtlichen Zulässigkeit nicht ganz unumstritten. So ist in der Auseinandersetzung um das Brandenburger Modell, den Religionsunterricht durch das Fach LER (Lebensgestaltung – Ethik – Religionskunde) zu ersetzen, gelegentlich angedeutet worden, auch unabhängig von Art. 7 Abs. 3 GG sei der Staat verpflichtet, eine religiös-weltanschauliche Unterweisung in der Schule zu ermöglichen, die aus der Binnenperspektive der Religionsgemeinschaften erfolgt.[40] Soweit in diesem Zusammenhang auf die Religionsfreiheit der Eltern, Schüler und Religionsgemeinschaften verwiesen wird, ist das kaum plausibel, denn aus diesem Grundrecht ergibt sich schwerlich ein Anspruch, dass der Religionsunterricht gerade als ordentliches Lehrfach in die öffentliche Schule integriert werden muss. Der heikle Punkt ist allerdings auch etwas anders gelagert: Eltern, Schüler und Religionsgemeinschaften wehren sich gegen die Verpflichtung zum Besuch eines LER-Unterrichts, in dessen religionskundlichen Anteilen ihre religiös-weltanschauliche Überzeugung nicht aus der Binnenper-

40 So etwa Martin Heckel, Religionskunde im Lichte der Religionsfreiheit, ZevKR 44 (1999), S. 147 ff.

spektive, sondern aufgrund der Neutralitätsverpflichtung dieses Unterrichts nur „von außen" dargestellt werden kann. Dass das Land Brandenburg die Teilnahmeverpflichtung für diejenigen Schüler, die eine außerschulische religiöse Unterweisung besuchen, zunächst suspendiert hat, ändert nichts an der Grundfrage: Folgt aus der Einrichtung eines Schulfachs, das der „Werteerziehung" dienen soll – ob es nun Ethikunterricht oder LER genannt wird –, die staatliche Verpflichtung, den religiös-weltanschaulich gebundenen Schülern ein gleichwertiges Alternativangebot zur Verfügung zu stellen, das eine „Werteerziehung" aus der Binnenperspektive ihrer jeweiligen Überzeugung ermöglicht? Dieses Problem tritt übrigens nicht nur in den Bundesländern auf, in denen kein Religionsunterricht existiert; ebenso kann man fragen, ob die anderen Bundesländer berechtigt wären, den Ethikunterricht nicht nur – wie bisher – als Ersatzfach für „Religionsunterrichtsverweigerer", sondern als obligatorisches Fach für alle Schüler vorzusehen.

Aus der Sicht eines Abschichtungsmodells, das sich am Grundsatz der Begründungsneutralität orientiert, wird man zu dem Ergebnis gelangen müssen, dass die öffentliche Schule den Schülern zumuten darf, einen „wertorientierten" Unterricht zu besuchen, der nicht auf ihren jeweiligen Überzeugungen beruht. Es ist ein legitimes bildungspolitisches Anliegen, die Schüler über die unterschiedlichen religiösen und weltanschaulichen Positionen zu informieren, die in unserem Gemeinwesen vertreten werden, um ihre Orientierungs- und Toleranzfähigkeit zu stärken. Da dieser Unterricht von allen Schülern besucht werden soll, ist es unausweichlich, dass er zu den dargestellten Überzeugungen eine sachliche und insoweit distanzierte Einstellung einnehmen muss. Es mag für den einen oder anderen Schüler schwer erträglich sein, dass auch seine Überzeugung auf diese Weise „von außen", als eine von mehreren Möglichkeiten und ohne ihren konstitutiven Verbindlichkeitsanspruch dargestellt wird. Dies ist aber in einer freiheitlichen und pluralistischen Gesellschaft und ihrer Schule zu ertragen; solange dieser Unterricht nicht versucht, die Schüler von ihren Überzeugungen abzubringen oder diese zu „vergleichgültigen" – obwohl natürlich nie ganz ausgeschlossen werden kann, dass ein Unterricht diese Wirkungen hat –, ist der Einwand mangelnder Neutralität nicht gerechtfertigt.[41]

Wiederum auf einer anderen Ebene kann man bezweifeln, ob ein derartiger Unterricht sinnvoll ist und nicht nur ein beliebiges Angebot der Religionen und Weltanschauungen präsentieren kann, das den Schüler völlig orientierungslos

41 Der jedenfalls in seiner Allgemeinheit unzutreffende Ausspruch eines brandenburgischen Abgeordneten „Was Werte sind, bestimmen wir" hat zu dem Eindruck beigetragen, dass der LER-Unterricht diesen Anforderungen nicht genügt. Das brandenburgische Schulgesetz ist insoweit allerdings unmissverständlich und betont die religiös-weltanschauliche Neutralität; alles Weitere hängt von der näheren Ausgestaltung dieses Unterrichts ab.

zurücklässt. Sollte eine „Werteerziehung" nur auf einer entschiedenen religiös-weltanschaulichen Grundlage möglich sein, so spräche dies eher dafür, die Religionsgemeinschaften so weit wie möglich in die Schule zu integrieren und etwa einen Wahlpflichtbereich einzurichten, in dem die Schüler zwischen Religions- und Ethikunterricht wählen können. Für die Entscheidung zwischen diesen Alternativen wird viel davon abhängen, ob es gelingt, ein Fach zu konzipieren, das die Behandlung normativer Fragen in neutraler, jedoch nicht beliebiger Weise ermöglicht. Aber dies sind pädagogische und bildungspolitische Fragen, zu denen die Verfassung schweigt.

III. Staatliche Gesundheitserziehung zwischen Paternalismus und Autonomieförderung

1. Auf dem Weg zur Gesundheitserziehungsdiktatur?

Ein weiteres Politikfeld, in dem Vorbehalte gegen staatliche Erziehungsambitionen gelegentlich recht aggressiv formuliert werden, ist die Gesundheitspolitik.[42] Inzwischen hat man auch in Deutschland ansatzweise erkannt, dass das System der medizinischen Versorgung weder für die Gesundheit der Bevölkerung – traditionell formuliert: die Volksgesundheit – noch für die soziale Verteilung von Gesundheit – die „Gesundheitsgerechtigkeit" – von zentraler Bedeutung ist. Tatsächlich weisen zahlreiche Untersuchungen darauf hin, dass für den Gesundheitszustand einer Population maßgeblich andere, nämlich im weitesten Sinne soziale Faktoren verantwortlich sind, nämlich – neben dem Zugang zur Gesundheitsversorgung und der genetischen Konstitution – die Verhältnisse am Arbeitsplatz und im Wohnumfeld, das individuelle Gesundheitsverhalten sowie originär sozialstrukturelle Faktoren. Diese Faktoren dürften auch maßgeblich den sozialen Gesundheitsgradienten erklären.[43] Es lässt sich nämlich nachweisen,

42 Vgl. zum Folgenden auch Stefan Huster, Eigenverantwortung im Gesundheitsrecht, in: Alena Buyx/Stefan Huster (Hrsg.), Ethische Aspekte von Public Health, Sonderheft von Ethik in der Medizin, Heft 3/2010, S. 289 ff.; ders., Soziale Gesundheitsgerechtigkeit, 2011.

43 Vgl. dazu Johannes Siegrist/Michael Marmot (Hrsg.), Soziale Ungleichheit und Gesundheit: Erklärungsansätze und gesundheitspolitische Folgerungen, 2008; Sachverständigenrat zur Begutachtung der Entwicklung im Gesundheitswesen, Gutachten 2005: Koordination und Qualität im Gesundheitswesen, 2006, Tz. 111 ff.; Ulrich Bauer u.a. (Hrsg.), Health Inequalities. Determinanten und Mechanismen gesundheitlicher Ungleichheit, 2008; Matthias Richter/Klaus Hurrelmann (Hrsg.), Gesundheitliche Ungleichheit. Grundlagen, Probleme, Perspektiven, 2. Aufl. 2009; Andreas Mielck, Soziale Ungleichheit und Gesundheit, 2005.

dass diese gesundheitsrelevanten Faktoren zu einem erheblichen Teil schichtenspezifisch ausgeprägt sind: Angehörige der unteren sozialen Schichten sind – wie die einschlägigen Studien zeigen – häufiger einem gesundheitlich belastenden Arbeitsumfeld ausgesetzt und leiden auch in ihrem Wohnumfeld häufiger unter Lärm und Luftverschmutzung; sie ernähren sich ungesünder, neigen stärker zu Nikotinkonsum und vernachlässigen die körperliche Bewegung; schließlich leiden sie sowohl in ihrem Privat- und Arbeitsleben als auch in der (politischen) Öffentlichkeit an geringen Kontroll- und Selbstbestimmungsmöglichkeiten. Jedenfalls können die sozialen Gesundheitsungleichheiten zumindest in Deutschland gewiss nicht ausschließlich auf den Unterschied von gesetzlicher und privater Krankenversicherung oder auf soziale Zugangsbarrieren zur gesundheitlichen Versorgung zurückgeführt werden.

Soweit es um das individuelle Gesundheitsverhalten geht, hat die Politik inzwischen mit einer Vielzahl von Maßnahmen reagiert – zu einem erheblichen Teil informatorisch-aufklärerischer Art, zum Teil aber auch mit Ge- und Verboten, z.B. im Bereich der Tabakwerbung oder des Nichtraucherschutzes. Die größten Vorbehalte gegen eine derartige „Public Health"-Politik dürften sich aus einem Aspekt ergeben, der im Folgenden näher diskutiert werden soll: Wenn und soweit diese Politik auf die lebensstilbezogenen Gesundheitsfaktoren bezogen ist, scheint sie unweigerlich einen freiheitsfeindlichen und paternalistischen Zug zu erhalten. Sie könnte daher in eine präventionsstaatliche Erziehungs- und Gesundheitsdiktatur des „healthism" umschlagen, wenn sie auf die gesundheitsrelevanten Lebensgewohnheiten der Bürger Einfluss zu nehmen sucht. Die Public-Health-Politik ist daher, soweit sie sich auf die Verhaltensprävention konzentriert, dem Einwand ausgesetzt, die Autonomie und Eigenverantwortung der Bürger nicht ernst genug zu nehmen.

2. Begründungen einer verhaltensbezogenen Public-Health-Politik

Tatsächlich fragt es sich sehr ernsthaft, welche Legitimation die öffentliche Gewalt besitzt, um auf die gesundheitsrelevante Lebensführung der Bürger einzuwirken. In einer freiheitlichen Ordnung und unter dem Gebot der staatlichen Neutralität mit Bezug auf unterschiedliche Lebensformen kann diese Frage wiederum nur mit Blick auf die möglichen Begründungen dieser Maßnahmen geklärt werden.

Am nächsten liegt das Argument, dass das Gemeinwesen ein Interesse an einer gesundheitsbewussten Lebensführung hat, weil dadurch Kosten reduziert werden.[44] Dies ist ein zunächst unverdächtiger Ansatz, weil er auf dem bekann-

44 Vgl. etwa Erik Händeler, Die echte Gesundheitsreform, Die BKK 2008, S. 382 ff.

ten Grundsatz beruht, dass externe Kosten zu internalisieren sind.[45] Soweit damit die Kosten der Sozialsysteme und insbesondere der medizinischen Versorgung gemeint sind, ist aber zum einen nicht sehr klar, ob und unter welchen Umständen dies zutreffend ist. Bekanntlich könnte es sein, dass etwa das Rauchen für die sozialen Systeme letztlich kostenneutral ist. Zum anderen scheint die Beeinflussung der Lebensstile der falsche Ansatzpunkt zu sein; konsequent wäre es, die Betroffenen unmittelbar an den Behandlungskosten ihrer Krankheiten zu beteiligen. Soweit man in die zu berücksichtigenden Kosten darüber hinaus auch den Arbeitsausfall und sonstige gesellschaftliche Folgekosten einbezieht, wird man berücksichtigen müssen, dass dieses Vorgehen einer freiheitlichen Gesellschaftsordnung eher fremd ist: Denn auch unabhängig vom Gesundheitsverhalten haben die Bürger hier keine Pflicht, sich zu möglichst produktiven Mitgliedern des Gemeinwesens zu entwickeln. Wer etwa seine Talente verkümmern lässt, anstatt sie auszubilden und für das Gemeinwesen einzusetzen, wird zwar typischerweise ein geringeres Markteinkommen erzielen, er wird aber nicht zusätzlich mit einer Strafabgabe belegt.

Ein zweites Argument, das grundsätzlich unverdächtig ist, aber ebenfalls über eine sehr begrenzte Reichweite verfügt, stellt darauf ab, dass ein riskantes Verhalten nicht nur die Gesundheit des Betroffenen, sondern auch das Wohlergehen Dritter gefährden kann. Auf diesem Wege sind insbesondere die gesetzlichen Beschränkungen des Tabakkonsums in der Öffentlichkeit gerechtfertigt worden. Die dazu ergangene Rechtsprechung zeigt allerdings, dass der Schutz der Nichtraucher ausnahmslose Rauchverbote schwerlich trägt: Sind Nichtraucher gar nicht, nur marginal oder mit ihrem Einverständnis betroffen, gerät dieses Argument schnell an seine Grenzen. Soweit das Bundesverfassungsgericht trotzdem strikte Rauchverbote für zulässig hielt,[46] musste es sich auch bereits heftige Kritik gefallen lassen.[47] Selbst innerhalb des Gerichts war umstritten, ob damit nicht „ein Weg edukatorischer Bevormundung vorgezeichnet [wird], der sich auf weitere Bereiche ausdehnen könnte und dann erstickend wirkt".[48] Zudem gibt es zahlreiche gesundheitsgefährdende Verhaltensweisen, die auf Dritte gar keine Auswirkungen haben: Wer sich falsch ernährt oder zu wenig bewegt, schädigt in keinem relevanten Sinne das Wohlergehen Dritter.

Die einschlägigen politischen Maßnahmen tragend, aber in seinem normativen Status heikel ist ein drittes Argument, nach dem es darum geht, die Gesundheit der Bevölkerung insgesamt zu schützen und zu verbessern. Dieser Hinweis

45 Vgl. Eberhard Eichenhofer, Wahl des Lebensstils – Auswirkungen in der sozialen Sicherheit, Die Sozialgerichtsbarkeit 50 (2003), S. 705 ff.

46 BVerfGE 121, S. 317 ff.

47 Vgl. nur Rolf Gröschner, Vom Ersatzgesetzgeber zum Ersatzerzieher, ZG 2008, S. 400 ff.

48 BVerfGE 121, S. 317, 388 – Sondervotum Masing.

auf die „Volksgesundheit“ hat in Deutschland aus historischen Gründen schon begrifflich einen besonders schweren Stand.[49] Aber auch unabhängig davon stellt sich tatsächlich die Frage, ob es ein derartiges Rechtsgut in einer freiheitlichen Ordnung geben kann. Soweit es um die Folgekosten von Krankheiten oder eine Drittschädigung – etwa bei übertragbaren Krankheiten – geht, lässt sich dieser Ansatz auf die beiden bereits erwähnten Argumente reduzieren. Darüber hinaus scheint Gesundheit aber tatsächlich ein privates Gut zu sein, so dass sich die „Volksgesundheit“ nur als summative Bezeichnung für die individuellen Gesundheitszustände auffassen lässt, die keinen darüber hinausgehenden normativen Gehalt besitzt: Der Einzelne ist nicht Bestandteil eines „Volkskörpers“, für dessen Gesundheitszustand er verantwortlich wäre.

Damit bleibt nur eine vierte Begründung, dass es nämlich um das gesundheitliche Wohlergehen jedes einzelnen Bürgers gehe. Damit betritt die öffentliche Gewalt aber vermintes Gelände: Die Bürger in ihrem eigenen Interesse zu einer gesundheitsbewussteren Lebensführung zu erziehen, kollidiert mit dem Grundsatz, dass der freiheitliche Staat zur Neutralität gegenüber unterschiedlichen Lebensformen und -entscheidungen gezwungen ist. Er darf regulierend eingreifen, soweit die Interessen Dritter oder der Allgemeinheit betroffen sind; eine darüber hinausgehende Bewertungskompetenz besitzt er aber nach verbreiteter Ansicht nicht. Eine perfektionistische oder paternalistische Politik ist ihm daher grundsätzlich versagt. Wie tief dieser Grundsatz auch in die verfassungsrechtliche Bewertung eingedrungen ist, wird dadurch belegt, dass sich das Bundesverfassungsgericht veranlasst gesehen hat, zur Rechtfertigung der gesetzlichen Rauchverbote in Gaststätten zu betonen:

> „Die Raucher werden hierbei nicht in unzulässiger Weise bevormundet, ihnen wird insbesondere kein Schutz vor Selbstgefährdung aufgedrängt. Die Landesnichtraucherschutzgesetze zielen weder auf Suchtprävention noch auf den Schutz des Einzelnen vor sich selbst. Ihr Ziel ist vielmehr der Schutz vor den Gefahren des Passivrauchens. Es geht um den Schutz der Gesundheit nicht des Rauchers, sondern der Gesundheit der anderen Personen, die in der jeweiligen Situation nicht selbst rauchen.“[50]

Dass diese Konstruktion des Bundesverfassungsgerichts zutreffend ist, kann man aus zwei Gründen bezweifeln. Zum einen ist nicht klar, wie der Nichtraucherschutz derartig weitgehende und flächendeckende Verbote soll rechtfertigen können, die das Gericht für zulässig hält. Ginge es tatsächlich nur um den „Schutz der Gesundheit der anderen Personen, die in der jeweiligen Situation nicht selbst rauchen“, wäre es sehr viel naheliegender, ihnen aufzugeben, die Orte, an denen geraucht wird, zu meiden. Zum anderen fügen sich die Nicht-

49 Vgl. nur Eike Michael Frenzel, Die Volksgesundheit in der Grundrechtsdogmatik, DÖV 2007, S. 243 ff.

50 BVerfGE 121, S. 317, 359.

raucherschutzgesetze in ein Ensemble von Maßnahmen ein, die das Rauchen als solches bekämpfen; es ist daher mehr als unwahrscheinlich, dass diesen Gesetzen jeder präventionspolitische Impetus fehlt. Das Verbot einer paternalistischen Erziehungspolitik scheint daher entweder der staatlichen Gesundheitspolitik die Hände zu binden oder zur Heuchelei zu zwingen.

3. Die Public-Health-Perspektive

Für die Apologeten einer Public-Health-Politik ist dieses Ergebnis insbesondere mit Blick auf die sozialen Gesundheitsungleichheiten nicht zu akzeptieren.[51] Zwar betonen sie, dass der soziale Gesundheitsgradient nur zum Teil den Lebensstilen in den verschiedenen sozialen Schichten zugeschrieben werden könne. Trotzdem verlöre die Politik ein Handlungsfeld von erheblicher Bedeutung, müsste sie lebensführungsbezogene Gesundheitsfaktoren und -ungleichheiten ignorieren. An dieser Stelle maßgeblich auf das Prinzip der Eigenverantwortung zu setzen, liefe Gefahr, die Schuld den schon Benachteiligten zuzuweisen („victim blaming") und die öffentliche Gewalt aus ihrer Verantwortung dafür zu entlassen, die für gesundheitsbewusste Entscheidungen hilfreichen sozialen Strukturen zu fördern. Zudem zeigen die bisherigen Erfahrungen, dass Gewohnheiten der Lebensführung jedenfalls dann außerordentlich änderungsresistent sind, wenn sie in Form von Ermahnungen und Aufklärungskampagnen isoliert angegangen werden; der bloße Appell an die Selbstverantwortung der Bürger führt nicht sehr weit, wenn sich nicht auch die sozialen Rahmenbedingungen ändern.

Diese Aspekte weisen darauf hin – und hier liegt der in normativer Hinsicht entscheidende Punkt –, dass individuelle Verhaltensweisen unterschiedlich stark von der kulturellen und sozialen Umwelt geprägt sein können. Lebensstile wie das Ernährungs- und Bewegungsverhalten werden bereits in der Kindheit angelegt, durch soziale und mediale Einflüsse verstärkt und weisen nicht selten Suchtcharakter auf. Dies sind die typischen Elemente, die uns zur Zurückhaltung mahnen sollten, die Verantwortung für diese Verhaltensweisen und ihre Folgen allein dem Individuum zuzuschreiben; es gibt hier offensichtlich „Ursachen der Ursachen". Dass das jeweilige Verhalten nicht so frei ist, wie gelegentlich behauptet wird, erkennt man auch unschwer daran, dass viele Bürger ihre gesundheitsschädlichen Angewohnheiten ja selbst ändern wollen, es ihnen aber nicht gelingt. In dieser Situation kann eine Politik, die es ihnen erleichtert,

---

51 Zur Diskussion vgl. nur Daniel Callahan (Hrsg.), Promoting Healthy Behavior: How Much Freedom? Whose Responsibility?, 2000; Daniel Wikler, Personal and Social Responsibility for Health, in: Sudhir Anand/Fabienne Peter/Amartya Sen (Hrsg.) Public Health, Ethics, and Equity, 2005, S. 109 ff.

ihren eigentlichen Willen handlungswirksam werden zu lassen,[52] geradezu als Freiheitsförderung betrachtet werden.[53]

Hier kommt eine grundsätzliche Spannung zwischen den Perspektiven des Public-Health-Ansatzes als einer empirischen Sozialwissenschaft einerseits und des Rechts und der Sozialphilosophie andererseits zum Ausdruck. Während Recht und Gerechtigkeitstheorie von der individuellen Autonomie und ihrer Legitimationskraft ausgehen, ist einem Public-Health-Ansatz diese Perspektive aus prinzipiellen Gründen fremd: Er schaut nicht auf das Individuum und die Freiheit seiner Willensbetätigung, sondern abstrahiert davon und stellt auf einer rein statistischen Ebene ein schichtenspezifisches Gesundheitsverhalten fest, obwohl die konkreten Mitglieder dieser Schicht wechseln. Dies legt den Gedanken nahe, dass nicht die Individuen selbst, sondern die sozialen Einflussfaktoren für diese Regelmäßigkeiten und die Unterschiede zwischen den sozialen Einheiten verantwortlich sind. Nun muss diese Spannung zwischen einer Teilnehmerperspektive, in der wir uns selbst als freie und verantwortliche Akteure wahrnehmen und auch anderen diese Eigenschaft zuschreiben, und einer Beobachterperspektive, die den sozialen und kulturellen Hintergrund unserer Entscheidungen und unseres Verhaltens betont, nicht in einem unauflöslichen Gegensatz enden. Vielmehr sind wir es auch in anderen Lebensbereichen gewohnt, die individuellen Entscheidungen zu respektieren, ohne deshalb behaupten zu müssen, dass Individuen unabhängig von diesen Hintergrundfaktoren existieren. Wie die Verantwortung zwischen Individuum und Gesellschaft aufgeteilt wird, muss dann allerdings das Gemeinwesen für jeden Sachbereich immer wieder neu aushandeln und festlegen.[54]

4. Juristische Konsequenzen

Vor diesem Hintergrund müssen Beobachter- und Teilnehmerperspektive auch im Recht zu einem Ausgleich gebracht werden. Dies dürfte zum einen bedeuten, dass das Recht die individuelle Entscheidungsfreiheit vor einem gesundheitspolitischen Aktivismus schützen muss. Aus der Anerkennung der Wirkungsmächtigkeit sozialer Faktoren folgt nicht, dass die individuellen Entscheidungen nicht respektiert werden müssten. Dass die sozialontologische These von der sozialen und kulturellen Bedingtheit individuellen Verhaltens richtig ist, gibt dem Ge-

52 Vgl. dazu grundlegend Harry G. Frankfurt, Freedom of the Will and the Concept of a Person, The Journal of Philosophy 68 (1971), S. 5 ff.

53 Vgl. M. Gregg Bloche, Obesity and the Struggle Within Ourselves, The Georgetown LJ 93 (2005), S. 1335 ff.

54 John E. Roemer, A Pragmatic Theory of Responsibility for the Egalitarian Planners, Philosophy & Public Affairs 22 (1993), S. 146 ff.

meinwesen den Auftrag, diese Bedingungen zu pflegen; es gibt ihm aber in normativer Hinsicht nicht das Recht, dieses Verhalten zu unterbinden. Diese Differenzierung ist aus der sozialphilosophischen Diskussion zwischen liberalen und kommunitaristischen Theorien bekannt.[55] Angesichts des Umstandes, dass es hier um höchstpersönliche Aspekte der Lebensgestaltung geht, ist eine Präventions- und Gesundheitsförderungspolitik in einer freiheitlichen Ordnung weithin nur als Information, Beratung, Ermunterung und gesundheitsdienliche Ausgestaltung der Lebenswelten, typischerweise dagegen nicht in Form von rechtsverbindlichen Ge- und Verboten möglich: Wer sich bei hinreichender Information und Willensfreiheit für einen ungesunden Lebensstil entscheidet, muss sich in einem freiheitlichen Gemeinwesen nicht daran hindern lassen.

Zum anderen wird die Rechtsordnung aber auch anerkennen müssen, dass die Zuschreibung individueller Verantwortung nicht ohne Berücksichtigung der empirischen Zusammenhänge erfolgen muss und kann. Vermutlich wird man hier zu einer Abstufung der Art kommen, dass politische Interventionen umso eher möglich sind, je stärker der Verdacht ist, dass sich in einem gesundheitsriskanten Verhalten nicht das wohlverstandene Interesse des Individuums, sondern die sozialen Hintergrundfaktoren Bahn brechen.

IV. Fazit

Die Diskussion der beiden unterschiedlichen Problemfelder – Schulerziehung und Gesundheitsaufklärung – legt die Folgerung nahe, dass Extrempositionen schwer vertretbar sind: Weder kommt dem Staat ein umfassendes Erziehungsmandat zu, noch ist ihm jede erzieherische Einwirkung schlechthin verboten. Es bleibt daher nichts anderes übrig, als die jeweilige Fallkonstellation dogmatisch kleinzuarbeiten, indem die Grundrechte und die aus ihnen abgeleiteten Prinzipien der Verhältnismäßigkeit und der staatlichen Neutralität in Anschlag gebracht werden. Diese Prüfung setzt insbesondere voraus, dass man sich zuvor über die Begründungen des staatlichen Handelns Rechenschaft ablegt.

55 Vgl. dazu etwa Rainer Forst, Kontexte der Gerechtigkeit, 1994.

Diskussion zum Vortrag von Stefan Huster

Leitung: Christian Starck

Starck:
Vielen Dank für den Vortrag. Schulische Erziehungsziele sind eigentlich das einzige Beispiel, in dem wir direkte erzieherische Einflussnahme durch Gesetzgebung haben. Das andere waren ja mehr indirekte Möglichkeiten, erzieherisch zu wirken. Mir ist, als Sie jetzt mit dem zweiten Teil begonnen haben, der Gedanke gekommen, man könnte doch in der Schule auch eine Gesundheitserziehung betreiben. Herr Diederichsen hat heute schon darüber gesprochen, dass viele Eltern nicht in der Lage sind, ihre Kinder vernünftig zu erziehen. Ich weiß von einer Nichte von mir, die in Bayern in die Schule gegangen ist, dass dort Gesundheitserziehung und Ernährungswissenschaft, wenn ich das so nennen darf, als Fach angeboten wurde, und zwar als Wahlfach. Als Wahlfach, damit die Eltern sich nicht ärgern, wenn die Kinder im Unterricht gesagt bekommen, wie sie eigentlich zu Hause richtig ernährt werden müssten. Ich will die Diskussion nur eröffnen und darf jetzt fragen, wer sich dazu meldet. Zum Verfahren Folgendes: Wir haben für diese Diskussion eine halbe Stunde Zeit, danach findet eine Generaldiskussion statt. Ich würde sie ganz gern richtig abgrenzen; wir wollen uns jetzt ausschließlich zum Vortrag von Herrn Huster äußern. Herr Heun bitte.

Heun:
Ich habe zwei Fragen, Herr Huster. Die erste ist: Sie haben sich gegen das Gleichordnungsmodell gewandt und für das Abschichtungsmodell plädiert. Da wäre zunächst einmal die Frage, wie das eigentlich dann grundrechtsdogmatisch zu fassen ist. Ich hätte jetzt sozusagen als Interpretationsvorschlag zu sagen, das ist dann eine systematische Schutzbereichsabgrenzung – oder wie würden Sie das verstehen? Ich habe mich allerdings dann nur gefragt: Kommt da wirklich so viel anderes heraus? Denn wenn wir es über die Schutzbereichsabgrenzung machen, müssen wir ja auch sagen: Was ist der Erziehungsauftrag, wie gestaltet der sich, hält der sich in den Grenzen, und das müssen wir dann wieder abgrenzen zum Elternrecht. Das heißt im Grunde genommen, wir nehmen keine Abwägung vor, sondern machen dasselbe, nur unter dem anderen Titel „Schutzbereichsabgrenzung". Also liegt da wirklich ein großer Unterschied oder wo würden Sie dann den Unterschied sehen? Sowohl was die Argumentation und den Argumentationsaufwand angeht als auch was das Ergebnis angeht. Das wäre der erste Punkt. Der zweite Punkt ist: Würden Sie sagen, so würde ich Sie jetzt eigentlich verstehen, dass Paternalismus des Staates verboten ist? Ist das eine

notwendige und zwingende Konsequenz? Also, wenn man das sagt, provozieren Sie damit nicht, wenn man das mit Autonomieförderung begründet, genauso eine Heuchelei wie bei dem Nichtraucherschutz? Kommen wir nicht auch in dieselben Probleme, wenn wir mit Ihrer Beobachterperspektive argumentieren und sagen: „Es kommt dann auf soziale Schichten an"? Haben wir dann nicht das Problem, dass wir vielleicht eigentlich sagen müssten: „Na ja, also wenn das ein soziales Schichtenproblem ist, dann verbieten wir das wir für die Armen und die Reichen dürfen weiter rauchen"? Bringen Sie sich da nicht möglicherweise in Schwierigkeiten, wenn Sie ganz radikal den Paternalismus untersagen?

STARCK:
Wir nehmen wieder drei Wortmeldungen zusammen, zunächst Herr Rückert.

RÜCKERT:
Sie haben vage Formeln eingangs als Problem hingestellt. Aber ich glaube, es ist nicht viel mehr Schärfe herausgekommen bei der Abschichtung, so dass man sich doch fragt, gibt es nicht Bereiche, in denen die Schule etwa doch etwas strenger sein darf, also ganz allgemein? Und ich denke, als Juristen können wir doch eigentlich sagen: Was rechtlich anerkannte, wesentliche Werte sind im geltenden Recht, das muss doch wirklich hart vermittelt werden dürfen. Also, da hätte ich große Sympathie, einen bestimmten Bildungsbereich, nämlich den Rechtsbildungsbereich, zu den Grundfragen unseres Zusammenlebens, die anerkannt sind – und das geht auch in die Ethik rein, weil ja zum Teil diese anerkannten Grundfragen auch ethische Fragen berühren –, relativ streng durchzuführen. Neutralität kein Problem hier. Zweiter Punkt wäre: „Differenzierte Persönlichkeit" finde ich sehr schön und auch vollkommen richtig, aber zu schwach. Ich glaube, ein wichtiger Gesichtspunkt ist diese schon etwas spöttisch auch betrachtete Autonomieförderung. Nur dass ich das nicht Autonomieförderung nennen würde, sondern etwas zurückhaltender. Es geht um die emanzipatorische Erziehung, also Erziehung dazu, dass man sich selber entfalten kann, nur um die Voraussetzungen der Autonomie und nicht um die Förderung der Autonomie das ganze Leben hindurch. So ungefähr würde ich den Unterschied sehen. Es gibt eine Reihe von Rechtsnormen, die das auch festhalten, z.B. die Unveräußerlichkeit, die die Franzosen 1789 in die Déclaration geschrieben haben, die bei uns nicht so deutlich im Grundgesetz steht, aber auch in Art. 1 und 2 GG gemeint ist: keine Selbstveräußerung in die Sklaverei. Es gibt das Verbot des Lebenszeitvertrages im Dienstvertragsrecht, § 624 BGB. Es gibt das Verbot der finanziellen Selbstknebelung im BGB mit § 311, der inzwischen etwas verdorben ist in der Reform von 2002, aber immer noch existiert. Und ich denke, das sind gute Fallgruppenanhaltspunkte, um zu sehen, wo Schluss ist und wo Autonomie geför-

dert werden muss bzw. die Voraussetzungen festgehalten werden müssen. Und da sehe ich eine Abgrenzungslinie, die deutlicher sein könnte, wie ich hoffe.

STARCK:
Herr Schroeder bitte.

SCHROEDER:
Sie haben in Ihrem Abschichtungsmodell gesagt, dass neutrale Erziehungsziele zulässig seien, außer wenn sie Betroffene in Gewissensnot stellen. Meiner Meinung nach legen sich diese beiden Kriterien gegenseitig lahm. Die Neutralität ist ein objektives Kriterium, Gewissensnot ein subjektives. Wir wissen, dass – sagen wir mal – bestimmte religiöse Vorstellungen, scheinbar neutrale Gebote plötzlich zu einer Gewissensnot führen. Denken wir an das Kopftuchtragen. Wenn man diese Gewissensnot als Hinderungsgrund anerkennt, was bleibt dann von den neutralen Zielen noch übrig? Ein zweiter Einwand: Sie haben mit großer Überzeugungskraft gesagt, in einem liberalen Staat müsse jeder das Recht haben, seine Gesundheit zu ruinieren. Meiner Meinung nach kollidiert das aber mit dem Gebot der sozialen Fürsorge durch den Staat, d.h. also der Krankenpflege. Wir wissen, dass die Krankheitskosten heute durch die technischen Möglichkeiten enorm gestiegen sind. Ich würde Ihnen also nur Recht geben, wenn der Betroffene vorher eine ausreichende Versicherung abgeschlossen hat, damit der Staat und die Gemeinschaft nicht für solche Exzesse aufkommen müssen.

HUSTER:
Zunächst zu Ihrer Vorbemerkung zur Gesundheitserziehung in der Schule. Ich meine, das mag in vielerlei Hinsicht sinnvoll sein, wir müssen aber auch aufpassen, dass wir die Schule nicht überfordern. Bei jedem gesellschaftlichen Problem sagt einer, also jetzt z.B. in der Finanzmarktkrise: Können wir nicht in der Schule den Schülern irgendwie ökonomische Zusammenhänge vermitteln? Und bei der Gesundheit muss man dann halt Gesundheitserziehung machen. Aber die Schule kann, glaube ich, auch nicht jedes Problem lösen. Außerdem, wenn man an dieser Stelle ansetzt, da finde ich es in Deutschland viel seltsamer, dass wir z.B. nicht in der Lage sind, eine vernünftige Ernährung in der Schule überhaupt anzubieten. Also ich weiß noch, als ich zur Schule gegangen bin, da waren ganz viele Fahrschüler. Die sind mittags zur Pommesbude gegangen, weil die Schule nichts angeboten hat. Eine gesundheitsdienliche Ausgestaltung der Lebenswelt vorzunehmen, könnte da doch sehr viel sinnvoller sein, als ein spezielles Fach wie Gesundheitserziehung einzuführen.

Zu der ersten Frage von Herrn Heun: Man kann sich natürlich überlegen: Kommt jetzt bei dem Abschichtungsmodell eigentlich etwas anderes raus als bei dem Gleichordnungsmodell? Die Frage ist deshalb schwierig zu beantworten, weil bei diesem Abwägungs- und Gleichordnungsmodell des Bundesverfassungsgerichts die Vorgaben so vage sind und Abwägungen ja immer relativ beliebig sind, so dass man immer zu irgendeinem vernünftigen Ergebnis kommen kann. Ich meine, es geht mir zunächst einfach nur darum, die ganze Situation konsistenter zu strukturieren und zu beschreiben. Ob das im Ergebnis dann wirklich noch einmal etwas anderes ist, wie gesagt, das hängt im Wesentlichen davon ab, zu welchen Ergebnissen die herrschende Meinung aufgrund ihres Modells kommt.

Ist der Paternalismus schlechthin verboten? In der philosophischen Diskussion gibt es diese Unterscheidung zwischen schwachem und starkem Paternalismus. Die Grenze würde ich da sehen, wo jemand tatsächlich in vollem Bewusstsein seiner Geisteskräfte sagt: „Das ist das Leben, das ich führen will", er dadurch auch keinen anderen in irgendeiner Weise beeinträchtigt und der Staat dann doch sagt: „Nein, das tust du nicht, weil ich besser weiß als du, was das richtige Leben ist". Das ist als Argumentationsfigur tatsächlich in einem freiheitlichen Verfassungsstaat unzulässig. Ich glaube aber, dass die Fälle in der Realität anders gelagert sind.

Führt nicht die Beobachterperspektive und die Auffassung, dass das alles sehr schichtenspezifisch ist, dazu, dass man dann auch schichtenspezifisch an die Sache herangehen müsste? Ja, Sie haben schon Recht, das ist ein Problem, das auch in unserer Public-Health-Diskussion immer mal wieder diskutiert wird, und natürlich kann das dazu führen, dass die Oberschicht der Unterschicht erklärt, wie sie ihr Leben führen soll. Und so ist das ja auch lange Zeit gelaufen. Das ist eine Gefahr, die das Gemeinwesen auch bei diesen Dingen reflektieren muss.

Zur Frage, ob nicht die rechtlich anerkannten Werte jedenfalls unproblematische Erziehungsziele in der öffentlichen Schule sind. Da würde ich Ihnen grundsätzlich sofort zustimmen, wobei ich zwei Einschränkungen machen möchte. Eigentlich müsste man es dann reduzieren auf die verfassungsrechtlich anerkannten Werte, weil vieles im einfachen Recht ja auch z.B. politisch sehr im Streit ist. Es gibt z.B. auch einen Kölner Kollegen, Herrn SCHMITT-KAMMLER, der immer gesagt hat: „Die Schule darf nichts anderes machen, als die Verfassungswerte zu vermitteln." Das ist aber dann ein sehr unvollständiges Erziehungsprogramm, weil in der Verfassung über viele Dinge, die für die Entwicklung eines jungen Menschen doch wichtig sind, einfach nichts steht. Da die Verfassung zunächst einmal auf politische Entscheidungen und auf politische Prinzipien konzentriert ist, glaube ich, das reicht einfach nicht, um Menschen, die bis zu 13 Jahre zur Schule gehen, irgendwie ein vernünftiges Programm anzubieten. Mir persönlich gefällt der Begriff „emanzipatorische Erziehung" sehr gut. Der hat natürlich auch so seine Schwierigkeiten und Schlagseiten. Wenn Sie sich, was ja auch in der juristischen Diskussion eine große Rolle gespielt hat, die berühmten hessischen Rahmenrichtlinien ansehen, wo ja auch viel von Emanzipation usw. die Rede war – das fanden ja auch nicht alle so gut. Und Emanzipation hat natürlich auch immer so ein bisschen den Geruch von „Wir wollen die Kinder gegenüber den Bindungen, die sie mitbringen, erst einmal ein Stück weit entfremden oder diese relativieren." In dem Sinne stößt der Begriff natürlich bei den Erziehungsberechtigten auf Widerstand, weil diese versuchen, gerade diese Bindungen zu stärken. Das ist eine schwierige Gratwanderung an der Stelle.

Zu Herrn Schroeder: Relativiert die Möglichkeit, in Fällen der Gewissensnot Ausnahmen vorzusehen, nicht das objektive Kriterium, das Neutralitätsgebot? Im Grundsatz würde ich sagen, ist es natürlich immer so in einer Verfassungsordnung, die auf individuelle Gewissensnöte Rücksicht nimmt. Sie haben immer das Problem, dass dadurch allgemeine Rechts- und Verhaltenspflichten relativiert werden können. Das ist schon richtig. Worauf ich nur hinauswollte, ist: Es ist etwas anderes, zu sagen, im individuellen Fall, unter engen Voraussetzungen bin ich bereit – und natürlich dann auch immer verbunden mit einer Abwägung –, eine Befreiung vorzunehmen, als wenn ich von vornherein das gesamte Erziehungsprogramm unter den Vorbehalt der Zustimmung durch die Eltern stelle. Das scheinen mir doch zwei unterschiedliche Herangehensweisen zu sein.

Dann die Frage, ob das Recht, sein Leben zu ruinieren, nicht der sozialen Fürsorge durch den Staat widerspricht, und ob man dann nicht den Abschluss einer Zusatzversicherung verlangen müsste. Das kann man natürlich machen. In einem freiheitlichen Gemeinwesen ist es nicht systemfremd, den Einzelnen auch an den Auswirkungen seiner Lebensweise für andere teilhaben zu lassen. Nur: Ich habe mich ja in den letzten drei, vier Jahren mit dem Gesundheitswesen beschäftigt und wenn Sie sich da mal die Literatur anschauen zum Thema „Eigenverantwortung als Priorisierungs- oder Rationierungskriterium der Gesundheitsversorgung", da gibt es ganz viele Probleme – praktisch kommen Sie damit nicht sehr weit. Die Sportverletzung, die jemand sich selber zugefügt hat: Wollen Sie ihm das auferlegen oder wollen Sie sagen: „Wir wollen doch, dass die Leute sich bewegen"? Das ist alles ganz schwierig. Und deswegen glaube ich, in der Operationalisierbarkeit wird dieses Kriterium nicht sehr weiterhelfen, so ordnungspolitisch einleuchtend das in vielerlei Hinsicht natürlich ist.

STARCK:
So, jetzt kommen drei weitere Wortmeldungen: Herr Wißmann, Herr Link und Herr Alexy.

WISSMANN:
Vielen Dank. Herr Huster, ich stehe zunächst einmal vollkommen auf Ihrer Seite, dass Sie hier stark machen, wir müssen, wenn wir vom erziehenden Gesetz und den Einwirkungen auf den Bürger sprechen, den Schüler in den Blick nehmen, denn eine Erziehungsdiktatur, Herr Alexy, ist ja eben nicht nur möglich, wenn Sie Erwachsene erziehen. Pointiert gesagt: Die ideale Erziehungsdiktatur muss den Erwachsenen gar nicht mehr erziehen, denn sie hat das Kind so erzogen, dass z.B. das BGB lupenrein auf dem Stand von 1900 erhalten bleiben könnte, aber trotzdem nicht individuell genutzt würde. Deswegen glaube ich tatsächlich, dass verfassungsrechtlich der Blick auf den Bürger, der noch nicht volljährig ist, eine ganz wichtige Ausgangsbedingung für unsere gesamte Diskussion ist. Zwei kritische Anmerkungen: Sie haben für ein Bereichsscheidungsmodell plädiert und meiner Meinung nach dann das Bundesverfassungsgericht pejorativ für etwas in Anspruch genommen, das es so nicht vertritt. Ich jedenfalls lese das nicht so, dass es hier um Einheitsvoraussetzungen oder Einheitsmodelle geht, dem man differenzierte Modelle entgegensetzen müsste. Wäre das so, würde ich Ihnen Recht geben. Ich glaube aber, das Bundesverfassungsgericht will eigentlich auf eine prozedural verschränkte Erarbeitung von Lösungskonzepten, die auch Verschiedenheit aushalten, hinaus. Das wäre jedenfalls meine Gegenanalyse der Rechtsprechung, und etwas polemisch gesagt: Diese Bereichsscheidung hatten wir ja in Deutschland bis 1949 mit den getrennten Erziehungsbereichen von Schule und Familie und es ist, denke ich, viel komplexer, dass man es ineinander verschränkt. Ganz kurz noch zu Ihrem Modell der Begründungs- und Wirkungsneutralität: Das ist natürlich faszinierend, weil es uns anbietet, Komplexität zu reduzieren. Ich frage Sie aber noch einmal: Was schließt denn das Modell der Begründungsneutralität aus, wenn es nicht mal verpflichtenden Ethikunterricht ausschließt? Das wäre das eine. Und die Wirkungsneutralität: Hat die nicht eine enorme jakobinische Gefahr, wenn man einfach aus dem Blick nimmt, dass allgemeine Regelungen extrem unterschiedlich wirken können und dass das die Bürger extrem unterschiedlich auch betreffen kann? Deswegen wäre mein letzter Punkt: Sollten wir nicht die politische Entscheidung auch in Erziehungsfragen bewusst stärker machen: Die Gemeinschaft entscheidet darüber, was sie für richtig hält, durch das Gesetz?

STARCK:
Herr Link bitte.

LINK:
Ich will es kurz machen. Ich bin, Herr Huster, mit Ihnen völlig einverstanden; erstens damit, dass in diesen Gesundheitsfragen der Drittschutz eine Heuchelei ist, jedenfalls in seinen extremen Regelungen. Ein gewisses Unbehagen habe

ich wie Herr Heun auch bezüglich der schichtenspezifischen Selbstgefährdungen. Ist das nicht auch ein Ausdruck des Paternalismus, wenn man Selbstgefährdungen danach beurteilt, ob sie schichtenspezifisch sind? Dann müsste man Drachenfliegen – sicher nicht schichtenspezifisch, jedenfalls nicht unterschichtenspezifisch, weil es viel zu teuer ist – doch wohl auch verbieten. Oder – ich bin auch Raucher – wird eine Schicht dann in Geiselhaft genommen für andere Schichten? Geht hier nicht die Beurteilungskompetenz des Staates über schichtenspezifisches Verhalten zu weit in Ihrem Modell?

STARCK:
Herr Alexy bitte.

ALEXY:
Ich habe eine Bemerkung zum Verhältnis von Gleichordnungsmodell und Abschichtungsmodell. Ein Argument zur Kritik des Gleichordnungsmodells von Ihnen, Herr Huster, war, dass den subjektiven Vorstellungen der Eltern zu viel Raum gegeben werde. Nun hängt aber die Beurteilung der Eingriffsintensität doch keinesfalls allein von den subjektiven Vorstellungen der Eltern ab. Das ist vielmehr nur *ein* Faktor, der in eine objektive Beurteilung einzustellen ist. Das ist mein erster Punkt. Mein zweiter Punkt ist vielleicht wichtiger: Sie haben Verhältnismäßigkeit und Neutralität *neben*einander gestellt. Meine Frage lautet nun: Muss man die Neutralität nicht doch in den Verhältnismäßigkeitsgrundsatz integrieren? Etwa nach der Regel: Je neutraler ein Eingriff ist, desto weniger intensiv ist er.

STARCK:
Vielen Dank, jetzt gibt Herr Huster Antworten.

HUSTER:
Ja, bei der ersten Frage von Herrn Wißmann will ich zunächst nur für die Anregung danken. Ich gebe zu, dass ich vielleicht eine etwas grobschlächtige, zugespitzte Rekonstruktion der Rechtsprechung des Bundesverfassungsgerichts vorgenommen habe. Das kann man auch differenzierter machen, aber da ging es mir vor allem darum, überhaupt ein Gegenmodell zu präsentieren. Der zweite Punkt war: Was verbietet die Begründungsneutralität, wenn sie den verpflichtenden Ethikunterricht zulässt? Ich würde sagen, sie lässt z.B. einen Ethikunterricht dann eben nicht zu, in dem ganz dezidiert z.B. religionsfeindlich oder zugunsten einer bestimmten oder gegen eine andere Religion Stellung bezogen wird. Bei der Sache mit der Wirkungsneutralität sehe ich weniger eine jakobinische Gefahr, sondern ich gebe zu, ich neige da zu einem gewissen Etatismus. Und ich glaube, dass wir die Frage der Schwere der Auswirkung und deren Zumutbarkeit in einem komplexen Zusammenspiel von politischem Prozess und

Anpassung an die jeweiligen Lebensformen entscheiden müssen. Typischerweise müssen die Mehrheitsgesellschaft und die Minderheitskultur da in irgendeiner Weise aufeinander zugehen, sich aneinander abarbeiten. Mein wichtiger Punkt ist nur, dass das Verfassungsrecht das nicht vorwegnehmen kann. Das müssen wir durch einen politischen Prozess in Gang setzen.

Zu Herrn Link: Warum ist die Sache mit der schichtenspezifischen Ausrichtung des Gesundheitsverhaltens so wichtig? Sie ist deshalb wichtig, weil anders als beim Drachenfliegen, was eine punktuelle Entscheidung ist, wo man dem Einzelnen wirklich sagen kann: „Das hast du dir jetzt überlegt, am Sonntagnachmittag Drachenfliegen zu gehen, das hättest du auch sein lassen können", das bei den lebensstilbezogenen Dingen, wenn jemand sich falsch ernährt, sich zu wenig bewegt, zu viel trinkt, alles sehr viel schwieriger ist und mit der gesamten Lebenssituation zu tun hat. Das ist ja nicht ganz zufällig, dass Leute, die sonst schon mit ihrem Leben viele Probleme haben, auch mit ihrem Gesundheitsverhalten nicht zurechtkommen. Es ist daher ein bisschen unfair, einfach die Verantwortung immer dem Einzelnen zuzuweisen, wenn wir sehen, dass ganz viele in der gleichen Situation auch ganz entsprechende Probleme haben. Die Statistiken sind da eindeutig. Der Unterschied in der Lebenserwartung zwischen dem obersten und dem untersten Einkommensfünftel in Deutschland beträgt bei Männern 10 Jahre. Das muss man sich überlegen, 10 Jahre. Da hilft auch die medizinische Versorgung nicht, sondern das hängt sehr allgemein mit der Lebenssituation dieser Menschen zusammen.

Zur ersten Frage von Herrn Alexy. Natürlich ist die Beurteilung von Eingriffsintensitäten nicht nur an den subjektiven Vorstellungen orientiert. Aber ich würde schon sagen, wie man ja an den Fällen auch sieht, dass die Abwertung, die Aversion, das Nichtmögen von bestimmten erzieherischen Einwirkungen, wie einen koedukativen Sportunterricht, nun doch schon ganz gewaltig von den jeweiligen subjektiven Erziehungsvorstellungen abhängt und auch davon, ob der Einzelne – so beurteilen das ja auch die Verwaltungsgerichte – darlegen kann, dass ihn das in eine Gewissensnot bringt oder ob ihm das einfach nur nicht so behagt. Und das scheint mir doch stark von den subjektiven Vorstellungen abzuhängen und deswegen würde ich sagen, das ist jedenfalls ein Faktor, der eine erhebliche Rolle spielt. Dann zum Verhältnismäßigkeitsprinzip und zum Neutralitätsprinzip: Mein Modell ist, zu sagen, die Verhältnismäßigkeit schützt gegen zu intensive Eingriffe, die Neutralität schützt gegen Eingriffe aus den falschen Gründen. Und ich glaube, dass das eine sinnvolle Zuordnung ist. Man kann natürlich auch versuchen, diesen Neutralitätsgedanken z.B. in der Angemessenheitsstufe der Verhältnismäßigkeitsprüfung unterzubringen. Da spricht grundsätzlich nichts dagegen; ich glaube nur, wenn man das nebeneinanderstellt, dass das transparenter wird. Ich nenne Ihnen einen Parallelfall, wo wir das so ähnlich machen, nämlich bei der Meinungsfreiheit und dem Begriff der allgemeinen Gesetze, wo wir auch die Sonderrechtslehre und die Abwägungslehre nebeneinander haben. Und auch da haben wir genau die gleiche Struktur: Die Sonderrechtslehre schützt gegen Eingriffe aus den falschen Gründen, die Abwägungslehre schützt allgemein gegen zu intensive Eingriffe in die Meinungsfreiheit. Auch da könnte man sagen, besonders intensiv sind eben Eingriffe, die nicht meinungsneutral sind. Aber wir unterscheiden es dort und ich glaube, es trägt zur Transparenz bei, wenn wir zwei unterschiedliche Prüfungspunkte daraus machen.

STARCK:
Ich habe noch eine Wortmeldung, Herr Spickhoff bitte.

SPICKHOFF:
Mich interessiert noch eine Frage zum Thema der staatlichen Gesundheitserziehung. Sie schließt an die Bemerkung von Herrn Link an, Stichwort: Paternalismus und die vorgeschlagene Differenzierung nach sozialen Hintergrundfaktoren. Die Frage ist, wie weit man eigentlich bei dieser Differenzierung nach sozialen Hintergrundfaktoren gehen sollte. Herr Huster, Sie würden ja – was ich nicht kritisch sehe – paternalistisch z.B. sagen: In einschlägigen Gegenden darf man aufgrund der schichtenspezifischen Gefahr nicht rauchen. Die Frage ist dann aber, ob man dort ein Raucherlokal für Professorinnen und Professoren doch eröffnen darf. Noch weitergehend: Müsste man McDonald's abschaffen, jedenfalls in einschlägigen Gegenden, weil die dort angebotenen Lebensmittel zu einseitig sind? Läge das nicht sogar auf der Linie Ihrer Ausführungen? Könnte man noch weitergehen, und fragen, ob Kinder auf der Hauptschule zu Kinderregeluntersuchungen gezwungen werden sollen, und wie steht es mit der (Wieder-)Einführung eines Impfzwangs für bestimmte Personengruppen? Oder sollte im Falle von Eingriffen in die körperliche Integrität besser doch nicht nach Schichten differenziert werden, weil sich hier das Grundrecht auf Selbstbestimmung im Kontext der ärztlichen Aufklärung durchsetzt? Es ist kein Geheimnis, dass auch im Bereich der Patientinnen und Patienten schichtenspezifisch der Verständnishorizont durchaus uneinheitlich ist. Deshalb könnte man vertreten, dass man sich bei Patientinnen und Patienten, die einen begrenzten Empfängerhorizont haben, um eine besonders eingehende Aufklärung zu bemühen hat. Es könnte aber auch geschehen, dass solche Patienten aus solchen Gruppen oder Bevölkerungsschichten dann, wenn ihnen das höchste Risiko mitgeteilt worden ist, gebotene Eingriffe aufgrund von missverstandener Angst unterlassen. Das könnte zu der Idee verführen, dass man entsprechende Patientengruppen gar nicht oder geringer aufklärt und paternalistisch den Eingriff durchführt, was zwar ganz der überholten ärztlichen Linie entsprechen würde, aber nicht mehr

unserem heutigen Leitbild. Im Endeffekt ist die Frage also die, wie weit man mit entsprechenden Differenzierungen gehen sollte.

STARCK:
Herr Huster, bitte jetzt Ihre letzte Antwort.

HUSTER:
Ich habe ja versucht anzudeuten, dass es für all diese Fragen keine Zauberformel gibt. Und man kann sich dann natürlich auch so ein bisschen darüber lustig machen und jetzt sagen: „Müssen wir nicht McDonald's in bestimmten Gegenden verbieten?". Ich sage Ihnen nur andersrum, dass sind Dinge, die die Industrie natürlich schon lange macht. Werbung und auch die Ansiedlung von Einrichtungen mit derartigen gesundheitsgefährdenden Produkten sind extrem schichtenspezifisch ausgeprägt. Die schauen sich natürlich genau an: „Bei wem kann ich mit dem Zeug landen, welche Menschen in welcher Lebenssituation haben gegen unsere Werbeeinflüsterungen überhaupt keinen Widerstand mehr anzubieten?" Und deswegen scheint mir die Idee, dass das Gemeinwesen auf diese Strategien der Ernährungsindustrie dadurch reagiert, dass es dann an bestimmten Stellen sagt: „Nein, Fernsehwerbung verbieten wir jetzt", nicht so abwegig zu sein. Im Übrigen müsste man sich die Fälle im Einzelnen ansehen. Ich glaube, die Sache mit der ärztlichen Aufklärung ist noch mal eine ganz andere Geschichte.

STARCK:
Vielen Dank.

Abschlussdiskussion

Leitung: Christian Starck

Starck:
Das Symposion begann gestern mit Vorträgen über Erziehung in historischer Zeit: zunächst mit den Polizeiordnungen, dann dem sozialistischen Recht, das erfreulicherweise auch Geschichte ist. Dann folgten Vorträge über das EU-Recht, das Familien- und Kinderschutzrecht, als nächstes Schulrecht und Gesundheitsrecht. Und wir haben die Fragen, die da aufgetreten sind, relativ ausführlich diskutieren können. Es würde jetzt in der allgemeinen Schlussdiskussion darum gehen, Verbindungen herzustellen zwischen diesen Vorträgen und strukturelle Fragen zum Gesamtthema herauszuarbeiten. Ich habe mir drei verschiedene Komplexe überlegt. Das eine, was wir noch einmal allgemein diskutieren können, ist der *Erziehungsbegriff*. Paternalismus, haben wir gehört, ist wahrscheinlich ein Teil der Erziehung. Dann haben wir, das schien mir eigentlich am eindrucksvollsten im Übrigen zu sein, die Differenzierung von Frau Wendehorst zwischen *Erziehung im engeren Sinne* und *Erziehung im weiteren Sinne*, wobei ich das so interpretieren will, dass Erziehung im engeren Sinne die direkte Erziehung sein soll – Hauptbeispiel die schulischen Erziehungsziele. Und die indirekte Erziehung: Das ganze Recht wirkt eigentlich immer erzieherisch: das Strafrecht, das Schadensersatzrecht, wie wir schon gehört haben. Das sind also zwei, wahrscheinlich noch weiter zu differenzierende Unterscheidungen, was Erziehung ist. Dann haben wir auch noch, mit dem Erziehungsbegriff zusammenhängend, die Frage der *Wirkungen* erörtert. Im Hinblick auf die Wirkungen ist mir bei den Vorträgen deutlich geworden, dass wir gar nicht sprechen sollten von der Wirkung eines einzelnen Gesetzes, das erzieherisch wirken kann. Wir müssen immer auch die Umwelt eines Gesetzes einbeziehen. Es gibt Zusammenhänge zwischen Gesetzen, die erzieherisch wirken können. Der zweite Punkt, der damit eng zusammenhängt, ist, dass nicht nur das Gesetz, sondern auch die Vollziehung des Gesetzes und die Rechtsprechung mit in Betracht gezogen werden müssen. Das wäre also der erste Komplex, den ich mit „Erziehungsbegriff" umschrieben habe. Den zweiten Komplex könnte man mit „Erziehungsziele" überschreiben, aber nicht in dem Sinne, wie das heute für die Schule behandelt wurde, sondern allgemein muss ja der Staat, der erziehen will, sich über die Ziele, die er erreichen will, Klarheit verschaffen. Es ist heute ziemlich markant gesagt worden, dass eigentlich nur die Ziele, die sich aus dem Grundgesetz ableiten lassen, ihm zumindest nicht widersprechen, überhaupt als

staatliche Erziehungsziele in diesem weiteren Sinne gerechtfertigt sind. Gestern hat Frau Schumann vom Menschenbild, das man aus dem Grundgesetz herleitet, gesprochen. Darüber ist heute auch gesprochen worden, dass die einfachen Gesetze natürlich auch eigenständige Erziehungsziele aufwerfen können, freilich im Rahmen des Grundgesetzes. Noch nicht richtig problematisiert worden ist die Einwirkung des EU-Rechts und des EMRK-Rechts. Das steht ja in gewisser Weise über oder neben der Verfassung. Den dritten Komplex würde ich so umschreiben, dass die staatliche Erziehung etwas ist, was sich erst im Laufe der Zeit entwickelt hat. Vorher waren religiöse Gruppen, vor allem die Kirchen, maßgebend für erzieherische Wirkungen auf die Menschheit. Und dieses Verhältnis müsste noch etwas genauer in der Diskussion geklärt werden, und zwar auch in dem Sinne, dass es Rückgriffe des Staates gibt auf diese klassischen Erziehungsinstitutionen. Im 19. Jahrhundert hat sich die Schule emanzipiert von den Kirchen und es entstand die (staatliche) Nationalerziehung. Aber die Nationalerziehung hat ganz stark an das frühere System angeknüpft, also Rückgriffe vorgenommen. Die nächste Frage ist: Wenn es in der Religion eine Rechts- oder Gesetzesfremdheit gibt, wie wirkt das auf die späteren staatlichen Versuche, erzieherisch zu regeln? Das war eine Frage, die durch den Vortrag von Herrn Schroeder in Bezug auf Russland aufgeworfen worden ist. Und eine letzte Bemerkung, die in dem Zusammenhang steht, aber die wir bis jetzt nicht diskutiert haben, ist das Beispiel China. China ist traditionell kein Rechtsland, sondern ein Land, das auf die Moral achtet, und der Konfuzionismus hat dazu geführt, dass keine richtig strukturierte Rechtsordnung gilt. Nur das Strafrecht spielt eine große Rolle. Welche Wirkung hat das langfristig gehabt etwa auf die Leichtigkeit, den Kommunismus durchzusetzen, wo auch nicht das Recht herrschen soll, sondern die Ideologie? Das sind die drei Punkte, die mir besonders wesentlich erscheinen, das heißt natürlich nicht, dass unsere Schlussdiskussion sich darauf beschränken müsste, aber ich meine, diese Punkte sind sicher interessant für die Diskussion. Deswegen darf ich fragen, wer sich zu Wort melden möchte; Herr Diederichsen als Erster.

DIEDERICHSEN:
Ich wollte etwas zur Dichotomie des erziehenden Gesetzes sagen, zum Erziehungsbegriff mit seiner Zweiteilung. Erziehung ist ja ein Begriff, der eine ganz lange Tradition hat, und damit auch ein festes Begriffsgefüge. Es ist also Verhaltenssteuerung bei einem zu Erziehenden und ein wichtiges Kriterium ist die innere Veränderung des Verhaltens und der Werte, insbesondere dass man als zu Erziehender bereit ist, Werte zu übernehmen und diese für sein weiteres Leben zu verwirklichen. Das unterscheidet sich von einer Situation, in der eine reine Kausalität, eine Zweck-Mittel-Verbindung besteht, ohne dass eine Internalisie-

rung vorausgesetzt wird. Und deswegen meine ich, dass wir im Hinblick auf unser 16. Symposion und sein Thema „Das erziehende Gesetz" Erziehung so stehen lassen sollten.

STARCK:
Frau Schumann bitte.

SCHUMANN:
Ich habe drei Punkte, die mehrere Vorträge betreffen. Der erste Punkt knüpft unmittelbar an den letzten Vortrag und die Frage an, ob bestimmte Schichten unfähig sind, sich richtig zu verhalten, und ob bejahendenfalls eine begrenzte Rationalität einen begrenzten staatlichen Paternalismus bzw. eine staatliche Erziehung rechtfertigen kann. Letzteres würde voraussetzen, dass der Staat tatsächlich auch weiß, was das Richtige und was das Beste ist. Woher aber soll der Staat seine Kenntnis, was das Beste und was das Richtige für den Einzelnen ist, erhalten? Ich will dies am Beispiel der Sorge bzw. des Umgangs nach Trennung der Eltern verdeutlichen. „Experten" aller Fachdisziplinen hatten jahrelang behauptet, dass es im Falle der Trennung der Eltern das Beste sei, wenn das Kind eindeutig einem Elternteil zugeordnet werde und mit dem anderen Elternteil nur gelegentlich Kontakt habe. Heute hingegen fahren die Kinder jedes Wochenende durch die ganze Republik, um den anderen Elternteil zu sehen, oder wohnen sogar, wenn beide Eltern in einer Stadt leben, abwechselnd in den Wohnungen von Mutter und Vater, weil heute die Experten glauben, dass dieses Modell mit möglichst viel Kontakt zu beiden Eltern das Beste für die Kinder sei. Die Frage ist doch: Weiß der Staat wirklich, was für jeden Einzelnen das Richtige ist? Und wenn wir daran Zweifel haben, dann besteht – trotz der behaupteten Defizite in den Bereichen Gesundheit, Kindererziehung usw. – schon im Ausgangspunkt keine Grundlage für staatlichen Paternalismus bzw. für eine Erziehung der Bürger. Als zweites möchte ich auf etwas hinweisen, was mir bei mehreren Vorträgen aufgefallen ist: Wir haben über Gesundheit, frühe Bildung der Kinder, volle Erwerbstätigkeit der Eltern usw. gesprochen – und bei all diesen Fragen der Erziehung geht es immer auch um den Menschen als Wirtschaftsgut. Und dies scheint mir etwas Neues zu sein, was möglicherweise auch mit dem demographischen Wandel zusammenhängt: Der Staat hat den Menschen als Wirtschaftsgut entdeckt; er will ihn im Interesse der gesamten Gesellschaft besonders leistungsfähig formen, ihn besonders gesund erhalten, die Mütter möglichst schnell nach der Geburt wieder voll in die Erwerbstätigkeit eingliedern, den Verbrauchern ein möglichst einheitliches Kaufverhalten einimpfen usw. Man müsste also überlegen, ob nicht die bestmögliche Nutzung bzw. Ausrichtung des einzelnen Menschen unter ökonomischen Gesichtspunkten eine Gemeinsamkeit ist, die hinter allen besprochenen Feldern steht. Und schließlich als letztes noch einmal

die Frage an die Verfassungsrechtler, die ich bislang noch nicht beantwortet sehe: Wie gehen wir mit dem Phänomen um, dass viele Einzelgesetze Maßnahmen vorsehen, die jede für sich genommen noch nicht einen verfassungsrechtlichen Eingriff darstellen, die Maßnahmen sich aber in der Summe zu einer massiven Einschränkung der verfassungsrechtlich garantierten Freiheiten verdichten. Ist dies rechtlich fassbar und wenn ja, wie?

STARCK:
Vielen Dank. Sie haben in den ersten beiden Punkten die Fragen aufgeworfen, wer die Ziele bestimmt; das ist ein interessanter Punkt. Jetzt kommt Frau Langenfeld.

LANGENFELD:
Ich möchte mich zum ersten Komplex äußern, und zwar wurde auch von Ihnen betont, dass Erziehungsziele nur das sein können, was der Verfassung nicht widerspricht. Ich weiß nicht, ob das ausreichend ist. Soll, kann, darf in der Schule nicht auch vermittelt werden etwa – ich nenne es jetzt mal altmodisch – Vaterlandsliebe, Hinwendung zum Heimatland? Ist es nicht gerade der Integrationsaufgabe der Schule in ganz besondere Weise aufgegeben, das in einer immer pluralistischeren Gesellschaft zu vermitteln? Weiter gehört zur Staatsräson der Bundesrepublik Deutschland ein bestimmtes Verhältnis zu Israel. Es gehört die Befassung mit dem Holocaust dazu, ein bestimmtes Geschichtsbewusstsein und dieses muss doch erzieherisch auch affirmativ vermittelt werden. Wir müssen das in besonderer Weise heute beachten, damit gerade die Zahl derjenigen Bürger Deutschlands, die mit dieser Geschichte nicht von Kinde an vertraut sind, nämlich die wachsende Zahl namentlich muslimischer Zuwanderer, jedenfalls dahingehend in der Schule angeleitet werden, diese Staatsräson mit zu tragen. Und da gibt es bereits ganz massive Probleme, mit denen Schulen insoweit konfrontiert sind. Also im Prinzip geht es auch darum, dass man den Versuch unternehmen muss, in der Schule Menschen zu einem verantwortungsvollen Grundrechtsgebrauch zu veranlassen. Und natürlich sagt die Verfassung prinzipiell: Du hast die Freiheit zu tun und zu lassen, was du willst. Jede Einschränkung muss in besonderer Weise gerechtfertigt werden. Aber gleichzeitig ist auch die Erwartung und die Hoffnung da – und das hat BÖCKENFÖRDE in klassischer Weise formuliert –, dass die Grundrechte in gemeinwohlverträglicher Weise gebraucht werden. Das Dilemma liegt ja eben darin, die Frage zu beantworten, wie der Staat das möglichst erreichen kann. Zweiter kurzer Punkt: Wie sehen Sie, Herr Huster, das Verhältnis von religiöser Erziehung und staatlicher Erziehung? Sehen Sie Grenzen, die der Religionsunterricht in der Schule zu beachten hat, die sich aus der Verfassung ergeben? Haben wir eine Bindung etwa des islamischen Religionsunterrichts an die Erziehungsziele, soweit sie in den Schulgesetzen formuliert

sind? Dürfte also etwa im islamischen Religionsunterricht gesagt werden: „Der säkulare Staat ist abzulehnen, ebenso wie die Gleichberechtigung von Mann und Frau, aber liebe Schüler, ihr dürft euch noch nicht kämpferisch dagegen wenden, wir erziehen euch zur Rechtstreue, aber ihr müsst wissen, dieses Recht ist schlecht und bei Gelegenheit werden wir alles tun, um das dann auf legale Weise irgendwie aus der Welt zu schaffen"?

STARCK:
Vielen Dank, Sie haben eine Frage an Herrn Huster gestellt, die er sicher beantworten möchte.

HUSTER:
Ganz kurz eine Bemerkung zu den Erziehungszielen, wie z.B. Heimatliebe. Das ist typischerweise ein Ziel, über das politisch entschieden werden muss. Das ergibt sich nicht aus der Verfassung, es widerspricht aber auch nicht der Verfassung. Es ist z.B. auch von den gesellschaftlichen Zuständen abhängig, ob der Bildungsgesetzgeber der Ansicht ist, wir haben zu viel oder zu wenig Patriotismus in unserer Gesellschaft. Das kann doch mal so und mal anders sein, deswegen muss das politisch entschieden werden. Das würde ich juristisch nicht so hoch hängen. In Bezug auf die Grenzen des Religionsunterrichts bin ich kein großer Freund von einer Art Grundrechtefundamentalismus, nach dem jedes private Verhalten immer schon als Widerspruch gegen die Werteordnung zu sehen wäre. Aber wenn das in einer öffentlichen Institution in Kooperation mit dem Staat stattfindet, können natürlich keine verfassungsfeindlichen Inhalte propagiert werden.

STARCK:
Herr Behrends bitte.

BEHRENDS:
Ich möchte sagen, dass ich auf dieser Tagung viel gelernt habe und vor allen Dingen mir deutlich geworden ist, dass das Gesetz erzieht, aber ersichtlich nur als Teil und Hintergrund der verwirklichten Rechtsordnung. Man muss immer die gesamte Rechtsordnung sehen, um zu ergründen, ob ein Gesetz in günstiger Weise auf das Verhalten der Menschen und damit auch auf ihr Gesinnungsverhalten einwirkt oder in negativer Weise, ob es positive Erziehungsimpulse oder negative hat. Und da das Gesetz insofern ein Teil der Rechtsordnung ist, indem es die Rechtsordnung konkretisiert, nimmt es an sich teil an der Erziehungsaufgabe des Rechts schlechthin. Daran sollte man auch einmal erinnern, dass in der Geschichte der Menschheit das Recht das eigentliche Mittel der Zivilisation des Menschen ist – durch Einführung des Gewaltverbotes, durch Einführung des Prinzips des Vertrags und der Verträglichkeit, die dazu auffordern, alle Ziele auf

dem Wege der Verständigung und der friedlichen Kommunikation zu suchen; das Recht hat insofern eine uralte Erziehungsaufgabe. Deswegen ist das Wort „Zivilisation" und „*ius civile*" nicht zufällig das gleiche Wort. In unserem Wort „Bürgerlichkeit" ist das leider verloren gegangen, aber *civis*, *civilius* ist an sich die Zivilisation. Daran sieht man, dass die Erziehungswirkung des Gesetzes nur ein Detail ist aus der großen Erziehungsleistung, die das Recht hat, so dass unsere Gesetze auch erheblich über den Weg entscheiden, den unsere Zivilisation, den unsere Kultur nehmen wird. Die Gesetze können das extrem konditionieren, wie wir gesehen haben an den Beispielen aus den totalitären Staaten. Und das führt mich zu einer terminologischen Frage: Man ist verständlicherweise empfindlich gegenüber Erziehungswirkungen, die die Autonomie verletzen und das Zutrauen, dass der Mensch in seinem dunklen Drange schon den rechten Weg finden wird, missachten. Um diese Empfindlichkeit auszudrücken, ist das Wort Paternalismus sehr beliebt und ich möchte doch einmal feststellen, dass das eigentlich ein *gender prejudice* ist. Man dürfte an sich vom Maternalismus sprechen, denn das Problem der *overprotective mother*, das gibt es. Ein Vater ist dagegen typischerweise an allgemeinen abstrakten Regelbildungen interessiert, der Vater erzieht liberaler als die Mutter. Die Mutter ist viel näher an dem Menschen dran. Also ich finde, wenn man eine wirklich negative Konnotation will, dann sollte man von Maternalismus sprechen. Aber noch eine letzte Bemerkung: Es ist sehr interessant, dass das von Frau Wendehorst formulierte Verhältnis von unmittelbarer und mittelbarer Erziehung ein sehr altes Phänomen beschreibt, erkennbar an dem Doppelsinn der Worte „Institution" und „*instituere*". Institution bezeichnet einerseits eine rechtliche Ordnung, andererseits die belehrende Unterweisung in Grundsätze. Entsprechend hat das Verb *instituere* zwei Bedeutungen: Einrichtung einer rechtlichen Ordnung, Unterweisung von Menschen. QUINTILIANS „*Institutiones oratoriae*" und die Institutionen JUSTINIANS sind Lehrbücher. Man sieht daraus: Recht muss gelehrt werden und auch als Teil der Allgemeinbildung auf die Gesinnung wirken. Die beiden Aspekte wirken zusammen. Man möchte wohl lieber den Menschen, der sagt: „Ich betrüge nicht, weil das mit meiner Selbstachtung unvereinbar ist", als denjenigen, der sagt: „Ich tue das nicht, weil sich das nicht rechnet"; man lässt aber auch den gelten, der sagt: „*Crime does not pay*", der sagt: „Ich hinterziehe keine Steuern, denn es lohnt sich nicht, ich komme besser auf meine Kosten, wenn ich rechtlich handele." Mit dieser Ambivalenz kann man offenbar leben. Eigentlich möchte man schon ganz gerne, dass die Erziehung zur Rechtlichkeit in die Gemüter hineingeht, aber man kann sich auch mit einem äußerlich konformen Verhalten begnügen. Der Doppelsinn von Institution – einmal äußere rechtliche Ordnung, zum anderen erzieherische Unterweisung in Grundsätze der Rechtsordnung – hat also seinen guten informativen Sinn.

STARCK:
Vielen Dank, Herr Behrends. Sie haben den Vater Staat, den Paternalismus in Frage gestellt, aber er leitet sich vom Vater Staat ab, und bei der Mutter Kirche könnte man vom Maternalismus sprechen. Der Nächste ist Herr Marburger.

MARBURGER:
Ich wollte den Blick am Ende dieser Tagung auf etwas richten, was ein wenig vom Gesetz wegführt, auf ein Normensystem nämlich, das sich unterhalb der Rechtsnormebene findet, von außerordentlich großer wirtschaftlicher Bedeutung ist und sehr starke verhaltenslenkende Wirkung entfaltet. Ich meine die technischen Normen, etwa DIN-Normen. Das sind private technische Regeln, die aus sich heraus keinerlei Bindungswirkung, keine Verbindlichkeit entfalten, aber in weitem Umfang angewandt werden. Man kann von einer Art faktischer Geltung sprechen. Und hier kommt der Erziehungsgedanke ins Spiel. Zunächst aber: Warum ist das so? Nun, es sind rein ökonomische Vorteile am Anfang. Die Unternehmen verhalten sich normgemäß, weil das Kosten einspart, man spricht von 5-10 Mrd. Euro pro Jahr Kostenersparnis durch technische Normen. So wäre z.B. eine arbeitsteilige Fertigung ohne passungsgerechte Produktion von Einzelteilen oder Komponenten des Produkts nicht denkbar, *Just-in-time*-Lieferung überhaupt nicht. Also sind das Grundvoraussetzungen, um modern und kostengünstig zu produzieren. Zweitens liegt eine gewisse Qualitätssicherung darin. Wenn man sich an diese Regeln hält, dann produziert man gewöhnlich keinen Ausschuss, so dass also auch die Vertragsgerechtigkeit gewahrt wird und man vor Gewährleistungsansprüchen weitgehend geschützt ist. Und drittens ist besonders wichtig die Sicherheit. Vor allem im handwerklichen Bereich, etwa im Bereich der Elektrotechnik oder in der Gastechnik, spielen die technischen Sicherheitsregeln eine große Rolle. Und hier kommt jetzt das Gesetz wieder ins Spiel. Der Gesetzgeber macht sich diese Erscheinung zu Nutze, indem er die Adressaten dazu bringt, diese Normen anzuwenden, sie aber nicht zwingt, sondern ihnen Anreize gibt. Zum Beispiel gibt es im Energiewirtschaftsgesetz eine Vorschrift, die heißt: Bei der Erzeugung, Fortleitung und Abgabe von Energie sind die allgemein anerkannten Regeln der Technik zu beachten. Und dann heißt es in Absatz 2: Soweit es um elektrotechnische Anlagen geht, wird die Einhaltung der anerkannten Regeln der Technik vermutet, wenn die Vorschriften des Verbandes der Elektrotechnik, Elektronik, Informationstechnik (VDE) eingehalten worden sind. Es wird also niemand gezwungen, das so zu tun, aber wenn er es tut, dann hat er enorme Vorteile in beweismäßiger Hinsicht. Und dieses, wie ich meine, pfiffige System ist auf die europäische Ebene seit 25 Jahren übertragen worden. Die Richtlinien zur Binnenmarktharmonisierung bedienen sich dieses Systems, indem sie verbindlich nur bestimmte grundlegende Anfor-

derungen vorschreiben und die Konkretisierung dieser grundlegenden Anforderungen den europäischen technischen Normungsinstitutionen überlassen, die wiederum von der Kommission beauftragt werden, die Normen auszuarbeiten. Und wenn diese europäischen – man nennt sie dann harmonisierte – Normen angewandt werden, wird wieder diese Vermutung begründet. Es wird niemand gezwungen, aber der Anreiz, es zu tun, ist hoch. Und da steckt, meine ich, ganz deutlich auch ein Erziehungsgedanke dahinter. Ich will das hier beenden, denn es führt ein wenig von dem weg, was in der Tagung gesagt worden ist, auf ein anderes Feld.

STARCK:
Das ist ein sehr gutes Beispiel, das Sie gebracht haben, denn hier kann man sehen, dass es eine besonders effektive Erziehung ist. Wir haben schon über die Effektivität gesprochen. Die ist eben nicht immer gewährleistet. Und hier ist sie besonders effektiv gewährleistet, deswegen bedanke ich mich besonders für Ihre Bemerkung.

STOLLEIS:
Sie ist effektiv, weil sie ökonomisch gestützt ist.

STARCK:
Ja. Nun Herr Avenarius.

AVENARIUS:
Zwei Punkte möchte ich nennen: Der erste knüpft an den letzten Vortrag an, nämlich an den Gesichtspunkt der paternalistischen Auffassung bestimmter erziehender Gesetze. Wir sollten Art. 1 GG betrachten, der ja keine Feststellung enthält, sondern aus guten historischen Gründen eine Wertordnung propagiert und ganz offensichtlich einen erzieherischen Hintergrund hat. Und ist dies nicht ein gutes Beispiel dafür, wie eine erziehende Norm paternalistisch verstanden wird, etwa wenn jemand im Bewusstsein der Problematik freiwillig in einer Peepshow auftritt oder sich zum Objekt eines „Zwergenweitwurfs" machen lässt? Man muss diese Personen offenbar ähnlich wie im Fall der gesundheitlichen Selbstgefährdung davor schützen, dass sie sich selbst die Menschenwürde nehmen, wenn ich voraussetzen darf, dass hier die Menschenwürde betroffen ist. Zweitens etwas Generelleres: Wir haben gestern und heute über die Vergangenheit und über die Gegenwart gesprochen. In der Vergangenheit gibt es Konzepte, in denen es ganz selbstverständlich ist, dass Gesetze erzieherisch wirken sollen, weil die Rahmenbedingungen das ermöglichen. Für die Gegenwart haben wir starke Vorbehalte kennengelernt: In einem freiheitlichen Staat stößt das erzieherische Gesetz auf Grenzen. Was ist eigentlich mit der Zukunft? Ich will eine Überlegung anstellen. Also für den Fall – und ich formuliere das vorsichtig, weil die historische Be-

trachtung lehrt, dass Entwicklungen eigentlich sehr häufig gar nicht so signifikant sind oder aber wieder ausgeglichen werden –, dass die Globalisierung etwas Längerfristiges sein sollte, könnte ich mir vorstellen, dass das erziehende gesetzte Recht an Bedeutung gewinnt. Wenn nämlich die Möglichkeit zunehmen sollte, dass Schäden im internationalen Rahmen verursacht werden von Menschen, auf die man keinen Zwang ausüben kann, könnte es ja von besonderer Bedeutung sein, diese davon zu überzeugen, dass sie sich in einer gewünschten Weise verhalten sollen. In verschiedenen Zusammenhängen wäre das für mich denkbar: Wenn das etwa in einem nicht funktionierenden Staat stattfindet, kann man dort mit militärischen Mitteln die Versammlung der Stammesführer schützen in der Erwartung, dass diese dann ein Normsystem beschließen – in der Hoffnung also, dass die Menschen sich unter den Bedingungen der gewaltsam gewährleisteten Ordnung an ein geregeltes Verfahren gewöhnen und so womöglich zur Demokratie erzogen werden. Ein anderer Fall: Weil über das Internet Schädigungen an ganz anderen Orten der Welt herbeigeführt werden können, verständigt man sich auf eine Verfassung des Internets, also auf bestimmte Verhaltensstandards. Auch hier ist man auf die Freiwilligkeit, sich danach zu richten, angewiesen. Das könnte, wie ich meine, ein Gebiet sein, auf dem der Gedanke des erziehenden Rechts an Bedeutung gewinnen mag.

STARCK:
Vielen Dank für diese futuristischen Bemerkungen. Jetzt kommt Herr Alexy.

ALEXY:
Ich möchte die Frage stellen, ob und in welchem Maße Erwägungen auf diesem Symposion als Widerlegung des BÖCKENFÖRDE-Diktums – der Staat lebt von Voraussetzungen, die er nicht selbst schaffen kann – angesehen werden können. Denn wenn Erziehung im engeren Sinn, d.h. Erziehung unter Inklusion von Einstellungsänderungen oder Einstellungsbekräftigungen durch Gesetze möglich ist, dann kann der Staat sich seine Voraussetzungen, zumindest in dem Maße, in dem Erziehung durch Gesetz möglich ist, selbst schaffen. Wir kommen dann sozusagen zu einem autopoietischen Element, der Selbstschöpfung des Staates durch sich selbst per Erziehung durch Gesetz, und das BÖCKENFÖRDE-Diktum dürfte nicht mehr so oft zitiert werden.

STARCK:
Vielleicht nicht mehr in dieser Radikalität. Dass es immer Möglichkeiten gibt, etwa durch die Gestaltung des Sozialrechts, die Menschen zu veranlassen, sich anders zu verhalten, das wurde nie bestritten. Ich glaube, das war eine Zuspitzung von BÖCKENFÖRDE, aber es ist trotzdem eine sehr interessante Frage. Möchten Sie unmittelbar dazu etwas sagen?

BEHRENDS:
Es sind in der Tat interessante Fragen. Ich fand den Hinweis auf die Autopoiese überraschend, weil der Staat damit in gewisser Weise eine begriffliche Existenz bekommt, die sich selber reproduziert. Der Staat ist der Inbegriff der aber doch in Wahrheit verfassten Bürger, die sich in der repräsentativen Demokratie durch ihre gewählten Vertreter integrieren und weiterentwickeln. Darauf würde ich doch Wert legen, dass das nicht autopoietisch hinweginterpretiert wird. Und zu der Bemerkung von BÖCKENFÖRDE, dass der Staat von Bedingungen lebt, die er nicht schaffen kann: Dahinter steht bei BÖCKENFÖRDE eine unkritische CARL-SCHMITT-Verehrung, die letztlich etwas hinter dem Staat sieht, das eine Quelle der auch den Ausnahmezustand regeln könnenden Kraft ist.

ALEXY:
Und ein religiöses Motiv.

STARCK:
Das müsste man einmal im Einzelnen prüfen. Das war außer der Reihe, jetzt kommt Herr Heun dran.

HEUN:
Ich wollte zunächst noch einmal etwas zur Abgrenzung von Erziehung und Paternalismus sagen, weil die Begriffsformung mir noch nicht so ganz klar geworden zu sein scheint, wie sie auf dem Symposion zum Ausdruck kam. Also mir scheint, die beiden Begriffe sind völlig verschieden. Sie meinen etwas anderes. Das eine meint die Frage, ob der Staat eingreifen kann, um den Einzelnen vor sich selbst zu schützen und der Gegenbegriff ist nicht Erziehung, sondern der Gegenbegriff ist Autonomie. Und das bedeutet, erziehend kann ein Gesetz sein, also ein paternalistisches Gesetz kann erziehend sein, es kann aber auch gar nicht erziehend sein und umgekehrt ist Erziehung nicht notwendigerweise paternalistisch. Also es scheint mir, dass das zwei unterschiedliche Begriffe sind, die sich teilweise in demselben Gesetz überlappen können. Ein Gesetz kann paternalistisch und erziehend sein, aber es sind zwei grundsätzlich zu unterscheidende Akzente und insofern kann zwischen den beiden auch nichts verschwimmen, wie es gestern etwa hieß. Das ist das erste. Das zweite ist die Frage zum erziehenden Gesetz. Also, ich meine, wir müssten noch mal – wie das gestern eingangs doch relativ deutlich geworden ist – scharf unterscheiden. Jedes Gesetz will natürlich im Wesentlichen Verhaltenssteuerung bewirken und damit nimmt es auch Einfluss per se auf das Verhalten und es ist immer günstiger, wenn der Einzelne das dann als legitim anerkennt und damit auch internalisiert. Wir gehen im Prinzip insofern immer davon aus, dass man sich an die Gesetze hält und das dann auch in gewisser Weise nachvollzieht. Davon zu unterscheiden ist aber

meines Erachtens ein Gesetz, das die Intention hat, wirklich auf das Bewusstsein einzuwirken und Wertänderungen zu erreichen. Und ich glaube, dass sich da allerdings das Gesetz im demokratischen Verfassungsstaat außerordentlich schwertut. Wir haben gestern gesehen, das gerade typischerweise ein Zeichen für einen totalitären Staat ist, dass er einen außerordentlichen Wert darauf legt, dass das Gesetz auch überschießend über die Verhaltenssteuerung hinaus erziehend wirkt. Aber das ist zunächst einmal gerade nicht die Intention des demokratischen Gesetzes im demokratischen Verfassungsstaat, und da tun wir uns außerordentlich schwer, weil die Erziehungsfunktion mit unserer Grundkonzeption von Autonomie in Konflikt gerät. Und insofern werden wir aber auch Schwierigkeiten haben, diese Intention bei einzelnen Gesetzen festzustellen. Also wahrscheinlich war das auch dann letztlich der Dissens mit Herrn Jestaedt heute, der jede Verhaltenssteuerung als Erziehung angesehen hat, während ich nach dieser überschießenden Erziehungsintention des Gesetzgebers gesucht habe, wo man große Schwierigkeiten hat, diese festzustellen. Und insofern ist das erziehende Gesetz – mal zugespitzt gesagt – ein Gesetz, das eigentlich normalerweise nicht in den demokratischen Verfassungsstaat gehört. Dritte kurze Bemerkung zu Frau Schumann und zu dem additiven Grundrechtseingriff. Also in dieser Hinsicht muss man zunächst unterscheiden: Soweit es sich um einen Einzeleingriff handelt, kann man das immer relativ einfach feststellen; auch wenn sich der Eingriff auf mehrere unterschiedliche Normen stützt, ist klar, dass irgendwann die Qualität des Eingriffs erreicht ist. Schwierig wird es allerdings, wenn man das auf der Normebene betrachtet. Dort wird man außerordentliche Schwierigkeiten haben, einen Eingriff zu konstruieren, was aber auch im Hinblick darauf, dass letztlich der Einzelne nachher den Einzeleingriff abwehren kann, auch nicht so problematisch ist. Man wird vielleicht in Ausnahmefällen einen solchen additiven Eingriff dann beim letzten Gesetz, das als letztes dazu kommt, feststellen können, aber da würde ich außerordentliche Zurückhaltung empfehlen.

STARCK:
Herr Heun, Sie haben zum Erziehungsbegriff gesprochen, und zwar zum ursprünglichen Erziehungsbegriff, der uns vorschwebte, als wir an dieses Thema herangingen, die direkte Erziehung, im engeren Sinne. Aber schon bei der Planung der einzelnen Referate hat sich ergeben, dass wir einen weiteren Erziehungsbegriff zugrunde legen müssen. Frau Wendehorst hatte das sehr schön formuliert, obwohl sie bei der Formulierung des Themas nicht dabei war. Es ist wichtig zu wissen, dass es einen engeren Erziehungsbegriff gibt, in dessen Rahmen der Staat direkt erzieherisch wirken kann, auf etwas ganz Bestimmtes hinwirken will, Hauptbeispiel sind die Erziehungsziele in der Schule. Aber es gibt so etwas auch, wenn man sich das Familienrecht und Kindschaftsrecht an-

sieht, außerhalb der Schule. Das Symposion wäre aber missverstanden, wenn wir uns auf diesen engeren Erziehungsbegriff beschränken wollten. Jetzt kommt als nächstes Frau Wendehorst.

WENDEHORST:
Ich möchte daran noch einmal anknüpfen. Ich glaube, die Differenzierung zwischen Verhaltenssteuerung und Bewusstseinsbildung ist ja nur das Eine. Darüber hinaus habe ich aus den Referaten und auch den Wortbeiträgen den Eindruck gewonnen, dass wir doch noch darüber hinaus mit unterschiedlichen Erziehungsbegriffen operieren, die man vielleicht als zweckbezogen oder funktionsbezogen einerseits und kompetenzbezogen andererseits bezeichnen könnte. Viele Referate und Wortbeiträge, auch meine eigenen, gehen davon aus, dass wir auf die Zwecke eines bestimmten Gesetzes sehen. Zielt dieses Gesetz auf Verhaltenssteuerung, zielt es auf Bewusstseinsbildung ab? Wenn ja, ist es im weiteren oder im engeren Sinne edukatorisch, wenn nein, dann eher nicht. Ich habe aber das Gefühl, dass teilweise auch ein kompetenzbezogener Erziehungsbegriff verwendet wird, wenn man davon ausgeht, Erziehung liege dann vor, wenn der Staat in die Nähe der privaten Zuständigkeit bzw. in die Nähe dessen kommt, was eigentlich der ureigenste private Bereich des Individuums sein muss – und da sind wir jetzt bei den grundrechtsdogmatischen Überlegungen, Neutralitätsgebot usw. Ich habe das Gefühl, dass wir da teilweise in zwei ganz unterschiedlichen Schienen argumentieren.

STARCK:
Vielen Dank, das ist der negative Kompetenzbegriff der Grundrechte, also was grundrechtlich gesichert ist, da darf der Staat nicht eingreifen. Herr Rückert bitte.

RÜCKERT:
Ich möchte zwei strukturelle Punkte noch einmal anschneiden. Also, wenn man mit Herrn Heun so ansetzt, dass prinzipiell Erziehung im freiheitlichen Verfassungsstaat der Neuzeit als Staatssache nichts zu suchen hat, dann reduziert sich das Erziehungsproblem strenggenommen auf Unfähigkeitszuschreibungen. Also die Minderjährigen und die Schwachen und die Süchtigen und die Kranken und die Triebtäter, die nicht anders können, die werden alle erzogen, ebenso die resozialisierungsunterworfenen Strafgefangenen. Und dann scheint es mir ganz wichtig, zu fragen: Wer verfügt eigentlich über diese Unfähigkeitszuschreibungen? Wer sagt: „Da darf erzogen werden“? Denn die Begründung der Erziehung mit der Unfähigkeit geht, glaube ich, auch im nichtpaternalistischen Staat. Und darüber haben wir ganz wenig gesprochen. Das wäre ein Strukturpunkt auch für die Umsetzung, im Familienrecht kam es zur Sprache. Das wollte ich noch ein-

mal sagen, also: Wer weist in die Nervenanstalt ein? Dann ein anderer Punkt, der ist mehr rechtstheoretisch: Wenn es richtig ist, dass unsere Aufgabe als Juristen mehr und mehr ist, nach Begründungs- und Argumentationsregeln zu verfahren, wie es ja die neuere Rechtstheorie sehr gerne und mit gutem Grund sagt, dann meine ich, müsste man darauf achten, wie wir unsere juristischen Begriffe umsetzen. Das kam auch zur Sprache, z.B. beim Kindeswohl wurde diese Formulierung von Herrn COESTER vom negativen Standard stark gemacht. Und das finde ich sehr wichtig, weil das Reden über negativen Standard wesentlich klarer zu begründen ist als die Frage, was der positive Kindeswohlstandard ist. Ähnlich ist es, dass man viel leichter feststellen kann, was ungerecht ist als was gerecht ist. Und das scheint mir ein wichtiger Punkt für das normative Reden und für das Argumentieren, dass man auch seine Begründungsregeln in diese Richtung strukturiert. Am Beispiel Paternalismus: Dazu lässt sich inhaltlich politisch wie juristisch und rechtsphilosophisch sehr viel sagen und argumentieren in pro und contra. Irgendwie entscheiden dann das Parlament, die herrschende Meinung oder die rechtsphilosophische Stimmung. Immerhin scheint mir eine juristische Begründungsregel gut begründbar, nämlich *in dubio contra*. Das wäre eine juristische Begründungsregel beim Reden über Paternalismus, und das scheint mir ein wichtiger Punkt speziell jetzt und hier, wo es uns um eine normative Diskussion um Regeln geht.

STARCK:
Vielen Dank. Herr Sellert bitte.

SELLERT:
Wir haben eingehend die Frage edukatorischer Gesetzesinhalte erörtert. Weitgehend offen geblieben ist nach meinem Eindruck das Problem, ob wir Wirkungen von Gesetzen mit erzieherischen Zielen erwarten können – und falls ja, welche. Dabei wäre zu überlegen, ob allein schon der Erlass und die Veröffentlichung von Gesetzen zu bestimmten Verhaltensweisen der Adressaten führen oder ob solche Ziele nur mit entsprechenden Sanktionen durchgesetzt werden können. Geht es um gesetzliche Bestimmungen, mit denen beispielsweise die Erziehung Jugendlicher zwangsweise bewirkt werden soll, sind die Erfolge nach meinem Eindruck mäßig. Auch die im Strafrecht vorgesehene Resozialisierung der Täter hat nicht zu den gewünschten Erfolgen geführt. Zu vermuten ist daher, dass eine Erziehung durch Gesetze jedweder Art nur dann zu dauerhaften Änderungen von Verhaltensweisen der Menschen führt, wenn mit diesen Gesetzen zugleich auch entsprechende Veränderungen menschlicher Grundüberzeugungen bewirkt werden können. Es wäre daher interessant, zu untersuchen, ob und in welchem Maße die Erwartungen an Gesetze mit erzieherischem Charakter in der Praxis erfüllt oder enttäuscht worden sind. Daraus ließen sich

vermutlich Einsichten erschließen, wie Gesetze beschaffen sein müssen, um die gewünschten erzieherischen Wirkungen zu erzielen.

Starck:
Herr Schroeder bitte.

Schroeder:
Wir haben versucht, Erziehungsziele von Erziehungsmethoden zu unterscheiden. Wir sind aber dabei immer mehr oder weniger unbewusst davon ausgegangen, dass die Erziehung zu etwas Gutem erfolgt. Nun gibt es ja auch eine schlechte Erziehung. Meistens versteht man unter einer schlechten Erziehung, dass jemand keine Erziehung genossen hat. Es gibt aber auch die regelrechte Erziehung zum Schlechten, z.B. in Taschenspielerdynastien. Früher sagte man: Zigeuner erziehen ihre Kinder zu allerlei kriminellen Taten – das darf man heute nicht mehr sagen, aber man kann sich solche Taschenspielerdynastien vorstellen. Nun kann man sich natürlich nicht vorstellen, dass der Staat ein Gesetz erlässt, das dieses Ziel der Erziehung zum Schlechten hat. Aber wir haben ja genügend Gesetze, von denen gesagt wird, sie erziehen eigentlich zum Schlechten, z.B. ein Gesetz, das den rechtmäßig Handelnden bestraft, erzieht zur Umgehung, erzieht zu illegalen Methoden. Diesen Faktor müsste man vielleicht auch einmal grundsätzlich aufwerfen. Es gibt nicht nur die Erziehung durch Gesetz zum Guten, sondern auch die Erziehung zum Schlechten.

Starck:
Das gilt besonders bei der mittelbaren Wirkung, dass ein Gesetz zum Missbrauch verleiten kann. Wir hatten übrigens vor einigen Jahren ein Kolloquium, das hieß „Das misslungene Gesetz". Das misslungene Gesetz wurde weitgehend dadurch definiert, dass es negative Erscheinungen hervorbringt, indem man sich das Gesetz für irgendwelche Abwegigkeiten zu Nutze machen kann. Jetzt ist Herr Behrends dran.

Behrends:
Ich wollte nur noch eine Bemerkung zu der Unzulässigkeit des erziehenden Gesetzes machen, bei der wir dann vielleicht auch einmal auf die im BGB versteckten Erziehungsmaximen blicken müssen, z.B. dass man im Verkehr die erforderliche Sorgfalt einhalten muss. Das ist ein Erziehungsprinzip, und ich verhalte mich am Ende auch, wenn ich in der Öffentlichkeit tätig bin, entsprechend. Oder auch, dass man in Anspruch genommenes Vertrauen zu respektieren hat. Das sind sehr anspruchsvolle ethische Gebote, die eine Erziehungswirkung haben. Nur haben sie den Vorteil, dass sie nicht plakativ auftreten. § 1 StVO, den jeder lernen muss für den Führerschein, sagt ja auch, dass man sich rücksichtsvoll zu verhalten hat. Auch das ist eine Erziehung, die bei vielen übrigens ja auch

erfolgreich ankommt. Und da hat man schon früh gesagt: „*Lex non disputat, lex iubeat*", also ein Gesetz soll nicht erörtern, sondern es soll befehlen. Und das hängt nach meinem Urteil damit zusammen, dass der Mensch durch unmittelbare Erziehungsbeeinflussungen reaktiv wird und sich dann gerade nicht mehr erziehen lässt. Das schöne Beispiel sind die typischen Freigeister, die aus protestantischen Pfarrhäusern kommen. Die sind zu viel erzogen worden in Richtung: „Sei fromm und glaube an einen lieben Gott". Das haben sie dann abgestoßen, so ist der Mensch. Deswegen sollte man immer vorsichtig vorgehen. Eine in der Umwelt verwirklichte Erziehungsatmosphäre ist sehr wirksam, weil sie keine Revolte erzeugt. Sie wirkt wie Osmose. Sie ist wie eine Luft, die man atmet. Selbstverständlich stecken in diesem Sinn in den großen Gesetzen Erziehungsideen. Etwa Verkehrssorgfalt ist eine große Erziehungsidee.

STARCK:
Neutraler könnte man sagen Verhaltenssteuerung, ja, das ist etwas neutraler. Jetzt ist noch Frau Langenfeld dran.

LANGENFELD:
Ich wollte noch mal kurz auf die Frage von Frau Schumann eingehen, wann ein kumulativer Grundrechtseingriff vorliegt. Wann greift der Staat so stark in die positive Definition des Kindeswohls ein, dass dies irgendwann in einen Eingriff in das Elternrecht umschlägt, der nicht mehr gerechtfertigt werden kann? Wir tun uns sehr schwer damit, das verfassungsrechtlich zu beurteilen, weil natürlich der Gesetzgeber viele einzelne Maßnahmen trifft in einem sehr komplexen Bereich, diese Maßnahmen von ganz unterschiedlichen Hoheitsträgern umgesetzt werden – von Gerichten, von Behörden – und man am Ende nicht weiß, welcher Tropfen das Fass zum Überlaufen bringt. Es ist ja dann die Frage: Welches Gesetz würde dem Verdikt der Verfassungswidrigkeit unterfallen? Also, das ist sehr schwierig einzuschätzen.

Und noch ein zweiter kurzer Punkt zur Intervention von Christiane Wendehorst: Ich finde, das ist ein sehr guter Gedanke gewesen. Wir empfinden auch gerade dort, wo der Staat sich in private Rechtsverhältnisse einmischt, diese Einmischung als besonders kritisch. Und da kommen wir wieder auf die Antidiskriminierungsgesetzgebung, weil genau der Staat dort in die private Auswahl von Vertragspartnern eingreift und andere in meinen Rechtskreis hineinlässt, obwohl ich möglicherweise mit diesen Personen nichts zu tun haben möchte. Das heißt, der Staat erlegt mir Neutralitätspflichten auf, die er selber natürlich hat, die aber normalerweise den Privaten gerade nicht auferlegt sind. Und da müssen wir uns über die Grenzen, die Schranken, unterhalten, die dann aktiviert werden, wenn man in den privaten Bereich hineinkommt.

STARCK:
Frau Schumann bitte.

SCHUMANN:
Ich würde gern kurz etwas dazu sagen. Also, ich habe mich ja nur angelehnt an die Figur des additiven Grundrechtseingriffs, weil das Problem, was ich sehe, ist, dass wir zunehmend niedrigschwellige Maßnahmen haben, die der Gesetzgeber auch so nennt. Er spricht nicht mehr von einem Eingriff, sondern er sagt: „Das ist ja noch gar kein Eingriff, das ist die Vorstufe eines Eingriffs." Und ich frage mich, wenn in einem bestimmten Feld ständig solche Vorstufen vorliegen: Wann verdichten sich diese zu etwas, das dann nicht mehr verfassungsrechtlich zulässig ist? Das ist sicherlich ganz schwer zu greifen, weil es nicht unserer bisherigen Dogmatik entspricht. Aber ich beobachte, dass der Gesetzgeber sehr clever dieses Mittel nutzt, um immer stärker in bestimmten Bereichen einzuwirken. Und wir müssen uns überlegen: Wie können wir das dogmatisch einfangen, wie können wir damit umgehen? Also die Einzelmaßnahme ist in der Tat nicht das Problem, aber die Vielzahl dieser Maßnahmen, die in einem bestimmten Feld dann eben doch zu einer Erziehung – etwa der Eltern – führen. Und da müsste man auch aus verfassungsrechtlicher Sicht darüber nachdenken, wie man das einordnen kann und sagen kann: bis hierher, aber nicht weiter.

STARCK:
Vielen Dank, Frau Schumann. Sie haben diese Frage schon einmal an die Verfassungsrechtler gestellt und ich hatte mich vor einer Antwort gedrückt. Ich würde sagen: Man müsste diese Massierung von an sich einzeln harmlosen Sachen genauer untersuchen. Man müsste das ans Bundesverfassungsgericht bringen, das dies dann letzten Endes entscheiden muss. Wenn wir sagen, dass das nicht geht, dann macht der Gesetzgeber weiter. Die einzige Bremse, die der Gesetzgeber hat, ist das Bundesverfassungsgericht.

SCHUMANN:
Wobei wir als Rechtswissenschaftler natürlich eine Verpflichtung haben, so etwas zu entwickeln.

STARCK:
Ja, wir müssen das mit unseren Argumenten vor den Gerichtshof bringen.

SCHUMANN:
Wir müssen erst einmal ein theoretisches Konzept entwickeln, das wir aber noch nicht haben.

HEUN:
Noch mal, so problematisch ist das ja nicht, weil wir jedenfalls auf der Ebene des Einzeleingriffs etwas dagegen machen können. Allein zu sagen: „Da wirken möglicherweise irgendwelche Gesetze zusammen", wenn wir auf der Anwendungsebene noch gar nicht wissen, wie es sich tatsächlich auswirkt, führt zu enormen Schwierigkeiten und da wäre ich außerordentlich vorsichtig. Aber es ist ja so, dass wenn dann der konkrete Akt, der Verwaltungsakt oder das Gerichtsurteil, vorliegt, wir dann spätestens in der Tat den verfassungsrechtlichen Eingriff und dessen Rechtfertigung auch handfest prüfen können. Und insofern würde ich das gar nicht als so bedenklich ansehen, es sei denn, eine Stimmung wird da erzeugt, aber eine Stimmung können wir schlecht verfassungsrechtlich verbieten.

LANGENFELD:
Das meint sie nicht, sondern den mittelbaren faktischen Eingriff, die Verhaltenslenkung. Wir haben ja auch mittelbar faktische Eingriffe.

HEUN:
Ja gut, aber das kriegen wir mit einem mittelbaren faktischen Eingriff eben nicht hin. Das wird schwierig.

STARCK:
Was Frau Schumann gesagt hat, ist interessant und muss untersucht werden, und zwar zunächst anhand der Regelung, denn es geht zunächst nicht um die Anwendung. Und wenn dann ein Anwendungsfall vorliegt und eine günstige Situation besteht, was gut begründet werden muss, kann man das auf direktem prozessualem Weg an die Gerichte bringen. Das ist aber jetzt nicht unsere Aufgabe.

Ich würde jetzt abschließen mit drei Bemerkungen. Wir haben uns in der abschließenden Diskussion meines Erachtens weiterführend mit dem Begriff der Erziehung beschäftigt und haben gesehen, es gibt den weiten Begriff der Beeinflussung, der Verhaltenssteuerung und dann gibt es einen engen Erziehungsbegriff, den wir insbesondere bei den Erziehungszielen gesehen haben. Herr Heun hat nun versucht, das so eng zu definieren, dass ein erziehendes Gesetz von vornherein nicht erlaubt ist.

HEUN:
Tendenziell, ich habe das zugespitzt.

STARCK:
Na gut, Sie haben das zugespitzt. Das war das Erste. Das Zweite war dann, dass wir zu den Zielen gesagt haben, dass das Grundgesetz und insbesondere die

Grundrechte Grenzen setzen, also nicht beliebige Ziele verfolgt werden dürfen. Drittens tauchte die Frage auf: Wie ist das eigentlich mit dem außerdeutschen, also mit dem europäischen Recht – sowohl mit dem EU-Recht wie mit dem Recht der EMRK? Was für Einflussmöglichkeiten bestehen da? Das haben wir nicht weiter diskutiert, weil auch gar keine Fälle vorlagen. Unbeantwortet blieb die Frage: Wie ist das eigentlich mit den ursprünglich religiösen Vorschriften, die dann der Staat übernimmt bzw. darauf zurückgreift. Aber das hängt wohl damit zusammen, dass die Zusammensetzung des Gremiums dafür nicht kompetent war, obwohl Herr Link das alles wusste. Die Zeit ist abgelaufen. Ich bedanke mich vielmals im Namen der Kommission und auch gleichzeitig im Namen der Akademie für Ihre rege Mitwirkung und freue mich jetzt schon auf die Veröffentlichung dieses Werkes.

Teilnehmerliste

Prof. Dr. Dr. h.c. mult. Robert Alexy, Kiel
Prof. Dr. Martin Avenarius, Köln
Prof. Dr. Dr. h.c. Okko Behrends, Göttingen
Prof. Dr. Uwe Diederichsen, Göttingen
Prof. Dr. Dr. h.c. Eberhard Eichenhofer, Jena
Prof. Dr. Dr. h.c. Werner Heun, Göttingen
Prof. Dr. Stefan Huster, Bochum
Prof. Dr. Matthias Jestaedt, Erlangen
Prof. Dr. Christine Langenfeld, Göttingen
Prof. Dr. Dr. h.c. mult. Christoph Link, Erlangen
Prof. Dr. Peter Marburger, Trier
Prof. Dr. Joachim Rückert, Frankfurt a. M.
Prof. Dr. Kirsten Scheiwe, Hildesheim
Prof. Dr. Dr. h.c. Friedrich-Christian Schroeder, Regensburg
Prof. Dr. Eva Schumann, Göttingen
Prof. Dr. Wolfgang Sellert, Göttingen
Prof. Dr. Thomas Simon, Wien
Prof. Dr. Andreas Spickhoff, Göttingen
Prof. Dr. Christian Starck, Göttingen
Prof. Dr. Dr. h.c. mult. Michael Stolleis, Frankfurt a. M.
Prof. Dr. Christiane Wendehorst, Wien
Prof. Dr. Hinnerk Wißmann, Bayreuth
Prof. Dr. Dr. h.c. mult. Reinhard Zimmermann, Hamburg

Die Betreuung des Tagungsbandes oblag am Institut Herrn Wiss. Mitarbeiter Carsten Fitting, dem die Herausgeberin ebenso wie allen anderen Mitarbeitern und Hilfskräften, die von der Organisation der Tagung bis zur Drucklegung des Tagungsbandes unterstützend tätig waren, herzlich dankt.

Personen- und Sachregister

Tagungsbände der Akademiekommission
Die Funktion des Gesetzes in Geschichte und Gegenwart

Zum römischen und neuzeitlichen Gesetzesbegriff, 1. Symposion der Kommission „Die Funktion des Gesetzes in Geschichte und Gegenwart" am 26. und 27. April 1985, hrsg. von Okko Behrends und Christoph Link. Göttingen 1987. € 34,-. Abhandlungen der Akademie der Wissenschaften in Göttingen, Phil.-Hist. Klasse, Dritte Folge, Bd. 157. - Vergriffen

Die Allgemeinheit des Gesetzes, 2. Symposion der Kommission „Die Funktion des Gesetzes in Geschichte und Gegenwart" am 14. und 15. November 1986, hrsg. von Christian Starck. Göttingen 1987. € 26,-. Abhandlungen der Akademie der Wissenschaften in Göttingen, Phil.-Hist. Klasse, Dritte Folge, Bd. 168. - Vergriffen

Gesetzgebung und Dogmatik, 3. Symposion der Kommission „Die Funktion des Gesetzes in Geschichte und Gegenwart" am 29. und 30. April 1988, hrsg. von Okko Behrends und Wolfram Henckel. Göttingen 1989 (2. Aufl. 2004). € 34,90. Abhandlungen der Akademie der Wissenschaften in Göttingen, Phil.-Hist. Klasse, Dritte Folge, Bd. 178.

Das Gesetz in Spätantike und frühem Mittelalter, 4. Symposion der Kommission „Die Funktion des Gesetzes in Geschichte und Gegenwart", hrsg. von Wolfgang Sellert. Göttingen 1992. € 30,90. Abhandlungen der Akademie der Wissenschaften in Göttingen, Phil.-Hist. Klasse, Dritte Folge, Bd. 196.

Rechtsvereinheitlichung durch Gesetze – Bedingungen, Ziele, Methoden, 5. Symposion der Kommission „Die Funktion des Gesetzes in Geschichte und Gegenwart" am 26. und 27. April 1991, hrsg. von Christian Starck. Göttingen 1992. € 43,90. Abhandlungen der Akademie der Wissenschaften in Göttingen, Phil.-Hist. Klasse, Dritte Folge, Bd. 197.

Nomos und Gesetz – Ursprünge und Wirkungen des griechischen Gesetzesdenkens, 6. Symposion der Kommission „Die Funktion des Gesetzes in Geschichte und Gegenwart" am 20. und 21. November 1992, hrsg. von Okko Behrends und Wolfgang Sellert. Göttingen 1995. € 68,-. Abhandlungen der Akademie der Wissenschaften in Göttingen, Phil.-Hist. Klasse, Dritte Folge, Bd. 209.

Rangordnung der Gesetze, 7. *Symposion der Kommission „Die Funktion des Gesetzes in Geschichte und Gegenwart" am 22. und 23. April 1994,* hrsg. von Christian Starck. Göttingen

1995. € 42,90. Abhandlungen der Akademie der Wissenschaften in Göttingen, Phil.-Hist. Klasse, Dritte Folge, Bd. 210.

Das mißglückte Gesetz, 8. Symposion der Kommission „Die Funktion des Gesetzes in Geschichte und Gegenwart" am 26. und 27. April 1996, hrsg. von Uwe Diederichsen und Ralf Dreier. Göttingen 1997. € 42,90. Abhandlungen der Akademie der Wissenschaften in Göttingen, Phil.-Hist. Klasse, Dritte Folge, Bd. 223.

Der Kodifikationsgedanke und das Modell des Bürgerlichen Gesetzbuches (BGB), 9. Symposion der Kommission „Die Funktion des Gesetzes in Geschichte und Gegenwart" am 24. und 25. April 1998, hrsg. von Okko Behrends und Wolfgang Sellert. Göttingen 2000. € 52,-. Abhandlungen der Akademie der Wissenschaften in Göttingen, Phil.-Hist. Klasse, Dritte Folge, Bd. 236.

Das BGB im Wandel der Epochen, 10. Symposion der Kommission „Die Funktion des Gesetzes in Geschichte und Gegenwart" am 5. und 6. Mai 2000, hrsg. von Uwe Diederichsen und Wolfgang Sellert. Göttingen 2002. € 54,-. Abhandlungen der Akademie der Wissenschaften zu Göttingen, Phil.-Hist. Klasse, Dritte Folge, Bd. 248.

Gesetz und Vertrag I, 11. Symposion der Kommission „Die Funktion des Gesetzes in Geschichte und Gegenwart" am 10. und 11. Mai 2002, hrsg. von Okko Behrends und Christian Starck. Göttingen 2004. € 46,90. Abhandlungen der Akademie der Wissenschaften zu Göttingen, Phil.-Hist. Klasse, Dritte Folge, Bd. 262.

Gesetz und Vertrag II, 12. Symposion der Kommission „Die Funktion des Gesetzes in Geschichte und Gegenwart" am 17. und 18. Oktober 2003, hrsg. von Okko Behrends und Christian Starck. Göttingen 2005. € 46,90. Abhandlungen der Akademie der Wissenschaften zu Göttingen, Phil.-Hist. Klasse, Dritte Folge, Bd. 266.

Der biblische Gesetzesbegriff – Auf den Spuren seiner Säkularisierung, 13. Symposion der Kommission „Die Funktion des Gesetzes in Geschichte und Gegenwart" am 8. und 9. April 2005, hrsg. von Okko Behrends. Göttingen 2006. € 129,-. Abhandlungen der Akademie der Wissenschaften zu Göttingen, Phil.-Hist. Klasse, Dritte Folge, Bd. 278.

Gesetzgebung, Menschenbild und Sozialmodell im Familien- und Sozialrecht, 14. Symposion der Kommission „Die Funktion des Gesetzes in Geschichte und Gegenwart" am 16. und 17. März 2007, hrsg. von Okko Behrends und Eva Schumann. Berlin/New York 2008. € 79,95. Abhandlungen der Akademie der Wissenschaften zu Göttingen, Neue Folge, Bd. 3.

Das strafende Gesetz im sozialen Rechtsstaat, 15. Symposion der Kommission „Die Funktion des Gesetzes in Geschichte und Gegenwart" am 14. und 15. November 2008, hrsg. von Eva Schumann. Berlin/New York 2010. € 99,95. Abhandlungen der Akademie der Wissenschaften zu Göttingen, Neue Folge, Bd. 9.

FSC
www.fsc.org
MIX
Papier | Fördert
gute Waldnutzung
FSC® C083411

Kolibri 360 GmbH
Ferdinand-Jühlke-Straße 7
99095 Erfurt, Deutschland
produktsicherheit@kolibri360.de